"十三五"国家重点图书出版规划项目

法学精义
Essentials of Legal Theory

行政契约论
（第三版）

Administrative Contract Treatise (Third Edition)

余凌云 著

清华大学出版社
北京

版权所有，侵权必究。举报：010-62782989，beiqinquan@tup.tsinghua.edu.cn。

图书在版编目(CIP)数据

行政契约论：第三版 / 余凌云著. —北京：清华大学出版社，2021.11（2024.7重印）
（法学精义）
ISBN 978-7-302-59621-9

Ⅰ. ①行⋯ Ⅱ. ①余⋯ Ⅲ. ①行政法－契约法－研究 Ⅳ. ①D912.104
②D913.04

中国版本图书馆CIP数据核字(2021)第234907号

责任编辑：朱玉霞
封面设计：傅瑞学
责任校对：王凤芝
责任印制：杨 艳

出版发行：清华大学出版社
网 址：https://www.tup.com.cn, https://www.wqxuetang.com
地 址：北京清华大学学研大厦A座 邮 编：100084
社 总 机：010-83470000 邮 购：010-62786544
投稿与读者服务：010-62776969, c-service@tup.tsinghua.edu.cn
质量反馈：010-62772015, zhiliang@tup.tsinghua.edu.cn
印 装 者：三河市东方印刷有限公司
经 销：全国新华书店
开 本：170mm×240mm 印 张：25 字 数：381千字
版 次：2022年1月第1版 印 次：2024年7月第2次印刷
定 价：99.00元

产品编号：094353-01

作者简介

余凌云 清华大学法学院教授、博士生导师,公法研究中心主任。研究领域为行政法学、行政诉讼法学、警察法学。兼任中国法学会行政法学研究会副会长、中国法学会案例法学研究会副会长。著有《行政法讲义》《行政法案例分析和研究方法》《警察法讲义》《行政契约论》《行政自由裁量论》《行政法上合法预期之保护》《警察行政强制的理论与实践》等13部学术专著,在《中国社会科学》《法学研究》《中国法学》、International Journal on Minority and Group Rights 等刊物发表论文百余篇。主持教育部哲学社会科学研究重大课题攻关项目、国家社科基金重大项目、教育部人文社会科学重点研究基地重大项目等多项课题。入选2007年教育部"新世纪优秀人才支持计划"。获得第六届高等学校科学研究优秀成果奖(人文社会科学)二等奖、第五届"钱端升法学研究成果奖"一等奖、首届中国青年法律学术奖(法鼎奖)等奖项。

推荐序一

近年来,我国行政法理论研究有了长足的发展,从行政法的基础理论到行政处罚等具体行政行为形态乃至行政复议、行政诉讼,都有重大的理论突破。而且,可以非常明显地感觉到行政法理论研究正在对行政立法和行政执法发挥着越来越大的影响与作用。人们在继续深入研究传统行政法的规制手段的同时,也越来越关注那些日益对人们日常生活发生着不容忽视的影响的非权力行政问题,特别是行政指导、行政规划和行政合同问题。但总体来说,与对传统行政手段的研究相比,我们对后三种行政形态的研究仍然是不深入的。但这三种行政方式恰恰在现代行政法上运用的广度和频度逐渐提高,我们只要稍微留意一下现在很多行政机关的日常工作情况,就不难发现与相对人签订各式各样的"责任书"已经在其工作中占有很大的比重。但由于相关理论的研究相对滞后,使得实践不能得到健康良性的发展,很多实践和立法问题得不到很好的解决。因此,加紧对行政合同等新型行政手段的理论研究,就显得颇为迫切。

余凌云同志在我指导下攻读博士学位期间,曾向我谈起想做这方面的研究,我是非常支持的。我向来主张研究生就是要研究问题,要解决问题。他选择这个目前行政法理论研究上还非常薄弱而且又是非常前沿性的课题来研究,这是非常值得赞赏的。当然,要解决这个问题,难度也很大,极具挑战性,而且是需要一定勇气的。因为当时有关这方面的理论资料是比较少的,特别是尽管实践中不断有运用的实例,但却很少有相关的文章介绍。余凌云同志不畏艰难,经过近一年时间的精雕细琢、反复揣摩,娴熟运用比较方法,广征博引,终于完成了其博士论文《行政契约论》。本书的第一编"理论构建"基本上就是在其博士论文的基础上进一步扩充而成的。文中对行政契约的概念、行政契约与依法行政理念的调和、民法规律和原理在行政契约中的援用、行政契约的实体权利义务的配置以及程序规范、对行政契约的救济制度等基本理论问题作了较为深入细致的探讨,建立了有关行政契约理论的基本框架,其中有不少真知灼见。他的博士论文答辩,受到了答辩委员和评议专家的一致好评。工作之后,余凌云同志并没有停止对行政契约理论的思考,而且是更加深入到对具体行政契约形态的研究当中,这方面的研究成果就构成了本书的第二编"实例研究"。

余凌云同志经过几年的努力,完成了这本有关行政契约问题的专著。据我所知,目前国内系统地研究行政契约的专著不多见,这一研究成果的问世,不仅具有重要的学术价值,而且对于完善我国行政契约制度也有一定的实用价值。当然,对这个新领域的研究,不可避免地会受到主客观条件的限制,书中还有很多问题没有来得及研究,而且对于其中的有些观点,也可能学者会有不同的看法。这些都有待于进一步完善和思考。

余凌云同志近年来致力于行政契约的理论研究,已经取得了初步的研究成果。值此新著出版之际,作为导师,我感到由衷的高兴。我愿意把这一成果推荐给学术界和广大读者,并希望今后有更多的行政契约研究著作问世。

许崇德

1999 年 12 月 22 日

推荐序二

当代行政法与传统行政法有着很大的不同,随着经济的发展,民主的发扬,福利国家的产生,行政法由专制的工具到管理的手段,再发展到对行政权的控制和对公民合法权益的维护与保障,在行政法领域出现了许多新的制度,行政合同就是现代行政法发展中出现的一个很重要的行政手段,也是行政法理论上一个非常值得研究而又难度较大的课题。这是因为这种行政手段与传统上我们所习惯使用的行政处罚等手段在法律效力发生的基础上是非常不同的,是介于行政行为与民事合同之间的一种非常特殊的形态,而且其中的具体形态又跨度很大,种类繁多。余凌云同志知难而进,选择了这一课题作为博士论文的选题,并作了大量细致的收集资料与研究工作,对行政合同的概念、功能、分类、行政合同与依法行政的关系、民法原理在行政合同中的运用范围、行政合同中的实体与程序内容以及有关行政合同的救济等问题都作了较为深入的研究,在很多方面提出了自己的见解,很有独创性,理论上有一定突破,可以说,他在这方面的研究填补了行政法学在行政合同理论研究方面的一大空白,也将会对我国目前行政机关广泛运用行政合同的实践产生一定的影响和作用,对于行政合同的立法也有一定的参考价值。我认为该书的特点是:

第一,全面系统,资料翔实,观点明确,注意运用比较的方法和从比较的观点来阐明问题。特别是书中所引用的大量的外文资料,很多都是来自第一手的资料。

第二,当前行政法理论研究上出现了向纵深发展的可喜的现象,出现了一批很有学术价值和研究力度的著述,余凌云同志撰写的这本书也可以算是其中的一部。他在研究中不拘泥于现有的研究成果,而是敢于向难题和现有的结论提出挑战,在很多方面都颇有突破和新意,比如,在以往的行政法理论上多认为行政合同是行政机关与相对人处于平等地位签订的协议,但余凌云同志却通过翔实的论证得出行政合同与民事合同之间的不同之处恰恰在于行政合同是在处于不对等地位的行政机关与相对人之间形成的。

又比如,现在我们一般都认为行政复议和行政诉讼完全可以解决行政合同纠纷,但余凌云同志却从行政合同与具体行政行为的区别入手,从行政复议和行政诉讼制度的构造着眼,提出当前的行政复议和行政诉讼构造不适合于解决行政合同的需要、必须进行相应的制度改造的见解。

第三,不仅仅满足从抽象的、宏观的角度对行政合同进行研究,而且开始注意结合实践中出现的个案进行研究,这么深入地专门对特定的行政合同具体形态进行有针对性的个案研究,在行政法的相关领域的研究中算是比较早地进行这方面的工作,而且作这样的研究对于加深我们对行政合同特征的了解,对于加强理论对实践的关注,指导实践的发展,也是非常有意义的。

自从余凌云同志 1991 年来到中国人民大学法学院宪法与行政法教研室学习起,就勤奋刻苦,笔耕不辍,而且治学严谨,在学习期间就已经在《法学研究》等刊物上发表了多篇学术论文。1997 年博士毕业后分配到公安大学法律系工作,教学效果和科研成果都比较突出,受到师生的好评。我是一直看着他成长的,作为他的导师,看到余凌云同志这几年在行政法界逐渐脱颖而出,成为一位非常有前途的青年学者,我感到很欣慰。希望他今后继续努力,"百尺竿头,更进一步"。故作以上数语为序。

皮纯协

1999 年 12 月 22 日

三版自序

《行政诉讼法》经过2014年修订之后,行政契约不再是学术术语,仅停留在理论上的磨砻隽切,以及个别地方的试探立法与摸索实践,而是以行政协议这一法律术语正式进入了行政诉讼领域。行政协议研究又成为学术界研究的热点,还引来了不少民法学者的关注与参与。民法与行政法之间的学术切磋、批判、争执与辩论,一定会让行政协议理论在淬炼中走向成熟。

我在新近完成的两篇论文中,也有意识地展开和民法学者、民事法官的对话,回应有关质疑。同时,也深感有必要修订《行政契约论》。在第三版中,第一编实际上就是我的博士学位论文,稍事修改,基本上原汁原味。第二编为了跟进立法,删除了原先的《对行政契约的司法审查》一文。收入的是两篇新作,都是追寻行政诉讼近期实践,尤其是新修订的行政诉讼法以及有关行政协议的司法解释,对行政协议的判断标准,以及如何实施司法审查做了最前沿的跟进研究。第三编是以往对"混合契约"、纯粹行政契约和假契约的三个个案分析,也跟随变化的法律做了相应修改。第一编和第三编收入的虽然是从前的旧作,其中的基本观点似乎都没有过时。

余凌云
2020年春于禧园

二版自序

一

《行政契约论》出版之后,于2005年初获得了首届中国青年法律学术奖"法鼎奖"之银鼎奖,这对我无疑是一个巨大的鼓舞,我也衷心感谢各位评委专家和广大读者、同行、老师、朋友的支持和鼓励。我回国之后申请下来一个教育部优秀青年教师资助计划项目"契约规制的理论与实践"(2003—2005),想就此进一步研究行政契约问题。思虑再三,感到行政契约理论进一步推进的方向应该有两个:

一是解决行政契约能否进入行政诉讼以及如何审查问题。这个问题实际上又会牵扯到整个行政契约理论,特别是行政契约概念能否成就等问题。假如能够从司法审查或者诉讼角度解决,不仅从理论上可以成立,而且,能够转化为一种实在的法律制度,那么,关于行政契约的激烈的争议也会渐趋消弭。而这些问题在原来的著述中没有多少涉及,所以,我把研究关注的重点锁定在这个主题上。

二是加强对社会生活中活生生的行政契约实例的个案分析和研究。当前行政契约立法化或者草拟司法解释中之所以倍感艰难,其中一个很重要的原因就是缺乏对一个个实例的细致的个案研究,缺少充分的实证基础。也因如此,在与民商法学者辩驳之中,也就难免显得底气不足。因此,加强个案研究的意义不言而喻。从德国的经验看,理论上加强对行政契约个案的分析和研究,反过来也能有效弥补制度法规定上的简约,使法院能够游刃有余地适用法律,解决管辖问题。

在对行政契约具体形态的选定上,我更加关注"假契约"形态,而逐渐远离"混合契约"形态。一方面,是因为我觉得应当从审判实际效果出发,将现有契约形态中已经在民事审判庭审理而且不觉得有什么不妥的契约纠纷案件仍然留在私法之中,将那些涉及公法因素、必须适用公法规则的契约案件,归拢到行政契约范畴,交行政审判庭审理,适用特别的行政诉讼规则。通过明确管辖权的方法,进一步梳理、鉴别"混合契约"。换句话说,行政法学者没有必要再在"混合契约"领域与民商法学者过多地较真。另一方面,我始终认为,在行政法领域有很大一块契约规制实践没有引起我们足够的重视,迄今处于非法治的状态,那就是"假契约"形态。

那么,"假契约"算不算是一种行政契约形态呢?在南京召开的 2001 年海峡两岸行政法学术研讨会上,我国台湾地区学者蔡文斌先生在评议我的有关论文时指出:"这种'假契约',在一般行政法学研究上,也可能定位为行政命令、行政的事实行为,或比较属于附款的行政处分,与公认的行政契约似乎尚有一段差距。"①我想借二版机会,一是感谢蔡文斌先生为我的发言认真准备的评议,读后我很受启发,二是作一个简单的回应。我以为,在"假契约"中仍然存在着合意,可能是部分强制、部分合意,终归是有一定的合意色彩在里面,而且,最终还是以双方签字的法律文件形式出现,会因此形成彼此的权利义务关系。在这两点上不同于具体行政行为和事实行为。但又因为合意的成分不那么充分,所以,也有别于传统上我们所认同的行政契约(其实多为"混合契约"),属于非典型的行政契约。对这些行政实践出现的新的现象与动向,我们不忙用既有的理论予以"打杀",或者"削足适履"式地硬将其装入既有的行政行为模式之中,而是平心静气地研究,假如这样的实践是有益的,那么,行政法理论也应该随之发生变化。我的本意也是想随着实践发展,进一步拉动行政契约理论的扩张与变革,而不是固守原先的行政

---

① 参见,蔡文斌:《评〈对行政法上"假契约"现象的理论思考——以警察法上各类"责任书"为考察对象〉》,载杨解君主编:《行政契约与政府信息公开——2001 年海峡两岸行政法学术研讨会实录》,362 页,南京,东南大学出版社,2002。那次会议原本应松年教授安排我作一个主题报告,却由于我爱人突然得了急性阑尾炎需住院开刀,儿子又小,所以只得将已经购得的车票退掉,没能参加会议,失去了与前辈、同行的一次宝贵的交流机会,甚感遗憾;同时也辜负了应老师的安排,深感歉意。

契约理论。当然,这样的企图能否实现,能否为前辈、同行所接受,还有待时日。

二

关于本书的体例,我尽量没有改变,只是增加了一编"对行政契约的司法审查";另外对行政契约的实例研究收录了我近年发表的一篇关于"假契约"的论文,当然也作了相应的充实和修改。附录一,收入了清华大学于安教授和我应邀到中国人民大学宪政与行政法治研究中心作的一次学术讲座。这次讲座也别开生面,与以往总是由一个学者来演讲的形式不同,而是由我们两个人就一个主题进行对话,同时也与主持人和听众相互回应、交流。附录二,收入了《行政程序法》(专家试拟稿)中"行政合同"一章的初稿,这是为全国人大法工委行政立法组应松年教授主持的《行政程序法》专家试拟稿草案起草的一个稿子。

对原书的内容基本没有改动,只是对其中有些已经发生制度变化的地方作了一些修改,比如《政府采购法》已经通过了,而我当时撰写时还只是讨论之中的草案,所以,对这部分稍加修改。另外,随着时间的推移以及对行政契约问题的不断思考,我对原书中的个别观点有所改变或者有进一步的理解,也一并就此更改、补充之。

二版的修改中补充进来的这些成果的研究,得到了教育部优秀青年教师资助计划项目"契约规制的理论与实践"(2003—2005)的支持,是该项目的最终研究成果。

感谢中国人民大学出版社的大力支持。

余凌云
2005 年春节于公安大学

一版自序

近年来,行政法学者已经觉察到,行政契约早已被用来作为推行行政政策的理想手段而为实践所接纳,尽管有关行政契约的理论上的论争还远远没有结束。对这个问题的理论上的兴趣也超出了国与国之间的界别。但令人遗憾的是,相较于西方而言,我国在这方面的理论研究远远滞后于实践的进程。因此,为了把握行政契约发展的理论"航向",必须对这一课题给予足够的关注。本书可以看作是为系统研究这一问题而作出的一种努力。

从结构上看,本书大致分为两部分:第一编是有关行政契约的基本理论建构,第二编对两种典型的契约形态的个案研究。

在第一编中,主要讨论有关行政契约的法学理论与观念,这当然也是行政法学研究当中必须解决的主要课题。在这里,我将尽可能地解决所有涉及政府契约权力行使的合法性与有效性问题,比如,如何在行政契约与普通契约乃至权力性行为之间划出明确的界限来?怎么调和契约的灵活性与依法行政理念的关系?为什么需要程序的规范?契约中权利义务的配置应是怎样?以及如何救济?等等。最后,我将提出有关中国行政契约制度建设的理论框架。

作为讨论问题的前提,我觉得有必要先对概念作一界定,即明确一下本书是在什么意义上来使用"行政契约"这个概念的,尽管对于这个问题不同的法学理论与传统会有着不同的理解。在这一点上,我的理解与德国行政法上的表述路数基本上是一样的。具体来说就是,强调行政契约当中必须包含着由行政法来调整的法律关系,这是行政契约区别于那些由私法规范的普通契约的重要"分水岭"。而行政契约必须在契约当事人合意的基础上才能生效的事实,又使得其有别于单方行政行为。

从历史分析的角度上看,行政契约其实是行政法制度与功能发生结构性变化的产物,又由于它有着传统规制所不曾有的优点而得到充分的发展。对其优点的表述很多,比如像尼尔豪斯(Michael Nierhaus)说的"公法契约是适合解决非常态案件的灵活工具"①,还比如用丹梯斯(T. Daintith)的话讲就是,行使分配利益权力,"有助于对政策选择的短期尝试和避免所必需的立法授权"②。但与此同时,行政契约的运用也会带来一些法律问题,其中最主要的问题是如何将契约实践纳入依法行政理念的框架当中。这就必须悉心发掘两者之间可能存在的任何潜在的冲突,并找出行之有效的解决办法。

大体上讲,行政契约无非是在地位平等的行政机关之间,或者在行政机关与相对人之间签订的,与此相对应,行政契约也可以大致分成两类:一是"对等契约",二是"不对等契约"。近年来的实践表明,后一种情形下,由于行政机关与相对人所处的不对等地位,极容易引发一些问题,比如,对相对人的歧视或者契约过分向行政机关倾斜。因此,在行政契约制度建设上,应对这些问题予以足够的关注,并积极寻求立法上的解决。像以往那样,我们也完全可以求助于程序来保障相对人的"讨价还价"的权利,来抑制行政机关滥用特权。当然,与此同时,我们也不能忽视对"对等契约"的规范问题。

为使契约所蕴含的公共利益与行政目的能够达成,就应当赋予行政机关较大的,然而又是适度的特权,比如,对执行契约方式的指导权、对违约的制裁权、基于公共利益需要终止契约的权利。但在后一种情况下,出于平衡契约利益的需要,应当赋予受到不利益影响的相对人要求政府补偿的权利。又由于契约目标的实现,在很大程度上,取决于行政机关对其契约责任的态度,因此,为督促行政机关履行其契约责任,从契约的权利义务配置上,也要允许相对人在行政机关不履行义务时可以要求赔偿或者诉诸法院。

由于行政契约是行政法上的问题,因此,由此产生的争议也应由行政复

---

① Cf. Michael Nierhaus, *Administrative Law*, Collected in Werner F. EBKE & Matthew W. Finkin(ed.), *Introduction to German Law*, Kluwer Law International, 1996, p. 95.
② Cited from P. P. Craig, *Administrative Law*, Sweet & Maxwell, 1994, p. 698.

议或诉讼来解决。当然,也不排斥其他的救济方式,像协商、调解或行政仲裁。但是,现行的行政复议暨诉讼制度的结构与运作还远远谈不上能够适应解决行政契约纠纷的需要,因此,《行政复议法》(尽管刚刚通过不久)与《行政诉讼法》不可避免地要予以相应修改、引入解决行政契约纠纷的特别规则,这仅仅是时间问题。

要想进一步理解与把握行政契约,采取个案分析阐述似乎是必需的。为此,我选择了两种极其重要的行政契约形态来做个案研究的素材。一个是"采购契约",是一种很典型的"混合契约";另一个是"治安承诺协议",是一种纯粹行政关系形态。对两种契约的实例研究有助于我们更好地分析行政契约问题。因此,在第二编中讨论的问题肯定有着其理论及实践上的价值。

在现代社会中,利用合同的规制,或者像丹梯斯所表述的那样,"新特权",是政府采购的一个特点。由于政府采购活动如今已非常广泛,政府就能够轻而易举地利用它所拥有的巨大的经济或"讨价还价"能力来实现其地区或全国性的社会经济政策目标。这将极可能在采购契约的内容中形成一定的行政法关系。那么,由此引申出来的是我们必须首先解决这种合同的规制在法律上是否成立,在这个问题上,英国的经验是有一定参考价值的,这也是为什么我要详细介绍与分析丹梯斯的理论的价值之所在。既使采购契约没有上面提到的成分,在特定情况下,为保证行政目的的实现,也同样可能在契约中为政府保留有主导性权利,存在着某些"公法因素"。但不论是上面提到的哪种情况,也就是说,不论是因合同规制而形成契约中的行政法关系,还是为保证契约所蕴含的行政目的的实现而在契约中规定行政机关的特权,都使我们有理由把采购契约识别为行政契约。另外,在采购程序中采购机关对所有竞标者都负有严守程序的责任,这种责任的开放性以及由此衍生出的救济的公法性,使得采购程序带有若干行政法上的特点,我们也很可能因此而将采购契约归到行政契约当中,当然,这种见解是否能成立,我不想作出过于武断的结论,而是欢迎更加理性的批判。

接下来,我将分析"治安承诺协议"。目前,这种行政契约形态受到了批评,批评的要点在于这种协议的合法性与有效性上,因为在批评者看来,这些协议是在缺少法律明确授权的情况下签订的,这种做法破坏了依法行政的要求。我却更愿意从行政契约角度来解释上面的问题,把协议中最具争议的赔偿的依据解释为是行政机关与相对人合意的结果,进而用行政契约的理论来为上述协议谋取合法性与正当性地位。

以上寥寥数语,意在勾画出本书的结构脉络,可作本书的导读。

余凌云

于中国人民公安大学

1999年12月29日

目录

推荐序一(许崇德) Ⅲ
推荐序二(皮纯协) Ⅴ
三版自序 Ⅶ
二版自序 Ⅸ
一版自序 ⅩⅤ

第一编
　行政契约的理论构造　　　　　　　　　　　　3

第二编
　行政协议的判断标准
　　——以"亚鹏公司案"为分析样本的展开　　139
　对行政协议的司法审查　　　　　　　　　　193

第三编
　政府采购合同
　　——围绕行政契约的识别标准的进一步展开　253
　治安承诺责任协议
　　——从行政契约视角对"杨叶模式"的个案研究　325
　行政法上的"假契约"现象
　　——以警察法上各类"责任书"为考察对象　347

主要参考文献　　　　　　　　　　　　　　　370
后记　　　　　　　　　　　　　　　　　　　378

第 一 编

行政契约的理论构造

目　次

一、引言：行政契约在现代行政法中的崛起及其引发的理论问题 / 4

二、行政契约的含义 / 22

三、行政契约的功能 / 44

四、行政契约的分类 / 50

五、行政契约与依法行政 / 64

六、民法原理在行政契约中的援用 / 75

七、确保行政目的实现的实体权利义务配置 / 86

八、对行政契约的程序规范与控制 / 104

九、行政契约的救济制度 / 117

十、结束语：对我国行政契约制度的基本构想 / 127

一、引言：行政契约在现代行政法中的崛起及其引发的理论问题[①]

政府可以作为私法上的当事人签订私法合同的历史由来已久。在普通法系国家，政府签订的此类合同原则上适用合同法的一般规则，但也受一些特殊规则的支配。而在大陆法系国家，此类合同完全受私法管辖，行政法则将其排斥在视野范围之外。但是，对于行政法领域中能否存在契约关系这一问题，在早期的以支配与服从为特征的传统行政管理模式中，是持根本否定态度的。

但是，伴随着民主思潮的激荡，福利国家（welfare state）、给付行政等新型国家目的观的出现，行政作用不再限于19世纪秩序国家所确立的保护国家安全和独立、维持社会公共秩序以及确保财政收入的消极秩序行政作用，而向积极整备环境、经济、地域空间等秩序行政方面，以及社会保障、公共役务的供给、资金补助行政等给付行政方面扩展，为达到上述行政目的，就存在着使用多种多样的手段的倾向。[②] 在这种背景下，行政契约（administrative contract）作为一种替代以支配与服从为特征的高权行政（Hoheitliche Verwaltung）的更加柔和、富有弹性的行政手段孕育而生了。

英国政府在1977年至1978年间为抑制通货膨胀在"白皮书"（White Paper）中公布了工资增长率不得超过10%的方针，但由于该政策不具有法律效力，政府就采用拒绝与拒不执行上述政策的相对人签订商事合同，或者在合同中加入要求相对人遵守上述方针的条款的方式，执行上述政策。[③] 在美国，政府合同中通常要求加入不同的条款，作为推进各种已确定的政策的方法，例如，保守机密信息、反对歧视、确保公平的工资、扶持小型或少数民

---

① 本部分的主要内容，曾以《论行政法领域中存在契约关系的可能性》为题，发表在《法学家》1998年第2期上。本书在此基础上作了进一步的修改。
② [日]石井昇：《行政契约の理论と手续——补助金契约を题材にして》，5页，东京，弘文堂，1988。
③ Cf. David Foulkes, *Administrative Law*, Butterworths, 1982, p.349.

族所有的企业,在签订合同的政府机构中都有专门机构负责执行上述政策。① 法国在第二次世界大战以后将行政契约广泛地应用到经济发展和资源开发方面,以改进传统的命令式的执行计划方式,并称之为政府的合同政策,② 而且,在非集权化(decentralization)时代,公共团体之间,包括中央政府和地方政府之间的"合同",是政治策略(political strategy)的一个重要方面。③ 德国出于行政实务上之事实需要,不顾理论上存在诸多反对意见,在草拟符腾堡行政法典和行政手续法时,对行政契约作了专门规定。④ 在日本,行政机关在市町村间教育事务的委托等行政事务方面、作为行政活动上必要的物的手段处分、管理和取得财产方面、利用公共设施与公共企业方面、有关财政补助以及公害防止等诸多方面,都积极地借助合同方式进行处理。⑤

我国行政契约的产生,与责任制思想的出现和向行政管理领域的渗透,以及经济体制由计划经济向市场经济转轨而引发政府职能和管理手段变化有关。时间上肇始于党的十一届三中全会以来的经济体制改革,特别是党的十三大报告中指出,"无论实行哪种经营责任制,都要运用法律手段,以契约形式确定国家与企业、企业所有者与企业经营者之间的责权利关系。"这段论述为我国行政契约的研究与运用提供了基本依据。在由计划经济体制向市场经济体制转型的过程中,政府在社会生活中的职能与角色向着宏观管理和间接控制方向转变,促使政府管理观念与手段发生变化,其中一个突出的表征就是,在传统上习惯使用行政方式的经济领域,也开始摸索借助合同方式强化和落实责任、调动和发挥相对人的积极性,以改善行政管理,提高公共财产的使用效率,推进经济体制改革。

最早出现在农业改革当中并被人们长时期称道的土地承包(农业承

---

① Cf. Peter L. Strauss, *An Introduction to Administrative Justice in the United States*, Carolina Academic Press,1989,p.285.
② 王名扬:《法国行政法》,179 页,北京,中国政法大学出版社,1989。
③ Cf. L. Neville Brown & John S. Bell, *French Administrative Law*, Oxford University Press Inc.,1993,p.193.
④ 翁岳生:《论西德一九六三年行政手续法草案》,见《行政法与现代法治国家》,221 页,台北,台湾大学法学丛书编辑委员会编辑,1979。
⑤ [日]石井昇:《行政契约の理论と手续——补助金契约を题材にして》,6~7 页,东京,弘文堂,1988。

包),以及受其影响而出现在工业改革中的国有企业承包,都是明显的例子。这之后的例子就更多了,比如,在物资计划管理中,从1992年起,国家陆续颁布法令试行用国家订货方式代替原来的重要物资的指令性计划管理,作为政府干预经济的调控手段。① 从实施的效果看,这比指令性计划的执行情况要好。在国有资产管理中,上海市房屋土地管理局、国资办、财政局尝试与企业签订授权经营合同,以盘活国有房地产存量,从而理顺资产所有者与使用者的关系,既保证了国有资产的收益,又调动了经营者的积极性,使国有资产保值增值的责任落到实处。② 而且,随着承包和责任制思想的深入人心以及政府的积极倡导和推广,甚至在很多行政管理领域,也开始出现了各式各样的"责任书"和契约形式。比如,在计划生育管理和治安管理中,在《深圳市1995年人口与计划生育目标责任制包干方案》和《深圳经济特区社会治安综合治理条例》(1994)中,分别要求单位和所属政府间签订人口与计划生育目标责任合同,单位和综合治理委员会之间、房屋出租人和承租人与公安派出所之间签订治安责任合同,以确保责任落实到单位、落实到个人。

"契约",亦称"合同",原本是私法的范畴,将其移植到行政法领域中是否可能?或者说,行政契约概念③本身能否成立?在普通法国家中,虽然不乏政府在公共管理领域中运用合同方式的实例,但在理论上对上述问题基本没有疑义,也根本不会提出这样的问题。其中的原因,是与普通法国家原则上不区分公法(public law)和私法(private law),以及采取单一救济途径模式有关。尽管近来迪泼罗克(Diplock)在审理 O'Reilly v. Mackman (1983)AC 237案中将公法和私法权利的二分法引入英国法,但这种二分法

---

① 国家计委在1992年10月28日印发了《关于对部分生产资料实行国家订货的暂行管理办法(草案)》和《1993年对部分生产资料实行国家订货的具体实施办法》,同年12月31日印发了《关于下达1993年小轿车国家订货指标的通知》;1993年8月13日国家计委、国家经贸委、国家体改委联合颁布了《关于对部分生产资料实行国家订货的暂行管理办法》。

② 参见《上海盘活国有房地产存量试点开始——十四家企业与政府部门签订授权经营合同》,载《人民日报》,1996-04-16。

③ 在我国的行政法教科书中一般称"行政合同",在本书中,我是在同一意义上使用这个概念的,之所以采用"行政契约",纯属个人偏好,当然,也有尽量和德国、日本以及我国台湾地区行政法学上的"行政契约"在概念用语上一致的考虑。

在判例法上的结果仍然是不清楚的。① 因此,可以说,英美法制度依然保持着其原有的突出特色:由普通法院,而不是特别的行政法院,来裁决涉及行政行为有效性的案件。行政机关也与私人一样适用一般的法律,只是由议会法(Acts of Parliament)略加修改而已,② 行政法的基本原则也是由普通法院从私法原则中归纳而出。③ 正因为在法律结构上没有公法与私法观念的显著差别,将私人间缔结合同的行为方式援用到公共管理目的上来,也不会产生什么疑问。而且,普通法或制定法上原本就允许政府拥有缔结合同的权限,比如,英国历来就认为,国王(the Crown,在近代更多地以中央政府的名义出现)缔结合同的权利与私人一样直接来源于普通法,被视为固有的(inherent)、不需立法授权的权利。④ 更为重要,而且也为英美行政法上大量判例所证实的是,政府合同上发生的争议,也能寻求普通法院的救济。正是由于在公共管理领域运用合同手段,无论在实体权限上还是法律救济上,都与私人间缔结合同极其近似,也就没有区别行政合同与私法合同的实际意义。因此,普通法制度中也就不存在与私法合同相对的行政契约概念,只是

---

① Cf. L. N. Brown & J. S. Bell, op. cit., p. 4. 在英国法中,对公法与私法区分的讨论主要关注的是,在申请司法审查上作出此种明确而实质的界限划分是否可能,是否合乎需要,以及如何定位。这种争论通常涉及到 R v. Panel on Take-overs and Mergers, ex parte Datafin plc, 和 R v. Disciplinary Committee of the Jockey Club, ex parte Aga Khan 等判案的优缺点,以及现已被逐渐淡忘的特别规则(exclusivity rule)。Cf. Nicholas Bamforth, "*The Public Law — Private Law Distinction: A Comparative and Philosophical Approach*", collected in Peter Leyland & Terry Woods(ed.), *Administrative Law Facing the Future: Old Constraints & New Horizons*, Blackstone Press Limited, 1997, pp. 136—137. 有些论者同意保留公法与私法在观念上的区别,但又希望避免可能出现的诉讼程序上的累赘与麻烦。Cf. Fredman, Sandra & Morris, illian, "*The Cost of Exclusivity: Public and Private Re-examined*"(1994) *Public Law* 69 at pp. 84—5; "*Public or Private? State Employees and Judicial Review*"(1991)1 *Law Quarterly Review* 298 at pp. 315—6. 也有的学者干脆主张全部抛弃这种区分。Cf. Harlow, Carol, "'*Public*' *and* '*Private*' *Law: Definition Without Distinction*"(1980)43 *Modern Law Review* 241; Allison, J. W. E., *A Continental Distinction in the Common Law: A Historical and Comparative Perspective on English Public Law*, Oxford, Clarendon Press, 1996.

② Cf. H. W. R. Wade & C. F. Forsyth, *Administrative Law*, Oxford: Clarendon Press, 1994, p. 12.

③ Cf. Bernard Schwartz, *French Administrative Law and the Common-Law World*, New York University Press, 1954, p. 3.

④ Cf. Terence Daintith, *Regulation by Contract: The New Prerogative*, collected in D. J. Galligan(ed.), *Administrative Law*, Dartmouth, 1992, p. 216.

以形式为标准,将以政府为一方合同当事人签订的合同统称为政府合同(government contract)。① 也正因如此,普通法的上述实践对我们探讨行政法上能否成立行政契约,没有实质意义。也就是说,我们根本无法从原本就缺乏公法与私法区别的制度背景的普通法国家的实践中去弄清楚行政契约概念到底能不能成立。

但在实行按公私法标准区分救济管辖的大陆法国家,情形就不是这样了。因为渊源于罗马法的历史传统,大陆法国家实行公法与私法的界分。这种界分必然导致至少两个方面的行政法上的实际利益:一是在行政法律关系中,国家具有优越于私人的地位,私人有服从公权力的义务,因而国家与私人间处于地位不对等的从属关系(Subordination),从而有必要构建与私法原理截然不同的公法(行政法)来专门地调整。二是在法律救济的途径上,凡涉及公法争议,都由行政诉讼解决。正是有着这样的界分,在公法与私法领域运用契约,就可能有着截然不同的法律效果,适用不同的法规以及不同的救济管辖,行政契约的概念也就成了具有大陆法传统的国家所特有的、与私法合同相对的概念。

然而,从这种传统的行政法理论的视角来看,契约上的平等观念在以支配与服从关系为特征的行政法领域到底能否有生存的空间,却颇成问题。换句话说,就是私法上的合同肇基于平等主体间的合意,而在行政法领域,政府和相对人之间的关系属权力支配关系,似无对等自由合意之可能。无怪乎瑞士学者吉尔克麦蒂(Z. Giacometti)断言公法契约一词乃是自相矛盾之用语。② 而且,在法谚上也有"国家不(与百姓)订合约"(Der Staat paktiert nicht)之说。更为重要的,传统上用来控制具有支配效果的公权力行使的依法行政原则,与契约概念中的契约自由难以并存,在本质上不易调和。③ 退一步说,在原有的公法

---

① 余凌云:《论行政契约的含义——一种比较法上的认识》,载《比较法研究》,1997(3);以及本书第一编第二部分。
② Cf. Z. Giacometti, *Allgemeine Lehren des rechtsstaatlichen Verwaltungsrechts*, Bd. I, 1960. S. 44f. 转引自吴庚:《行政法之理论与实用》,363页,及注5,台北,三民书局,1996。
③ 参见吴庚:《行政法之理论与实用》,362页,台北,三民书局,1996。又,我国台湾地区"大法官"李志鹏也认为:"行政契约与依法行政原则抵触…如果容许此种行政契约施行,岂不回归封建专制时代?由法治回归人治?"转引自林明锵:《行政契约法论》,载台湾大学《法学论丛》,第24卷第1期。

框架下,即便是勉强在传统的行政行为之外构筑行政契约理论,也会因原来行政诉讼仅为解决权力支配关系的行政行为而设计,行政契约在其中无法寻找救济的可能,而使得从行政法角度构筑行政契约理论没有实际意义。①

正是出于以上缘由,行政契约概念能否成立,遭到一些大陆法国家的学者的怀疑。曾在德国行政法学发展史上起过奠基作用的奥托·迈耶(Otto Mayer)在1888年所著的一篇名为《关于公法契约之学说》中明确反对在公法领域存在契约关系,②主张以顺从之行政处分(Verwaltungsat auf Unterwerfung)代替公法契约。③ 被誉为"新行政法学创始人"的德国学者福斯多夫(E. Forsthoff)也以"行政契约制度会将行政权这种优越地位加以'拟制平等化'的破坏"为由,持反对态度。④ 另一位著名的德国学者詹宁雷克(Georg Jellinek)也是宁愿提倡双方行政行为(zweiseitiger Verwaltungsakt),也不采用公法契约。⑤ 日本和我国台湾的一些学者也有同感。⑥ 我国大陆行政法学者在讨论行政契约时,一般将此理论问题作为先验的假设前提而不加以思考和专门的论证,或者仅通过论证行政契约与民事合同之间存在着原则性区别,来附带地、间接地说明行政契约概念是能够成立的,但有些从事民法和经济法研究的学者以及部分司法与行政人员对行政契约能否存在则颇有非议。

正是因为在理论上存在着否定论调,所以,必须予以辩驳,否则,对行政契约制度的理论探讨也就无从谈起,而且,直接危及政府在行政管理实践中

---

① 从日本历史上看,这是影响日本行政契约理论构筑与发展的很重要的原因。参见杨建顺:《日本行政法通论》,517~518页,北京,中国法制出版社,1998。

② Otto Mayer, Zur Lehre vom offentlichen Vertrag, AoR(3), 1888, S. 22. 转引自陈新民:《行政法学总论》,264页,及注13,台北,三民书局,1997。

③ Cf. Otto Mayer, op. cit. 转引自吴庚:《行政法之理论与实用》,362页,台北,三民书局,1996。

④ 转引自陈新民:《行政法学总论》,264页,及注13,台北,三民书局,1997。但是,福斯多夫(E. Forsthoff)后来也转向主张采用行政法原则来处理政府采购问题,Cf. Fortshoff, *Traite de Droit Administratif Allemand*, Translation by Fromont, Brusses, 1969, at 415ff. Cited from Jose M. Fernandez Martin, *The EC Public Procurement Rules: A Critical Analysis*, Clarendon Press, Oxford, 1996, pp. 272-273.

⑤ 吴庚:《行政法之理论与实用》,362页,台北,三民书局,1996。

⑥ 张镜影:《行政契约与行政协定》,见刁荣华主编:《现代行政法基本论》,96页,台北,汉林出版社,1985。

运用契约手段的可能性。我们对上述理论见解的反思与批判,仍然必须放在公法与私法区别的大背景下进行,来调和行政契约与原有行政法理论的关系,而不能像普通法那样抛开了这种公法与私法的分别来谈在公共管理领域运用合同手段问题,否则,行政契约概念本身能否存在,就颇成问题了。在否定论以上三个方面理由中,由于围绕着权力支配关系而建立的行政诉讼制度没有给行政契约留下空间,从而有损于行政契约理论建构的实际意义,这个问题其实是纯立法技术问题,只要行政契约概念能够成立,那么,这个问题也极易通过修改行政诉讼的受案范围以及建立相关程序制度来加以解决。所以,下面我们着重看看契约当事人地位平等究竟是不是实现合意的必要前提,进而成为左右行政契约能否成立的关键因素,以及依法行政理念到底能不能与契约自由相调和,能在多大程度上进行调和。

以行政法关系的不对等来否定契约关系成立的可能性,是建立在这样一种认识基础之上,即契约的本质是合意,而合意有效成立的前提是双方当事人法律地位必须平等,从而能够立于彼此利害相反的地位,交互为意思表示。而在行政法领域之中,政府和相对人之间形成的是以命令和强制为特征的权力服从关系,没有地位对等可言,因而真正自由的合意也就无从产生。

其实,这种观点过分拘泥于民法理论以及传统的高权行政(HoheitlicheVerwaltung)理论,而没有敏锐地体察到现代行政法发展所带来的变化,因而是失之偏颇的。我们对行政契约的思考,不必羁束在传统的公法行为理论框架内,完全可以跳出以往的那种认为公法行为必定是行政机关单方意思表示的权力行为、公法关系必定是权力服从关系的思维定式,而承认可以采取双方协商合意的非权力行为方式。

正是从这个意义上,日本著名行政法学者田中二郎对否定行政契约存在的观点进行了批判。他指出:"一般说来,对通说认为公法关系即支配关系、公法行为即权力性行为的见解,是不能赞成的。我们不得不承认,公法关系中也存在非权力服从的支配的关系,故公法行为中也存在非权力性行为的行为,在公法上的关系中,不限于上下的关系,对等者的关系也可能成立。"[①]也就是说,国家在实现行政目的的方式上完全可以是多样化的,这不

---

① [日]田中二郎:《公法契约论序说》,见《行政行为论》,284页,东京,有斐阁,1954。转引自杨建顺:《日本行政法通论》,514页,北京,中国法制出版社,1998。

取决于原有理论是否承认,而取决于有没有这种现实需要以及国家法律有没有加以规定。

现代行政法的发展也为在行政法领域形成契约关系提供了合意的基础,为公法关系中援用多种手段,特别是契约手段创造了可能。在现代法治国家,随着给付行政(Leistungs Verwaltung)的兴起,特别是民主思想的激荡,传统上以支配和服从为特征的高权行政运用的领域相对来讲已大大缩小,而且,其形成的权力服从关系,也是通过法律对政府和相对人彼此间权力(利)义务的不对等配置体现出来的。在这种不对等的权力(利)义务配置框架中,也存在法律没作规定之处,在这个法律没有赋予政府权力及相对人相应义务的领域,政府在依法行政理念的支配下对这个领域中的事务不能采取高权行政,相对人也没有必须服从政府领导的义务。而政府为实现行政规制目标,当然可以与相对人进行充分协商,劝导其自愿接受政府政策。日本1964年"横滨方式之公害防止协定"的创设就是典型的例证。①

日本学者野村淳治也指出:"国家与人民间之权力服从关系为相对的。在法治国家,人民仅能在法律规定范围内有服从之义务,质言之,人民亦有其限度内之自由意思,基此限度自由意思而缔结契约,在法律上应属可能。"②另一位著名的日本学者美浓部达吉更是旗帜鲜明地肯定在公法领域也存在合意的可能,甚至认为,即便是国家是处于优越的意思主体的地位时,也不例外。也就是,即使在权力与服从关系下,也不意味着一味地通过命令强制手段来形成公法关系,原则上也不排斥可以通过契约的方式来形成公法关系。他指出:"有人以为契约的观念是专从私法发达而来,因而主张所谓契约为当然仅指私法上的契约而言。其实,契约的观念若可解作'因当事者双方的同意而发生其所冀求之法律的效果的行为',则契约绝不限于

---

① 1964年日本横滨市对欲在该市沿岸的海埔新生地设置发电厂的电气事业者,直接具体约定其必须采取必要的公害防治措施和对策,这种方式后被称为"横滨方式之公害防止协定"。其产生的背景是,当时中央法令对公害规制规定不充分,且公害法制仅于"公害防治与经济发展之调和"限度内方能实施,地方公共团体为避免自行规定较中央立法严格的公害规制而与中央立法相抵触,就积极地和企业交涉,约定其采取较中央立法严格的公害预防措施。参见刘宗德:《日本公害防止协定之研究》,载《政大法学评论》,第38期。
② 转引自张镜影:《行政契约与行政协定》,见刁荣华主编:《现代行政法基本论》,96页,台北,汉林出版社,1985。

私法的区域,在公法的区域中亦不乏其例。这是经过许多学者论证的正当主张,虽然至今尚有一部分学者否定'公法上的契约'的观念,亦不足损其价值于分毫。不但对等的公共团体之相互关系常有依双方的同意而构成公法关系之例,即在国家(或公共团体)和人民间的关系上,即当国家站在优越的意思主体的地位而对付人民的场合,两者间的法律关系之形成,亦不是绝对不许人民参加意见的。当必要时国家固然可以单方的意思去命令和强制人民。但在事件的性质上没有违反对方的意思而加以命令强制之必要,或违反对方的意思而加以命令强制为不适当时,尊重对方的意思之自由,依同意而构成国家与人民间之一定的公法关系,亦当然不能说是违反公法关系的性质。"①

既然居于不对等地位的行政机关与相对人之间都可以存在合意的可能,更不用说,居于对等地位的行政机关之间关系,如果没有法律予以调整或者法律不禁止的情况下,自然可以通过协商解决。这方面的实例很多,比如,跨省、市间政府互相签订的关于道路交通管理、资源保护、环境卫生、经济技术合作以及人才交流等协议。我国的行政契约实践甚至走得更远,出现了行政机关为调动其所属的下级机构或公务员的主动性与积极性,在布置行政任务或落实责任制时,也采用协商的方式,例如,1988 年 9 月 10 日陕西省政府与 10 个地、市的专员、市长,以及 25 个省级厅、局级的厅、局长签订的 1988 年至 1992 年经济目标责任书,省市政府与下级政府签订的有关环境保护、计划生育、文化教育、经济发展、社会治安等目标责任协议书。② 综上所述,我们可

---

① [日]美浓部达吉:《公法与私法》,95~96 页,台北,商务印书馆,1963。美浓部的这段论述,也为我下面要论证的"行政契约的成立,与当事人间地位对等抑或不对等没有很大关系,而是取决于双方能否实现真正的合意"这一观点提供了强有力的论据。

② 该资料引自宋梁凤(现在洛阳市中级人民法院工作)的硕士论文,谨向其表示感谢。我们也承认,在实际执法中,有的行政机关虽然表面上是通过签订责任书的协商方式向所属下级机构或公务员布置行政任务或落实责任制,但在实际操作中,这种责任书在签订过程以及内容确定上均不存在协商的可能,也就是俗话说的"签也得签,不签也得签",使签订责任书实际上等同于行政命令。我以为,这种现象反映了在实际执法中行政机关对行政契约运用的把握上是存在问题的,但我们不能因为实践上存在偏差进而否定在行政机关和其所属下级机构或公务员间存在行政契约的可能。而且,从实践反馈的情况看,有的行政机关在下达行政指标之前的确是与下属部门协商,并根据下属部门提出的负担任务的可能和条件而订定的,这实际上就是一种合意。当然,这种契约形态是很特殊的,我们称之为"假契约"(pseudo-contract),可以视为是市场经济理念向行政管理领域渗透的一种表现。关于这方面的问题,我在后面的论述中还会有所涉及。

以毫不迟疑地结论道,在行政法领域是有合意存在之基础和空间的。

接下来,让我们转入到更加关键和核心的问题,看看地位的对等或不对等对合意的实现到底有没有关系?有什么样的关系?重点是要弄清楚,行政法上的合意的实现的原理是什么?它与民法上的合意的形成到底有着怎样的不同?

在行政法上,互不隶属的行政机关间,在法律没有规定,或者虽有规定,但却导致双方职能管辖重叠冲突时,当然可以立于平等地位协商处理行政事务,从而实现合意。我们在行政区域争议解决以及境界地的道路管理等诸多方面都可以找到实例。比如,在有些地方,对于公路两侧的违章建筑的处理,由公路局和城建委协商,在公路防护区内归公路局管辖,防护区以外归城建委管辖。在这里,合意的形成当然很好地契合了上述民事合同的相关理论。

但是,行政机关与相对人在契约订立以及履行时,双方的地位事实上却是不对等的,这可以说是基本的事实。保持这种不对等也是必要的,这是因为行政契约是用于推行行政政策的,必须保持政府在契约中的主导地位,才能引导契约向着行政机关所预期的特定行政目的实现的方向发展。不承认这一点,我们就无法理解,为什么要在行政契约中确认行政机关的特权,并且还成为现代行政契约理论的发展趋势?为什么法律要着重针对行政机关而非相对人的缔结契约的程序加以专门的规定?这个问题反过来看,如果说双方当事人的地位不是不对等的,那么,也就根本不大可能出现上述与民事合同很不相同的制度,并成为行政契约的一种"恒常的表征"。但是,对于这种不对等情况下合意是怎么形成的,显然就无法借助上述民事合同理论来加以说明了。那么,怎么来解释呢?

法国行政法上干脆就将行政契约视为实质上是不对等当事人间的商定(arrangement)。[①] 当然,由此会产生一个结果,即法院必须仔细鉴别,到底在多大程度上这种商定是真正的双方行为,进而成其为契约;在多大程度上

---

① 受法国理论的影响,作为一般公共利益的代表,行政机关在西班牙法律制度中所享有的特别优越的地位(special pre-eminent position)同样也在其所缔结的契约关系中得到反映,Cf. Jose M. Fernandez Martin, op. cit., p.110. 这也可以说是又一国别存在不对等基础上却能形成契约关系的例证。

属于要相对方同意的单方行政决定。在实际判案中,法院就曾将某些契约规制(regulation by contract)行为,如限定价格,特别是实际上具有规制效果的集体协议(collective agreement),判定为单方行政行为(unilateral administrative acts)。所以,在法国,合作行政(administration by collaboration)似乎并没有导致契约范围的扩大。① 法国的经验表明,不对等地位当事人之间并非不能缔结行政契约,承认这一点,也并不会导致行政契约与行政行为的混淆。

德国实际上也存在一种行政机关与相对人居于事实上不对等地位而缔结的契约,亦即"隶属契约"(subordinate contract, subordinationsrechtlichervertrag)。尽管在法律上拟制契约当事人双方地位平等,并认为上述事实上的地位不对等,与契约内容无涉,但是,契约当事人地位事实上不对等,很可能会对契约订立带来种种影响的担忧,却是挥之不去的。因此,德国行政程序法特别从契约的内容禁止(比如"禁止连结负担",Koppelungsverbot)以及程序要求(比如以书面方式缔结,上面必须有相对人的同意签字)等方面来防范这种事实地位的不对等可能造成的问题。所以,契约合意的实现,实际上并不在于双方法律地位的拟制"平等",而在于法律对契约内容的事先限定,以及对缔约程序的规范。

从上述分析可以看出,在签订契约过程中,对等地位对于合意自由性的实现,仅仅只是充分要件而不是必要要件。平等地位能够实现自由合意的事实,并不否定在不对等基础上就不能实现自由的合意。在这里,问题的关键不在于契约当事人地位是否平等,而在于能否真正实现合意。正是在这个意义上,吴庚教授在阐释行政契约为双方法律行为时深刻地指出:"因双方意思一致而成立之法律行为,并非谓参与契约之当事人法律地位全盘对等,亦非谓在一切法律关系上之对等,乃系指就成立契约之特定法律关系而言,双方意思表示具有相同价值(gleichwertig),而有别于一方命令他方服从之关系。"②这意味着,对问题的思考应转到"合意",也就是双方意思的自由表达上。法律上或事实上双方地位是否对等,都无关宏旨。

自然,这种地位不对等状态存在着压制相对一方意思的自由表达、使行

---

① Cf. L. Neville Brown & John S. Bell, op. cit., pp. 192—193.
② 吴庚:《行政法之理论与实用》,370 页,台北,三民书局,1996。

政契约滑向行政命令的危险。为使合意能够真正实现,我们一方面可以针对这种不对等可能会对契约内容造成的扭曲加以事先的法律防范,另一方面可以引入行政程序,通过赋予相对一方程序上权利(取得充分信息权、要求听证权、反论权等),课加行政机关程序上义务(说明理由、公开行政、回避等义务),使处于弱势的相对一方在进入协商与履行阶段后,其地位能够提升到与行政机关相互抗衡和讨价还价的状态,从而实现自由对话与交流意见,排斥行政恣意。与此同时,完善行政救济途径,建立有效的归责机制,通过对行政程序形成的抉择方案及过程进行客观的评价,保证这种选择是建立在彼此自由合意的基础上。

因此,行政机关与相对一方间的不对等地位并不必然排斥彼此间自由合意实现的可能性,而只能说,行政契约上自由合意的实现,有其不同于民事契约的特点,亦即,合意是在不对等地位基础上,通过事先对契约内容的限定、有效的行政程序和救济,来保障处于劣势的相对一方当事人自由表达意思而形成的。由此观之,有些行政法教科书上断言"行政契约为双方当事人立于平等地位达成的协议",实在是有些草率。

否定行政法领域存在契约关系的另一个重要论据是,在依法行政的理念下,行政机关对于行政权的行使要受到来自法律方面的约束,是不自由的,这就缺乏讨价还价的权利处分基础,因而,也就不可能实质上享有契约自由。

那么,依法行政理念对行政权行使的羁束性,能不能与契约概念中所具有的自由性相调和?怎么调和?对于这个问题,有不少学者尝试着从各种角度进行解答。

一种见解是引用罗马法上的格言"出于自愿者不构成损害"(Volenti non fit iniuria)来说明只要契约出自当事人自愿就能阻却违法。也就是说,行政契约为当事人自愿约定,可以不受依法行政的羁束。但是,这种解释对建立在"当事人意思自治"基础上的私法关系尚属可以,对公法关系则不适用。罗马法的另一条法谚"私人约定不能变更公法规定"(iuspublicamprivatorumpaciamutarinequit)说的就是这个道理。[①]

因为行政契约所引发的法律问题,主要是与依法行政中的法律保留原

---

① 参见吴庚:《行政法之理论与实用》,363~364页,台北,三民书局,1996。

则的冲突，所以，德国学者克拉克(Grober-Knack)、渣任(Zahlen)等就从法律保留入手，来解决行政契约与依法行政之间的紧张。在他们看来，法律保留主要适用于干涉行政，而在给付行政范畴中，原则上不适用，这就给公法契约留下相当大的自由缔结空间。① 这种解释对突破传统上那种认为在给付行政中不是使用行政处分就是采用私法合同的理论束缚，具有积极的意义。但同样也遭到批判，批判的要点是：给付行政与干涉行政的界限，并非泾渭分明，因此，主张给付行政不受法律约束，有缔约自由，毕竟过于笼统。② 而且，在法治国家中，法律保留不仅适用于行政处分，而且，还应适用于包括行政契约在内的其他行政方式。③

德国学者斯藤(K. Stern)、果德勒(D. Goldner)等则试图通过借鉴民法概念来建立公法上缔结契约自由的范畴。斯藤(K. Stern)将行政法规分为处分性规范和非处分性规范，认为法规有明文规定，容许以行政契约作为行政作用之方式，固不发生问题。若法规沉默而无明文规定时，亦可从法规沉默的背后，得出行政契约自由缔结之空间，此类法规可称之为处分性法规(Dispositivnorm)。④ 果德勒(D. Goldner)则采取民法上强行法与任意法的分类，作为说明行政法上契约自由的尺度。依其见解，任意法并非指当事人任意约定，可以变更国家之公权力管辖界限，亦非谓此一概念系将客观的行政法规范置于契约当事人处分权限之下，而系以任意法充当行政活动受法律拘束之内在范围(immanenteGrenzen)，或于任意法为允许背离法定模式(Regelungsmodell)之一种授权。至于如何在行政法规中，决定何者为强行法？何者属任意法？则应由法规内容及目的判断。⑤ 这种学说的缺陷主要

---

① Cf. A. bleckmann, Subordinationsrechtlicher Verwaltungsvertrag und Gesetzmassigkeit der Verwltung, VerwArch, 63(1972), S. 431. 转引自吴庚：《行政法之理论与实用》，364 页，台北，三民书局，1996。

② Cf. K. Stern, Zur Grundlegung einer Lehre des offentlich-rechtlichen Vertrages, VerwArch, 49(1958), S,104; Mauz/Durig/Herzog, Kommentar zum Grundgesetz, 1987, Art, 20, Rn. 129, 138. 转引自吴庚：《行政法之理论与实用》，364 页，台北，三民书局，1996。

③ A. Beckmann, aaO., S. 431ff. 转引自吴庚：《行政法之理论与实用》，364 页，台北，三民书局，1996。

④ AaO., S. 131ff., 34. 转引自吴庚：《行政法之理论与实用》，364～365 页，台北，三民书局，1996。

⑤ D. Goldner, Gesetzmassigkeit und Vertragsfreiheit im Verwaltungsrecht, Jurisenzeitung, 1976, S. 356. 转引自吴庚：《行政法之理论与实用》，365 页，台北，三民书局，1996。

是仿照民法将行政法规作上述分类,恐怕较难为人们所普遍接受。① 当然,其中也有合理的因素存在,特别是从分析法条性质入手的研究方法,与目前行政契约中的"容许性"理论有某些相似之处。

再有一种见解,以布林格(M. Bullinger)为代表。主张以裁量概念,作为判断有无契约自由的标准。申言之,行政机关只有在法律赋予其自由裁量权时,才有选择契约作为行为方式的自由。② 但该学说也受到学者的批判,主要是因为该学说将行政作用方式的选择,和实际作为时的自由判断混为一谈。而且,法律设立裁量的目的和性质,与行政契约有很大的不同。申言之,行政裁量系立法者为顾及具体情况而设,俾行政机关执行法规之际,得针对个别事件之特殊性,采取公平适当措施,行政契约则显非为此目的而设,契约内容之形成具有弹性,并受对造意思之羁束,与裁量处分性质上差别甚大。③ 上述批判有一定的合理性,但也有些偏颇之处,裁量与契约所包含的自由概念,当然有着若干相似之处,④特别是裁量既然包含选择行为的方式,自然选择行政契约方式也应在其中,所以,行政契约在一定程度上是附着在裁量之上的。

还有一种见解为瑞士学者英博登(M. Imboden)所倡导,主张将行政法分为行为法(Verhaltensrecht)和机关法(organizatorishesRecht),凡法规以不特定人为对象,内容抽象,其执行的时间与地点均未确定,而且,有待于执行行为具体化的,称为行为法;反之,机关法是以某一官署或行政主体为对象,规定其权限及处理事务的程序,而非以不特定多数人为对象。在机关法范畴内,行政主体依据其组织权限,有权缔结行政契约或从事其他法律行为,而不必像行为法那样受到严格的限制。⑤ 该学说是以瑞士的法律结构作

---

① Stern, aaO., S.144; Goldner, aaO., S.358. 转引自吴庚:《行政法之理论与实用》,365页,台北,三民书局,1996。

② H. Grund, Die Konkurrenz zwischen subordinationsrechtlichen Verwaltungsvertrag und Verwaltungsakt, DVBl. 1972, S.884ff. 转引自吴庚:《行政法之理论与实用》,365~366页,台北,三民书局,1996。

③ H. Grund, aaO., S.886. 转引自吴庚:《行政法之理论与实用》,366页,台北,三民书局,1996。

④ 吴庚:《行政法之理论与实用》,366页,台北,三民书局,1996。

⑤ Max Imboden, Das verwaltungsrechtliche Vertrag, Basel 1958, S.76f, S.78. 转引自吴庚:《行政法之理论与实用》,366页,台北,三民书局,1996。

为依据,而且,所谓依据权限而有缔约自由者,并非泛指一切行政事务,而是仅限于三类有限的项目:一是地方自治团体之间,订立公法契约,设立新的行政组织。二是行政主体与公法或私法上团体甚至私人,成立经济补助协议(Subventionsvereinbarung),将那些不必由行政机关直接执行的有关生存照顾事项等行政任务委托给上述团体或私人行使。三是不涉及经济补助协定,由私人契约履行与公众有关的经济事务。① 正因为该学说的构建具有很强的地区情景,这就限制了该学说的适用。从机关法(亦即组织法)角度,来划定契约自由与缔约权限,仍不失有一定参考价值。由于该学说仅将缔结行政契约自由的事件限定在上述三项,这与目前行政契约理论中对缔结契约普遍仅要求有组织权限而不具体限定适用范围的主张有一定距离。

最后一种见解是,德国学者果德勒(D. Goldner)采取类比的方法,以私法合同亦非绝对自由、也要受到法律的限制为例,来说明契约自由与受法律羁束并非绝对不能相容。② 这种学说对消除依法行政与契约自由不相容之概念困境有一定的作用,但仍然无法建立一项明确的标准,以划分依法行政与契约自由的界限,完全解决其冲突与矛盾。③

我以为,在特别强调对行政权随意性约束的传统依法行政理念基础上,推导出依法行政与契约自由是无法调和的结论,是很正常的。但是,随着政府由消极行政转向积极行政,传统的单纯强调约束行政权随意性的依法行政理念,也相应地向实现既约束行政权随意性又维护行政权机动性之间平衡方向转化。在保障行政权机动性的口号下,行政机关享有较大的裁量权,可以根据时势需要以及考量行政目的而选择适当的行政手段。而且,在不与法律相抵触的情况下,政府可以直接根据组织法规定的权限主动追求行政目标的实现。甚至在有些情况下法律还特别授予政府签订行政契约权力。这些都为政府签订行政契约提供了权力基础。

英国1972年《地方政府法》(Local Government Act)第111条规定,地方行政机关有权实施任何能够推进、配合或有助于其履行职责的行为,英国

---

① 吴庚:《行政法之理论与实用》,366～367页,特别是注16,台北,三民书局,1996年。
② D. Goldner, aaO., S. 358. 转引自吴庚:《行政法之理论与实用》,367页,台北,三民书局,1996。
③ 吴庚:《行政法之理论与实用》,367页,台北,三民书局,1996。

行政法理论与判例将该规定解释为赋予了行政机关签订契约的一般的、广泛的权限。① 德国《行政程序法》第54条在"公法契约之适法性"标题下确认"公法上之法律关系,得以契约设定、变更或废弃之(公法契约),但法规另有相反者规定者,不在此限",这种对行政契约缔结不要求特别授权的观点,代表了现代行政契约理论发展的趋势。我国也通过国有企业承包、租赁等单独立法,明确行政机关的缔约权。

当然,由于行政契约是作为推行行政政策以实现行政目的的手段,所以,在缔结契约以及形成契约内容等环节,一般都存在着法律或事实上的强行规定,且在依法行政原则的支配下,行政机关行使行政契约权要受到诸多限制。因此,契约自由原则在行政契约中适用的程度与民事契约不同。民事合同中,双方当事人只要不违反有关公共秩序和善良风俗的法律,就享有绝对的自由。但在行政契约中,双方当事人就不能享有同样的自由和自治(autonomy),否则,就会有使公务商业化的危险(a danger of commercialization of administrative services),使行政契约沦为纯粹是在对价互惠(reciprocal benefits)问题上的讨价还价。② 行政契约中的契约自由的边际是由合行政目的性原则与依法行政理念划定的,因而双方当事人的合意空间是有限的。正是在这个意义上,我国台湾学者林纪东先生指出:"公法与私法相反,以契约不自由为原则,唯在不抵触法规之限度内,公法上契约始得有效成立。"③

在这里,我们要注意,不能走向另一个极端:彻底否认契约自由。这是因为,契约自由与合意两者之间是有一定的内在联系的,合意是以契约自由为前提的。而行政契约与传统行政行为(Verwaltungsakt)在意思表示上的根本区别是,前者以合意发生法律效果,后者纯系单方意思表示之结果。行政契约被归为契约范畴的根本原因也在于合意。如果根本否定行政契约中存在契约自由的可能性,那么,如何解释这种合意产生的基础呢?因此,我们只能说,在行政契约中,契约自由的适用应受到依法行政原则和合行政目

---

① Cf. David Foulkes, op. cit., p.339.
② Cf. Mahendra P. Singh, *German Administrative Law: in Common Law Perspective*, Springer-Verlag Berlin Heidelberg, 1985, p.51.
③ 林纪东:《行政法新论》,259页,台北,三民书局,1985。

的性原则的制约,只能在法律及符合行政目的性要求等构筑的许可框架中得以有限实施。对上述"契约不自由"的理解应当是相对于民事合同而言的,并未从实质上否定行政契约中存在一定限度的契约自由。对此,我们可以从缔结契约和确定契约内容两个重要阶段上契约自由的分析来进一步加以论证。

在缔结行政契约自由方面,西方通例主张,凡法律不禁止,皆许可行政机关为达到行政目的,径行缔结行政契约。这里实际上包含两种情况,一是法律对缔结行政契约有强行性规定,双方当事人对是否缔结契约没有选择权;①二是法律未作强制性要求,或者法律根本就没有对缔结行政契约加以规定,行政机关可以考量行政目的之有效达成而选择缔结行政契约。但在行政合法性的要求下,行政机关必须受到来自具有组织法或行为法上权限、符合管辖行政事务范围以及符合行政目的性要求这三个方面的制约。

在形成契约内容方面,行政机关在法律对合同条款的具体内容作了硬性规定的情况下,根据法律优位原则,只能执行法律而没有协商的余地。但对于法律未作规定的,行政机关可以考量行政目的和政策实现之需要,且与其行政职责相符,与相对一方协商设定行政法上权利义务。但由此形成的行政机关权利和相对一方义务,必须为实现特定行政目的所必需且相当,避免课以相对一方不必要或不相关义务。② 在特定情况下,行政契约的内容有

---

① 但在这种情况下,必然存在契约中的部分内容需协商确定,比如,正在起草中的《国内重要生产资料国家订货管理条例》就要求企业必须接受国家订货任务,按国家订货计划与需方签订订货合同,在此前提下,可以就价格等进行协商。也有的学者认为,行政契约的缔结必须双方自愿,不得以行政命令强迫当事人签订行政契约,否则会使行政契约的签订带上执行行政命令的色彩,大大抹杀了行政契约的"合同性"。参见许崇德、皮纯协主编:《新中国行政法学研究综述(1949—1990)》,472~474页,北京,法律出版社,1991。我以为不然。由于行政契约是执行行政目的的手段,在某些特定的情况下,可以要求当事人必须签订契约,这不但在我国已有上述实例,而且,就是在国外也不乏其例,比如,在英国,1997年《教育法》(the Education Act 1997)第13节就授权地方教育机构可以坚持将签订"家庭与学校协议"(home-school agreements)作为入学的前提条件。其意在细化家长和学校的各自责任。Cf. Carol Harlow & Richard Rawlings, *Law and Administration*, Butterworths, 1997, p.213. 其实,这种强制签订契约并不违背契约的本质特征,只要在契约内容的形成上留有协商的余地即可。

② 在理论上承认行政机关可以通过契约与相对人形成行政法上权利义务关系,并不与法律保留原则相抵触,因为在协议创设行政法权利义务过程中,相对人有不接受契约的自由或者对契约的内容有选择权,而且,法律还可以通过设定有效的行政程序和行政救济来保障相对人的权利不受行政专横和行政权滥用的侵害,因此,即使事实上出现相对人权益受到限制,也是相对人自愿接受这种限制。

可能是由行政机关根据当前的行政任务和工作要点单方面制定的,没有与相对方协商的过程,具体实例,在我国,如公安派出所与相对方签订的"娱乐场所治安责任书",在英国,像为促使失业者努力寻找工作而设计的"工作寻找者协议"(Job Seeker's Agreement),①但一般来说,在这种情况下,相对人对接受或不接受契约(take it or leave it)有着决定权,从理论上和法律上,行政机关都没有强制其必须接受的权力。

总之,在依法行政理念和符合行政目的性原则的支配下,契约自由在行政契约中的适用空间要受到一定的限制,但没有从实质上予以否认。在此前提下,通过有效的行政程序构建自由合意的空间,并保留行政救济对合意过程与结果的客观评价,保证处于劣势地位的相对一方表达意志的自由性,从而从根本上使行政主体和相对一方能够通过合意方式产生具有行政法律效力的契约。因此,现代行政法的发展已经拓宽了行政活动的领域,为行政契约的存在奠定了基础。我们可以从现代德国和日本的一些知名行政法学者的著述中反复看到对行政契约概念的肯定性论断,②深受大陆法影响的我国台湾和大陆学者在近来的论著中对行政契约概念能够成立的论断更是坚信不疑。在这些国家和地区的法院审判中也不断出现承认行政契约的判例。③

---

① 签订该协议是作为失业者获得失业救济金的前提条件,也是意在不让使用者就此依赖上政府的救济金,而不思进取,以便更好地使用纳税人的金钱。该契约由申请人和就业官员(employment officer)用书面形式签订,而且该官员只有在确信申请人具备法律要求的工作条件,并且积极寻找工作时,才会与申请人签订此契约。关于这方面更进一步的介绍,Cf. Carol Harlow & Richard Rawlings, op. cit., pp.212—213.

② 这方面的论述比较多,比如,美浓部博士认为:"学者们往往主张国家和人民的关系那样的不对等关系中不可能成立公法上的契约,我们不能认为这是正确的见解。"[日]美浓部达吉:《日本行政法》(上卷),238页,东京,有斐阁,1936. 转引自杨建顺:《日本行政法通论》,514页,北京,中国法制出版社,1998. 佐佐木博士也认为:"公法上的契约在观念上是能够存在的,这是毫无疑问的。"[日]佐佐木:《日本行政法总论》,517页,东京,有斐阁,1924. 转引自杨建顺:《日本行政法通论》,514页,北京,中国法制出版社,1998.

③ 比如,德国福莱卡尔戈行政法院在 VG Freiburg 案的判决中指出:"公法契约,现在作为公法的特别形成形式,基本上由学说和判例予以一般性承认。"VG Freiburg v. 13.11.1950, JZ 1951, S. 788. 转引自杨建顺:《日本行政法通论》,515页,北京,中国法制出版社,1998. 日本早在1921年大审院判决就作出"命令航路中政府与公司的法律关系属于公法上的契约"的判断,而且还以公法契约或公法上的双方行为观念来说明土地收用法上的协议、恢复国籍许可、公立学校助教和讲师的任命行为等。参见杨建顺:《日本行政法通论》,515页,北京,中国法制出版社,1998.

但是,随着行政契约在现代行政法中的崛起,也引发了诸多理论问题,如何界定行政契约的范畴?怎么解决行政契约与依法行政的关系?民法原理在行政契约中援用的范围与程度如何?行政契约中对政府和相对人各自权利义务应当按照什么原则来配置?如何通过行政程序有效地控制和规范政府行政契约权的行使,以保障相对人的合法权益?以及行政契约的法律救济制度应当怎样构筑?等等,这一系列问题均构成现代行政法理论研究中亟待解决的重要课题。而这些理论问题的圆满解决,对明确我国行政契约法制化的构建取向,使理论研究与行政实践形成良好的互动作用,亦具有极其重大的意义。因此,加大对行政契约理论研究的力度,不仅是完善行政法体系与内容的需要,更是行政实践的需要。

二、行政契约的含义[①]

在行政法著述中,行政契约(Verwaltungsvertrag, contratadministraf, administrative contract)有时和公法契约(public contract)混用,而且以往在学术甚至立法上多采用公法契约的称谓,但近来渐有偏好行政契约概念而放弃公法契约的趋势。据吴庚教授考证,这种名称的更迭,并不是像日本学者高田敏所说的因为"公法和私法区别之不易",而是想跟宪法性质的公法契约(例如领地机关(Land authorities,Lander)之间缔结的协定)相区别,使概念更加明确。[②] 对行政契约内涵的揭示,实际上反映了对行政契约本质的认识,同时也确立了识别与划分行政契约的标准,分清了行政契约和民事合同的"分水岭",为我们以后探讨行政契约理论问题明确了共同的出发点,提供了必要的分析框架。

(一)西方国家行政法上的契约

在美国、英国和澳大利亚等普通法国家的行政法中没有"行政契约"的概念,对涉及政府为一方当事人的契约统称为"政府合同"(government

---

[①] 本部分曾以《论行政契约的含义——一种比较法上的认识》标题发表在《比较法研究》1997年第3期上。在此基础上,作了进一步修改。
[②] 吴庚:《行政法之理论与实用》,361页,及注1,台北,三民书局,1996。

contract)或"采购合同"(procurement contract),布莱克法律辞典中的解释是,指政府与货物、机器或劳务的制作商或供应商签订的合同,此类合同适用政府规章(government regulation)和标准格式(standard forms)等。① 从普通法国家行政法著述看,政府合同的内容一般和商业有关。但在英国,还存在另外两种值得重视的合同形式,一是政府通过签订承包合同将原来由内部机构实施或由政府负责的事务承包给私人,在这种情况下,如果政府是将其应履行的法定职责转由私人实施,那么要受一般公法原则的约束,这种承包实践随着1994年《不规制和承包法》(the Deregulation and Contracting Out Bill)的生效而在行政法上愈加显得重要;② 二是行政机关之间的行政协作(administrative collaboration)也可以通过合同方式进行。③

普通法国家对政府合同采取形式主义的界定方式,究其原因,是由于普通法国家不区别公法(public law)和私法(private law)争议的救济管辖。但是,法院在审理案件时,并非对所有政府为一方当事人签订的合同都进行司法审查。在 R. v. Lewisham Borough Council, exp. Shell UK Ltd. 案中,法院对地方当局以夏尔(Shell)集团公司下属的公司和南非签订合同为由拒绝与其交易的行为进行审查。而在 R. v. Lord Chancellor's Department, exp. Hibbit and Saunders 案中,法院则拒绝进行司法审查。④ 法院认为单凭行政机关与当事人签订合同这一形式标准尚不足以创设公法责任(public law obligation),还必须根据合同是否具有"公法因素"(public law element)来确定哪些政府合同适用司法审查,哪些政府合同不适用司法审查。而"公法因

---

① Henry Campbell Black, *Black's Law Dictionary*, West Publishing Co. 1979, p. 627, 1087.
② P. P. Craig, *Administrative Law*, Sweet & Maxwell, 1994, p. 112, pp. 566−567. 在1993年曾对社会保障福利局(Social Security Benefits Agency)的某些职能,如档案的保管、出版、医疗服务、审计等,进行评估,以决定是否承包出去;此外,对法律服务的提供、膳宿的供应以及办公室服务也进行了评估。Cf. P. P. Craig, op. cit., p. 108.
③ 《地方政府法》(Local Government Act 1972)第101条。Cf. H. W. R. Wade & C. F. Forsyth, *Administrative Law*, Clarendon Press, Oxford, 1994, p. 803.
④ 在该案中,大法官办公厅邀请对诉讼发布服务(court reporting services)进行投标,原告没有中标,遂以其有权要求在仅有部分投标者能够提供较低的出价时不得举行讨论为由,要求法院司法审查,法院尽管对原告要求表示同情,但认为该案缺少公法因素而不适合审查。Cf. P. P. Craig, op. cit., pp. 567, 568.

素"的认定,取决于行政机关签订合同时所执行的任务是否涉及管理或公共规制的方式。①

在德国行政法上,行政主体可以依据起源于警察国家时代并为现代行政所改造的"国库理论",②以私法主体资格,为达成国家任务而订立私法上的合同,比如,购买办公器材,国有企业或营利事业经营。更有甚者,直接运用私法手段实现行政目的,此类合同要受到若干公法上的制约,但其所形成的关系仍属私法关系,由普通法院管辖。而德国行政法上所说的"行政契约"(也称公法契约),依通说是指以行政法律关系为契约标的,而发生、变更或消灭行政法上权利义务的合意。这种契约完全适用公法,受行政法院管辖。其与基于"国库理论"而签订的私法合同的区分,在德国学说和判例上,是根据"契约标的理论"进行的,即凡涉案个别契约的基础事实内容以及契约所追求的目的属行政法上之法律关系范畴,则属行政契约。③

在法国,以公务理论为中心,通过行政判例构建了行政契约理论。行政契约的两个基本标准是合同与公务(public service)有关或者合同为行政机关保有特殊的权力,只要具备其中之一,就足以使该合同具有行政性。④ 法国行政法院在行政审判中分辨行政法调整范围的主要理论依据是"公务理论",因而,属于行政法范畴的行政契约无疑要与公务有关。但对"合同与公务有关"这一标准应作较严格的解释,只有为直接执行公务而设定的合同,才构成行政契约,其包括两种情况:一是合同当事人直接参加公务的执行。

---

① Cf. P. P. Craig, op. cit., pp. 567,568.
② 国库(fiscus)的观念源自罗马法,原指罗马帝国君主的私人财库,与公库(aerarium)相区别。15世纪起,国库概念被德国继受,与封建领主的高权(Hoheit)相对应。国库代表国家的私法人格,公法上国家则为高权主体。关于fiscus的起源及在德国的继受和表现,Cf. David M. Walker, *The Oxford Companion to Law*, Oxford: Clarendon, 1980, p. 474. Cf. F. Robinson & T. D. Fergus & W. M. Gordon, *An Introduction to European Legal History*, Oxon: Professional Books Limited, 1985, pp. 330-334. 陈新民:《行政法学总论》,10~13页,25~29页,台北,三民书局,1997。[日]成田赖明:《行政私法》,载台湾《法律评论》,第60卷第1、2期合刊。
③ 林明锵:《行政契约法论》,载台湾大学《法学论丛》,第24卷第1期;Cf. Mahendra P. Singh, *German Administrative Law: in Common Law Perspective*, Springer-Verlag Berlin Heidelberg, 1985, p. 50。
④ Cf. L. Neville Brown & John S. Bell, *French Administrative Law*, Oxford University Press Inc., 1993, p. 192.

二是合同本身构成执行公务的一种方式。而"合同为行政机关保有特殊权力"的标准,实际上是行政法院在审判中从另一个角度识别行政契约的技巧,也就是,在契约中寻找有无私法契约所不具有的条款或制度,从而划定行政契约与私法合同的界限。①

日本传统行政法学说也是将行政上的契约划分为公法契约和私法合同,据日本学者田中二郎教授的见解,公法契约是从公法上的效果发生为目的,使复数的对等当事人间相反的意思表示达到一致,而后成立的公法行为。② 这种对公法契约的界定是受到德国的法的权力说(公法概念)的影响,在日本法院的判例中较少认定此类案件。日本现代行政法对上述界说持批评态度,认为应当借鉴法国的法的利益论(公务概念),将为达到行政目的而订立的私法契约(其必须受到行政法的若干制约,而对私法规则的适用作相应修正)也纳入行政法研究的视野,因而主张将以行政厅(行政主体)作为达成行政目的的手段而缔结的契约统称为行政契约。③

(二)我国行政契约的界定

从我国行政法著述上看,对行政契约概念的界定的论争主要集中在形式标准和实质标准上。

1.在形式标准上,大多数学者认为,行政主体和其他行政主体或相对人

---

① 王名扬:《法国行政法》,178～182 页,北京,中国政法大学出版社,1989。但在法国,行政法院认为像英国那样为规制而在普通合同中加入的特别条款应归类为单方行政行为(unilateral administrative acts),特别是在具有规制效果的集体协议(collective agreement)时尤为如此。所谓的合作行政(administration by collaboration)并不导致合同范围的扩大。Cf. L. Neville Brown & John S. Bell, op. Cit. , p.193.
② 转引自[日]和田英夫:《现代行政法》,倪健民、潘世圣译,211 页,北京,中国广播电视出版社,1993。
③ [日]石井昇:《行政契约の理论と手续——补助金契约を题材にして》,1 页,东京,弘文堂,1988。[日]原田尚彦:《行政法》,101 页,东京,学阳书房,1995 年 10 月 1 日。[日]和田英夫:《现代行政法》,倪健民、潘世圣译,211～212 页,北京,中国广播电视出版社,1993。[日]室井力主编:《日本现代行政法》,吴微译,141～143 页,北京,中国政法大学出版社,1995。

间可以缔结行政契约。① 也有学者认为,仅行政主体和相对人之间存在缔结行政契约的可能性,而将行政机关间签订的合同排斥在行政契约范畴之外,另称之为"行政协议",其理由是行政机关间的合同不适用"行政优益权"原则,且不宜由法院主管。②

我以为,行政契约的实质是在行政法领域形成的发生行政法律效力的双方合意,这种合意自然可以在行政主体间存在,这一点也为西方国家行政法理论与实践所肯定,例如,德国行政法理论上就肯定行政机关间可以缔结对等契约,日本公共团体间以行政契约方式达成行政目标的事例亦屡见不鲜,因此,否定行政主体间存在缔结行政契约的可能性是不正确的,上述否定论所据的两个理由也是值得商榷的。

行政契约是为实现行政目的而设定的,因而,在特定的行政契约中,行政机关可以视达成特定行政目标所需而享有程度不等的特权。但在有的情况下,比如,在行政机关间缔结的契约中,就很难找到这种特权的影子。因此,行政优益权只是行政契约作为实现行政目的的行政手段所派生出的内容,不能反过来以此为识别行政契约的唯一标准。

以行政机关间缔结契约属行政内部事务而排斥法院的司法审查,这种观念显然是落伍的。现代行政法的发展越来越强调法院对行政纠纷的消弭作用,发挥司法对行政法治的导引作用,并将这种功能扩及行政机关间的行政纠纷解决之中。这种发展趋势促使我们对于我国行政诉讼制度进行认真反思,在贯彻司法自我约束原则的前提下,重构司法审判功能,充分发挥司法对行政法制建设的导引作用,而不能用现行的行政审判制度来限制我们对行政契约范畴的思考。

正是基于上述认识,我赞成上述通说所主张的行政主体间可以缔结行政契约。但和上述通说所不同的是,我认为,在行政机关和其所属下级机构或公务员间亦可能存在行政契约关系,认识到这一点对于我国尤其具有意义。在当前政府法制建设中,出现了行政机关内部通过层层签订责任书方

---

① 许崇德、皮纯协主编:《新中国行政法学研究综述(1949—1990)》,472 页,北京,法律出版社,1991。罗豪才主编:《行政法学》,228 页,北京,中国政法大学出版社,1989。应松年主编:《行政行为法——中国行政法制建设的理论与实践》,588 页,北京,人民出版社,1993。

② 刘莘:《行政合同刍议》,载《中国法学》,1995(5)。

式落实责任制的倾向,①作为行政法研究,无疑要将其纳入视野。因此,我认为,应将形式标准确定为"合同当事人中必须有一方为行政主体"。

另外,还要注意上述形式标准也存在例外。即在法律有特别规定时,非行政主体间也可能缔结行政契约,这时,对契约性质的衡量标准是采取实质标准而非形式标准。比如,根据有关国内重要生产资料国家订货管理的规定,供需双方必须根据国家订货计划签订订货合同,这里的供需双方可能都是以企业形式出现的,但并不妨碍该契约性质为行政契约。再比如,集贸市场的负责人与参与市场经营活动的单位和个人签订的"防火安全责任书"(《集贸市场消防安全管理办法》(1994年)第六条(一)项),在修船作业前,厂、站与船方签订的"消防安全协议"(《船舶修理防火防爆管理规定》(1991年)第4条),都是事例。这是因为,这种契约是在公共管理的基础上为实现特定行政目的而缔结的,且缔结契约的权限直接来源于法律,契约的内容适用特别的法规范。这种情况在西方国家行政法中也存在,法国行政法院在判例中认为,公私合营公司和建筑企业签订的高速公路建设合同和国有公

---

① 关于执法责任制中的责任书的性质问题,是一个很复杂的问题,也是需要进一步思考与研究的问题。尽管不少人根本否定这是一种行政契约形式,甚至说这根本谈不上是一种契约形式,但是,我的初步感觉是,这极有可能是一个极其特别的行政契约形态,非常类似于英国近年来行政改革中出现的"假契约"形态(pseudo-contract,借用哈罗(C. Harlow)和劳林斯(R. Rawlings)的话),也有人用"近似契约"(near-contract)或"准契约"(quasi-contract)的表述方式来描述这种特殊的契约形态。之所以说很像,是因为英国的"假契约"在很大程度上也是在一个机关与其内部的一个机构或部门之间签订的,这也就意味着契约是在一个法人与一个不具有独立法律人格的机构之间签订的。从形式上看,我国的责任书也具有相同的特征,这是其一。其二,从英国与我国的实践看,签订"假契约"或责任书的目的都在于,用市场机制而不是官僚体制来解决公共服务的质量问题,都是想通过契约方式,来明确契约当事人彼此的权利和责任,让双方都受契约的约束和必须履行各自的契约责任,而不是为了要到法院去强制执行它。也正因为此,弗里德兰(Freedland)指出,这里实际上有着双重的法律幻觉,是"(非独立人格)的部门"被认定签订了"非契约的契约"。(a sort of double legal fiction, whereby a non-corporation is deemed to enter into non-contracts). Cf. M. Freedland, "*Government by Contract and Public Law*"(1994)*Public Law* 86,89. 也正因为出于上述的比较认同,我更愿意把出现在我国行政执法中的责任书也称作"假契约",当作"假契约"来处理。而且,我们还要注意到,"假契约"作为一种行政手段已被运用到许多新领域,但这种新生的行政形式却颇不符合传统的法律结构,一方面,它借助于契约的外形,重塑行政关系,另一方面,它与公共行政的传统技术相比,又是对正式的法律程式的否定。但不管怎么说,这的确是现代行政中运用丰富想象力创造出来的一种公法契约,在这点上却是非常明确和肯定的。Cf. Carol Harlow & Richard Rawlings, *Law and Administration*, Butterworths, 1997, pp.210-213, and Chapter 5. 当然,由于执法责任书的问题极其复杂,我将另外撰文专门论述。

路的建设合同,因本质上属国家活动,因此,为行政契约。① 德国行政法上亦认为,如果法律有规定,即使两个私人之间也可缔结行政契约。② 德国学者常举的典型事例是以北莱因西发利亚邦水利法(NWLWassergesetz)第95条为假设推测而来,因为该条规定:"预防洪水之义务,基于协议并经主管水利机关认可,其协议具有公法上效果者,得由他人代为负担"。进而从此项条文中,引申出私人间成立行政契约的两个要件:一是法规明文规定。二是属于私人有处分权(Dispositionsbefugnis)的公法上权利义务关系。③

2. 在实质标准上,行政法学论著中,有的表述为"为实现国家行政管理的某些目标"或"为了实现公共利益目的",有的表述为"在行政法律关系的基础上",但其实质上都意在表达行政契约所追求的目的是实现行政目的。因此,从实质上讲,我国行政法学者对行政契约的实质标准均采"行政目的说",只是行文方式不同而已。④

我认为,对行政契约实质标准的确定,从本质上说明了行政契约的基本内涵,以及行政法将此类契约纳入调整范围的根本依据,划定了行政契约和民事合同的"分水岭",对于行政契约范围的科学界定具有极其重要的意义。在对上述学界观点进行评价,以明确我国行政契约的实质标准之前,我们不妨先分析一下西方国家行政法上对行政契约实质标准界定的得失,以为借鉴。

依据普通法国家行政法理论上一般见解,政府合同原则上适用一般合同法规则,但因合同当事人为行政机关而必须对上述规则作若干修改,并适用一些特别规则。⑤ 从这种特别法律适用上,似乎反映了政府合同与普通合同的不同。然而,普通法国家行政法上是采取形式主义界定方法,将以政府为一方当事人的合同统称政府合同,那么,是否所有牵涉到政府为一方当事

---

① 王名扬:《法国行政法》,179～180页,北京,中国政法大学出版社,1989。

② Cf. Mahendra P. Singh, op. cit., p.50.

③ Vgl. U. Battis, Allgemeines Verwaltungsrecht, 1985, S. 165; auch H. U. Erichsen in Erichsen/Martens, Allgemeines Verwaltungsrecht, 1992, 9. Aufl., S. 365. 转引自吴庚:《行政法之理论与实用》,362页,及注2,台北,三民书局,1996。

④ 许崇德、皮纯协主编:《新中国行政法学研究综述(1949－1990)》,472～473页,北京,法律出版社,1991。应松年主编:《行政行为法——中国行政法制建设的理论与实践》,586页,北京,人民出版社,1993。罗豪才主编:《行政法论》,179页,北京,光明日报出版社,1988。张焕光、胡建淼:《行政法学原理》,307页,北京,劳动人事出版社,1989。

⑤ Cf. David Foulkes, *Administrative Law*, Butterworths, 1982, p.339.

人的合同都与私人间签订的普通合同有着实质的不同,而必须适用特别规则,或者说,适用公法(public law)的实体及程序原则?对此,英国学者克雷格(P. P. Craig)就提出质疑,他指出:"如果建议所有由行政机关签订的合同都应受司法审查,那么,这种建议是令人惊奇的,这是否就意味着,在所有情况下都要适用公法的实体和程序原则?要是行政机关只是签订购买家具或租赁等普通商业合同,这时是否真的适当?并不是说,与行政机关签订合同的私方当事人,就理所当然地享有比别的合同当事人更多的实体和程序权利。"[1]实际上,法院在具体判案中也必须将合同分解为具有公法因素的政府合同和纯粹商业性政府合同而区别对待。我以为,普通法国家行政法上所说的政府合同,实际上包括我们所指的行政契约和纯粹的民事合同两类契约。所以,这种单纯采取形式主义界定方法,不足以准确划定行政契约范畴。此外,普通法国家行政法将政府合同主要限定在与采购或劳务提供有关的合同方面,显然较为狭窄。

德国行政法上,将行政契约界定为发生、变更或消灭行政法上权利义务的合意,这种界定方法直接揭示了行政契约的本质,极其清晰地指出了行政契约和私法合同的根本区别,因而值得推崇。然而,由于德国行政法上受"国库理论"根深蒂固之影响,又认为行政机关可以直接利用私法手段(合同)实现行政目的,德国学者沃尔夫(H. J. Wolff)在行政法教科书中称之为"行政私法",这种行为在理论上被理解为管理关系或公管理作用,是公法与私法共同支配的领域,在法国行政法上属于行政契约范畴,但在德国,则仍定性为私法行为,不属于行政契约范畴。我以为,由于行政私法行为要受到行政法的若干制约和规范,与普通民事合同区别明显,因此,其与行政契约究竟有无区分之必要,在理论上则引人质疑。

法国行政法院创设的"公务理论"作为识别行政契约的标准,是通过诸多判例详细界定的,比较复杂,不易为别国所仿效。但行政法院在判案中,又从公法契约与私法合同在法律适用上是不同的这一认识出发,找到了另一个技巧,即如果发现合同中含有私法以外的规则,也认定该合同为行政契约。这种反推的方法是值得赞赏的,这就将私法所不能调整的契约统归行

---

[1] Cf. P. P. Craig, op. cit., p.568.

政契约范畴,因而比较科学。

而日本行政法学者正是在对德、法两国行政契约理论的深刻认识与批判的基础上,提出了将受行政法制约的私法合同和传统上的公法契约合并研究的见解。

从上述对西方国家在行政契约范围划定上的分析看,我以为,在行政法上将适用行政法规范与制约的所有契约均划入行政契约范畴,进行研究,是适宜的。因为此类契约不论是否包含私法条款,只要在双方当事人之间存在着行政法律关系,这种关系就无法由民事法律来调整,而必须要由行政法来研究。

我国学者提出的"行政目的论"虽有一定道理,但也应看到,纯粹从行政目的来统合行政契约,如果不加一定的限定(最主要的是要求契约中包含行政法因素),也是有问题的。因为行政机关在有些情况下也可能通过纯粹的民事合同方式达到行政目的,这时就未必要受到行政法的特殊保障和约束,比如,行政机关为履行公务而订立的采购小数额办公用品的购销合同;在利用世界银行贷款发展中等城市项目中,市政府与借款人签订的工业分项目转贷协定,以及与投资银行签订的委托付款协议,等等,都是较典型地采用民事合同来实行行政目的的例证。因此,单纯以"行政目的"为行政契约实质标准是有缺陷的,而且,不能充分说明此类契约必须由行政法调整的理由。

因此,我主张,将行政契约的实质标准确定为"发生、变更或消灭行政法律关系的合意"。[①] 这种从"法律关系论"角度进行界定的方法,与法学理论上划分行政法调整对象的标准依据相吻合,能够清晰地说明行政法将此类

[①] 我们应对我国行政法上行政法律关系理论进行深刻地反思与检讨,据我国目前最具权威的行政法教科书中对行政法律关系的界定,行政法律关系是经行政法确认的具有行政法上权力义务内容的行政关系,其最显著的特点之一是不对等性,这种不对等性在行政法律关系上表现为:行政机关拥有国家强制力所导致的主体地位不对等;行政机关单方意思表示可以引起行政法律关系所导致的意思表示不对等;行政机关可以不经相对人同意径自变更行政法律关系所导致的变更行政法律关系方面的不对等(罗豪才主编:《行政法学》,11~18页,北京,中国政法大学出版社,1989)。如果按照上述行政法教科书中对行政法律关系的界定,那么,这种法律关系实际上只相当于德法等国行政法上的权力关系或高权行为关系。如将行政法调整范围仅限于此,显然过于狭窄。而且,将行政机关实施的行政契约、行政指导等行为所形成的关系排斥在行政法律关系之外,这在理论上会产生困惑;这些关系究竟属于什么关系?由此引发的纠纷及责任能否通过行政诉讼解决?因此,我以为,应站在整个行政法应囊括的调整范围的高度,将现代行政法发展所产生的其他关系,如行政契约关系,都包括在其范畴之内。

契约从民事合同中分离出来、并进行规范的理由与必要性。同时，由于行政法律关系是由行政目的产生的，并随行政目的达成之需要而发生变化，因此，这种标准也涵盖了"行政目的论"所要表达的内容，又避免了"行政目的论"的缺陷。而且，从中还可以揭示出由此发生纠纷的解决程序与救济管辖的公法性质。

但必须说明的是，我在界定行政契约时，实际上还从行政契约与民事合同应适用不同法律规范角度，对行政契约进行识别与划分，将那些含有民事条款以外的合同条款的合同，亦即"混合契约"（Mischvertrag）也归类于行政契约，①但没有从行政契约概念的文字上将这种独特的视角特别地反映出来，这主要是考虑到，这些特殊条款是该合同用于实现行政目的所特别需要的，通过对这些条款的合意，在行政主体与相对人之间形成了需由行政法规范调整的行政法律关系，因此，对其也可以从行政法律关系角度进行界定。

要注意，在契约中形成行政法上关系的程度，不是一概而论，而是因具体契约而异，是根据能否达成个别契约所预期的行政目的的需要而定的。所以，行政契约实际上是游离于公法上行为（权力性行为）与普通合同之间的一种特殊形态。从就纯粹行政事务（如治安管理处罚担保协议）形成完全意义上的行政法权利义务的契约，到不宜由民事法律调整而要行政法规范的权利义务逐渐减少、民事条款相应增多而交相混杂（如政府采购合同）的契约形态，无划一定式。正因契约中形成行政法上关系常因不同契约及不同行政目的而不同，这就是行政契约较一般行政行为难以研究与把握的一个重要原因。

---

① 德国学者茅尔（H. Maurer）认为，在"混合契约"，行政契约的适用范围有"延伸效果"，可使部分行政契约的性质延伸到私法契约的部分，使整个契约成为行政契约。参见陈新民：《行政法学总论》，259页，及注5，台北，三民书局，1997。我同意茅尔（H. Maurer）的研究结论，但不同意他的理由。"混合契约"之所以归到行政契约上来研究，主要是因为其中涉及行政法律关系，需要行政法来调整和解决由此产生的纠纷。但其中民事的部分并不因归类到行政契约而更改原来的性质，依然要由民法来调整。也许有人会反驳说，你这样做，会把问题复杂化。其实，并非我要把问题复杂化，而是我们采取公法和私法界分的法律制度的必然的逻辑结果。只要我们坚持这种制度，那么问题的复杂化就不可避免。而且，换个角度看，混合契约又何尝不能归到民事合同上来研究呢？一个最典型的例子就是，虽然在一般的行政法教科书中都将公共工程合同作为行政契约的实例，但在最近通过的合同法中仍然对此作出了规定。这可能就是学界在一些较为典型的"混合契约"的定性上始终纠缠不清的根本原因。

行政契约形式标准和实质标准的确定,为行政契约概念的定型构建了框架,我以为,所谓行政契约就是指以行政主体为一方当事人的发生、变更或消灭行政法律关系的合意。

附几组概念的辨析:

1. 行政契约与民事合同

著名的英国法律史学家梅因(Henry Sumner Maine)在1861年出版的《古代法》中说了一句"全部英国法律文献中最著名的"(亚伦(Carleton Kemp Allen)的原句)话:"进步社会的运动,到此处为止,是一个从身份到契约的运动。"[①]而且,的确,契约在现代社会,尤其是商品经济条件下的作用变得举足轻重,可以说,整个社会经济流转主要是依靠契约这种法律形式来实现的。[②] 在我理解起来,这很大程度上是因为社会(民事)关系的形成、变更和消灭可以通过当事人的合意来完成。借用法国学者卡尔波尼埃(Carbonnier)的话,就是人的意志可以依其自身的法则去创设自己的权利义务,当事人的意志不仅是权利义务的渊源,而且是其发生根据。[③] 在各自民事目的和预期实现的同时,一种新的秩序也在这个过程当中相应形成。也正因为此,行政法也援用民法上的合同模式来达到行政目的,形成行政上所预期的秩序。也正是在这一点上,行政契约在本质上必然符合契约的根本属性——以合意来产生法律上效果的行为,而与民事合同(private contract)趋同,并被称为契约。

区别行政契约和民事合同的制度背景是,在一个国家的法律体系内,存在着公法和私法的界分,因而,两种契约的根本差别在于标的内容(Vertragsgegenstand, subjet-matter),也就是所形成的法律关系(legal relations)的不同。行政契约中,当事人之间形成的法律关系,是行政法上的权利义务关系,比如,县政府间就教育事务达成的协作协议。而民事合同所

---

① [英]梅因:《古代法》,沈景一译,97页,北京,商务印书馆,1996,及亚伦(Carleton Kemp Allen)撰写的"导言",17页。

② 王家福主编:《中国民法学·民法债权》,263页,北京,法律出版社,1991。

③ Carbonnier, Les obligations, p.45. 转引自尹田:《法国现代合同法》,13页,北京,法律出版社,1995。

形成的是民事法律关系。这种理论见解得到了来自学者和法院的双方面认可。① 正是由于行政契约是以形成行政法上权利义务关系为主要内容的,而与规定民事法律关系的民事合同有着根本的区别,我们才将此类契约纳入行政法范畴,而冠之以"行政"契约。法律关系的性质不同,也从根本上决定了对契约构筑的理论基础、法律调整方式以及救济的不同,或者说,不完全相同。原则上,行政契约是以公共利益为优位考量,通过行政法来调整,以行政救济来解决涉讼问题。民事合同则以意识自治原则为基础,由民法来调整,通过民事诉讼来解决纠纷。②

当然,在现实生活中,行政契约的具体形态是非常复杂的,因为行政契约本身就是游离在民事合同和(单方)行政行为之间的特殊形态。所以,有的学者就假设,如果契约的标的是"中性"的,也就是说,无法从契约标的上辨清契约的法律性质,就应参酌契约目的和契约的"整体特征"(Gesamtscharakter des Vertrags)来判断。③ 而且,法院在判案中也有这样的认定。以德国联邦最高法院第五庭1972年5月12日的判决为例,某乡镇与居民协议,由该居民将其畸零地所有权转移与乡镇作为道路之用,乡镇则解除其建筑之限制。若从契约标的观点,土地所有权之转移无疑是私法关系,但就契约目的而言,既系兴建公路,自属公法性质,联邦法院遂认定其为公法契约。④

---

① 尼尔豪斯(Michael Nierhaus)、辛格(Mahendra P. Singh)以及吴庚等学者都扼要地指出这种根本的区别,Cf. Michael Nierhaus, "*Administrative Law*", Collected in Werner F. EBKE & Matthew W. Finkin(ed.), *Introduction to German Law*, Kluwer Law International, 1996, p.95. Cf. Mahendra P. Singh, op. cit., p.50. 德国行政法院和联邦最高法院目前也持这种观点。参见吴庚:《行政法之理论与实用》,371页,台北,三民书局,1996。我国台湾地区"最高法院"也认为公法契约和私法契约的主要区别是契约的内容和效力。参见陈新民:《行政法学总论》,259页,及注4,台北,三民书局,1997。

② 吴庚教授认为,需不需要特别的救济途径或诉讼类型,与行政契约发达有密切关系,但利用现行法制上一般救济途径,也并非不能解决因行政契约所生之涉讼问题。吴庚:《行政法之理论与实用》,370页,台北,三民书局,1996。但我的研究结论却是,行政契约所形成的行政法关系,必须放在行政法救济框架内解决,但目前的行政复议和行政诉讼制度的结构不适合于解决行政契约纠纷问题。余凌云:《论行政契约的救济制度》,载《法学研究》,1998(2),及本编第九部分。

③ 吴庚:《行政法之理论与实用》,371页,台北,三民书局,1996。陈新民:《行政法学总论》,260页,台北,三民书局,1997。

④ 吴庚:《行政法之理论与实用》,371页,及注23,台北,三民书局,1996。

但是,我以为,退一步说,假定从契约标的上都无法判断,就是加上契约目的也仍然难以判断,因为如前所述,契约目的本身就无法说明契约的性质。其实,上述学者对契约标的的认识过于狭窄,如果能结合契约标的的内容,特别是契约中双方当事人的权利义务来看,或许就不会有难以判断的问题了。因为即便是"混合契约"(Mischvertrag),亦即民事关系和行政关系兼而有之,①也不能否认在此类契约中,为实现行政目的,在行政主体和相对人之间必然会形成一些特别的、为一般民事合同中所不具有的权利义务关系,这种关系从性质上讲应属于行政法律关系,比如,在财政支农周转金借贷契约中,财政部门要对借款的使用情况进行及时的审查,发现资金使用不当或投资不能发挥效益时,有权停止借款,直至追回已借款项;对借款单位不按期缴纳资金占用费及借款的,可采取措施将借款、占用费收回。凭此似乎也能断定契约的性质。

因此,我主张,在实务中,特别是审判上对行政契约的判断,也就是行政契约与民事合同的界分,应当更加细化契约标的的标准,特别是深入到契约内容,对契约中权利义务的特点作更加详尽的分析,而不是转向其他已被证明为不甚清楚的标准。因为从细微处讲,我们可以体察到,行政契约中权利义务的确有着一些与民事合同不同的特征:

首先,在行政契约中,对行政主体和相对一方的权利义务配置取决于特定行政目的达成之需要。在行政机关和其下属机构或公务员之间,或者行政主体和相对人之间签订的行政契约中,这种权利义务配置往往是向行政机关(主体)倾斜的,表现为以行政机关(主体)居于优势地位为特征的双方地位不平等,民事合同中的平等原则在这里不适用。

其次,行政法上的权利义务关系与民法上的权利义务关系迥然不同,其基本特征可表述为:对于行政主体而言,权力和义务具有同一性,或者说相对性,也就是权力和义务是合二为一的,在表现为权力的同时,也表现为义务。其中的道理,正像美浓部达吉所分析的,由于"公法关系不外是团体与其构成分子间的关系,所以双方的利益是共通的。即当某一方享有某种权

---

① 陈新民博士在其书中,将契约中一方当事人为私法合同行为,而另一方为行政契约行为当作"混合契约"。这种把契约中当事人的行为人为分开、分别定性的做法,我是不赞成的,其中的问题,我会在下一部分对"行政契约与具体行政行为"的辨析中说明。

利而对方负有与之相对应的义务时,那所谓权利亦不是只为着权利者的利益而存在,而是同时又为着保护对方的利益而存在的。因此,若以为权利的观念含有'以其主体之利益为目的而成立的'的要素。反之,义务的观念以'因对方之利益而受的意思拘束'为要素的话,那么,公法关系的权利义务,在某种程度内是带有"相对的"的意义,即权利中含有义务性而义务中含有权利性。"① 正因为此,行政法上的权利义务在法律上是不能放弃或免除的,也不能随意转移给他人。② 这种对行政法上权利义务的理解与分析,同样也能适用到行政契约中具有同样性质的权利义务之上。比如,在土地使用权出让合同中,政府对土地使用者是否按合同规定的期限和条件开发、利用和经营土地有权进行监督(《城镇国有土地使用权出让和转让暂行条例》(1990)第1条、第6条、第11条、第17条),这种权力不单是为了政府更好地监督土地之利用、履行其职责而设,而且,由于土地的有效合法利用本身也构成包括土地使用者在内的所有社会成员的利益之所在,因此,这种权力也带有必须为上述社会公共的利益而合法地正当地行使的拘束,所以,这种政府权力之中也包含了义务,因而是必须行使的。这和民法上的权利义务不同,由于民法上的权利是为权利者本身的利益而设的,即使该权利被消灭,也不会对公共利益或他人的利益造成损害,因此,民法上权利人可以放弃行使权利,义务人可以因权利人免除其义务的意思表示而免除义务。

2. 行政契约与具体行政行为

从完善行政救济制度的角度来分析一下具体行政行为和行政契约的区别,或许是非常有意义的。因为具体行政行为(concrete administrative acts)构成了当前行政救济制度的核心观念和基础,如果我们承认其与行政契约有着根本的不同,那么,对整个行政救济制度结构的反省和重构将不可避免。这是提出问题的一方面。另一方面是,还有不少的人尽管在理论上承认行政契约是有别于单方行政行为的双方行为,但在救济上却自觉地或者下意识地将行政契约行为拆解为单方行政行为来处理。而且,这本颇成问题的见解居然还得到九届人大常委会第九次会议于1999年4月29日通过

---

① [日]美浓部达吉:《公法与私法》,黄冯明译,周旋勘校,105页,台北,商务印书馆,1963。
② 参见[日]美浓部达吉:《公法与私法》,黄冯明译,周旋勘校,109页,台北,商务印书馆,1963。

的《行政复议法》的正面回应,该法第 6 条第 6 项规定,允许因行政机关变更或者废止农业承包合同而受到侵害的相对人申请行政复议,该条规定显然是将行政机关变更或者废止行政契约的行为当作具体行政行为。那么,如果说上述理论和立法不妥,问题究竟出在哪里?

围绕司法救济或行政责任来构筑行政行为(administrative act)的概念,①是以德国为代表的大陆法国家的特有观念。严格地说,普通法国家并没有发展出像德国那样的行政行为概念。② 行政行为概念的渊源可追溯至法国的 acte administratif,后被德国继受,并自 1826 年以后发展为德国的概念,称其为 Verwaltungsakt(有译为行政处分的,但根据吴庚教授意见,应直译为行政行为,而且,第二次世界大战后德国各种法规中多用后者③)。开始时,其含义包括行政机关的所有措施,不论是依据公法还是私法作出的。后来,德国著名学者奥托·迈耶(Otto Mayer)教授在其 1895 年出版的关于德国行政法的不朽的著作中,将这个概念界定为"行政机关在个案中决定人民权利的权威宣示。"之后,在概念内涵上又几经演变与争执,④直至 1976 年《联邦行政程序法》,才最终在立法上将其确定下来,指"官署为处理公法上之具体案件,所为之处分、决定或其他公权力之措施,而对外直接发生法律效果者而言。"

受德国影响,日本学界对行政行为概念的探索几经煎熬之后,近来也显现出与德国殊途同归,使学术上的行政行为与实务上的行政处分概念相当。当然,在对概念的表述上可能有些不同,比如,日本学者原田尚彦认为,行政行为是"行政厅从法律规定出发,基于一方的判断,对国民的权利义务和其

---

① 行政行为理论是目前搞得颇为混乱的一个范畴,在这里,我采取德国的界定,即能据以提出无效或强制禁止(mandatory injunction)之诉讼的行为,亦即具有诉讼意义的行政行为。

② 在普通法国家是把行政机关的行为分类为执行行为、立法行为和准司法行为,相较于德国法的表述,这样的行为分类更加不确定和宽泛。但值得注意的是,近来在普通法国家有着一种将所有行为都纳入司法审查的视野的趋向,特别是根据行为对特定人产生的后果发布调卷令(certiorari)和禁止令(prohibition)时,不考虑上述分类。在这一点上,将普通法和德国的行政行为概念拉近了。Cf. Mahendra P. Singh, op. cit., pp. 35—36.

③ 吴庚:《行政法之理论与实用》,265 页,台北,三民书局,1996。

④ 翁岳生:《论行政处分之概念》,见《行政法与现代法治国家》,台北,台湾大学法学丛书编辑委员会,1990。

他法的地位所作具体决定的行为。"①但实质意义却是一样的。

我国台湾地区对行政行为概念的理解,虽然与德国不同,但构成诉愿和行政诉讼基本观念的行政处分,却是与德国的 Verwaltungsakt 概念趋同。立法上对行政处分概念的定义是,"中央或地方机关,基于职权,对特定之具体事件所为发生公法上效果之单方行政行为。"

我国最高人民法院在1991年6月11日《关于贯彻执行〈中华人民共和国行政诉讼法〉若干问题的意见》中对"具体行政行为"的定义是"指国家行政机关和行政机关工作人员、法律法规授权的组织、行政机关委托的组织或者个人在行政管理活动中行使行政职权,针对特定的公民、法人或者其他组织,就特定的具体事项,作出的有关该公民、法人或者其他组织权利义务的单方行为"。将其与德国的概念相比较,我们会发现,其实基本上也是一样的。

当然,具体到判案中,对个案中的措施是否被确定为行政行为(Verwaltungsakt),因不同国家和地区的法制状况和传统原因,会存在不同看法。但不管怎么说,在行政行为(Verwaltungsakt)概念上所表现出的基本特征是一致的,择其要者,如公权力(a sovereign measure)、个别性(particular case)、单方性和对外直接的法律效果(direct external legal effects)。

德国法意义上的行政行为观念,在传统的行政法中,一直占据着统治地位,构成行政法学研究乃至整个行政法制建设的核心。行政契约只是晚近才出现,并被行政法学者注意到的一种行为,其外在表现出的特征,与(具体)行政行为的区别也是非常明显的。首先,缔结行政契约的行为不是公权力之措施,因为它不像具体行政行为那样是建立在单方权威和服从的关系(unilateral sovereign and subordinate relationship)上,而是建立在双方关系(bilateral relationship)之上。② 其次,与上述公权力密切相关的是,在具体行政行为中,行政机关可以将单方意志施加到相对人身上,并产生权威性的拘束力,必要时,可以以强制手段来实现行政行为所欲达到的目标,③即所谓的行政行为的"单方性"。而行政契约的法律效力的产生,不像具体行政行

---

① [日]原田尚彦:《行政法要论》,113页,东京,学阳书房,昭和60年。
② Cf. Mahendra P. Singh, op. cit., p. 33.
③ 吴庚:《行政法之理论与实用》,280页,台北,三民书局,1996年。

为那样是单方意思行为,而是取决于双方当事人的意思表示一致。也就是法律效力发生的基础是不一样的。①

正因为此,纵然行政机关在契约中行使单方变更或者废止契约、甚至强制执行的权利,外观上近似具体行政行为,但依然有着本质的差别。因为这些主导性权利不是直接来自法律授权,不是因双方之间的命令和服从关系而延伸出的必然结果,而是来自对方当事人的允诺,是双方订立契约时协商的产物。既然如此,把它们当作具体行政行为来处理,就颇成问题了。退一步说,如果能够生硬地把它们从行政契约行为中拆解出来,那么,至少从理论上说,有什么理由不可以对其他同样因合意而产生的契约行为也采取同样的解决办法呢?换句话说,是不是我们就可以把行政契约行为看作是契约双方当事人各自实施的具体行政行为的合成呢?这显然是不适宜的。

其实,从历史上看,从原有行政行为概念中去找寻救济行政契约行为的出路,已经被证明是行不通的。受传统行政行为理论的根深蒂固的影响,德国学者奥托·迈耶(Otto Mayer)希望在行政行为概念框架内找到行政契约的位置,他提出了"基于服从之行政处分"(Verwaltungsakt auf Unterwerfung)的概念。指"行政机关基于相对人之同意,所为课予相对人负担或限制其自由之行政处分"。但现代意义的法治国家,已不允许行政机关假借人民之同意,扩张其权限,相对人之"服从的声明"(Unterwerfungserklarung)亦无法律之效力。因此,奥托·迈耶(Otto

---

① 弄清行政契约的基本特点,特别是与行政行为的区别,对于实践也是非常有意义的。因为在行政执法实践中就时常出现行政契约与行政上的其他措施混淆不清的现象,比如,有的司法局在实行部门执法责任制时,将由司法局负责的各项法律、法规的宣传和实施任务分别落实到宣教基层、公证处和律师事务所,并明确由这些单位的正职负责,列入全年目标管理责任制,但在落实这些行政任务和指标时,完全是由司法局来确定,下属部门基本上没有协商之余地,而且这种责任书又是必须签订的,那么这种责任书的性质应当属于行政契约还是行政命令?如果是行政命令,就没有必要采取双方签订协议的方式;如果是行政契约,又缺乏合意的基础。那么,对于这种实务上的困惑应当怎么解决?我以为,行政契约是在双方当事人互为相反意思表示,而达成的合意,且双方意思表示对于契约法律效力的产生均具有"同值性"。但由于行政契约是为了达成特定行政目的,因而对允许合意的阶段可能有时有特殊性要求,比如,在有的情况下,对契约订立没有选择余地,但对契约部分内容有协商可能。而行政命令是行政机关居于优越地位所作的单方意思表示,这种意思表示无须相对人同意即发生法律效力。虽然上述责任书在订定上是强制性的,但在签订过程中,如果双方能够就行政任务量或指标等内容进行协商,在充分考虑下属机构的承受能力及要求的基础上达成协议,那么,这种责任书应定性为行政契约。如果作为下属机构或公务员对责任书的签订以及责任书的内容均无选择权利,只能被动接受,那么,这种责任书实则为行政命令,根本就无须采取双方签订协议方式。

Mayer)的"基于服从之行政处分"也为学界所断然拒绝。^①另一个学者詹宁雷克(W. Jellinek)又试图从"双方行政处分"(zweiseitige Verwaltungsakte)概念上找到突破,将行政契约解释为行政机关与相对人双方共同作成的行政处分。但是同样,因为"双方"和"行政处分"之意义格格不入,也无法获得共鸣。[2] 这些理论解说的相继失败充分说明,依托传统行政行为概念来处理问题的方法,是不成功的。那么,现在我们在行政复议法上又极力从具体行政行为的观念出发牵强地分解行政契约行为,是不是又在重蹈覆辙呢?

其一,也有人也承认,行政契约和(强调其单方性的)具体行政行为之间有着原则的不同,但希望在保持原来行政救济制度结构不变的前提下,扩大具体行政行为的内涵,将其外延扩大到包括行政契约,来解决其救济问题。也就是,把具体行政行为理解为包含了单方行政行为和双方行政行为在内的行政行为。对于这个见解中所隐含的尽量维持原有制度的稳定的思想,是颇值得赞许的。但是,其中的缺陷,也是显而易见的。姑且不论抛开已被作为行政救济基本观念的具体行政行为概念是否太过随意,就是在概念解释的处理上,也颇值得商榷。因为行政契约尽管是关于行政法律关系的合意,但其具体形态是多种多样的,不排斥其中混杂着民事关系。因此,笼统地将整个契约关系都视为公权力关系或双方行政行为的观点,是不成立的,也是应当受到批判的。其二,制度是用来解决问题的,如果制度的结构无法与解决纠纷的需要相契合,那么,制度的变革将不可避免。

我认为,现有的行政救济制度的结构,强烈地反映出是紧紧围绕德国意义的行政行为的特征而构建的。如果保持原有结构不变,根本无法适应解决行政契约纠纷的需要。在这个问题上,我在对"行政契约的救济制度"(本编第九部分)的论述中结合我国的行政复议和行政诉讼制度的结构特点作了较为细致的分析。在这里,我可以再给出另外一个例证,我国台湾地区在近期对行政诉讼制度的全面性变革中,不但注意对行政诉讼范围的扩大,将

---

① Otto. Mayer, Deutsches Verwaltungsrecht, Bd. I, 1924, S. 98. 上述概念及有关评价,转引自翁岳生:《行政法与现代法治国家》,26~27页,台北,台湾大学法学丛书编辑委员会编辑,1979。但我认为,上述结论虽是正确的,但理由却是有问题的。行政契约有时也可能出现相对人同意扩大行政机关规制权利的情况。否则,怎么解释公害防治协定?

② W. Jellinnek, Verwaltungsrecht, 1966, s. 249ff. 有关概念及评价,转引自翁岳生:《行政法与现代法治国家》,27页,台北,台湾大学法学丛书编辑委员会编辑,1979。

凡公法上之争议事项，除法律另有规定外，都纳入诉讼范围，而且，在相关的审查判决制度上也专门针对行政契约的特点作出规定，比如，采取情势变更原则，行政法院得依当事人申请，为增减给付或变更、消灭其他原有效果之判决。① 台湾的经验充分说明，要将行政契约纳入行政救济范围，就必须对原有救济制度作相应的、必要的调整。

在行政行为中还有一种被德国学者福斯多夫（E. Forsthoff）称为"须经相对人参与之行政处分"（mitwirkungsbedurftiger Verwaltungsakt），又具体分为须申请之处分（antragsbedurftiger Verwaltungsakt），如申请发放各种证照，和须同意之处分（zustimmungsbedurfitiger Verwaltungsakt），如核准归化。也都涉及双方意思表示问题，比如，须申请之处分中，当事人的申请行为类似要约，须同意之处分中，当事人的同意又仿佛契约中的承诺，因此，在实务中易与行政契约相混淆。但从实质看，上述两种行为中，当事人的意思表示仅对行政处分是否合法成立有关，并不对行政处分的法律效力起决定作用，这是与行政契约的本质区别。在实务区分上，可以参酌外观或形式等因素来作判断。②

以须申请之处分和行政契约的区别为例，在依申请的行政行为中，从程序上分析，表现为相对人先作出要求行政机关为某种行为的意思表示，然后再由行政机关作出反应性意思表示，这种意思表示的顺序与行政契约的情况恰好相反。从效力和对内容的选择权上看，依申请的行政行为中，相对人的意思表示仅具有发动该行政行为的作用，行政机关作出的意思表示能够单方产生法律效力，无须取得相对人同意，且相对人对行政行为的内容并没有选择的权利。而在行政契约中，相对人与行政机关的意思表示具有"同值性"，不达到合致则无法产生法律效力，且相对人对契约内容有一定的选择权利。因此，在实务上，对两者的辨别可以从意思表示的顺序、效力以及对内容的选择权等方面来综合判断。

3. 行政契约与社会服务承诺

自 1994 年山东烟台建委系统率先推出社会服务承诺制以来，尽管如何

---

① 吴庚：《行政法之理论与实用》，487～492 页，台北，三民书局，1996。
② 吴庚：《行政法之理论与实用》，304～306 页、371～372 页，台北，三民书局，1996。

界定这个概念还存在着争议,甚至有着截然相反的两种观点,①但承诺作为一种社会现象,在商业服务性行业乃至政府机关都得到确认,已是不争事实。在这里,我们更加关心的,只是新出现在政府部门中,并成为提高政府办公效率与改善政府对外形象的契机的承诺举措,这也划定了作为本文研究对象的边际。

当然,也有人对政府能否搞承诺服务持怀疑态度,其基本理由是,国家法律对政府的权力和义务都有明文规定,政府必须依法执行,尽职尽责。而且,公务员都是人民的公仆,为人民服务是天经地义,因而也就不需要、也谈不上承诺什么。② 但在我看来,这个理由是不充分的。因为,简单地说,尽管法律对行政机关的职责有明确规定,但在选择行为的方式上,行政机关仍有较大的裁量权。因此,在特定情景下,采用承诺方式,特别是行政契约方式,应当有被允许的可能。对于这个问题的更加详尽的论证,我将在对治安责任承诺协议的个案研究中专门论及之。

从现有的研究和实践看,社会服务承诺制主要在三类由政府垄断的公共服务行业中适用:一是管制性服务行业,如户籍管理、公共安全、执照核发等。二是非营利性公共服务行业,如环卫、城市公交、公共文化设施等。三是"天然"垄断性或半垄断性服务行业,如铁路、邮政、水电部门。③ 其产生的制度背景是,其中的一些公共管理部门或多或少地存在着服务质量与办事效率不高以及不正之风问题。从公共选择理论(public choice theory)分析,产生上述问题的根本原因是,垄断之下缺少能够有效刺激组织提高服务水平和质量的公平健康的竞争,其结果是,垄断在免除了因为竞争而给这些部门带来的外在压力的同时,也免除了这些部门提高效率和服务质量的内在

---

① 一种观点认为,承诺只在服务性行业(这里的服务性似乎应理解为商业性、营利性)中存在,国家行政机关等非服务性行业根本不存在承诺问题。林菲:《承诺应具有法律责任》,载《世纪论评》,1998(3)。翁煜明、唐有良:《对社会承诺制的法律思考》,载《人民司法》,1998(7)。另一种观点恰好相反,认为社会承诺的主体是直接面向人民群众、不以盈利为基本目的的、承担社会服务工作的部门、单位和行业。而以盈利为目的的工商企业则不是。邵景均、鲍静:《1997:社会服务承诺制向何处去——关于进一步推行承诺制的几点看法和建议》,载《中国行政管理》,1997(3)。

② 林菲:《承诺应具有法律责任》,载《世纪论评》,1998(3)。翁煜明、唐有良:《对社会承诺制的法律思考》,载《人民司法》,1998(7)。

③ 周志忍:《社会服务承诺制需要理论思考》,载《中国行政管理》,1997(1)。

动力。^① 因此,引入承诺制,其实质是为了弥补竞争的不充分,为了激发在垄断下的内在动力。其基本的机理是,通过将要承办的事务、应达到的标准、办事程序、办理期限等向社会公开承诺,形成社会监督的外在压力,进而把这种外在压力转化为提高服务水平的内在动力。^② 当然,围绕着承诺的理论基础问题,从社会服务承诺的内涵、适用范围、条件、机制与功能,到规范化问题,还有待进一步研究。^③

结合本节讨论的主题,也许更有必要从行政契约的基本特征的角度来简单地分析一下这一行为是否是一种行政契约。从实践中表现出来的政府承诺的形式看,在政府行政中,有的政府向社会承诺,在一定的执政期间内,要完成若干公众关心的社会公共福利、经济发展及城市建设项目。^④ 这种承诺从性质上看,实际上应属于政府的执政纲领或者规划,带有很强的政策性,涉及决策性裁量(planning discretion)。虽然在制定这些规划目标时,可能广泛地征求了公众及有关部门的意见,但这种承诺仅是政府一方作出的施政意向,不存在与特定的相对一方之间形成特定的权利义务关系,而且,在执行中还可能因情景变迁而有所变化,因此,不属于而且也不宜认定为行政契约范畴。

还有一种,也是较常见的政府承诺形式,就是在法律规定的政府部门的职能基础上,对管理任务、办公程序、办事期限以及应达到的标准等的具体化。这种具体化可能是在法律对这些问题没有规定,或者规定不具体时,起补充性规定的作用。目前很大一部分的政府承诺属于这种情况。也可能是

---

① 周志忍:《社会服务承诺制需要理论思考》,载《中国行政管理》,1997(1)。
② 周志忍:《社会服务承诺制需要理论思考》,载《中国行政管理》,1997(1)。
③ 首创这一形式的山东烟台市的领导在 1996 年 11 月 22 日也承认:"我市承诺制的发展遇到了一些实际问题,比如,承诺制的适用范围问题,承诺与法律、法规的衔接问题,赔偿的依据问题,如何实现规范化的问题等等,急需在理论上有所突破。"(烟台市《社会服务承诺制简报》第 2 期)。1996 年 9 月 27 日,中央纪委、国务院纠风办的领导同志在十二大中城市推行社会服务承诺制座谈会上也指出:"我们还非常缺乏理论的指导","要注意加强对社会服务承诺理论方面的研究,不断提高对社会服务承诺之规律、内涵、意义、条件、机制及其推行工作特点的认识。"转引自邵景均、鲍静:《1997:社会服务承诺制向何处去——关于进一步推行承诺制的几点看法和建议》,载《中国行政管理》,1997(3)。
④ 从目前对社会服务承诺制的研究看,似乎并没有将这种政府承诺列入概念范畴。邵景均、鲍静:《1997:社会服务承诺制向何处去——关于进一步推行承诺制的几点看法和建议》,载《中国行政管理》,1997(3)。周志忍:《社会服务承诺制需要理论思考》,载《中国行政管理》,1997(1)。但我感觉这也应当是一种政府承诺。

法律虽有规定,但在承诺中提出比法律规定更高或更具体的标准和要求。比如,中国香港地政总署的地政处关于新界农用土地方面的地政服务,就是为执行地政处的主要职能而作的详细规定,里面包括具体的手续和期限等。① 再比如,近来在英国发起的"公民宪章"运动(the Citizen's Charter programme)的一个突出特征就是,所有有关的机关,从中央政府部门到地方政府,警察和法院,全民健康服务(the National Health Service)和公用事业(utilities),都要求作出承诺(statements),明确向公民提供服务的标准。②

为了使上述对公众的承诺落到实处,有关部门还自愿接受公众的监督,并采取措施保证其兑现。当然,在具体做法上,不同地区和部门不尽相同。比如,中国香港政府土地注册处是按年度对服务承诺情况进行统计检查,并将结果公之于众,称之为"服务表现检讨"。这既方便公众监督检查,又为改进承诺标准提供依据。香港税务局为防止承诺流于形式,专门设立服务承诺关注委员会,监察税务局服务承诺的表现。根据检查结果,适时增改承诺项目和标准。中国内地的一些政府部门还允诺,如果违背承诺,将承担一定的经济责任。

上述承诺多半是以规范性文件出现,也就是表现为行政机关内部的行政规则(Verwaltung svorschrift)。在我理解起来,这种规范性文件的内容很大程度上是解决行政机关内部的工作细则,比如办事手续和期限等,对行政组织运作管理有意义,而且,会产生一种对行政机关人员的行政义务。但是,上述文件也因是对公众的承诺而对外发布,对相对人的权利义务和法院的判案也会发生影响。比较明显的例子是,法院在判定行政机关是否拖延履行法定职责时,如果没有法定期限,则以行政机关内部规则确定的期限为准。但是,严格地说,这种规范性文件在性质上更近似于德国学者詹宁雷克(Georg Jellinek)所说的"组织规则"(Organisation sverordnung),尤其是那些层次较低的县区政府部门作出的承诺(而且现实中大量的承诺都属于这类),因为缺乏法律的授权,很难认为这种规范性文件能够创设出新的法律关系,换句话说,就是不具有对相对人的法规范效力。

---

① 这方面的详细介绍,参见傅小随:《香港政府部门服务承诺制度的特点》,载《中国行政管理》,1997(6)。

② Cf. Carol Harlow & Richard Rawlings, op. cit. , p.144.

那么，如果政府违背承诺，其对外承担责任的基础是什么？能不能像解决商业服务行业的承诺那样，①将政府的承诺看作是一种要约，不特定的相对人为受要约人，只要其接受承诺所提供的服务内容，就视为"契约"成立。我感到，将这种承诺当作行政契约来处理是不妥当的，理由是：如前所述，这种承诺首先外在表现为行政规则，尽管承诺的内容对相对人来讲具有提供服务的意味，也十分有意义，但是，这种承诺实质是规范行政组织的运作方式，而良好的组织运作管理的客观结果，才是相对人享受由此带来的社会服务。因此，不宜将这种形式的承诺所形成的关系视作行政契约关系。更何况，这种承诺是对不特定人作出的，当中缺乏双方协商合意的基础。德国人在解决行政规则对外部的责任问题上，也没有采用行政契约的理论，而是认为行政规则对外具有间接效力或附属效力(indirekte oderunselbst andige Aussen wirkung)。② 尽管英国人有个"公民宪章"能从契约角度重塑国家与公民之间关系的说法，但这里的契约却是从政治和个人自由主义理论(liberal individualism)来理解的，是将国家提供服务作为对公民纳税的交换或报偿(quid pro quo)，而不是法律意义上的契约。③ 我则更愿意把这种责任的基础看作是违反了作为行政法一般原则的诚实信用原则(Grundsatz von Treu und Glauben)。

但话又说回来，上述承诺如果不是表现为规范性文件形式，而是政府部门与特定相对人在协商基础上达成的协议，那么，就有可能是行政契约。较为典型的例证就是湖北鄂州市杨叶派出所首创的治安承诺责任制，亦即"杨叶模式"。对于这个问题，我将专门作为一个个案来研究。

三、行政契约的功能

研究行政契约的功能，可以从功能侧面揭示行政契约在行政法中存在的理由。在构建行政契约制度以及运用行政契约手段时，可以有意识地发挥这种功能。在对行政契约的功能的认识与归纳上，尽管不同学者因为看

---

① 对商业服务承诺的处理，不但理论上有人持这种"契约"关系的主张，参见林菲：《承诺应具有法律责任》，载《世纪论评》，1998(3)。而且也有法院如此的判案，参见张建新、段合林：《析一起社会承诺赔偿纠纷案》，载《人民司法》，1998(7)。
② 吴庚：《行政法之理论与实用》，261页，台北，三民书局，1996。
③ Cf. Carol Harlow & Richard Rawlings, op. cit., pp.144—145, especially note 3.

问题的角度不同,可能有着不尽相同的结论,但在我看来,在行政法领域运用契约手段能够取得的最突出的成效,或者说,行政契约最大的效用与功能大致有五个方面:(1)扩大行政参与、实现行政民主化;(2)弥补立法不足、替代立法规制;(3)搞活国有企业、提高国有资产使用效率、促进国有资产的增值、推进经济体制改革;(4)弥补公共服务竞争不足、带动内部制度建设、强化行政组织运行管理、提供良好公共服务;(5)使纠纷处理和法律救济简单化、明确化。

(一)扩大行政参与、实现行政民主化

扩大行政参与和政治沟通,是现代法治国家致力于行政民主化的目标。因而,相对人在行政管理中参与机会的多寡,对行政决策影响力的大小,就成为衡量行政民主化程度的重要指标。

在行政契约中,对行政目标实现方式以及内容的选择,由行政机关和相对人协商确定,并将相对人是否同意作为行政契约能否发生法律效力的条件,这就在行政政策的形成以及推行过程中最大限度地融入了相对人的意见,将相对人参与行政管理的程度提升到一个相当高的水平,积极地推进了行政民主化的实现。甚至在有些情况下,为监督契约双方是否遵守协议,还承认第三人对契约履行的监督权。比如,治安承诺协议向公众公开,接受群众监督。又如,公害防止协定中,承认居民代表有和地方公共团体共同进入检查的权利,并将调查结果公示一般居民。因此,从民主宪政意义上讲,行政契约具有扩大行政参与、实现行政民主化的功能。而且,从更广泛和更深刻的意义上讲,正像德国联邦行政法院在一起著名的判决中所指出的那样:"原则上承认公法合同作为行政方式的合法性,将在极高的程度上根本改变在现代法治国家里国家居高临下的优越地位,改变公民以前仅仅被作为行政客体的法律地位。"[①]

(二)弥补立法不足、替代立法规制

政府通过缔结行政法上契约方式,能够在法律没有规定,或者规定不具

---

① 德国联邦行政法院判例集,第23卷,212页。转引自于安:《德国行政法》,135页,北京,清华大学出版社,1999。

体的领域,与相对人通过合意,形成其所预期的行政法上权利义务关系,或者实施比法律规定更加严格的政策,以达到行政规制目的,并能灵活地根据时势需要不断地调整政策姿态,进行政策选择,从而弥补立法不足、达到替代立法规制的效果,这也是行政契约作为行政手段所具有的突出的功能,也是其弹性与机动性之所在。这种弹性和机动性,对于特殊、非常态行政案件的处理,尤其具有价值。[1]

英国学者丹梯斯(Daintith)对合同替代立法规制这一价值有着较高的评价,他在比较政府运用统治行为方式(他称之为 imperium)和向遵从政府目标的人分配利益的方式(他称之为 dominium)实现行政目标的优缺点之后指出,通过统治行为方式追求目标的实现存在着限制和不足,由于立法可能在效果上显得冗长、复杂且不确定,因而通过立法方式有时可能是不可行的。而分配利益方式可以通过诸如讨价还价和非正式协议加以运用,这有助于对政策选择的短期尝试和避免所必需的立法授权。[2]

在西方国家,利用行政契约弥补立法不足、替代立法规制的实例是颇多的,产生于日本的"横滨方式之公害防止协定"就是典型的例证。在我国,随着强调政府依法行政意识的深入,逐渐暴露了新中国成立以来对行政组织立法的粗糙与疏漏,行政机关及其公务员对其职责范围不能有所明确的认识,造成执法的空隙及不到位,而鉴于立法程序的烦琐及滞后,行政机关便推行责任承诺制来具体落实和明确各机关和岗位的责任。在法律未作明确规定的经济及行政管理诸多领域,也利用行政契约方式进行政策性选择。[3]

---

[1] 许宗力:《行政契约法概要》,见《行政程序法之研究》,295页,台北,我国台湾地区"行政院经建会健全经社法规工作小组"出版,1990。
[2] Cf. P. P. Craig, *Administrative Law*, Sweet & Maxwell,1994, p.698.
[3] 比如,北京市政府为了深化国营大中型工业企业改革,加快企业经营机制的转换,使企业逐步成为具有自主经营、自负盈亏、自我发展、自我约束能力的社会主义商品生产者和经营者,制定了关于进一步搞好国营大中型工业企业的若干政策,分别企业的不同情况,采取多种形式,签订承包协议,实行北京市发展高新技术政策改革试点、减亏承包改革试点、投入产出总承包试点、还贷期间"两保一挂"承包改革试点,比照中外合资企业部分政策改革试点、税利分流、税后还贷改革试点等多种尝试,以摸索改革国有企业的经验。

(三)搞活国有企业、提高国有资产使用效率、促进国有资产的增值、推进经济体制改革

从搞活国有企业、提高国有资产使用效率、确保国有资产增值、推进经济体制改革角度,提倡在行政法领域引进契约管理方式,是行政契约产生的一个重要原因。西方国家有些学者认为,对于某些公共管理事业,如果由行政机关来实施,可能会导致较低的生产效率、不计较成本、忽视竞争所带来的新观念和新技术,而改善这种状态的最佳途径是通过和相对人签订契约将该事务转包出去。① 在我国,行政契约是在经济体制改革的社会背景下被引入行政管理之中的,而经济体制改革所面临的主要问题就是,如何搞活国有企业,提高国有资产的使用效率,促进国有资产增值。

在实践上,以农村土地承包为契机,在国有企业经营、国有土地利用、公共工程建设等诸多领域中,逐渐引入了行政契约的管理观念与手段。这方面的实例是大量的,比如,北京市在1991年推开的多形式的国有企业承包制试点工作中,由北京市计划委员会、经济委员会、税务局、财政局、劳动局、国有资产管理局、物价局以及其他有关主管部门,分别与北京市医用电子仪器厂、北京色织厂、北京重型汽车制造厂、北京化学纤维厂、北京冷冻机厂、北京市调谐器厂签订各种承包协议。以北京医用电子仪器厂与北京市计委、税务局等政府部门签订的"实行北京市发展高新技术政策改革试点协议书"为例,在契约中,双方约定,作为企业一方应以1990年实际上缴利税83.7万元为基础,"八五"末期1995年上缴利税达到147.8万元,比1990年增长76.6%。"八五"期间企业固定资产净值以1990年末数为基数,平均每年递增10%。自有流动资金(国拨流动资金、企业流动资金)以1990年末数为基数,平均每年递增1.5%。这些约定无疑对于扩大和落实企业经营自主权、确保上交财政收入、促进国有资产增值等起到了积极的作用。又比如,国家计委、城乡建设环境保护部、劳动人事部、中国人民建设银行在1984年9月联合发布的《基本建设项目投资包干责任制办法》中就指出,实行建设项目投资责任制的有关各方,要通过协议或合同,明确规定包保的内容、条件、责

---

① Cf. P. P. Craig, op. cit., pp. 108,109.

任、和经济权益,其目的在于克服基本建设敞口花钱,吃"大锅饭"的弊端,划清建设单位和国家(包括项目主管部门)的关系,调动各方面的积极性,缩短建设工期,保证工程质量,降低工程造价,提高投资效益。再比如,新中国成立后逐渐形成的对国有土地的行政划拨使用的管理模式,造成了土地资源的利用效率低,占地单位通过"土地隐形市场"私下转让土地,致使国有土地流失严重。为合理开发、利用、经营国有土地,以深圳市1987年首倡土地使用权有偿转让为契机,1988年七届人大一次会议通过对宪法的修正案,允许土地使用权可以依照法律的规定转让。1990年国务院发布《城镇国有土地使用权出让和转让暂行条例》,规定国家可将土地使用权在一定年限内让与企业或个人,后者应按政府规定的土地用途使用土地,并向政府缴纳土地使用权出让金,双方应就此签订出让合同。

而行政契约在行政法中引入的过程,反过来看,也证明了行政契约具有促进上述目标实现的功能,或者更确切地说,行政契约作为一种硬件设备,为产出这种结果提供了保证。这是因为行政契约作为一种程序设施或工具设备,为行政主体和相对一方,甚至受契约影响的第三人,提供了理想的协调各方利益的场所和较广的选择可能性,使彼此约定的条款内容能够满足各种不同利害关系人的不同要求,使各自的利益均达到最大化,由此产生的结果方案容易得到相对一方的协力,并能有效地防止法律纷争的发生。在契约的执行中,契约当事人出于追求自身利益的最大化,在使用国有资产时,会努力降低成本,提高效率。而对于国家而言,能够取得国有资产增值的效果。

(四)弥补公共服务竞争不足、带动内部制度建设、强化行政组织运行管理、提供良好公共服务

从满足人们对良好的公共秩序和管理的需求看,行政管理也是一种社会服务。然而,正如英国负责"公民宪章"运动(the Citizen's Charter programme)的大臣维德格雷夫(William Waldegrave)在一个报告中指出的那样,"'公'(public)与'私'(private)的基本划分实际上也是'垄断'(monopoly)和'竞争'(competition)之间的区别。"这也就意味着,在公共领域,公共服务的消费者(公民)和提供者(政府)之间基本上是卖方市场,缺少着基本的市场竞争。"但基于各种各样的理由,我们还必须保持这种公共机

构所拥有的垄断,(与此同时),我们也应该寻找能够与竞争产生同样法则的其他方法。"①

从英国和我国摸索的经验看,退而求诸己身,通过对外承诺服务,提出较高服务标准,加重提供者的责任,是能够对内产生一定有益的压力,拉动公共组织内部的制度建设和运行的严格管理,提高公共服务的质量。这个过程在英国是通过"公民宪章"运动(the Citizen's Charterprogramme)完成的,在我国是通过社会承诺和与特定相对人签订承诺契约实现的。②

当然,弥补竞争不充分,激发工作制度建设,严格公共组织运行管理,以及提高公共服务质量和水平,这些目标的实现,从根本上说,是因为对外承诺提供较高的服务标准而形成的对内适度压力所致,但这些在多数情况下却是通过选择行政契约方式来实现的,是行政契约的主要内容,也是签订这些行政契约本身就想实现的主要目标之一。

(五)使纠纷处理和法律救济简单化、明确化

行政契约中双方当事人对彼此权利义务的明确约定,在一定程度上能够有效地防止以后在契约执行上的纷争。退一步说,即使发生纷争,也能比较容易地判断是非曲直。目前,在实践部门中普遍偏好签订各类"责任书",比如"治安责任书""强化单位内部防范,综合整治盗抢汽车、摩托车、自行车犯罪活动责任书""娱乐场所管理责任书",等等,其中一个主要目的就是明确行政机关和相对人的各自责任,出了问题也好解决。更何况在行

---

① William Waldegrave, *Speech to the Institute of Directors*, 20 July 1992. Cited from Carol Harlow & Richard Rawlings, *Law and Administration*, Butterworths, 1997, pp.146-147.

② 比如,湖北省鄂州杨叶派出所推行治安承诺责任协议,就成为提高公安工作服务质量和水平、转变服务方式的转换点。据鄂州公安局1999年3月编辑的题为《实行治安承诺,确保一方平安》的关于鄂州市杨叶派出所事迹材料汇编所载,在实行承诺制以前,当地派出所的几名民警是明里上班,暗里从事第二职业,公安工作服务质量不高也就可想而知。自从向辖区企业和外来投资者承诺凡被哄抢或敲诈勒索、由派出所负责赔偿直接经济损失,并签订契约之后,派出所"自加压力",一改以往的"坐堂办案、被动治安"的衙门式做法,变为积极治安,在违法犯罪的预防方面作了大量的、细致的工作,并在预防和处置治安案件上形成了派出所与被承诺单位、所长与责任区民警、责任区民警与被承诺单位保卫人员之间的互相配合和监督的良性循环关系。而且,还进一步引发了在工作制度、工作措施、运行机制和队伍建设等方面的一系列变革,改变了勤务方式,严格接处警和案件查处制度,作为兑现承诺的制度保障。其结果是,在镇党委、政府,上级公安机关组织开展以及派出所自行组织的辖区群众公开民主评议派出所工作和民警活动中,群众满意率均达95%以上。

政契约中通常都明定了纠纷的处理方式,以及损害发生时责任方须负的赔偿责任,所有这些规定,都使得行政契约纠纷的处理更加简单、明确。

四、行政契约的分类

在理论上对行政契约作分类,其意义在于:

(1)从不同侧面和角度了解行政契约,揭示行政契约存在的领域的广泛性。

(2)对不同种类的行政契约,在法律上应区别予以规范和控制。

(3)在运用于所涉个案之中时,自觉地根据不同种类行政契约的特性,有选择地适用。

(一)西方国家行政法上的分类

在美国,根据合同中规定的对向政府提供供货或劳务的当事人的赔偿方式,将政府合同分为选定价格(Fixed-Price, hereinafter, FP)和偿还成本(Cost-Reimbursement, hereinafter, CR)两种基本类型。选定价格合同(FP Contracts)是指双方当事人在签订合同时就确定价格,在合同存续期间,除特别情况,不得修改。此类合同的特点是,将因合同履行不当或事先估计不足或其他原因导致成本上升的风险基本上转移到当事人身上,政府不负责任,这样迫使当事人努力去控制成本,管理整个合同有效率地履行,以便获得利润。也正因如此,政府对合同的管理可以减少到最低限度。偿还成本合同(CR Contracts)是指政府同意偿付当事人在履行合同过程中所产生的所有允许的(allowable)及划归的(allocable)成本的一类合同。在此类合同中,政府为保证成本的合理性,要对合同的履行予以控制与管理。上述分类方法反映了政府和当事人缔结合同时所冒风险的程度,因此,在谈判时,决断选择适当的合同类型就显得极其重要。而政府的主要目标就是要最大限度地利用合同种类,确定当事人应承担的合理的风险,并尽可能地促使当事人有效且经济地履行合同。[①]

[①] Cf. Emmett E. Hearn, *Handbook on Government Contracts Administration*, Hearn sociates, 1987, pp. 20—33.

美国行政法上,也从政府获得的标的种类的角度,将政府合同分为三种基本合同:供应合同(supplies)、劳务合同(service)和建筑合同(construction)。这种分类方法和英国的基本一样。

法国学者将众多不同的行政契约主要划为两类:一是公务特许契约(la concession de service public, or l'affermage);二是公共采购契约(le marche public)。公务特许契约是行政机关将公务特许个人(通常为私人)行使而签订的契约,比如,地方行政区(local commune)与自来水公司签订的有关特许后者在该行政区内供应自来水的契约。公共采购契约是有关为公务提供特定物品或服务的契约,如公共工程(public works),供应(supplies),劳务(services)。传统上认为,特许是人身性契约,特许权所有人是因其特性而被行政机关选中的,而且,由其本人提供公务。而与此相对,公共采购契约所关注的是提供产品或服务的质量,而非提供上述产品或服务的人。正因如此,对上述两种契约的订立的程序上的要求就不太一样,比如,在特许中,行政机关可以自由选择合作者,著名的 Channel 5 案件对此作了有力的诠释。①而在公共采购契约中,应按照《公共采购法》(Code des marches public)规定的规则进行竞争。②

德国行政程序法上,根据签订契约时双方所处的地位,将行政契约分为对等契约和隶属契约。判断契约当事人所处的地位,便成为区别对等契约与隶属契约的关键。在判断时要考虑契约标的,③更要注意契约当事人的身份。④简单地说,对等契约(Koordinationsrechtliche Vertrage, co-ordinate contract)是在地位或级别平等或基本上平等的行政机关之间,或者私人之间缔结的有关

---

① 在该案中,政府只是同一个由一些该政府的支持者率领的公司谈判后,就授予那个公司经营一个新开辟的电视频道的特许权,来与现有的公开经营的频道竞争,但法院并没有判决该行为违法。CE 16 April 1986, COMPAGNIE LUXEMBOURGEOISE DE TELEDIFFUSION.

② Cf. John Bell & Neville Brown, *French Administrative Law*, Oxford University Press Inc., 1993, pp.193—195.

③ 林明锵:《行政契约法论》,载台湾大学《法学论丛》,第 24 卷第 1 期。

④ 德国学者 Schmidt-A βmann 及 Krebs,印度学者 M. P. Singh 均侧重后一个标准,但却受到林明锵博士的批判,认为单从契约当事人的身份判断过于简单化,这种原则性推定仍有例外情形存在,特别是"公权力主体与人民间亦可能缔结对等性之行政契约,尤其是当公权力主体于缔约时并无为行政处分之权限时,更容易产生"。详见林明锵:《行政契约法论》,载台湾大学《法学论丛》,第 24 卷第 1 期,特别是其中的注 33。

公权力与公义务(public rights and duties)的契约,例如,两个行政机关之间缔结的有关资助学校或维护公共桥梁与道路的契约,此类契约涉及的关系往往不能通过行政行为来处理。① 隶属契约(Subordinationsrechtliche Vertrage, subordinate contract)是分别居于优越与从属地位的当事人之间,即行政机关为一方,公民或其他隶属法人为另一方缔结的契约,比如,就替代履行费用的支付、建筑特许而缔结的契约,此类契约常是就无须以行政行为形式单方处理的事务,根据明确的法定权力或正当地行使自由裁量权来缔结的。② 这种分类的意义在于:由于隶属契约中双方地位不平等,容易出现"出卖公权力"(Ausverkauf vom Hoheitsrecht)或利用公权力欺压相对人(Ausnutzung Vom Hoheitsrecht)的情况,因此,要在法律上对隶属契约加以特别防范和控制。③ 正是基于这种思想,德国行政程序法专门针对行政实务上使用频率最高、被滥用的可能性也最大的两种隶属契约——互易契约与和解契约——分别作限制性规定。④

和解契约(Vergleichsvertrage, compromise contract)是为了消除事实或法律上的不确定性,通过当事人双方让步而缔结的契约。当然,订立契约的前提是,行政机关依裁量认为,缔结契约对消除不明确性是有益的、适当的。⑤ 而且,性质上不属于非独立性的因素或先决问题,比如,在核发医师执照时不得就应具备的医师资格进行和解。在适用何种法律或何条款存有争议时,不能互相让步寻求和解。⑥ 缔结此类契约具有促进行政程序经济化的

---

① Cf. Mahendra P. Singh, *German Administrative Law: in Common Law Perspective*, Springer-Verlag Berlin Heidelberg, 1985, p.50.
② Cf. Mahendra P. Singh, op. cit., pp.50—51.
③ 林明锵:《行政契约法论》,载台湾大学《法学论丛》,第24卷第1期。
④ 其实,和解契约与互易契约在对等契约中也存在。陈新民:《行政法学总论》,267页,特别是注17,台北,三民书局,1997。但在对等关系下缔结的和解契约或互易契约不受《行政程序法》第55条及第56条的直接限制。参见,Vgl. Maurer(Fn. 14)§14 Rdnr. 15. 转引自林明锵:《行政契约法论》,载台湾大学《法学论丛》,第24卷第1期。又参见吴庚:《行政法之理论与实用》,373页,台北,三民书局,1996。
⑤ Cf. Mahendra P. Singh, op. cit., p.51.
⑥ 吴庚:《行政法之理论与实用》,373~374页,台北,三民书局,1996。

功能。① 具体而言,一方面,通过缔结和解契约,行政机关能够以最经济的方式迅速排除不明确的事实或法律状态,使行政秩序归于稳定,从而避免因调查而耗费大量的时间与财力。另一方面,也不易发生相对人因行政机关单方以行政处分认定事实或法律状态而产生的行政纠纷,使行政机关免于讼累。② 但为了防止行政机关通过和解契约规避其调查义务,《行政程序法》第55条对和解契约适用的条件作了规定。根据有关研究,凡属隶属契约的和解契约,其成立必须符合:(1)客观上存在事实或法律状态不明确;(2)不明确状态不能或需费甚巨始能排除;(3)契约之缔结须能有效达成行政目的;(4)双方互相让步,不得仅一方让步。③

互易契约(也译为双务契约)(Austauschvertrage, reciprocal contract)是行政机关为履行公务而与相对人约定互负给付义务的行政契约。在双方地位不对等的情况下,此类契约极易出现不合理的约定条款,因此,德国《行政程序法》第56条对其适用作了限定:(1)相对方的给付应符合契约约定的特定目的;

---

① 西班牙在《行政程序法》(1992)中,也引入行政契约来结束程序,在缔结契约(1)不违反法律秩序;(2)不涉及不能妥协的事务;(3)以满足公共利益为目的等情况下,公共行政机关与公法人可以依据有关规定预见的范围、效力及特别法律制度缔结契约,来终结行政程序。缔结契约行为,也可以事先插入行政程序中,而不管这些程序与结束其裁决是否有限定性关系。但是,协议不得改变行政部门的原有职能,也不得改变属于与公共服务运转有关的当局及公务员的责任。协议如果涉及政府内阁会议直接管辖的事务,必须由内阁会议通过。在契约中必须对参与各方的身份、人员、运作和地区范围以及有效期限等作出规定,并根据其性质及涉及对象指出是否应予公布(第88条)。

② 林明锵:《行政契约法论》,载台湾大学《法学论丛》,第24卷第1期。和解契约在行政诉讼上的价值值得注意。其实,早在德国《行政程序法》制颁之前,在1960年公布的《行政法院法》第106条中,就已经对行政诉讼中的争执,明定可以进行诉讼上的和解,以终结程序。参见吴庚:《行政法之理论与实用》,373页,台北,三民书局,1996。在行政诉讼中,缔结契约的情形如,(1)原告与被告经过沟通、解除误会后,可撤回诉讼(在契约形式上,表现为单务契约);(2)原告撤回起诉,被告同意采取补救措施,而合意终结诉讼程序(在契约形式上为双务契约或负担契约),此举有利于避免将来行政机关败诉后重新作出合法的行政行为,或重新审查事实与法令,而耗费时间与精力。参见陈新民:《行政法学总论》,268页,台北,三民书局,1997。这对我国行政诉讼制度的构建极具参考价值,在行政诉讼中不乏违法事实存在,但在对违法数量、金额或利润的计算上,因违法者账目不全而发生争议,在此情形下,实有引入行政契约的必要,并进一步引发对行政诉讼(不包括行政赔偿)中不适用调解论说的反思。当然,在缔结契约过程中,法院有发挥调解作用的余地,但与民事诉讼不同,要受到严格的限制。

③ 参见,Vgl. Maurer(Fn. 14)§14 Rdnr. 16.许宗力:《行政契约法概要》,见《行政程序法之研究》,经建会研究报告(翁岳生主持),302页。转引自林明锵:《行政契约法论》,载台湾大学《法学论丛》,第24卷第1期。

(2)有助于行政机关执行其职务;(3)而且应是合理的,与行政机关的对待给付(counter-benefit or service)相当,"禁止连结负担"(Koppelungsverbot)。① 上述条件只要有一个不存在,就将导致互易契约的无效。②

日本在行政上运用契约手法的事实,早在明治宪法下就为人所知。③ 日本法制深受德国法的影响,更是不争之事实。在晚近的日本学者的行政法论著中,也是从发生公法上的效果为目的来研究日本公法上的契约。④ 但直接援引德国行政法上对等契约与隶属契约的分类方法较为少见,我们只能从传统通说的分类方法中窥见德国法影响的若干痕迹。比如,田中二郎将公法上的契约的种类分为:(1)行政主体相互间的契约,比如,市町村相互间儿童的教育事务的委托(《学校教育法》第31条)、地方公共团体相互间的道路、河川的费用负担比例的协议(《道路法》第54条;《河川法》第33条、第50条)、地方公共团体在本区域外设置营造物时与相关地方公共团体之间的协议(《自治法》第210条、第211条);(2)行政主体与私人间的契约,比如,公共团体与私人间的公用负担契约、市町村与煤气公司、电气化铁路公司等之间的奖励契约;(3)私人相互间的契约,比如,在土地收用中起业者与土地所有者等之间的协议(《土地收用法》第40条、第116条以下)。⑤ 这样的种类排列多少有按契约当事人的缔约身份与地位(对等还是隶属)安排的意思。但是,近来这种研究的态度却遭到批判,认为"仅以上述三种契约均以公法上的效果发生为目的的这一点为理由,将其囊括在行政契约这一相同的概念之下,便不具有确立该概念的实际意义。"⑥

---

① "禁止连结负担"(Koppelungsverbot),在英文中找不到恰当的对应词,指禁止将法定利益或责任与法律所允许的对待给付相连结。行政机关有责任提供的公共服务,不能依赖于相对方是否提供对待给付而作出,除非符合法律规定的严格条件。比如,行政机关在核准兴建执照时,不能附带要求建筑商应该低价让售若干房屋给政府人员。如果相对人有权利获得行政机关提供的利益或服务,那么,只有在法律有特别规定时,才允许他作出有利于行政机关的对待给付。Cf. Mahendra P. Singh, op. cit.,p.51, and note 3. 陈新民博士认为,使用"禁止连结负担"这个字眼不如用"搭附"(Die Koppelung, Tie-in)禁止来得准确。陈新民:《行政法学总论》,269~270页,特别是注20、21,台北,三民书局,1997。

② Cf. Mahendra P. Singh, op. cit.,,p.51.

③ [日]盐野宏:《行政法Ⅰ》,刘宗德、赖恒盈合译,166页,台北,月旦出版社股份有限公司,1996。

④ [日]田中二郎:《行政法总论》,249页,东京,有斐阁,1957。

⑤ [日]田中二郎:《行政法总论》,251页,东京,有斐阁,1957。杨建顺:《日本行政法通论》,510页,北京,中国法制出版社,1998。

⑥ 转引自杨建顺:《日本行政法通论》,511页,北京,中国法制出版社,1998。

其中的缘由,大概是德国的行政契约是建立在公法与私法的划分上的,但从发生公法效果标准去研究行政契约,会发现日本传统上多将行政契约当作民事上的契约来救济,这种缺少相应公法救济制度及判例的状况给行政契约理论的研究带来困难。① 更为重要的是,第二次世界大战后,日本法制在特定的历史环境下逐渐受到普通法的侵蚀,而英美行政法上是以形式标准将政府为一方当事人缔结的契约概括地进行研究,找出其中适用于政府缔约行为的特别规则,这种研究方法不能不对日本的行政法研究产生影响。正因如此,现代很多日本学者倾向于将作为达成行政目的手段而缔结的契约统称为行政契约,从中考察其共通的特征。这就使得行政法上契约范围较德国的行政契约要广,内容更加复杂多样,类型也更加纷繁不定。

所以,现代日本学者多是从行政法领域存在的契约体裁上广泛加以网罗,比如,石井昇认为,在行政法上主要存在:(1)行政主体相互间缔结的有关行政上事务的契约,例如,市町村间的教育事务的委托、境界地的道路、河川的费用负担比例的协议,地方公共团体间有关区域外公共设施设置的协议,地方公共团体间的事务委托的协议等。(2)作为行政活动必要的物的手段及其他财产的取得、管理、处分的作用而进行的契约,例如,公共用地买收契约、国、公有财产的贷付契约、公共土木事请负契约、制造请负契约等。(3)公共设施、公共企业利用契约,例如,国、公立学校在学契约、公营住宅贷付契约、邮电事业等公共企业利用契约等。(4)有关财政的补助的契约,例如,社会保障行政领域中各种资金的交付、贷付,经济行政领域中补助金交付、资金贷付、信用保险等。(5)公务员劳动契约。(6)奖励契约。(7)公害防止协定等契约形式。②

但是,现代日本行政法上也并不是不存在对行政契约的分类,比如,室井力就将行政契约分为行政主体相互间的契约,以及行政主体和行政相对人之间的契约。但显然不是从公法关系角度,而是从特别规则角度来研究行政契约,因而契约范围显然要比德国的宽,例如,将政府契约(采购契约)也全部包

---

① [日]盐野宏:《行政法I》,刘宗德、赖恒盈合译,166页,台北,月旦出版社股份有限公司,1996。

② [日]石井昇:《行政契约の理论と手续——补助金契约を题材にして》,6～7页,东京,弘文堂,1988。

括在内。① 原田尚彦将行政契约分为有关行政组织的组织法上的契约和有关行政作用的作用法上的契约。前者如，地方公共团体在其他地方公共团体的区域内设置公共设施时和后者缔结的协议；②后者如，公害防止协定。③

葡萄牙在其《行政程序法典》(1991年制颁，1996年修正)中为行政合同的适用开辟了广阔的空间，只要法律没有相反规定或者因拟建立的关系的性质不允许，广泛承认行政机关能够转用行政合同来替代传统上规章或行政行为，或者利用"合同"这种行为模式来灵活运用行政机关自身资源以外的其他资源，以求达致对公共利益最有利的结果。正因为行政合同适用的范围广泛而不定，因此，在行政程序法典中，没有对实务中行政合同作分类，只是列举了常见的几种行政合同，计有：(1)公共工程承揽合同；(2)公共工程特许合同；(3)公共事业特许合同；(4)公产的开发合同；(5)公产的专用合同；(6)博彩经营特许合同；(7)继续供应合同；(8)为直接公益提供劳务的合同(第178条)。其中，为直接公益提供劳务的合同又可以分为两类：一是接载运送，就是私人依照合同约定为行政当局接载运送人或物件来往指定地点；二是任用，就是借着合同的订立，私人进入公共行政当局的常备人员编制内，按有关公职规章为行政当局履行职业活动。④

（二）我国行政法上的分类

随着香港和澳门的陆续回归，我国法律体系的内部结构变得更加复杂与多样化。香港的法律制度因深受英国法传统的影响，在对政府合同的态度与分类上，也因袭英国的做法，自然不必多说。澳门在法律本地化的过程中，⑤将原先规定行政合同的《行政法典》与《行政及税务法院章程》第9条第

---

① ［日］室井力：《行政法100讲》，148～149页，东京，学阳书房，1990。转引自杨建顺：《日本行政法通论》，512～513页，北京，中国法制出版社，1998。

② ［日］《自治法》第244条(3)。

③ ［日］原田尚彦：《行政法要论》，175页，东京，学阳书房，1985。

④ 参见 F. Amaral，《行政法》，第三册，447、451页；M. Caetano，《行政法手册》，第一册，584～586页；第二册，654页，及续页。转引自王伟华、朱伟干、杜慧芳等著：《行政程序法典注释》，223页，澳门，澳门法律公共行政翻译学会出版，1995。

⑤ 对行政合同的立法改良，虽早为葡萄牙《行政程序法典》落实，但由于该法典在澳门不生效，只能随澳门行政程序法典的生效才正式继承葡萄牙的有关立法改良。参见王伟华、朱伟干、杜慧芳等：《行政程序法典注释》，222页，澳门，澳门法律公共行政翻译学会出版，1995。

2款稍加修改,在新制定的《行政程序法典》(1994)中,省略了一些在澳门不存在的项目(如将公有产权批给私人使用),以及作了一些技术性的调整(主要是将各例子分项列出),最后保留下来的行政合同有:(1)公共工程承揽合同;(2)公共工程特许合同;(3)公共事业特许合同;(4)博彩经营特许合同;(5)继续供应合同;(6)为直接公益提供劳务之合同(第157条)。其中,公共工程特许合同、公共事业特许合同和博彩经营特许合同,又称"批给合同",在这类合同中,特许的标的必须在特许人(也称批给人)的职责和权限范围以内,而且,本来属特许人专有的活动肯定要由被特许人(也称承批人)实施。① 继续供应合同虽然明确了不需以直接公益为目标,但要以满足公共利益为前提(参阅第4条)。② 为直接公益提供劳务的合同,根据 Marcello Caetano 教授的见解,必须是把提供劳务者长期(及特别)地联系在有关公共目标的实践上,致使其活动受劳务的常规性和延续性支配。③ 这种见解也得到了冲突法庭的首肯。④

在我国台湾地区,从林纪东教授与翁岳生教授先后主持的两次"行政程序法"草拟情况看,在行政契约理论,特别是分类上深受德国法制的影响,是非常明显的。对此,无论是学者论著,还是法条草案中的理由说明,都丝毫不加隐晦。在理论与立法草案上,也是将行政契约分为对等契约与隶属契约,重点规制的也是隶属契约下的和解契约与双务契约。所用的词句虽与德国的略有出入,有的地方对德国行政程序法中行政契约规定的把握或许

---

① 之所以要在合同中强调这些,是为了区别在实际生活中存在的另一种特许,即特许"被特许人"有权进行纯私法性质的活动,比如,某些工商业牌照的"特许";国籍或居留权的"特许"等,这些特许与特许合同的不同之处在于前者不涉及特许人的职责或权限的转移,只是就某种法律身份缔造新一员而已。参见王伟华、朱伟干、杜慧芳等:《行政程序法典注释》,222~223页,澳门,澳门法律公共行政翻译学会出版,1995。

② 原来在《行政及税务法院章程》第9条第2款中是将继续供应合同和提供劳务合同相连列举的,于是在解释这两种合同是否都必须"以直接公益为目标"上存在分歧。现在行政程序法典将这两种合同分开列示,并明确只有提供劳务合同必须以直接公益为目标。参见王伟华、朱伟干、杜慧芳等著:《行政程序法典注释》,222页,澳门,澳门法律公共行政翻译学会出版,1995。

③ Marcello Caetano,《行政法手册》,第一册,585页。转引自王伟华、朱伟干、杜慧芳等著:《行政程序法典注释》,224页,澳门,澳门法律公共行政翻译学会出版,1995。

④ 冲突法庭1990年1月11日合议庭裁判,载于《合议庭裁判学说》第344/345期,第1133页。转引自王伟华、朱伟干、杜慧芳等:《行政程序法典注释》,224页,澳门,澳门法律公共行政翻译学会出版,1995。

有些微差错,或有所改进,①但总体精神是一致的。我们可以以近期台湾"行政院经济建设委员会健全经社法规工作小组"委托台湾大学法律研究所翁岳生教授主持起草的"行政程序法草案"(1990)为例,从其对立法规定及理由阐述中窥见一斑。

在该"草案"第84条"行政契约之适法性"下,规定:"行政机关,除法令另有规定外,得与其他行政主体之行政机关或人民缔结行政契约,以发生、变更或消灭公法上之法律关系。"

对该条立法理由的阐述之一是,"……规定行政机关所缔结契约之他方当事人,以示本法不仅承认机关与机关相互间立于平等地位所缔结之对等契约,也承认机关与人民间纵非立于绝对平等地位亦得缔结之从属契约。"

可见,我国台湾地区也仿照德国将行政契约划分为对等契约与隶属契约,②并接受德国学者 Schmidt-A βmann 及 Krebs 等人的侧重契约当事人身份来区别行政契约的理论。当然,在继承德国这种分类的优点的同时,也难逃前面所提到的弊病。③

"草案"第85条在"和解契约"标题下规定:"行政机关关于事实或法律状态不确定,经合理调查仍不能排除时,为有效达成行政目的,并解决争执,得与人民约定互相让步,缔结行政契约,以替代作成行政处分。"

对该条的立法理由是:"一、行政契约类型繁多,和解契约仅为其中之一,然因和解契约在公法领域之适用较易引发弊端,爰于本条明定其概念及要件,以资遵循。二、行政机关与人民就事实或法律之观点发生争执时,固非不得以单方行为之行政处分方式解决之。然作成行政处分不仅可能事前调查程序将旷日费时,耗财不赀,即事后亦极可能无法获得相对人信服,而引发一场漫长之行政争讼,故有必要准许行政机关与人民选择以约定互相让步,缔结和解契约之方式来解决争执,以避免不必要之程序浪费。三、事实或法律状态不确定时,根据依法行政原则与第5条,行政机关原负有阐明、

---

① 对我国台湾地区"法务部"1994年4月"行政程序法草案"中行政契约规定的批判,参见林明锵:《行政契约法论》,载台湾大学《法学论丛》,第24卷第1期。
② 在翁岳生教授主持起草的"行政程序法草案"(1990)中是使用"从属契约"这一概念,但到1993年台湾"法务部"核定稿中又改为"隶属契约"的称谓。
③ 参见林明锵博士对此定义标准的批判。林明锵:《行政契约法论》,载台湾大学《法学论丛》,第24卷第1期。

消除此不确定性之义务。本法虽然承认和解契约之存在,但目的充其量亦仅在于避免不合比例之行政与救济程序之浪费而已,并非有意使和解契约沦为行政机关免除、规避阐明、调查义务之工具。本条爰对和解契约之缔结设定限制,规定缔结和解契约固以事实或法律状态不确定为前提,然仍以合理调查而无法排除者为限,且缔结和解仅于能有效达成行政目的,并解决争执时,始得为之。"

从中我们可以看到,与德国一样,对和解契约的确认,同样体现了促进行政程序经济化。但可惜的是,这种思想在法条的文字中没能像德国那样完整地表达出来,正如林明锵博士批评的那样,法条中的"经合理调查仍不能排除",不能包含"通过调查虽可排除,但所需费用甚巨,与行政目的不合比例"的情形。而且,法条中"以代替行政处分"的文字,会使人误解为,只有代替行政处分的和解契约才有成立的可能性。[1]

"草案"第86条在"双务契约"标题下作了如下规定:"人民为特定目的所为之给付有助于行政机关执行其行政任务者,行政机关得与人民缔结行政契约,使人民负该给付之义务。契约中应限定人民所为之给付须用于前项所称之特定目的;其内容应与行政机关所负之对待给付相当,并有正当合理之关联。人民对行政机关之对待给付依法有请求权者,所约定人民给付之内容,以依第61条第1项规定得为附款者为限。"

对该条的立法理由是:"一、双务契约是最典型的行政契约,因极可能产生出现诸如行政机关假借双务契约之便"出售公权力",或凭其优势使相对之人民蒙受不利益等等之弊端,爰设本条规定其概念与要件,以为防范。二、基于前述防弊之目的,本条爰首于第1项限制行政机关仅得于人民为特定目的之给付有助于其执行行政任务时,始得与人民缔结使人民负该给付义务之双务契约。又为防该实质限制要件遭到规避,另于第2项前段规定人民之给付应于契约中明定使用于前项所称之特定目的。至于行政机关之对待给付义务为何,自以在行政机关本身法定权限范围内为限,故毋庸再为明文。三、第2项后段规定人民之给付应与行政机关契约上之对待给付相当,乃比例原则之表现,意指给付与对待给付两者间应立于某种均衡关系,以免

---

[1] 林明锵:《行政契约法论》,载台湾大学《法学论丛》,第24卷第1期。

人民在行政机关之优势压力下，约定承担不相当之给付义务，而蒙受显失公平之不利益。第2项后段另规定人民之给付应与行政机关之对待给付具有正当合理之关联，则系不当连结禁止原则（Koppelungsverbot）之表现，可视为第1项之补强规定，具有杜绝行政机关"出售公权力"暨保护人民权益之双重功能。四、双务契约中所约定行政机关之对待给付，若私人对之依法本就拥有请求权，则此类双务契约之缔结另须受第3项所规定要件之限制。于此场合，行政机关仅能以契约要求人民负担相当于羁束处分所附附款之内容（第61条）之给付，以避免人民因缔结双务契约之故，反立于比作为行政处分相对人更为不利之处境。换言之，本项目的在于避免人民以额外承担契约给付义务为代价，而换取其无须付出此一代价而依法本就有权向行政机关请求之对待给付。"

　　以上规定基本包含了德国相应规定的内容，而且，在台湾"法务部"1993年核定稿中，也得到基本保留与延续。1993年核定稿只是作些技术上的处理，对双务契约的成立条件作列项规定，使之更加清晰、明确。并进一步改进了对"人民对行政机关的给付依法有请求权时缔结双务契约的限制"的表述。[①] 特别是，与德国行政程序法规定相比较，草案中增加了双务契约必须载明人民给付的特定用途的要求。林明锵博士赞许这一规定道："不仅能避免行政机关滥权约定人民的给付义务，而且能减少法院审查行政契约时对于目的用途判断的负担。"[②]

　　我国大陆学者对行政契约的分类这一理论问题，有代表性的见解有两种：一种认为，分类和种类是两个不同的范畴，种类更多的是从实际状况角度的认识，而分类属学术范畴。由于目前对我国行政契约的种类尚未完全把握的情况下，不具备对行政契约进行分类的基础，因此，仅从实践中出现

---

① 在1993年核定稿中，将1990年"草案"中第86条第3款改为："行政处分之作成，行政机关无裁量权时，前项契约所约定之人民给付，以依第88条第1项规定得为附款者为限。"对此的理由说明是："如行政机关作成行政处分本无裁量权，亦即行政机关本依法负有作成某一授益处分之义务，而人民对之有请求权时，自不容行政机关任意缔结双务契约，使人民增加负担给付义务，故于本条第2项特别规定，于此情形，缔结双务契约时，人民之给付以作成此种授益处分（羁束处分）时得为附款内容者为限。换言之，假设行政机关作成此种授益处分时，依法令特别规定或为确保法定要件之履行，得作成某种附款时，始得以其附款之内容作为双务契约中人民之给付义务内容，以确保人民之权益。"立法意图较原先规定似乎更加清晰。

② 林明锵：《行政契约法论》，载台湾大学《法学论丛》，第24卷第1期。

的行政契约中归纳和列举出几种种类。① 另一种则依据双方当事人的性质、数量和关系、合同的内容、合同基于行政关系的范围等标准对行政契约进行分类。②

我对第一种见解持有异议,种类和分类之间应当存在着内在的密切联系。分类是依据一定的标准将现存的行政契约分解归类,而种类是分类的结果,离开分类谈种类是不可能的,也是不科学的。而且,行政机关对契约手段的运用本身就是一种创造性活动,是行政机关根据行政需要进行判断和选择的结果。因此,对于层出不穷的契约行政实践,要想穷尽所有的契约形式,也是比较困难的。但这并不意味着我们不能找到一定的标准来进行分类。第二种见解对行政契约的分类理解,仅停留在从不同角度和侧面揭示行政契约的外在特征上,比如,行政契约可分为内部行政契约和外部行政契约,行政机关间行政契约和行政机关与相对人间行政契约,却没有认识到,分类的根本意义应在于,从法律上针对不同种类行政契约的特点分别加以规范,以保证行政契约在个案适用中不失范,不违背行政目的。

我主张,行政契约可以根据双方当事人的地位分为"对等契约"和"不对等契约"。这里作为划分标准的地位,是指契约当事人在自然状态下所处的事实上或法律上地位,而不是缔约时所拥有的法律或形式上地位,因为后种地位完全可以通过法律规定而拟制平等。"对等契约"是由地位平等的当事人之间缔结的,在行政契约中属于"对等契约"的主要是由不具有隶属关系的行政主体之间签订的契约,比如,政府间就毗邻行政区域界线的争议所达成的协议(《行政区域边界争议处理条例》(1981)第3条,第14条)。在例外情况下,非行政主体间亦可能缔结"对等契约",比如,两个企业间为完成国

---

① 张树义:《行政合同》,24页,北京,中国政法大学出版社,1994。
② (1)以行政契约基于的行政关系为标准,行政契约可分为内部契约和外部契约。内部契约是指行政机关与行政机关或内部公务员之间签订的契约;外部契约是指行政机关与社会个人或组织之间签订的契约。(2)按照契约内容的不同,行政契约可分为承包契约、转让契约和委托契约等。承包契约是指个人或组织承揽某些行政事务的契约;转让契约是指契约当事人转让财产所有权或使用权的契约;委托契约是指行政机关把自己的某些事务交另一行政机关或个人、组织办理的契约。(3)根据当事人的性质或者主体的不同,行政契约可分为行政机关之间的契约和行政机关与个人、组织之间的契约。参见许崇德、皮纯协主编:《新中国行政法学研究综述(1949—1990)》,475~476页,北京,法律出版社,1991。罗豪才主编:《行政法学》,229页,北京,中国政法大学出版社,1989。张焕光、胡建淼:《行政法学原理》,308页,北京,劳动人事出版社,1989。

家订货任务而签订的契约(《关于对部分生产资料实行国家订货的暂行管理办法》(1992年)第4条)。"不对等契约"是处于隶属关系的行政主体与其所属部门或人员或者相对人之间签订的行政契约。现实生活中政府签订的大部分契约都属于这一类。

这种分类的法律意义在于:合同双方当事人所处的地位状况,决定了在双方实体权利义务的配置以及行政程序的规范与控制等制度的构筑上,均应有不同的规定和要求。

1. 实体权利义务配置

在行政机关间缔结的"对等契约"中,由于双方行政职责所驱使,对共同追求的行政目标都是很明确且积极的,因而在实体权利义务的配置上没有必要,而且,也不能确认其中一方对另一方的特别的权利,比如,监督权。这是因为,在契约中权利义务的不对等,必然意味着双方地位的不平等,而这又是和"对等契约"不相符的。"对等契约"的履行,一般是由法律硬性规定双方的履行义务,并通过追究行政责任方式来实现,典型的例证是关于行政区域边界协议的执行,法律要求争议双方人民政府必须认真执行边界协议,向有关地区的群众公布正式划定的行政区域界线,教育当地干部和群众严格遵守;如违反国务院关于行政区域边界争议处理规定的,对政府负责人追究行政责任(《行政区域边界争议处理条例》(1981)第17条、第18条)。正是从上述认识角度出发,那种认为所有行政契约皆在权利义务配置上要赋予行政机关监督与指导权力等特权的观点应受到批判。也正是在这一点上,台湾有的学者对台湾行政程序立法中对行政契约不区分情况一概赋予行政机关特权会导致使所有行政契约沦为"隶属性契约"而使"对等契约"无立锥之地的批评是颇为中肯的。[①]

而在行政机关与所属机构、人员或相对人签订的"不对等契约"中,无论参加契约的当事人彼此间追求的目的是一致的,或者说,具有同向性,(属于此类的行政契约如行政机关与各单位签订的"门前三包"协议、消防安全责

---

① 林明锵:《行政契约法论》,载台湾大学《法学论丛》,第24卷第1期。

任书、计划生育合同等①),还是彼此所追求的目的是不同的,也即具有反向性,(属于这类的行政契约有公共工程承包合同),基于行政契约为行政法上手段的认识,都必须由行政机关来引导和指挥行政契约的执行向着实现行政契约所预期的特定行政目的的方向发展,因此,在实体权利义务的配置上,就必然表现为行政机关具有指导和监督权、直接强制执行权、处以行政制裁措施权以及单方变更与解除行政契约权等主导性权利。

2. 程序保障

"对等契约"中,双方当事人地位的相对独立、对等,能够使彼此间形成相互抗衡与讨价还价的态势,保证彼此意思表达的真实性与自由性,决定了契约被滥用的概率不大,通过对行政契约无效的认定以及特别法的规定,就足以加以规范与控制。例如,目前为解决行政职能重叠冲突问题,有的地方成立巡警,进行综合执法,各有关行政机关须与巡警签订公务委托合同,将各自有关权限委托给巡警行使,保证这种行政委托合同不失范的途径就是,

---

① 长期以来,不少人对上述计划生育合同等协议是否名副其实,亦即,是否为一种契约形态,颇有看法,但在我看来,它们应该是一种比较特殊的行政契约形态,可以看作是"契约文化"(contract culture)在现代公共行政中盛行的又一表征。我们可以借助对英国20世纪80年代广泛运用的一种作为社会工作的手段(a tool of social work)的"假契约"(pseudo-contract)的介绍来类比地理解。所谓"假契约",说假,其实不假,更准确地说,这种契约其实是一种不纯粹的契约形态,或者说,不是一种完全意义上的契约。关于"假契约"问题,我在前面谈论执法责任书的性质时已经提到。在这里,再结合社会工作中的"假契约"更进一步谈谈这个颇有意思又对我国实践很有参考价值的问题。在英国,运用于社会工作中的"假契约"当中,一般都规定对酗酒者或瘾君子进行工作的日程清单,行为纠正计划实施的各个阶段的奖惩规定,以及使用纠治场所的条件和要求等。这些规定,和我们在实践中推行的计划生育合同等协议中规定的"只生一胎"与相应的奖惩规定何其相似,其内容共同地带有一边倒(one-sided)的性质。那么,何以需要签订此类契约呢? 其价值恐怕是在于让对方接受其责任,同时构造和限制住职业上的裁量。更详细地说,就是莱肯(D. Nelken)在"利用契约作为社会工作的方法"一文中归纳的三个方面:第一是尊重对方,使其对自己的选择更加有责任感。第二是在于刺激动机(motivation)和结果(achievement),亦即,对方会因为其参与了起草契约,会因为契约内容是经其同意的,会因为社会工作机构(Social Work Department)会由于他所承担的契约责任而给予他相应的对价,以及对因不履行契约而将受到制裁的恐惧等各种原因,而形成其履行契约责任的动力。第三是契约有助于使社会工作者和相对方之间的互动关系获得更好的控制,以便更加完满地实现其目的。Cf. D. Nelken, "*The Use of 'Contract' as a Social Work Technique*" (1987) 40 *Current Legal Problems* 207, 215 — 217. Cited from Carol Harlow & Richard Rawlings, *Law and Administration*, Butterworths, 1997, pp. 211—212. 如果说执法责任书是契约在行政内部的适用,那么,计划生育合同、"门前三包"协议、消防安全责任书等协议都是在行政外部适用,但其中的机理却十分近似,都可以归到"假契约"一类,而且,都非常值得进行个案研究。

依据《行政处罚法》(1996)第18条、第19条进行判断,以及作行政契约无效的排斥性认定,因此,不需要特别的程序保障。

而"不对等契约"中,契约当事人间的地位是不对等的,容易发生居于优越地位的行政机关压制处于弱势的一方自由地表达意思,致使契约的订立缺乏合意的基础。而且,行政机关在契约中主导性权利的运用,也会因这种地位不平等的状况,以及缺少外部的制约机制而失去控制,侵害相对一方的权益,因此,必须考虑建立有效的行政程序来保证自由合意的实现,以及规范和控制行政机关主导性权利的行使。

五、行政契约与依法行政[①]

依法行政(government according to law,the rule of law)理念,无论是在以德国学者奥托·迈耶(Otto Mayer)的"法律的支配"理论为基础发展起来的大陆法中,[②]还是继承了英国学者 A. V. 戴西(A. V. Dicey)的"法治"理论衣钵的普通法视野中,[③]其最主要的功能都在于通过约束行政权的随意性来保障人权,以确保在自由和文明的社会中国家和个人之间的权利(rights)

---

① 本部分曾以《论依法行政理念在行政契约中的贯彻》为标题发表在《中国人民公安大学学报》1998年第1期上。在此基础上作了进一步的修改。

② 奥托·迈耶(Otto Mayer)是用"法律的支配"概念来把握依法律行政原理(Prinzip der gesetzmaβigen Verwaltung)的,并将其内容再细分为法律的法规创造力、法律的优先、法律的保留。参见[日]盐野宏:《行政法》,杨建顺译,50页,北京,法律出版社,1999。奥托·迈耶(Otto Mayer)的上述理论见解,构成了德国和受德国法影响的日本及我国台湾地区的依法行政理论的基本框架。当然,在三个原则的含义和相互关系的理解和阐释上,后来有所发展。

③ A. V. 戴西(A. V. Dicey)在1885年出版的《宪法研究导论》(Introduction to the Study of the Law of the Constitution)中勾画出英国的法治观念,尽管其中很大部分是出自对法国行政法和自由裁量的误解,并因此不断受到后世学者的批判,但是,英国以及受英国法影响的其他普通法国家的法治观念却都是在上述 A. V. 戴西(A. V. Dicey)理论的基础上发展起来的。英国行政法奠基人韦德(H. W. R. Wade)就说过:"对于戴西在19世纪对宪法所作的杰出总结的敬仰,我不比任何人差。"并称戴西著作的精神是"不朽的"(enduring)。H. W. R. Wade,"*Law, Opinion and Administration*"(1962)78 *Law Quarterly Review* 188,189. Cited from Carol Harlow & Richard Rawlings,*Law and Administration*,Butterworths,1997,p. 38. 有关 A. V. 戴西(A. V. Dicey)法治观念的介绍和批判的著述是很多的,比如,H. W. R. Wade & C. F. Forsyth,*Administrative Law*,Oxford University Press Inc.,New York,1994,pp. 27-28. Alex Carroll,*Constitutional & Administrative Law*,Financial Times Professional Limited,1998,pp. 36-38.

和权力(powers)保持着适度的平衡(correct balance)。

现代法治主义发展的历程一再表明,随着政府由消极行政向积极行政的转变,公共行政的权力结构、制度和程序也相应会发生深刻的变化,所有这些变化都会在依法行政理念上得到相应反馈,换句话说,依法行政的具体内涵也应该而且必须相应发生变动。一个正面的例证就是,19世纪的国家是一种消极、防制的干预国家形态,与之相适应,法律保留原则就体现为侵害保留。但到了20世纪,国家形态发生根本变化,变为积极、服务的社会国家形态,法律保留原则也随着国家任务的扩展而扩张其适用服务,变为全部保留。[①] 一个反面的例证就是,戴西的法治理论之所以被批判的一个重要原因,就是他没有及时捕捉到当时国家权力正在扩张,而且,即便后来不得不承认这一事实时,又拒绝对其理论作相应修正来适应新的形势。[②]

之所以谈这个问题,是因为行政契约,(我们从后面的论述也会看到),就是现代行政职能和结构发生根本性变化的产物,同样也会对依法行政的法规范性提出新的要求。如何将行政契约置于依法行政理念支配之下,是现代行政法面临的一个重要课题。

(一)西方国家行政契约与依法行政的互动适应

在西方国家依法行政理念确立之初,其任务仅限于对内维护秩序、对外抵御侵略,而对社会经济生活则采放任主义(laissez-faire)。从哈耶克(Hayek)的著述中,我们可以看到,在法的客观性意义上(in the sense of law's objectivity)的法治,和哈耶克(Hayek)强烈笃信的"守夜人"或有限国家(limited state)之间有着紧密的联系。在这种国家职能结构内,国家作用主要是对人民发号施令、实施强制,因此,行政权力是萎缩的,而且,有必要被严格束缚在法定范围之内,行政遂成从属(subordination)而不独立之国家作用,"依法行政"沦为绝对的、消极的、机械的公法学原理。[③] 在这种形式(或机械)的依法行政理念(在本文中,我把上述亦步亦趋、毫不赞赏行政的

---

① 关于法律保留原则的演变的更为详尽的研究,参见许宗力:《论法律保留原则》,见《法与国家权力》,台北,月旦出版社股份有限公司,1993。
② Cf. Carol Harlow & Richard Rawlings, op. cit., p.40.
③ 城仲模:《论依法行政之原理》,见《行政法之基础理论》,4页,台北,三民书局,1983。

机动性的法治状态作这样的概念界定)支配下,是不可能产生以合意方式创设行政法权利义务的行政契约的。

随着市场失灵(marketfailure),要求政府积极干预市场运作,实现社会和经济平等,①福利国家(welfarestate)、给付行政等新颖之国家目的观的出现,使政府的角色转变为规制者、利益分配者和大雇主(massemployer),而将过去分散于私人公司、贸易与劳动协会以及慈善机构的权利吸纳到其功能与职责中。② 伴随着行政职能领域的扩大,以及公共管理结构的变化,公共服务观念和服务方式也随之得到发展,出现使用多种多样行政手段的倾向。正是在这种背景下,行政契约因具有在立法不完备或其他场合下,作为实现政府政策目标的手段,替代立法、且能防止法律纷争的发生、并能适当地考虑个案的特殊性等诸多特点,而被广泛运用,借此来形成个人与国家之间的新型合作关系,并改变公共服务的责任机制。在日本,行政主体相互间就市町村间教育事务的委托,以及境界地的道路、河川的费用负担割合等行政事务缔结的契约,屡见不鲜。在公害防治、公共设施和企业利用、财政补助等方面,也广泛地运用契约形式。在英国,1891年至1983年议会的"公平工资决议"(Fair Wages Resolutions),要求在政府合同中加入支付最低工资要求的条款,1975年至1979年间,政府通过与雇主签订合同的方式,推行抑制通货膨胀政策。

利用行政契约规制行政,是传统行政法所从来不曾有过的规制方式,这也意味着,其有可能是在传统的依法行政理念的规范射程之外。如果我们依然还坚持,法治是立宪主义(constitutionalism)理论的基础,依法行政观念

---

① 行政规制主要奠定在市场失灵理论基础之上,根据这一理论,需要行政规制是因为市场的正常运作不能保护公众免受企业实际或潜在滥用权利的侵害。Cf. Daniel J. Gifford, *Administrative Law*, Anderson Publishing Co. 1992, p.5. 而皮尔斯(Pierce)、夏皮罗(Shapiro)和尔库(Verkuil)则认为,行政规制可以用公共利益(public interest)和政治(politics)来解释。公共利益的解释是,一方面,市场失灵需要利用规制来改善市场运作或重新分配财富;另一方面,社会和经济平等的实现也需要政府行为干预。政治的解释是,行政规制是政治力量的产物。Cf. Richard J. Pierce, Sidney A. Shapiro & Paul R. Verkuil, *Administrative Law and Process*, the Foundation Press, INC. 1985, pp.11—17. 布雷尔(Steven Breyer)法官认为,规制的理由包括:控制垄断权;控制过度利润;弥补外在性(to compensate for externalities);弥补信息不足(to compensate for inadequate information);禁止不当竞争;弥补不平等的交易地位(to compensate for unequal bargaining power)。Cf. William F. Fox, *Understanding Administrative Law*, Matthew Bender, 1986, p.7.

② Cf. Harry W. Jones, "*The Rule of Law and the Welfare State*", Collected in D. J. Galligan (ed.), *Administrative Law*, Dartmouth Publishing Company Limited, 1992, p.6.

对于现代行政法具有根本性意义,为法院审查行政行为提供理论上的正当理由(a convenient theoretical justification)的话,那么,就必须考虑将行政契约纳入依法行政理念之中。

尼尔豪斯(Michael Nierhaus)将这一过程解释为,正因为契约是作为一种依其本性(by its very nature)来讲,就含有(presuppose)事实或者法律上的不确定性的解决方法,因此,行政合法性原则(the principle of legality of the administration)也就可以不必被严格遵守。在这种情形下,对法的严格坚持(strict adherence to law),不得不让位给实用性的理由(reasons of practicability)。① 当然,从现象上看,要将与传统行政行为截然不同的行政契约行为置于依法行政理念的规范之下,法规范性的必要松动或放缓是必需的。但另一方面,通过各种规范立法和司法审查,将行政契约完全纳入法规范之内的趋势,也是非常明显的。

因此,我更愿意将上述过程理解为是一种依法行政与行政契约的互动适应过程,是保持行政契约的机动性和约束行政契约的随意性之间的一种互动关系,并达到一种互动的平衡。具体而言,政府在援用行政契约手段规制的实践中,可以在没有法律依据的情况下,或者即使有一定的法律依据,但在法律允许的空间内,通过合意来确定行政法上具体的权利义务及其内容,并在没有法律依据的情况下,要求相对人自愿接受限制其自身利益和自由以及政府享有特权的条款。同时,考虑个案的特殊性,有区别地实施,从而体现出行政契约灵活性和机动性的特点。但这种灵活性和机动性,却与形式意义上的依法行政理念所确立的行政平等实施原则和法律保留原则相冲突,②造成了依法行政理念确立的束缚行政权随意性的框架的松动和空洞化。但行政契约的出现,是政府职能的增繁多涉对行政权机动性和行政手

---

① Cf. Michael Nierhaus, "*Administrative Law*", Collected in Werner F. EBKE & Matthew W. Finkin(ed.), *Introduction to German Law*, Kluwer Law International, 1996, p. 96.

② 在传统的依法行政理论中,根据"国民主权"原理,要求一切行政行为都要有法律上的授权,而且,无论是早期的"侵害保留理论",还是后来的"全部保留理论",都要求在侵害公民的"自由与财产"时,必须有法律上的根据,而行政契约的实践与此是不相符的。至于行政契约实践,也可能存在与行政平等实施原则相冲突的问题,我们可以借用英国行政法理论上的有关争论来予以证实。在英国,有的学者就担心,允许行政机关享有不受限制的自由,会导致在签订合同时适用标准的地区差别。但持相反意见的学者则认为,在合同标准上存在地区差别,并不是值得悲叹的事,恰恰相反,这是应受尊重的地方自治的必然结果。Cf. P. P. Craig, *Administrative Law*, Sweet & Maxwell, 1994, p. 692.

段多样性的内在要求,我们不可能再用形式意义上的依法行政理念来禁锢它而扼杀其机动性,只能在要求行政契约符合依法行政基本精神的前提下,对依法行政作相应修正,在保持行政契约的机动性和约束行政契约的随意性之间建立平衡,以保证既促成行政权完成政府职能之使命,又控制其不失范。也就是,使依法行政理念的内涵能够充分反映这种平衡状态。这里的"平衡"不是数量上的等量齐观,而是指功能上的均衡状态,其中,平衡点的定位,是以政府职能的良好运作为衡量标准的。

西方国家行政法上,对行政契约与依法行政关系的再认识,以及互动适应过程,可以概括为:一方面,对依法行政理论重新进行解释,以创造容纳行政契约上述机动性的可能性。另一方面,加强对行政契约行为规范与程序规范的立法,尽量将行政契约的实践纳入依法行政理念的支配与控制之下。同时,通过将行政契约纠纷纳入司法审查范围,以保证行政契约符合法治主义的要求。

在没有法律依据情况下,要求相对人接受限制其权益,从反方面看,就意味着行政机关权力的扩张。在法治主义的要求下,原则上应该禁止行政机关超越行政合法性要求的界限,通过契约来扩大自己的权限或者去做法律没有授权自己去做的事务,所以,违反作为基本权的平等权(the fundamental right to equality)或择业自由权(the right to freedom of occupation)的契约,一律被禁止。但是,相对人放弃自己的权利,也不是完全不被允许,只要这能换来为其个人创设另外一个法律权利,而且,是其个人完全自愿处置的结果,不存在外在的不正当压力,并不违反禁止连结原则(the principle of Koppelungsverbot),也就存在合法性基础。① 以此解释方法来解决政府可以借用行政契约方式约束相对人的权利与自由的理论依据难题。

对于行政平等实施原则的理解,则从形式平等转向实质平等,从而肯定政府可以视个案特殊情况而有区别地予以处置,也就是,将行政契约当作一种"非常态"案件(atypicalcases)的处理方式。随着上述这两个最主要的理论问题的解决,我们接下来再将研究的视野转换到立法的角度上来。

在战前,要求缔结行政契约必须有法律上的明确授权的学术见解,在德国学者中流行颇广。而且,据说,直到20世纪50年代,因受德国影响,

---

① Cf. Mahendra P. Singh, *German Administrative Law: in Common Law Perspective*, Springer-Verlag Berlin Heidelberg, 1985, pp. 51—52.

日本仍有支持这种见解的学说和判例。① 更有甚者,奥地利因受宪法上的全面保留的限制,以及行政救济仅局限于对不服行政裁决的撤销诉讼这两项因素的影响,至今还保留着这种学说。② 但战后,随着行政契约不同于行政行为的内在特点逐渐被认识,特别是,随着针对行政契约纠纷的救济途径的建立,上述将行政契约当作一种行政行为形态来把握的学说遂招致批判。现在,在理论和判例中成为通说的是,允许政府在没有具体行为规范的情况下适用行政契约,而不再过分深究行政契约与法律保留相配合的问题,③德国学者福斯多夫(E. Forsthoff)就说:"认为行政契约在法律上无明文规定时总是不可能的异议,不过是以只承认规范性明文规定的法的法律实证主义为其基础的理论,在今天,这种理论和法律实证主义一起被忘记了。"④但强调必须要有组织规范,或者至少要有习惯法(customary laws)或法的一般原则(the general principles of law)作为依据。我们可以从Carleton v. Greenock Corporation案判例中清晰地看到英国法院的这一立场。⑤

为了尽量将行政契约权的行使纳入依法行政的约束中,理论和立法上,还出现要求通过立法,授予政府行政契约权,并将行政契约内容定型化的倾向,斯特利特(Street)建议,一些和政府合同有关的主要内容,例如,代理、监督、指导和修改权等,应规定在政府合同法中。其他易改变的条款,则通过委任立法适用到合同中去,以便在机动性(flexibility)、明确性(certainty)和易接受性(accessibility)之间保持平衡。⑥ 德国从20世纪60年代起研拟和制订的《行政程序法》中设专章规定公法契约。英国在1988年《地方政府法》

---

① 杨建顺:《日本行政法通论》,519页,北京,中国法制出版社,1998。
② Cf. Antoniolli/Koja, Allgemeines Verwaltungsrecht, Wien 1986, S. 496. 转引自吴庚:《行政法之理论与实用》,368~369页,台北,三民书局,1996。
③ Cf. H. U. Erichsen in Erichsen/Martens, aaO. , S. 369;Wolf/Bachof, Verwaltungsrecht I, 9. Aufl. , S. 346F. 转引自吴庚:《行政法之理论与实用》,368页,台北,三民书局,1996。
④ Cf. Forsthoff, Institutionen des Deutschen Verwaltungsrechts(1928), S. 253. 转引自杨建顺:《日本行政法通论》,520页,北京,中国法制出版社,1998。
⑤ 在该案中,法院认为自治机关(corporation)根据1950年苏格兰《房地产法》(*Housing Act*)对房产享有经营、管理和控制权,其能够在地方当局营造的房屋租赁合同中规定承租人不得在房屋内安装香烟自动售货机。Cf. Terence Daintith, "*Regulation by Contract:The New Prerogative*", Collected in D. J. Galligan(ed.), op. cit. , p. 228.
⑥ Cf. P. P. Craig, op. cit. , p. 696.

(Local Government Act)中对政府合同作了限定。但是,立法对行政契约的定型化必须适度,要为政府留有较大的自由裁量空间,让其和相对人通过合意来明确某些权利义务。否则,过分的立法定型化会使行政契约丧失机动性。对此,英国人有着较深刻的认识。①

为弥补由于行为规范欠缺或过于概括抽象,必须引入有效的行政程序来规范与控制行政契约权的行使。这是因为,行政程序对于防止政府"出卖公权力"或"利用公权力欺压契约相对人",为政府和相对人提供一个能够讨价还价的合理的空间,保证由此形成的结果能够使各方的利益要求都得到满足,并达到最大的均衡状态,减少执行纷争,均具有较高的价值。因此,加强对行政契约的程序规范的建设,已逐渐为西方国家学者所关注,并成为西方国家行政立法的一个趋势。英国学者丹梯斯(Daintith)提出,可以采取赋予第三人和更直接参与交易的人程序上的权利,使交易对受其影响的人更加透明和公开等措施,来正确行使行政契约权。② 奥地利学者对其本国的《行政程序法》中欠缺公法契约深感遗憾,主张设法补救。③ 德国《行政程序法》在制订预防性规范方面迈出了坚定的一步。④ 瑞士在1968年《联邦行政程序法》中,也对公法契约适用准则作了详细规定。

与此同时,西方国家还特别重视通过司法审查保证行政契约权的行使符合法律要求。丹梯斯(Daintith)指出,法院对纯粹合同权利行使的审查,无论在审查的种类还是范围上,都与史密斯(de Smith)在其论著《对行政行为的司法审查》中所介绍的相似。⑤ 在法国,行政契约适用行政法院的完全管辖之诉。在日本,根据《行政事件诉讼法》第4条"关于公法上的法律关系的诉讼",对行政契约进行审查。

---

① Ibid.
② Ibid., p. 698.
③ 我国台湾"行政院研究发展考核委员会"研讨"行政程序法之研究"第一次座谈会记录中,吴庚教授的发言,载于(台湾)林纪东先生主持的《行政程序法之研究》,"行政院研究发展考核委员会"编印,1981年版。
④ [德]Fritz Ossenbuhl:《德国行政程序法十五年来之经验与展望》,董保城译,载台湾《政大法学评论》,第47期。
⑤ Cf. Terence Daintith, op. cit., p. 233.

(二)我国依法行政原则在行政契约中的贯彻

我国正致力于法治国(state based on the law, legal state)的建设,[①]而作为政府法治基石的依法行政究应如何诠释和贯彻,则亟待探讨和解决。西方国家对依法行政的抉择,对我们具有启迪意义之处是,对依法行政功能的认识和定位,应当建立在对政府职能及其对行政权的要求的充分认识上。根据中国共产党第十四次代表大会报告,在市场经济体制下,政府的职能主要是统筹规划、掌握政策,信息引导、组织协调、提供服务和检查监督。为达成上述职能,行政权向社会经济生活各领域的渗透,以及要求行政手段的多样化,则不可避免。与此相适应,依法行政也必须力求达到这样的理想境界:深刻反映既充分发挥行政权主动性、机动性以实现政府职能,又控制行

[①] 在1998年3月底闭幕的第九届全国人民代表大会第一次会议上,我国领导人又再次重申了早在中国共产党第十五次全国代表大会(1997)上就已提出的"依法治国"的基本方略。"法治国"(State based on the law, legal state)与"法治"(the rule of law)的提出,根源于经济体制改革和市场经济的内在要求,实际上是对前一段时间法学界热烈讨论的"市场经济是法治(制)经济"命题的回应和肯定。但值得警惕的是,一些学者对"法治国"和"法治"的探讨有误其精神实质,有与"法制"混同的感觉。参见刘海年等主编:《依法治国建设社会主义法治国家》,北京,中国法制出版社,1996。其实,"法治"与"法制"有着根本的不同。我们可以从人们对源起于德国资产阶级经济地位上升而政治地位仍未改观时代的产物——*Rechtsstaat*(也译成法治国)的批判中,比较清晰地看到其中的本质差别。*Rechtsstaat* 观念的核心是实行法律组织(legal organization)与国家政治结构(political structure of the state)的分离,以保障自由和安全,不问法律的产生方式。可以说,德国早期的这种 *Rechtsstaat* 所要实现的就是"法制"(rule by law)。然而,这种观念却招致学者的强烈批判,斯坦(Lorenz von Stein)和纽曼(Franz Neumann)都曾指出,将法律结构(legal structure)从政治结构中剥离出来,仅仅谈法律的实现,是没有意义的。Cf. Franz Neumann, *The Rule of Law*, Berg Publishers Ltd., Leamington Spa, 1986, pp.179-185. 莱斯基(H. J. Laski)也从法律的产生方式角度委婉地批评道,*Rechtsstaat* 的思想,总是伴随着这么一个事实,国家能够通过主权变更法律的内容。Cf. Harold J. Laski, *The State in Theory and Practice*, London, 1935, pp.117-178. Cited from Franz Neumann, op. cit., p.179. 也就是暗示法律随时随地会因主权者的好恶以及意志而更改。简而言之,*Rechtsstaat* 为人们所诟病的是将法律仅仅当作维护秩序的工具,片面强调法律在社会生活中不折不扣的遵守,而更多地忽略了法律的内容和目的。关于对德国 *Rechtsstaat* 的批判,还可参见刘军宁:《从法治国到法治》,见《经济民主与经济自由》(公共论丛),北京,生活·读书·新知三联书店,1997。根据陈新民博士的研究,在德国早期提倡 *Rechtsstaat* 的学者的论著中,也并非毫无价值观作为理论根据,只是更加侧重于将法律作为治理国家的手段。参见陈新民:《德国十九世纪"法治国"概念的起源》,载台湾《政大法学评论》,1996年第55期。而上述的批判,显然是以"法治"的要求为标准的,反过来看,也说明"法治"与"法制"的区别正在于,"法治"不但强调法律维护秩序的功能,更突出法律本身内容与目的的民主性与正当性。

政权以防止权力滥用这么一种平衡状态,以保证政府职能的良好运作。把依法行政建立在这种均衡状态上是必要的,因为过分强调维护行政权的主动性和机动性,则行政专横及权力滥用不可避免;过分强调控制行政权的随意性,又可能妨碍政府主动追求社会福祉。

如果我们仔细地对我国现行行政契约立法做一分析,就不难发现,目前对政府行政契约权随意性的约束机制,主要靠单行法律法规对政府制定行政契约的条件和内容作出明确的规定。这种处理问题的思路,侧重于强调令行禁止、正名定分的实体合法性,当然为政府法治所必需,但是,也会带来副效应。

一方面,导致运用行政契约的僵化,造成执法人员过分依赖单行法律法规,遇到新问题就驻足不前,比如,在税务征收管理中,不懂得通过与相对人协议认定不明的事实状态,取得相对人的协力,消除可能出现的对抗。[①]

另一方面,实体立法对行政机关和相对人的权利义务规定越明细,并一一打上封条,就越加可能造成行政机关在实际运用中利用行政契约规制行政的机动性的丧失殆尽。在计划生育领域中,就存在这个方面的教训,有的地方发布的关于人口与计划生育目标责任制包干方案中,将所有的指标一一明定,没有选择余地,使行政契约和行政命令混为一谈。

因此,我们在肯定实体立法化的同时,必须在实现行政规制的方法和内容上,为行政机关和相对人留有较大的合意空间,使行政机关可以考虑个案具体情况,通过与相对人协商,劝导相对人接受没有法律依据的限制其权益的条款。比如,在公害防止协定中,要求水泥工业逐步减少水泥产品中的石棉含量;在企业承包协议中,要求企业努力创制高新技术产品,等等。这正是行政契约的精妙之处,而行政契约的这种机动性,是无法通过实体立法加以具体规范的。为了活化行政契约的运用,同时保障行政契约机动性又不致失控,我们必须引入公正的行政程序来弥补实体立法的不足。

行政程序所具有的抑制行政恣意和保证理性选择的特点,恰好满足了

[①] 我认为,《税收征收管理法》(1992年)第23条中规定的"纳税人依法可以不设置账簿的"情况的应纳税额,完全可以通过税务机关与纳税人签订行政契约来确定。

约束行政契约权随意性和维护行政契约权机动性之间平衡的内在要求,是实现依法行政的精良工具。而这一点在过去却被忽视了。可以这么说,我们在行政契约运用中出现的诸多问题,比如,行政专横,强制签订契约、任意撕毁契约;滥用权力,利用契约推卸职责;利用裙带关系和索贿受贿,等等,都可以归结为缺乏完善的行政程序。因此,行政程序的构建,将是今后我国行政契约法制化的重点。

在行政程序构筑中,应当明确规定,(1)限制相对人或第三人权益的条款,必须由相对人或第三人书面同意才能生效;(2)较严格的要式主义要求;(3)行政机关行使主导性权利作出决定时原则上应说明理由;(4)信息公开;(5)通过听证与协商制度赋予相对人反诘权;(6)上级行政机关对行政契约的监督权;(7)归责机制等。这些具体制度和措施都应当引入进来,以构建一个合理的空间,使行政机关和相对人能够通过充分的讨价还价,满足各自的利益要求,并达到最优化,然后,用权利义务的形式固定下来,从而实现理性选择,排除行政恣意,将行政契约的机动特性发挥到极致。同时,也正因为有了这种程序装置,行政机关只要在与法律不相抵触且符合行政性质的情况下,即使没有具体的行为规范依据,都可以大胆运用行政契约手段,相对人也不必害怕其权益得不到法律的切实保障。

但是,无论赋予相对人什么样的程序权利,都无法真正达到与行政权相抗衡的程度,为保证行政程序能够产生公正合理的决定,还必须借助司法审查进行客观的评价。我们对司法审查的作用的认识,不能仅仅停留在保证政府运用行政契约权符合依法行政要求这一层面上,还必须进一步看到,法院依据法律精神和行政目标,审查行政机关和相对人合意产生的权利义务关系,可以充分地发挥司法能动作用,引导行政契约理论和实践的进程和方向,同时,也为政府未来调整政策姿态留有余地。普通法国家通过判例创设的"执行必需原则"(the doctrine of executive necessity)就是一个明证。然而,《行政诉讼法》(1989)第2条和最高法院在《关于贯彻执行〈中华人民共和国行政诉讼法〉若干问题的意见》(试行)(1991)中,对具体行政行为的司法解释又将行政机关实施的双方行为(行政契约行为)排除在司法审查范围之外,①尽管在司法实践中,法院行政庭也根据行政诉讼法审理土地征收合同纠纷案件,但都是将行政机关实施的行政契约行为分解为单方行为来处理的,这种做法本身在法律上是否妥当就值得研究,更遑论发挥司法审查能动性了。而且,整个行政诉讼制度在构建之初,就缺乏对行政契约这种双方行为在救济上的特殊性的思考与论证,反映到具体制度上,就表现为救济的单向性,比如,行政机关恒为被告等,因此,由行政契约引发的司法审查制度的改革势在必行,方案是将行政契约行为和具体行政行为并列纳入司法审查范畴。针对行政契约救济的特点重构行政诉讼制度。更为重要的是,切实保障法院的独立审判地位,真正发挥行政审判对行政权规范行使的反制与引导作用。

正如杰夫(Louis L. Jaffe)和亨德森(Edith G. Henderson)在《司法审查与法治——历史起源》(*Judicial Review and the Rule of Law：Historical Origins*)一文中指出的那样,"如果断言单凭法院就能保证行政行为合法性,这将是职业上的眼界狭窄。"②要发挥行政程序和司法审查作用的前提是,必须通过建立行政首长与选民的直接责任关系、加强社会舆论监督等方法来营造依法行政的良好氛围,以排除当前"权大于法"和行政干预对依法行政贯彻落实的干扰。

综上所述,我们必须接受,由于行政契约在现代行政法中的引入,而带来

---

① 《行政诉讼法》(1989年)第2条规定,公民、法人或者其他组织认为行政机关和行政机关工作人员的具体行政行为侵犯其合法权益,有权依据本法向人民法院提起诉讼。最高人民法院对具体行政行为的解释是,它是指国家行政机关和行政机关工作人员、法律法规授权的组织、行政机关委托的组织或者个人在行政管理活动中行使行政职权,针对特定的公民、法人或者其他组织,就特定的具体事项,作出的有关该公民、法人或者其他组织权利义务的单方行为,由此可见,司法审查的对象是行政机关单方行为。最高人民法院于2000年3月8日发布了《最高人民法院关于执行〈中华人民共和国行政诉讼法〉若干问题的解释》,取消了原有的《意见》对受案范围的某些不适当的限制,将"行政行为"的概念恢复到广义的解释上来。参见《更明确,更严密,更完善——最高人民法院行政庭庭长江必新谈新行政诉讼司法解释》,载《人民法院报》,2000—03—19。但什么是广义的"行政行为",却语焉不详,如果是想把行政契约的概念也包括进去,似乎在理论上颇成问题,其中的道理,我在本编第二部分辨析"行政契约与具体行政行为"时已做了详细阐述。在2014年、2017年《行政诉讼法》的两次修改中,依然延续了上述广义认识,但是,明确将行政协议纳入受案范围。

② Cf. Louis L. Jaffe and Edith G. Henderson, "*Judicial Review and the Rule of Law：Historical Origins*", Collected in D. J. Galligan(ed.), op. cit., pp. 340—341.

依法行政功能向既约束行政权随意性,又保障行政权机动性的平衡方向转化的现实,同时,采取有效的应对措施保证政府对行政契约权的行使受到依法行政理念的支配。针对我国的实际情况,要达到上述目标,完备行政契约法制的程序要件,以及改革现行行政审判制度,应是今后我国法制建设关注的重点。

六、民法原理在行政契约中的援用

行政法确立的基础是(社会)公共利益,这与建立在个人利益基础上的民法迥异,这一事实是否就决定了,作为行政法范畴的行政契约,必然绝对地排斥民法原理的适用,而要在行政法原理上,发展出与民事契约完全泾渭分明的另一种法规体系?如果不是,那么,为什么能够允许援用民法原理?能在多大的范围和程度上援用民法原理?这是在行政契约理论上必须回答的问题。

(一)援用民法原理的理论基础

对民法原理能否适用于行政契约中的问题的回答,实际上就是对行政法与民法相互关系,或者从更大的范围上讲,公法与私法之间的关系,特别是"公法与私法的共通性"(借用美浓部的话)这一基本理论问题的思考。那么,民法原理为什么能够援用到行政法领域?或者更进一步缩小范围说,行政契约领域?对于这个问题,我们可以从行政法与民法发展历程中的历史渊源,以及法律调整社会关系的类似性等方面来寻求答案。

英国学者戴西(A. V. Dicey)在 1885 年以其在牛津任英国法教授时所作的讲座为基础发表的《宪法研究导论》一书中,用大段篇幅阐述了其法治观念,他出于维护个人自由、反对政府干预的政治偏好,以及对法国行政法的误解,主张任何人无论其地位或条件如何,都必须遵守普通法,受普通法院管辖。戴西的这种论说在另一位英国学者霍格(P. Hogg)的论述中更是得到了进一步的注脚,霍格说:"由普通法院(ordinary court)将普通法律(ordinary law)适用到政府行为上去,符合我们普遍认同的政治理念,也使我们免于卷进很多的实际问题当中。而且,我对法律所持的认识,使我得出这样的结论,大部分的普通法律的确能够圆满地解决政府与公民之间出现的冲突。(这句话简明扼要而又一针见血地道出了,在公法中可以援用私法规则的根本缘由,为我下面的论证提供了有力的支持——作者按)。其实,在我看来,最不令人满意的那部分法律,恰好是那些法院拒绝将普通法律适用到政府身上而造就出来的法律。概而言之,我结论是,戴西的平等观念为一个合理的、可行的并可接受的政府责任理论提供了基础。"[1]

正是由于在历史的沿革上,戴西的这种"法律面前平等"原则(the principle of equality before the law)的宪法价值观,对英国的法律构造及法律分析结构影响至深,对行政法在英国的发展产生了深刻的阻遏作用。反映到政府合同制度中,就是此类合同与私人间签订的合同一样应适用普通合同法规则。

但这之后,戴西的理论受到了猛烈的批判,其中很重要的一点,就是因为在戴西的观念中,拒绝接受国家权力与职能已经发生根本变化的现实,而且,十分厌恶国家与公民之间的不平等,而这种观念却导致不能对国家机器进行有效的法律控制。与此同时,随着法国行政法的"庐山真面目"逐渐揭然,人们也慢慢认识到,行政法的实质是对行政机关和其官员的公务行为适用不同的规则,而且,就是在法国,行政法也是视为对个人权益的保障,而非政府官员的特权。因此,自里德(Reid)法官在 1964 年 Ridge v. Baldwin 案中首次在司法上提及"行政法"的概念后,对行政法的研究及制度建设也渐勃兴,迪普罗克(Diplock)法官在总结包括 Ridge v. Baldwin 和 Conway v. Rimmer 等案件司法判决的最近发展结果后,得出"在这个国家(指英国——作者注)出现的行政法制度实质上与法国行政法范围相似"的结论。[2]

在政府合同的运用中,英国也时时感到普通私法的分析结构(the analytical framework of ordinary private law)和公共政策与行政管理的需求(the needs of public policy and administration)以及抗制政府强大的经济权能的需求(the demands for protection from the overarching economic power of government)之间的冲突。[3] 简而言之,就是由于合同主体涉及政

---

[1] Cf. P. Hogg, *Liability of the Crown*, Toronto: Carswell, 1989, pp. 2-3. Cited from Carol Harlow & Richard Rawlings, *Law and Administration*, Butterworths, 1997, p. 214.

[2] Cf. O. Hood Phillips & Paul Jackson, *Constitutional and Administrative Law*, Sweet & Maxwell, 1987, pp. 33,40.

[3] Cf. Carol Harlow & Richard Rawlings, op. cit., p. 215.

府,且合同目的为实现公共利益,因而不能完全无保留地适用普通合同法规则,所以,从英国学者发表的有关政府合同的研究著述看,关注的重点已逐渐转向对特别规则的研究。

其中,最为激进的当数米彻尔(J. Mitchell)。他早在1954年就提出要构建更能与政府特性相契合的特别的法律规则,甚至包含了要建立法国式的行政法院体系。他指出:"政府机关签订的契约,不能总是由那些规范私人间签订的契约的同样的规则来调整,必须迫切确认这个事实,这很重要。迄今英国的公法问题大多被认为与行政裁决和立法有关。实际上,对公民和国家的权力(利)的适度调节,不能仅仅局限在这个范围之内。对国家和公民的适度保障,也不可能仅仅通过将私法(private law)规则适用到本不由其调整的事务上就能实现。……"接着,他说道:"法律上的平等对待,只有在双方当事人事实上地位大致平等时,才能产生正义的结果。但是,正是由于前述(国家与公民)的不对等,就应当通过课赋责任与授予特权来确认国家及其机关的地位强弱。……"他又指出:"因此,涉及行政机关的契约问题,只是有关国家和公民关系这一更广泛的问题的一部分。如果接受行政契约的观念的话,就要求同时接受对国家及其机关的特别对待,而不论这种特殊性从哪个地方界分。而且,接受行政契约的观念,还不可避免地会在事实上涉及根本的变化,涉及要接纳实质上的公法体系的需求。鉴于在我国有关行政机关签订的契约的法律被认为极其重要,但却又仍然处于发展初期,与此相关联的就是要进一步推进公法的发展。"①

尽管在当时,米彻尔的呐喊在强大的戴西的"背景理论"(background theory)下被淹没了,但在近来出现在政府当中的契约"革命"(contractual "revolution" in the government)却显现出与米彻尔某些观点相合的实践。据哈罗(C. Harlow)和劳林斯(R. Rawlings)的观察,现在在英国已经出现了为数不少的特别规则,更为有意义的是,出现了公法与私法相混合的规则体系。其中的原因,正像他们所指出的,如果(对契约的法规范问题的)基本关

---

① Cf. J. Mitchell, *The Contracts of Public Authorities*, London: L. Bell, 1954, pp. 7, 22－23, 242－244. Cited from Carol Harlow & Richard Rawlings, op. cit., pp. 214－215. 关于米彻尔的观点,进一步参见, J. Mitchell, "*The Causes and Effects of the Absence of a System of Public Law in the United Kingdom*"(1965) *Public Law* 95; "*The Constitutional Implications of Judicial Control of the Administration in the United Kingdom*"(1967) *Cambridge Law Journal* 46.

注是，将政府放到私法程式上去运作，会削弱司法对公共利益的监督的话，那么，最好的解决办法就是，不仅将（公法与私法）这两种制度结合起来，而且鼓励公法与私法原则相互交融，取长补短（cross-fertilisation）。因为单一的法律体系在控制具有混合特征的行政（mixed administration）上显然不如混合的法规范体系来得有力，来得有用。①

追寻政府合同的法的规范的历史发展过程，正像上面分析所揭示的，原本就是建立在普通规则之上的，只是因为在这类契约中兼具了公法与私法调整的关系的特征，也就是含有一定的公法因素，才不得不适用一些特别规则，出现与普通合同逐渐分道扬镳的趋向，但这并不改变其原来适用普通规则的事实。综上所述，我们可以基本上得出结论，英国政府合同原则上援用普通合同法规则，是其法治观念导致的结果，是历史形成的产物。美国与澳大利亚政府合同受英国的影响，与英国的情况基本相同。②

我以为，普通法的经验，以及上述哈罗（C. Harlow）和劳林斯（R. Rawlings）对政府合同的法规范适用的洞察，对我们解释行政契约中法的适用也是非常有价值的。不要忘了行政契约本来就是将私法上的契约观念援用到公法上来的结果，更不要忘了就是在现在我们所公认的行政契约当中还有相当一部分契约形态，特别是"混合契约"形态，至今还保留有很多的私法的成分，被私法所规范着，也正是在这个意义上，私法被毫不迟疑地适用到这类契约之上。当然，在这个意义上的私法适用，从本质上讲，仍然是调整那些存在于"混合契约"当中的私法关系的需要，这与在完全是属于公法关系的契约事项上援用私法的原理与规律的情况，还是有一定的不同。

在现代以法律结构上明确区分公法与私法为特色的大陆法系国家，从历史上看，早先却也是对公法与私法不加区别的。据基尔克（Gierke）的考察，在德意志的法的历史上，在整个中世纪都没有认识公法与私法的观念上的区别，一切人与人之间的关系，自邻近者间的交易关系以至王与国民间的忠诚关系，都被视为可包括于一个相同的单一种类的法里。③ 美浓部也举出

---

① Cf. Carol Harlow & Richard Rawlings, op. cit., pp. 250—251.

② Cf. S. D. Hotop, *Principles of Australian Administrative Law*, North Ryde, N. S. W. : Law Book Co. Ltd., 1985, p. 445.

③ Cf. Gierke, Deutsches Privatrecht, I. S. 28. 转引自［日］美浓部达吉：《公法与私法》，黄冯明译，周旋勘校，1～2页，台北，商务印书馆，1963。

日本王朝时代最完备的成文法典大宝令和武家法的贞永式目为实例,说明在日本历史上也是如此。① 作为历史比日本更加悠久的我国,历史上更是刑民不分,这在几乎所有介绍中国法制史的书籍中都已成为定论。而上述历史早期表现出来的法规范的浑然一体而不加区分的现象,其实是很耐人寻味的,特别是着重从法规范解决问题的效果这一角度去思考,对于我们理解公法与私法的共通性,也是颇有意义的。

之后,随着社会分工的日益复杂和国家职能的不断扩大,原先的一体化的法规范也开始出现了"公"的和"私"的分化。而公法与私法的观念源自古老的罗马法,之所以在后来又被大陆法国家重被拾起,作为"法的秩序之基础"(借用基尔克(Gierke)的话),根据美浓部的研究,主要是因为作为国家法的实在法的发达,是为了"究明现实的国法的内容"所必要的,也是由于"究明国法之应用的实际上的必要"。②

既然在实在法上存在着公法与私法的结构,当然也就存在着它们彼此间的相互关系问题,这也是长期以来聚讼不休的地方。在这个问题上,德国行政法学者作了开拓性的、也较深入的研究,形成了否定、肯定与折中三种不同的见解。其中,奥托·迈耶(Otto Mayer)是根本否定在行政法上有适用民法规定的可能的,他认为,公法上虽亦有财产、地役、雇佣、损害赔偿等用语,但是,以权利主体不平等为基础,和私法关系不同,故应在公法原理上寻求妥当的解决,而不能类推适用民法规定。佛烈得尼士(Friedrich)和革赫(Gehe)的见解则与奥托·梅耶相佐,均肯定行政法可以援用民法规定。佛烈得尼士认为,公法和私法有着共同适用的法理,因此,可以援用私法规定。革赫在肯定公法与私法有共同原理的前提下,认为私法是以个人利益为重,而公法以社会利益为重,因此,在法律规定上,公法有其特别规定,但除此特别规定外,私法规定可以类推适用于公法。俄滋(Goez)比佛烈得尼士更注重行政法的特殊性,其观点介于前两种见解之间,可以说是一种折中的观点。他认为,私法规定,类推适用于公法关系者,非无限制,除关于财产请求

---

① [日]美浓部达吉:《公法与私法》,黄冯明译,周旋勘校,1~2页,台北,商务印书馆,1963。
② [日]美浓部达吉:《公法与私法》,黄冯明译,周旋勘校,3~6、17~22页,台北,商务印书馆,1963。关于公法与私法区别在法学上的价值,还可参见蔡志方:《公法与私法之区别——理论上之探讨》,见《行政救济与行政法学(二)》,台北,三民书局,1993。

权者,可类推适用,或公法上直接间接设有可类推适用之规定外,限于合于公法之目的者,始可类推适用。① 目前较为学界所普遍接受的观点是,行政法与民法各有其特殊性,不能任意援用民法规定,但民法中表现为一般法理的,且行政法对该问题未作特殊规定的,则可以援用。我亦倾向于这种观点。②

其实,对公法能否适用私法规范的问题,如果从历史的观点来考察,更容易获得理解。从历史沿革看,公法与私法,以及分属于公法与私法中的部门法的发展情况却各自是非常不相同的。行政法属于公法范畴,但因其与政治联系紧密,向来被法学家视为应审慎规避的君主的保留领域。直到近代之前,行政法一直是相对不发达的。自罗马法以来整个大陆法传统几乎都集中在私法方面。③ 直到19世纪起行政法才开始兴盛,其研究与规范的领域也逐渐扩展,并向原本属于私法的领域渗透。为完成行政职能,政府还经常借助私法上的手段。在这种背景下,对于已经由私法表现出来的法的一般原理,行政法自然可以予以援用。

正是出于对这种历史发展的深刻认识,有的学者指出,私法与公法有着共同适用的一般法理,只是因私法发达较早,遂被认为是私法所独有的法理,这种法理其实亦可直接适用于公法。④ 这种见解是颇有见地的。美浓部也认为,尽管公法与私法有着各自的特殊性,应遵循各自不同的规律,但这个事实并不否定公法与私法之间有着共通性,在此共通性的限度内,当然可以适用共同的规律。但由于公法关系中"还没有像民法那样的总则规定",因而"本来以专求适用于私法关系为目的而规定的民法总则,便在许多地方非解释为类推适用于公法关系不可。"接着,美浓部更进一步更正说,"正确地说来,那并不是私法的规律适用于公法关系,而系公法关系遵守与私法关系共通的规律。"⑤

---

① 林纪东:《行政法》,29~30页,台北,三民书局,1984。涂怀莹:《行政法原理》,184页,台北,五南图书出版公司,1990。

② 我曾就民法抗辩事由在行政法中的援用问题作过初步的分析。余凌云:《关于行政赔偿责任限制的探讨》,载《法学家》,1994(6)。

③ [美]格伦顿、戈登和奥萨魁:《比较法律传统》,米健译,66页,北京,中国政法大学出版社,1993。

④ 林纪东:《行政法》,30页,台北,三民书局,1984。

⑤ [日]美浓部达吉:《公法与私法》,黄冯明译,周旋勘校,205、206、220页,台北,商务印书馆,1963。

其实,在我看来,民法原理之所以能够援用到行政法领域(或行政契约)中的根本原因,除了上述历史渊源外,更主要的是在于行政法所调整的特定社会关系或者在个案中所遇到的特定问题与民法有着相似性,比如,在行政赔偿与民事赔偿、行政契约与民事合同等领域,在对这些类似问题的处理方式上援用民法所表现出来的共同法理,能够使这些问题得到较圆满的处理,并达到较为满意的效果。

(二)援用民法原理的范围与程度

在具体运用行政契约或行政审判中,判断援用民法规定的范围与程度的两个标准是:第一,行政法未作特别规定,且与行政性相容;第二,处理行政契约关系所依据的法理与民法原理有着共同性。只有同时满足这两个标准,才能适用民法规定。

上述两个标准是从行政法上援用民法原理的理论基础中推导而出的。行政契约所形成的法律关系为行政法律关系,这种法律关系的属性决定了适用法律的专属性,且在依法行政理念的支配下,排斥适用其他类别法律的可能。由此结论可反推出,只有行政法未作特别规定者,且更进一步,即使行政法未作特别规定,适用民法规定也不致产生与行政契约的行政性不相容结果者,方有适用民法规定之可能,否则如果发生与行政契约行政性不尽相容的情况,则必须考虑对民法规定作若干修正,以消弭不相容性。这是一方面。另一方面,行政契约所表现出的法律关系只有与民事合同关系有着相似性,且处理这些关系所依据的法理具有共同性时,才有援用民法规定的可能。

概括而论,在行政契约中可以援用民法规定者,择要列举如下:

(1)要约与承诺。要约与承诺为合意的两个基本环节,为行政契约所必需,民法上有关要约与承诺的到达、生效或变更等规定原则上也适用于行政契约,只是由于行政契约作为实现行政目的的手段,由行政性决定,要约多由行政主体发出,而由相对人承诺。

(2)契约自由。契约自由是合意产生的前提,因而在行政契约中也能适用,但受依法行政理念以及合行政目的性原则的制约,契约自由适用的范围和程度要受到限制。① 关于这方面的问题,我在前面关于公法领域存在契约关系的可能性的论证中已经作了较充分和详尽的分析。

(3)行为能力。缔结契约无疑要求缔约人具备行为能力,否则会导致契约无效。

(4)代理。代理是行政法与民法上都存在的现象,用美浓部的话说,就是代理的观念为公法与私法所显著共通之处。② 政府作为组织,其订立契约必须通过政府官员或其他代理人,如果政府官员或其他代理人在其权限范围内为政府订立契约,则在法律上视为政府自己缔结契约,这与民法上的代理原理是一样的。

但是,并不是说,民法上所适用的代理规律和原理都可以毫无更改地同时适用到公法上的代理,一个明显的例证就是,如果政府官员超越权限签订契约,那么能否像民法上的越权代理那样,要求其对外承担法律责任呢? 英国上诉法院在 Dunn v. Macdonald 案中明确指出:"代理人在为被代理人签订合同时应对权利的担保(warranty of authority)负责,这一原则不适用于由行政官员代表政府签订的合同。"③关于判案的理由则不尽相同,查尔斯法官(Charles J.)认为,如果要求行政官员承担责任,则违反公共政策。而上诉法院却认为,在该案中根本就不存在违反授权问题。④ 但韦德(Wade)和福赛(Forsyth)却对上述见解提出批评,他们指出,这会产生"如果代理人超越权限,那么政府和代理人都不承担责任,而法律也没有提供正义所要求的救

---

① 在普通法国家,契约自由原则在政府合同中的适用也要受到限制,以英国为例,普通法上的契约自由(freedom of contract)要受到成文法的若干修正:(1)1977 年通过的《不公正合同条款法》(the Unfair Contract Terms Act 1977)规定,行政机关(包括中央政府)意在排除或限制其过失或违约责任的条款无效;(2)行政机关(包括中央政府)缔结合同时,必须遵守法律关于禁止非法性别或种族歧视的规定;(3)近年来政府政策的一个重要内容就是通过在公共服务中引入竞争机制来提高效率,因此也会对行政机关缔结契约的自由产生一定的约束。除上述成文法限制外,普通法本身也形成了一些限制:(1)行政机关就独占性事业颁发许可证的行为要受到司法审查,目的是对先契约阶段行为(precontractual activity)进行控制;(2)普通法已关注到这样一个事实,即行政机关的先契约阶段行为通常是根据规章、政策和指示作出的,因而法院对上述规则的内容、适用及解释也要本着公平的原则进行审查。Cf. Peter Cane, *An Introduction to Administrative Law*, Clarendon Press, Oxford,1992,pp.255,261.
② [日]美浓部达吉:《公法与私法》,黄冯明译,周旋勘校,97 页,台北,商务印书馆,1963。
③ Cf. David Foulkes, *Administrative Law*, Butterworths, 1982, p. 363.
④ Cf. P. P. Craig, *Administrative Law*, Sweet & Maxwell, 1994, p. 683.

济"的后果。① 我以为,除非行政官员自己以个人名义向对方担保,或者存在恶意越权,或者对方明知与其签订合同的行政官员不具有合法权限而与之签订合同等情况外,从维护行政官员积极、主动行使权力的公共政策的角度,应当免除其个人责任,但应由政府对受到损失的善意相对方进行必要的赔偿。在前述所指的不免除行政官员个人责任的情况下,在求偿秩序上应是,先由政府对善意相对方因契约无效所造成的损失进行赔偿,然后再向有责任的行政官员追偿。

(5)契约的效力。关于契约的效力问题,民法上有契约的有效(valid)、无效(void)、可撤销(voidable)以及效力待定之说。从理论上讲,对行政契约的效力的分析应该也同样逾越不出上述四种态样,如果说会有什么差别,那也只可能是因为两种契约的本质差异而在具体内容上有所取舍。当然,从德国的立法与实务看,在确认契约无效与可撤销上也曾有些许龃龉与周折,但在司法审判上还是终究顽强地将两种情形区分开来了。②

对有效行政契约的研究,其实就是归纳行政契约必须符合的各种合法的要件。吴庚教授认为,行政契约的合法要件原则上与私法契约的合法要

---

① Cf. H. W. R. Wade & C. F. Forsyth, *Administrative Law*, Clarendon Press, Oxford, 1994, p. 835. 但在马来西亚,根据《政府合同法》第 8 条及行政诉讼法第 29 条(1)的规定,在政府官员无权签订合同时,对其代表政府签订的合同,政府和官员个人均不承担责任。Cf. M. P. Jain, "*Administrative Law of Malaysia and Singapore*"(1989),*Malayan Law Journal*,562.

② 德国《联邦行政程序法》认为,行政契约的效力只在有效与无效之间,没有可撤销之说。其理由不外乎是基于契约严守之原则(pacta sunt servanda),只要一经订定,就应尽量使其有效。但这种立法政策却受到学者的批判,批判的要点是,这样一来,很多的契约瑕疵都会因为要尽量维持契约的有效而被掩盖,这却与依法行政的要求不符。值得注意的是,德国的行政审判与地方立法都突破了上述联邦法的约束,比如,德国北部的斯勒士威荷尔斯坦邦(Schleswig-Holstein)1979 年 3 月 19 日修正公布的《邦行政法典》,就在行政契约的有效与无效之外,另创一种性质上相当于限期撤销或撤回的所谓不生效力(Unwirksamkeit)。更加有意义的是,德国联邦行政法院也认为,违法行政契约的效果不只限于无效一种,违法行政处分不同的效果,原则上也适用于行政契约。参见吴庚:《行政法之理论与实用》,377～378 页,台北,三民书局,1996。我的看法是,行政契约既然作为一种与行政行为相同的规制手段,从理论上讲,也应当在上述效力问题上具有与行政行为一样的效果。辛格(M. P. Singh)也指出,行政契约像行政行为一样,也可以是有效、可撤销或无效。和可撤销的行政行为一样,可撤销的契约在因契约当事人提出而被撤销之前是有效的,而无效的契约像无效的行政行为一样自始无效。Cf. Mahendra P. Singh, *German Administrative Law: in Common Law Perspective*, Springer-Verlag Berlin Heidelberg, 1985, p.52. 而且,我以为,更为主要的是,确认行政契约的可撤销,而不是一味地归于无效,也有利于行政契约的稳定,而且,能够减少交易的成本。

件相同。^① 我也深以为然。既然如此,对行政契约合法要件的归纳,当然也可以套用私法契约的合法要件,大致不外乎缔约机关须有权限(相当于主体行为能力);契约系双方真实合意的结果(近似于意思表示真实);契约不违反法律或者公共利益,其中的具体内涵则与私法契约有些不同,而且我也已经在分散于本书的相关部分当中作了介绍。

在援用民法上对契约无效的规定时,我们应当认真地汲取德国在这方面的深刻教训。德国1973年《行政程序法》中明确规定,公法契约如准用民法规定之结果无效者,无效(第59条(1))。然而该规定却引发了激烈的争议,其原因在于,民法对契约无效原因的规定过宽,[②]与行政法上需尽量维持行政契约稳定性的思想相冲突,因此,德国行政法院尽二十余年之努力,尝试通过判例逐项检讨民法无效规定能否准用于行政契约中,然而至今尚未形成全盘性判断标准,仅能就个别案例类型为利益之衡量。[③] 从德国的经验可以看出,民法规定的无效原因的确可以援用到行政契约中来,但是,必须解决援用的范围和程度问题。

所幸的是,最近我国通过的《合同法》对契约无效原因经过几番讨论之

---

　　① 吴庚:《行政法之理论与实用》,375～377页,台北,三民书局,1996。吴庚博士将行政契约的合法要件归纳为:(一)须缔约之机关有权限;(二)须依法定方式;(三)契约内容须不抵触法律;(四)须符合法定程序。

　　② 德国行政契约准用民法上列举的契约无效原因,计有:(1)契约当事人未达法定年龄或患有精神病;(2)契约当事人认为有某种内心的保留(mental reservation)或缺乏严肃性(seriousness),比如,隐瞒意图,意思表示虚假等;(3)契约违反法定形式;(4)契约违反法律禁止的事项;(5)契约违反公序良俗(good morals);(6)契约意在提供一种依照在契约订立之时的客观的标准看任何人在身体上或法律上都不可能提供的利益或者服务(it aims at an impossible benefit or service which from an objective standard applied at the time of making the contract no one could physically or legally carry out);(7)契约缔结所依据的事实存在错误;(8)契约当事人对自己因错误(mistake)、错误的信息(wrong communication)、恶意欺诈(malicious deception)、胁迫(threat)而表示的同意表示异议;(9)契约由无权代理人缔结。Cited from Mahendra P. Singh, op. cit., p.52.

　　③ 林明锵:《行政契约法论》,载台湾大学《法学论丛》,第24卷第1期。

后确定的几项原因,①比如,一方契约当事人以欺诈、胁迫的手段订立合同,损害国家利益的;恶意串通,损害国家、集体或第三人利益的;以合法形式掩盖非法目的的;违反法律、行政法规的强制性规定的;等等,并不像德国的那么宽泛,似都可适用到行政契约之上。②

已如前述,行政契约上亦当有可撤销之情形,比如,行政机关出于对相对方履行契约的条件的重大误解而与对方签订的契约,或者因为行政政策的改变而必须撤销已签订的契约等。

在契约的效力待定问题上,行政法与民法虽然都有类似的现象,但具体的事由却是不一样的。在行政法上,一般是因为契约尚待有关机关批准或者契约涉及第三人权利而有待于得到其同意,使得契约的效力处于未定状态,此时契约并非无效,而是给付不能(Leistungsstorung)。③ 而民法上所列

---

① 其实,在我国统一的《合同法》出台之前,原有的《民法通则》与《经济合同法》在对合同无效的立法上存在着不相协调甚至矛盾之处。具体批评意见,参见王家福主编:《民法债权》,327~328页,北京,法律出版社,1991。在我国统一的《合同法》的草拟过程中,依据汇集了当时民法理论研究成果的《合同法》建议草案(载梁慧星主编:《民商法论丛》第4卷,北京,法律出版社,1996),其中所列举的合同无效的原因,计有:违反公序良俗;违反法律;合同标的不能确定;合同标的不能;双方代理;自己代理;表见代理;法定代表人越权行为;狭义无权代理。其范围就与德国的情况一样,过于宽泛,未必见得都适用于行政契约。举一例,在上述民法理论上认同的合同无效原因中,违反公序良俗就不能适用于行政契约中,理由是,据民法权威学者的见解,"公序"(公共秩序的简称)不但包括法律规定的秩序,而且还包括作为现行法秩序的基础的根本原则和根本理念;"良俗"(善良风俗的简称)主要限定在性道德及家庭道德的范围内。参见梁慧星:《市场经济与公序良俗原则》,载《民商法论丛》第1卷,北京,法律出版社,1994。以行政法角度审视上述界定,则一方面与行政法的内容体系没有多少关联(突出表现在"良俗"上);另一方面,行政法所确立的公共秩序均是由法律构筑的,这是依法行政理念的基本要求和体现,行政机关与相对人缔结行政契约也必须在这个限度内进行,行政契约容许性理论集中地反映了这一要求,而且,从行政程序上作了保障与制约。因此,在行政契约无效制度的设计上,无法或无需采纳这种原因,而且这种原因如在行政契约效力的判断上加以适用,也易过分扩大法官的自由裁量权,且不利于行政契约的稳定。

② 根据有关研究,特别是德国的立法,对于不对等契约来说,除了上述民法规定的无效原因外,行政契约无效的情况还有:(1)以行政契约取代行政行为时,与其内容相同的行政行为为无效的(an administrative act with the corresponding contents would be void)。(2)有相同内容的行政行为不只是在程序和形式上违法,而且契约当事人也明知其违法。该条是为了防止当事人故意规避法律(a deliberate circumvention of law)。(3)和解契约(compromise contract)欠缺前提条件的。(4)在双务契约中,行政机关允诺考虑不为该契约性质所允许的因素(in a reciprocal contract the authority promises a consideration not permissible under such contract)。Cf. Mahendra P. Singh, op. cit. , p. 53.

③ 吴庚:《行政法之理论与实用》,377页,台北,三民书局,1996。

举的事由,在行政法上原则上没有适用的可能。民法上出现合同效力待定的情况大致有,一是主体有问题,比如,未成年人或限制民事行为能力人签订的合同,其效力有待其法定代理人的追认;二是代理上有问题,比如,无权代理,表见代理,其效力须经本人确认;三是客体有问题,比如,无权处分人对他人财产的处分,须经权利人的承认。① 上述第一种情况,可以想见,在现代公务员制度日趋发达之际是不会出现的。第二种之不适用,已如前述。第三种因有违依法行政之要求,故应认定契约无效。

(6)不可抗力。在民事合同中,双方当事人可以因不可抗力的发生而免除各自履行契约的义务。不可抗力这一免责事由,也同样适用于行政契约中。对此,无论在理论上还是立法都予以肯定。立法实例如,北京市制定的《农业联产承包合同条例》(1989)中就明确肯定,因自然灾害等不可抗力的原因,致使承包合同部分或全部不能履行的,允许变更或解除承包合同,并可依法免除责任(第18条第3项)。

七、确保行政目的实现的实体权利义务配置

从实践中反馈回来的情况表明,当前在行政契约中的实体权利义务的分配上,存在着严重的不合理。据调查,目前,在缔结行政契约中处于弱势的一方当事人,往往被迫接受一些不合理的条件,特别是在政府与国有企业之间达成的承包协议书中,对企业的义务规定很多,而对企业的权利及应当享有的优惠条件却规定很少,并设有种种限制性条款,与此相反,政府享有的权利却很多,承担的义务很少。另一方面,对政府出现的政策不到位或财政拨款得不到保证等问题,缺少有力的监督。② 对相对人在契约履行中以原约定条款不明确等为由而拒不执行政府政策的行为,政府却束手无策。正是因为实践中存在这些问题,促使我们应尽快理顺行政契约制度中双方当事人权利义务的配置关系。

---

① 全国人大法制工作委员会民法室编著,孙礼海主编:《中华人民共和国合同法立法资料选》,50、153页,北京,法律出版社,1999。
② 钢剑:《适应市场经济需要加快行政程序改革——市场经济与行政程序课题调查报告》,载《中国法学》,1995(2)。

行政契约作为行政法上的手段,是为政府推行行政政策、实现行政目的服务的。因此,我们考虑行政契约中实体权利义务的配置模式时,应将基点确定为:既能有效地促成行政契约所预期的特定行政目的的实现,同时又以实现特定行政目的必需原则为限度,禁止在权利义务上的不合理连结。而特定行政目的能否顺利实现,涉及契约中双方当事人对契约履行的态度及行动。为促成行政机关所预期的行政目标的完成,就必须赋予行政机关在契约中适度的主导性权利,同时积极发挥相对一方对行政机关履行义务的监督作用。①

(一)行政机关适度的主导性权利

1. 必要性

以确保行政契约所预期的特定行政目的实现为原则的权利义务配置,首先要求在行政契约中赋予行政机关主导性权利。这是因为一方面,行政契约所预期的行政目的,为行政机关的职责范围,并由其所拟订,赋予其主导性权利,能够使行政机关导引行政契约的缔结与履行向着其所期望的方向发展。另一方面,也是出于潜意识中对私人能否实际履行契约的某种程度的不信任。② 这种思想在西方国家行政契约制度的构建中都得到了不同程度的反映与确认。法国行政法在公共利益需要观念上构建了以确认行政机关具有普适的特权与经济平衡原则为特征的实体权利义务配置模式;西班牙法赋予缔约机关包括基于公共利益原因进行单方解释、变更和废除契约在内的"极多的"特权("exorbitant"prerogatives);德国行政法在倾向通过当事人彼此约定方式确定权利义务配置方案的前提下,基于公益性之考量,允许行政机关享有例外的特别权利;普通法国家行政法上也开始出现以标准合同条款形式确认行政机关主导性权利的趋势,并以法院判例调整原有契约确定的权利义务配置。

---

① 鉴于规制"不对等契约"为行政契约制度构筑的重点,且其对权利义务分配具有特殊性要求,能鲜明地体现出上述权利义务配置思想,因此,在本文标题下,我着重对"不对等契约"中的权利义务配置模式进行探讨。

② 从西方的情况看,这种顾虑始终挥之不去,甚至成为反对将公务承包出去的理由。Cf. P. P. Craig, *Administrative Law*, Sweet & Maxwell, 1994, p.109.

当然,对于应否赋予行政机关在行政契约中主导性权利,在理论上并非不存在任何异议。我国台湾在行政程序法草拟中,对行政契约制度与规范的设计上欲吸收借鉴法国行政法上的确认行政机关在契约中享有普适的特权理论,却招致有的学者的批评。批评的要点在于,法国行政契约上述理论过度强调保障行政机关,致使行政契约欲使人民与行政机关立于相对平等地位共同协商解决问题的初衷受到极大挑战,且会降低人民与行政机关缔结行政契约的兴趣,增加人民在缔约时存在的潜在危机与不确定性。①

但在我看来,导致上述台湾学者所担心的问题的症结,实际上是将民事合同理论、概念、命题作为认识行政契约的标准与视角,这显然是不适宜的。的确,行政契约这种行政法的行为方式需经双方意思表示合致才发生法律效力,而且,在法律构筑的许可范围内,允许双方协议创设(行政法上)权利义务关系,所有这些恰好与契约的基本特征相契合。但是,这种契约模式毕竟是行政法的产物,它所发展的轨迹以及制度上的设计则完全走上了与民事合同不同的道路。就"不对等契约"而言,其与民事合同的最重要的区别在于地位的不对等性。在"不对等契约"中双方协商解决问题的可能性是通过行政程序加以保障的,而不是通过彼此地位的平等来保证的。而且,行政契约之所以能够吸引相对一方的地方,是因为对相对一方来讲有利可图或者有协商余地,比行政命令来得柔和且具有弹性。因此,对行政契约中双方权利义务的配置,特别是在应否许可行政机关享有主导性权利问题上,不应以民事合同理论作为批判的依据。

恰恰相反,赋予行政机关主导性权利正是对民事合同理论批判的结果。在这个问题上,普通法国家是有着较为深刻的教训的。以英国为例,由于英国法中政府合同规则主要是在普通法合同规范和理论的框架内构筑起来的,没有发展出类似法国行政契约制度那样的独立的制度与原则,特别是行政机关普适的特权模式。但是,仅借助普通合同制度中的撤销权或中止权,却无法圆满地完成政府合同的特定任务,从而暴露出以合同方式规制结构的弱点。奥格斯(Anthony Ogus)就曾尖锐地批评道:"尽管立法上赋予行政机关对相对人不遵守合同条款有权撤销或中止合同,但这在大部分案件中

---

① 林明锵:《行政契约法论》,载台湾大学《法学论丛》,第 24 卷第 1 期。

仅是一种空洞化的威胁,因为行政机关不可能在有限的时间内寻找到合适的替代履行合同义务的人。"①

正因为此,普通法国家近年来出现了承认政府在政府合同应享有特权(privilege)的理论论说和立法倾向。其中特别明显地体现在政府建筑工程合同(government contracts for building and engineering works)的一般条款(general conditions)之中,当中赋予了工程监督官员(superintending officer of the works)和行政机关的高级官员大量的与契约有关的决定权和指导权,而且其中很多权力还是终局性的,在仲裁时不能进行审查。比如,对工程的施工方式、工程变动(the variation of works)和重新施工(re-execution of works)等问题发布指示的权力,对因政府行使提前终止契约的权力(the exercise of the Government's general power of premature determination of the contract)而给契约相对方造成的特殊困难进行评估的权力,对契约中的反贿赂条款(anti-bribery clause)的解释和效力发生争议时进行裁决的权力,等等。②从中我们可以看到上述有些特权与下面我们将要介绍的行政契约中的主导性权利极其相像。③

我国由于行政契约理论框架尚未形成,尽管出于实践需要,在立法中一定程度上意识到,要以确保行政目的实现为指导思想配置权利义务,但因受到民法与经济法的强烈影响,这种思想未能得到始终的贯彻,并进而对行政契约实践带来负面效应。更有甚者,在最近一段时间,中央电视台在每晚黄金时间播出的新闻联播和"焦点访谈"节目接连报道某些地方公共工程质量问题,点名批评一些工程监理部门不尽职责,将不符合标准的劣质工程胡乱放行,埋下公共安全的重大隐患,甚至已经造成严重损害后果。与此同时,表扬某施工队为加强内部质量控制而提出"预防胜于补救"的口号。从这些报道来看,似乎行政机关对契约的履行和工程质量的控制只能靠施工单位

---

① Cf. Anthony Ogus, *Regulation —Legal Form and Economic Theory*, Clarendon Press, 1994, p. 332.

② Cf. Terence Daintith, "*Regulation by Contract: The New Prerogative*", Collected in D. J. Galligan(ed.), *Administrative Law*, Dartmouth, 1992.

③ 有意思的是,在英文中用来表述上述合同中的特权的词是"power"而不是"right",翻译到中文来,就是"权力"而非"权利"。但我以为,基于契约产生的权利,不论具有多少单方性的色彩,仍然与来自法律的权力有着本质的差别,因此,一般来说,还是用"权利"的称谓更加妥当些。

的"自律",而自己却束手无策、无所作为。这是不是也反映了当前人们对行政机关在行政契约中可以享有主导性权利知之甚少呢?因此,有必要对我国现行行政契约制度中行政机关的权利义务配置进行深刻反省与批判,确立行政机关的主导性权利。

但是,我也不同意那种不加批判地完全仿效法国行政法的普适性特权模式的主张,因为这种不依赖双方事先约定的普适的特权,与契约要求双方当事人合意产生彼此权利义务之本质不符,且有使行政契约性质更趋向于单方行政行为的危险,故不可取。而且,从我国行政复议与审判反馈的信息表明,在实践中行政机关不经协商单方变更解除行政契约所导致相对人权益损害的现象比较严重。① 如果肯定法国式的普适的特权,无疑会助长原已存在的这种不良倾向。我们还可以引用辛格(Mahendra P. Singh)的一段评论作为反对全面无条件援用法国模式的进一步的佐证。辛格认为,在坚持合法性以及在契约中保护个人不受行政行为的侵害方面,德国法似乎要优于法国法。可能是德国法没有像法国法那样允许国家有对行政契约的(普适的)控制手段吧。② 因此,我主张在我国行政契约制度中确立适度的、有节制的行政机关主导性权利。

2. 具体权利

从制度构筑上,为确保行政契约所预期的特定行政目的的实现,必须在权利义务配置中,确认行政机关享有对契约履行的指导与监督权;对不履行契约义务的相对一方的直接强制执行权、直接解除契约权;对违约构成违法的相对一方处以行政制裁措施的权力;单方变更与解除契约的权利;对行政契约的解释权等主导性权利。这些主导性权利在行政契约订立时是作为强制性条款规定的,对相对一方来说,要签订合同,就必须接受。

---

① 张志华:《南漳县政府授权政府法制机构严肃查处村级行政组织单方面撕毁经济承包合同案件》,载《行政法制》,1996(3)。另,中央电视台焦点访谈节目曾报道,在广西壮族自治区的某乡,乡长与乡政府的个别干部为了自己创收,擅自解除农民与乡政府签订的三十年不变的承包协议,将原由农民承包的这片土地转由他们自己承包,种植甘蔗,当年即获利10多万元,这一举动引起当地农民的强烈反感与指责。

② Cf. Mahendra P. Singh, *German Administrative Law: in Common Law Perspective*, Springer-Verlag Berlin Heidelberg, 1985, p.55.

(1) 对契约履行的指导与监督权

赋予行政机关对契约履行的指导与监督权,对于督促相对一方切实履行其所承担的契约义务,减少因履行而产生的纠纷,保证行政契约的执行向着行政机关所预期的方向发展,具有极其重大的意义。而行政契约能否得到实际执行反过来又会对行政契约的缔结程序产生有意义的影响。对此,奥格斯(Anthony Ogus)曾有过精辟的论述,他指出:"如果申请人知道不必一定要遵从合同条款,那么就会促使他们作出过于乐观的投标,从而损害'公平竞争'的理念。"①

法国行政法上就主张行政机关对行政契约的履行应起主导与监督作用,以切实督促相对一方履行契约义务。其理论基础是,缔结行政契约的目的在于满足某种公共利益,在公共利益所需要的范围内,行政机关对行政契约的履行必须具有特权。② 这种思想表现在具体权利义务的配置上,就是行政机关对行政契约的履行享有指导和监督权,相应地相对人就负有接受或忍受的义务。

我国在行政契约实际运作中,对此也有较深刻的认识,比如,农业部在"关于加强农业承包合同管理的意见"(1992年9月12日由国务院批转)中指出:"目前,全国共签订3亿多份农村承包合同。几年来,各级人民政府及其农业主管部门始终把农业承包合同管理作为巩固农村改革成果,维护农村的安定团结的基础工作来抓,在指导合同签订,进行合同鉴证,监督合同履行,调解处理合同纠纷等方面做了大量深入、细致的工作。……(使)农业承包合同的完备率由1986年的43.3%上升到1990年的77.1%,兑现率由77%上升到91.2%,纠纷率由6.4%下降到3.2%。"

在行政契约立法中,这种权利也得到了相应的确认,比如,在国有土地使用权出让和转让立法中就明确规定,土地管理部门有权对土地使用权的出让、转让、出租、抵押、终止进行监督检查(《城镇国有土地使用权出让和转让暂行条例》(1990)第6条)。

(2) 对不履行契约义务的相对一方的直接强制执行权

德国与法国行政法都认识到强制执行是保证行政契约实际履行所必需

---

① Cf. Anthony Ogus, op. cit., p.333.
② 王名扬:《法国行政法》,186页,北京,中国政法大学出版社,1989。

的强制手段。为加强行政机关的强制力度与能力,均肯定应赋予行政机关直接强制执行权,但在具体制度设计上却采取了不同的模式。

德国行政契约制度通过允许契约双方当事人在契约中约定"自愿接受假执行"(Unterwerfung unter die sofortige Vollstreckung)来使行政机关与相对人对等地获得强制执行权。① 这种理论见解导源于德国行政法上"根据法律行政原理",依照"法律保留原则",政府行政必须要有法律上的依据,尤其是对公民权利和自由侵害时,更是如此。而行政契约中的权利义务是双方约定产生的,因此,对相对人不履行契约义务,行政机关不能直接采取强力手段,对契约义务执行的强制力只能来源于双方的事先约定。在程序操作上,准用《联邦行政执行法》(the Law on Administrative Enforcement)和《行政法院法》(the Law of Administrative courts)。

法国行政法上认为,不论行政契约中双方是否约定,行政机关对不履行契约义务的相对人可直接依据职权行使强制执行权,而无须事先请求法院判决。这种见解的理论基础是,行政契约的行政性决定了应优先保证公务的实施。但与此同时,法国行政法注意对相对人进行行政程序上的保护,表现为:在实施强制执行措施之前应遵循催告程序;允许相对人向行政法院申请救济。②

我国行政法理论与立法对行政契约中的强制执行问题较少涉猎,为数不多的法律及文件规定的制度模式是,(至少是法条字面上给人的印象是),双方当事人均享有对对方的强制执行权,但在该权利行使的资格上有所不同,例如,国家计划委员会、国务院生产委员会、物资部、中国人民银行在1991年2月6日发出的《关于解决履行国家指令性计划产品合同有关问题的通知》中规定,计罚滞纳金和由银行划付所欠货款作为提高国家合同兑现率的两种强制措施,当事人可以直接实施;而《全民所有制工业企业承包经营责任制暂行条例》(1988)则要求应由当事人取得法院的裁决后始能请求

---

① 德国行政法关于行政契约强制执行的理论见解有三种:(1)双方当事人均得以契约证书为执行名义,即时请求执行;(2)行政机关得即时请求强制执行,但人民应经法院之判决,以判决书为执行名义,始得请求强制执行;(3)契约当事人如未于契约中订明"自愿接受即时执行"者,对之均须经过诉讼取得执行名义后,始得强制执行。德国《行政程序法》采纳了第三种理论见解。参见翁岳生:《行政法与现代法治国家》,223页,台北,台湾大学法学丛书编辑委员会编辑,1979。

② 王名扬:《法国行政法》,188～189页,北京,中国政法大学出版社,1989。

强制执行。

我以为,在对行政契约强制执行制度的构建与思考中,应从行政契约是推行特定行政政策的手段这一认识出发,将保证特定行政目标的实现作为制度模式选择的首要决定因素和必须达到的目标来加以考虑。因此,在强制执行制度的设计上,我倾向赋予行政机关直接强制执行权。这是出于对通过法院裁决取得强制执行资格的制度模式的批判的结果,即后一种模式中诉讼程序的繁杂与费时,会阻碍特定行政目标的及时实现、造成对公共利益的损害。但不宜仿效法国行政法上将行政机关的直接强制执行权视为普适的权利的制度模式,因为这与行政契约的契约属性是不相符的。而德国行政法上强调这种强制执行权必须事先由双方当事人约定,这比较符合契约需经合意的本质要求。因此,在制度建设上应将行政机关的直接强制执行权作为签订行政契约所必须接受的条件加以规定。但对德国行政法上将直接强制执行权通过双方约定方式在双方当事人之间均等分配的做法应予以批判,理由是,在行政契约实际操作过程中,行政机关可能因行政政策等方面的考虑,而在客观上表现为对契约义务的不作为或迟延履行,如果允许相对一方直接强制执行,则可能对公共利益造成损害。因此,对这种情况应先交给法院判断与裁定,然后再由相对一方申请强制执行。

(3)作为制裁手段的直接解除契约权

在法国,解除合同是最严厉的制裁,由于导致采取这种制裁措施的原因是相对人不履行契约义务,因此,相对人要对其违约独自承担这种不利益结果,在这里,经济平衡原则不适用。[①] 我国行政契约立法中也普遍运用解除合同这种制裁手段,比如,在国有土地出让中,土地使用者如未在规定的期限内缴纳土地使用权出让金,政府有权解除合同(《城镇国有土地使用权出让和转让暂行条例》(1990)第 14 条)。在国有企业承包经营中,承包方如经营管理不善完不成承包经营合同任务,发包方有权提出解除合同(《全民所有制工业企业承包经营责任制暂行条例》(1988)第 20 条),但对这种制裁措施是否在程序上必须先取得法院裁决上规定不明确。我以为,作为制裁措施的直接解除契约权,应在相对一方严重违约,且具有时间上的急迫性,如

---

① 王名扬:《法国行政法》,190 页,北京,中国政法大学出版社,1989。

不迳行解除契约,将对公共利益造成不可挽回之重大损害时,才允许使用。在一般情况下,应申请法院裁决,取得执行名义。

(4) 对严重违约构成违法的相对一方处以行政制裁措施的权力

允许行政机关对违约相对人采取行政上的制裁措施,这是我国行政契约立法中较为突出的特色。这种责任的基础不是契约约定责任,而是法律从行政管理角度为保障契约义务必须履行而施加相对人的法定责任。比如,在治安管理处罚担保协议中,担保人故意放纵或者指使被裁决拘留的人阻碍、逃避复查或审理的,公安机关可以该行为构成教唆他人阻碍执行公务而对其进行治安处罚;被裁决拘留的人逃跑逾期一个月的,其所交的保证金予以没收(公安部《关于治安管理处罚中担保人和担保金的暂行规定》(1986年)第4条、第9条)。在国有土地出让合同中,对于土地使用者未按出让合同规定的用途和条件开发利用土地的,土地管理部门可处以地价款总额5%的罚款,对在规定期限内拒不纠正的,土地管理部门无偿收回土地使用权,没收地上建筑物、附着物(《深圳经济特区土地使用权出让条例》(1994年)第52条)。在全民所有制工业企业承包经营合同中,对承包方违约,要视情节轻重追究企业经营者的行政责任(《全民所有制工业企业承包经营责任制暂行条例》(1988年)第24、25条)。这种由法律直接授权行政机关实施行政制裁措施的权力配置模式,解决了困扰西方国家行政契约制度运作中以约定为产生基础的制裁手段软弱与不足的问题,能够更加有力地保证行政契约目的的实现,因而在行政契约立法中值得肯定与延续。

(5) 单方变更与解除契约的权利

众所周知,在行政行为理论上,行政机关对于有瑕疵的行政行为可以主动予以撤销,甚至对合法的行政行为,也可以衡量公共利益之所在,自动废止。但在行政契约上,依据"契约必须执行"(pacta sunt servanda),原则上要求双方当事人必须同样遵守契约上的约定。那么,如何解决行政契约稳定性与情势变迁的协调问题,为行政机关根据实际需要而灵活导引行政契约履行进程提供权利上的根据?这在行政契约理论上是比较突出而重要的问题。

在法国法当中,整个行政契约理论的核心思想是公共利益居于优越地位(predominance),行政机关可以根据公共利益的需要,随时变更契约履行标的、内容或者解除契约,但从平衡相对人利益的角度,法国行政法又创立了"经济平衡原则"(le principe d'equation financiere),以便使公共利益和私人利益获得较好的协调。在这方面,法国行政法上存在三个较重要的理论,一是管理(supervision)原则;二是统治者行为(fait du prince)理论;三是不可预见(imprevision)理论。

根据管理原则(the principle of supervision),允许行政机关对契约条款作有利于公共利益的调整与修改。① 较为典型的事例是,在特许契约中,行政机关有权重新确定提供服务或者工作的性质(character),以满足变化的公共利益的要求。② 这种权力不是契约为行政机关特别约定的权利,而是来源于行政法的一般原则。但这种权力的行使会导致相对人履行契约的成本增加,因此,法律又赋予相对人经济上要求补偿的权利,并要求行政法院对这种权利予以保护,以维持契约财产上的平衡。这样的制度安排,保证了行政契约这种方式能够始终保持对相对人的吸引力,同时也从经济角度制约了行政机关随意变更或解除契约的可能性。

统治者行为理论(fait du prince theory)有些类似于英国侵权法中的"国家行为"(act of state)。行政机关可以实施某些政府行为,这些行为的实施和行政机关所享有的契约上的权利没有联系,但却对相对一方造成了影响,除了政府行为是一般立法,对所有公民均产生同等影响外,受损害的当事人有权得到金钱上的赔偿,或者增加对消费者的收费。③

不可预见理论(theory of imprevision)是指在契约缔结后,由于不能归责于行政机关的意外事件的发生,致使相对一方继续履行契约会造成对其不利益,但公共利益又需要契约继续履行的,行政法院将强制相对一方履行契约义务,与此同时,相对一方有权就其额外付出,要求行政机关赔偿。对于特许契约(concession),补偿也可以采取允许契约相对一方有权提高向消费者收费的标准的方式。这一理论在著名的 Compagnie Generale D'Eclairage de Bordeaux(CE 30 March 1916)案件的判决中得到了行政法院

---

① Cf. P. P. Craig, op. cit., p. 706.
② Cf. John Bell & Neville Brown, *French Administrative Law*, Oxford University Press Inc., 1993, p. 196.
③ Ibid., pp. 197,198. Also Cf. P. P. Craig, op. cit., p. 706.

的支持。① 但现在这一理论较少被援用,因为在行政契约中,一般都对诸如通货膨胀或货币贬值等情况加以明确规定。② 但是,在某些情况下,如果援用不可预见理论仍不足以补偿相对一方,那么法国行政法上将这种情形称为不可抗力(force majeure),允许解除契约。例如,在 Compagnie Des Tramways de Cherbourg(CE 9 December 1932)案中,受特许人已经濒临破产,但如果再提高电车票价,该公司将失去顾客。行政法院认为,这种原因不是当事人双方权利所能克服的,且缔结合同的目的(以合理的价格经营电车服务业)已遭破坏,因此,这属于不可抗力。

德国行政法在处理契约执行的物质条件已发生实质性变化(materially change)所引发的契约履行问题上,兼收并蓄了法国行政法的"不可预见"原则(the principle of Imprevision)和普通法的合同落空学说(the doctrine of frustration),③ 创设了情事变更原则(Clausula rebus sicstantibus)。即"缔结契约人于契约缔结后,情事发生重大变更,不能期待其继续履行契约者,得解除契约"。

德国没有像法国法那样赋予行政机关普适的单方变更或解除契约的权利,也没有像法国法那样允许行政机关在考虑公共利益的必要性之后强制契约必须履行。而是基于对解除契约为不得已之手段的认识,鼓励当事人先协商调整契约内容,以应情事之变更,只有在不能调整或者不能期待于当事人之一方调整时,始得解除契约。在程序操作上是采取双方协商,协商不成,再诉诸法院。但基于行政契约系以履行行政目的为其任务之考虑,也赋予行政机关为公共利益单方解除行政契约的权利,但这种权利只能在防止或免除公共福祉之重大损失时才能行使,而且,相对方也能因此取得损害赔偿的救济。为更好地维护缔约人的利益,德国法还要求,除非法规另有其他方式之规定,解除契约应以书面为之,并说明理由(supported with reasons)。

---

① 在该案中,行政区(commune)与煤气公司签订为该镇街道照明提供煤气的合同,但后由于第一次世界大战初期法国北部煤矿被德国占领,致使煤炭价格在十五个月中由每吨 35 法郎涨到每吨 117 法郎,如果煤气公司不相应提高价格,仍按原合同履行,则会招致破产,因此,行政法院判决该煤气公司继续履行合同,但允许其提高煤气价格。

② Cf. John Bell & Neville Brown, op. cit., pp. 198,199; Also Cf. P. P. Craig, op. cit., pp. 705,706.

③ Cf. Mahendra P. Singh, op. cit., p. 53.

出于尽量维护契约稳定的考虑,德国法律对变更或解除契约条件作了较严密的规定。首先,要求契约执行的实质条件发生了为双方当事人在缔约时所未曾预料的变化,这种变化既可以是事实上的变化,如价格或费用标准的改变,技术的、科学的或医学知识(technical, scientific or medical know-how)上的变化,也可以是法律上的变化,比如,新的立法的实施,出现新的司法判决或行政实践(administrative practice),只要这些变化对契约的履行具有直接影响就行。而且,上述变化对于当事人具有极重大的意义,如果当事人在缔约时知道这些变化,将不会接受相同内容的契约。其次,上述变化是实质性的,以致难以预期契约当事人恪守原先的契约,因为坚持原先契约不放,也就意味着违背诚信原则(the principle of good faith)。[1]

英国行政法上,在遵从普通法上"契约必须遵守原则"的同时,也努力为行政机关将来根据公共利益的需要突破原来承诺的契约义务寻找理论根据。早在19世纪的R. v. Inhabitants of Leake案中就清晰地提出"不相容检验"(the incompatibility test)理论,[2]这在澳大利亚行政法上称为"执行必需原则"(the doctrine of executive necessity)。而福利国家的出现以及提供某种公务的机构的相应增长,增加了这一理论运用的概率。建立这种理论模型的核心是,在行政机关缔约必要性和公平对待另一方当事人,以及确保所缔结的合同不会拘拌其他法定权力行使的需求之间建立平衡,解决契约义务与行政权行使的冲突。[3] 在个案中,判断是否存在"不相容",这实际上是事实问题(factual question)。判断的规则是合理预测,即能否明显地、合乎逻辑地断定在合同和法条间会产生冲突?如果发现合同规定的行政机关

---

[1] 翁岳生:《行政法与现代法治国家》,222～223、247～248页,台北,台湾大学法学丛书编辑委员会编辑,1979。Also Cf. Mahendra P. Singh, op. cit., pp. 53－54.

[2] 这是克雷格(P. P. Craig)的见解。在R. v. Inhabitants of Leake案中,专员(commissioners)确定某块土地供排水使用,且用于这种用途25年了,但后来专员决定将这片土地收回改用作公路,在这个案件的判决中,帕克法官(Parke J.)阐述了"不相容检验"问题。Cf. P. P. Craig, op. cit., p. 699. 但霍托帕(S. D. Hotop)则认为,"执行必需原则"源于罗沃雷特法官(Rowalatt J.)在Rederiaktiebolaget Amphitrite v. R.案中的判决。在该案中,一个瑞典船主得到英国政府的承诺,如果其装运批准的货物,则该船将不被扣押,但该船主照办后,该船仍被扣押了,因此,该船主以英国政府违约提起诉讼。Cf. S. D. hotop, *Principles of Australian Administrative Law*, North Ryde, N. S. W. : law Book Co. Ltd, 1985, p. 446.

[3] Cf. P. P. Craig, op. cit., p. 700.

义务阻碍了行政机关将来行使法律赋予其的权力,那么这个合同条款不可避免地要被法院宣布无效。

如果个案中出现"不相容",应如何处理?英国实务上是判定该与法定权力不相容的条款无效,行政机关可不受约束,对当事人不予赔偿。这种实务态度遭到学者的批评,学者多倾向主张应由行政机关承担对由此受到损害的当事人赔偿责任,但对责任的理论基础存在着论争。霍格(Hogg)认为,"不相容检验"理论仅说明发生与法定权力不相容的政府合同不能被执行,但并不意味着相对人不能因行政机关违约(breach of the contract)而要求获得损害赔偿(damages)。① 哈洛(Harlow)在《公法与私法:没有区别的定义》("Public"and "Private"Law:Definition Without Distinction)一文中暗示,在 Cory 案中适用了自我导致的合同落空(self-induced frustration),②因而要按这种原因寻求赔偿。克雷格(P. P. Craig)对上述两种观点都持批评态度,他认为,在寻找解决方案时,应当注意到行政机关实际上是起着"公的"(public)及"私的"(private)两方面作用,因此,行政机关绝对不能许诺因为会影响已签订的合同而不行使法定的或普通法上的权力。正因如此,从逻辑上无法推出行政机关违约的结论。而合同落空的说法也是不成立的,因为当事人不能依靠由于自己行为导致的合同落空。与米切尔(Mitchell)的看法一样,克雷格也认为,法国的救济所提供的灵活性值得重视。③ 而英国判例中所使用的越权、无效,使人感到似乎以最初存在无效为借口来推脱政府应承担的赔偿责任,而且,英国法律在这方面也的确缺少对相对一方赔偿的规定。尽管在一些标准合同中已出现规定允许政府单方修改合同,同时对相对一方给予补偿的趋势,但这还不普遍。因此,他主张借鉴法国的统治者行为理论,并将之奉为法律原则。④

我国行政立法上对行政机关契约义务与行政权行使的协调问题的解决

---

① Cf. Hogg, *Liability of the Crown*(1971), Chap. 5 Argues for this solution. Cited from P. P. Craig, op. cit., p.703.

② Cf. Harlow,"'Public' and 'Private' Law: *Definition Without Distinction*"(1980)43 *Michigan Law Review* 241,248—249. Cited from P. P. Craig, op. cit., p.704, and note 136.

③ Cf. J. D. B. Mitchell, *Contracts of Public Authorities*, London,1954, p.192. Cited from John Bell & Neville Brown, op. cit., p.196.

④ Cf. P. P. Craig, op. cit., pp.703,706.

思路,受到民法理论极强烈的影响,比较明显的例证是,当政府对税种、税率和指令性计划产品价格作重大调整时,行政机关还必须与相对人协商变更企业承包经营合同(《全民所有制工业企业承包经营责任制暂行条例》(1988年)第19条第1款)。这种制度的设计显然是基于与民法相同的契约当事人地位平等的思想,因而招致一些学者的批评。批评的要点在于,协商制度会妨碍行政目的的及时实现,损及公共利益。出于公共利益的考虑,应赋予行政机关单方变更或解除契约权。这些学者也承认这种单向性权利配置给予行政机关的自由裁量权过大,可能导致权利的滥用,但他们认为,可以通过建立经济平衡原则,形成经济上的反向制约机制,以及在行政救济中以"公共利益"必要性为衡量标准,来有效地控制行政机关的这种权利。[①]

上述批评的角度实际上是以法国行政契约理论为衡量标准的。那么,法国行政契约理论上的普适的单方解除与变更契约权是否就一定适合我国的行政契约实践?在变更与解除过程中是否就必须排斥协商的可能?对此,我是有疑问的,行政复议与审判反馈的信息表明,在实践中行政机关不经协商单方变更解除行政契约所导致相对人权益损害的现象比较严重。[②]如果一味排斥协商,而肯定行政机关单方变更解除权,则极可能助长实践中存在的这种不良倾向。诚然,正像米彻尔所指出的,经济平衡原则的存在本身将为个人权利提供保障,阻止行政机关随意行使权力。[③] 换句话说,就是可以在一定程度上形成对行政机关行使变更解除权随意性的制约。但是,这种制约的功效要得以发挥,必须将因行政机关公务员滥用变更解除权所导致的财政上的不适当或不必要支出,与该直接责任人的行政责任紧密挂钩,并有有效的监督机制作保障。但从我国目前的行政监察制度的实际运作看,是难以达到这种高度系统化、协作化的程度的,这就决定了上述措施的局限性。我也承认,通过裁决的积累会对行政行为模式产生制度化的反制作用,从而达到一定抑制行政机关随意性的作用,但是,我们也必须注意到,行政救济制度所起的保障却往往是事后的。谈上述两种措施的局限性,

---

① 刘莘:《行政合同刍议》,载《中国法学》,1995(5)。张树义:《行政合同》,126~130页,北京,中国政法大学出版社,1994。

② 反映这方面情况的材料和文件比较多,比如前引张志华文。

③ Cf. J. Mitchell, *The Contracts of Public Authorities*, London: L. Bell, 1954. Cited from Carol Harlow & Richard Rawlings, *Law and Administration*, Butterworths, 1997, p. 214.

并不是要否定建立这两种制度的必要性,而是意在通过这两种制度的不足,来论证在我国行政契约变更解除理论的构筑中应当保留协商机制。从正面角度讲,保留协商制度,也能够为双方提供一个较理想的交流意见的场合与空间,减少日后的不必要的摩擦。因此,我认为,不应全盘否定目前我国行政契约变更解除制度中的协商,而应当在保持和发挥该制度效益的前提下,根据行政契约优先实现公共利益的目标模式特点,考虑完善变更解除制度。反映在具体制度建设中就是,遇到情势变迁,行政机关可以与相对一方协商改变契约内容或标的,或者解除已完全失去履行可能的契约。如果行政契约的变更解除具有急迫性,为防止或免除公共利益遭受重大损失,也应允许行政机关享有单方变更解除权,但为了保障相对人的合法权益,必须要求行政机关书面作出变更解除的理由说明。

当然,与此同时,要将我国行政契约立法中已经出现的"经济平衡原则"作为保障相对人利益的制度化措施加以肯定,[①]在权利配置上,就是赋予那些经济利益受到行政机关变更解除权行使影响的相对一方要求相应补偿的权利,并提供有效的行政救济。中央电视台收视率颇高的"焦点访谈"节目就曾报道过两则消息,从一正一反两个方面说明了补偿对于"经济平衡"的重要意义。一则是"焦点访谈"(1999年1月28日)节目中报道了一起发生在无为县镇河村的土地承包纠纷案。基本案情是这样的,村里强行收回农民的承包田,改为养蟹苗,据说此举有助于将低产田改造为高产田。但村里对农民的补偿不够,每亩每年只补偿180元,而农民种粮每年却可收入400元/亩,因此,承包农民普遍不满。在该案中,尽管中央有承包土地30年不变的政策,但是,村委会为了提高土地的使用效率,提前解除承包契约,从行政契约的理论上讲,应当是允许的,这有点类似于法国的管理原则(supervision)。但是,我们还必须注意到,农民参加到行政契约中来(与村委会缔结土地承包合同),并不是没有自身的利益要求,更何况有的农民可能已经在承包的土地上进行了投资。在这种情况下,公共利益的实现就不能

[①] 例如,《北京市农业联产承包合同条例》(1989年)第19条就规定,为实施土地利用规划、产业结构调整,需要调整农村承包者所承包的土地,或者因生产条件发生重大变化,为提高土地产出率和劳动生产率,确需变更承包经营方式时,发包方(农民集体经济组织)在解除或变更承包契约的同时,应对承包者在原承包项目上的基本建设和所增设备、设施的投资、投工给予补偿;对承包者的可得利益给予适当赔偿;对需要另行安排就业的劳动力给予合理安排;对口粮没有来源的保障供应。

以牺牲相对一方（农民）的经济利益为代价，否则行政契约将失去对相对一方的吸引力。因此，在保证公共利益优先满足的前提下，应对相对人（农民）因保证特定行政目的优先实现（提高土地的使用效率）所作出的经济利益上特别牺牲进行必要的、相当的补偿，以维持行政契约中两种利益间的平衡。该案之所以会引起农民的非议，问题的关键就在于补偿没有做好。与该案成鲜明对照的是中央电视台"焦点访谈"节目（1999年2月23日）的另一则报道：紧挨着无为县镇河村的巢湖钓鱼乡芦塘村也曾提前收回承包土地改为养蟹苗，但那里的农民却是高高兴兴地配合村委会和乡政府的决定。其中的原因就在于给农民的补偿是每亩每年800斤稻，相当于每年600元/亩。

（6）对行政契约的解释权

在行政契约的履行过程中，有可能发生双方对原订契约条款理解分歧或条款规定不明确的问题，这就必须解决对契约解释权的配置问题。基于行政契约是推行行政政策的手段，而行政机关对行政目的的理解具有权威性之考量，可以考虑将解释权赋予行政机关，但与此同时，为保障相对人合法权益不致因为行政机关滥用解释权而受到侵害，应允许相对人申请行政救济。

行政机关除了具有上述主导性权利外，还可以通过行使要求违约金和赔偿损失的权利，从消极方面来促成行政契约所预期的行政目的的实现。在法国，行政法上就比较强调以金钱制裁（包括违约金和赔偿损失两种形式）形成对相对人的心理强制，迫使其因顾忌承担上述责任而自动履行契约义务。[①] 英国行政法上亦认为，对不履行义务的受特许人施加金钱上的制裁（financial penalties），不失为一种有吸引力的解决办法，近年来议会也就此进行了立法。[②] 我国对行政契约立法中，也普遍将违约金和赔偿损失作为追究契约当事人不履行义务的责任形式。[③] 但是，这种制裁手段并非为行政机

---

① 王名扬：《法国行政法》，189页，北京，中国政法大学出版社，1989。
② 英国1990年颁布的《广播法》第41条、第55条、第81条、第110条、第120条授权独立电视委员会（Independent Television Commission）对领取许可证者的初次违法行为处以不超过后者在上一个会计年度里所获取的限制收入的3%的金钱上的制裁，如再犯，处以5%。Cf. Anthony Ogus, op. cit., p. 333, and note 86.
③ 立法实例见，《农业技术承包责任制试行条例》（1984年）第24条；《城镇国有土地使用权出让和转让暂行条例》（1990年）第14条、第15条；《地质矿产部地质勘查单位承包经营责任制办法》（1991年）第19条、第21条等。

关所独有,而是在双方当事人之间进行平等的分配,行政机关对这种手段也不能单方直接以强力方式行使。

(二)相对一方对行政机关履行义务的监督权

我们承认行政契约所预期的特定行政目的能否顺利实现,的确,在很大程度上取决于行政机关在行政契约中是否享有能够主导契约履行进程的权利。但与此同时,也不能忽视相对一方对契约履行所具有的潜在的积极作用,也应从权利义务的配置上积极促成这种效用。

如果对我国行政契约实践作较深入的考察,不难发现,通过缔结行政契约方式所预期的特定行政目标能否实现,在很大程度上也取决于行政机关能否自觉履行其所承诺的契约义务,特别是行政机关承担义务的履行与相对一方义务的履行有着内在的联系,是后者能否履行契约义务的前提条件时,更是如此。然而,从实践中反馈回来的信息却表明,行政机关在履行契约义务方面尚不够理想,比较能揭示这一问题的例证是,粮食合同定购与供应平价化肥、柴油及发放预购定金"三挂钩"政策的落实。国务院在1986年底安排来年的粮食合同定购时,就确定了"中央要专项安排一些化肥、柴油与粮食合同定购挂钩,每百斤贸易粮拨付优质标准化肥6斤、柴油3斤"。预购金"按合同定购粮食价款的20%发放"。不久,商业部、农牧渔业部、中国石油化工总公司又发布了具体的实施办法。但是,时隔数月,国务院又紧急下文,要求各级政府和国务院有关部门必须坚决落实粮食合同定购"三挂钩"政策。转年,国务院在总结1987年"三挂钩"政策的落实情况时还指出:"少数地方存在截留、克扣和挪用挂钩物资、预购定金问题,农民意见较大。"[①]从中央一再下文中我们不难得出这么一个结论:有些政府部门在执行粮食定购合同中对履行契约义务的自觉性不够。

那么,从权利义务配置角度考虑,如何督促行政机关履行契约义务呢?目前实际运作的对策思路主要依靠强化内部责任制以及追究行政责任。以

---

① 《国务院关于完善粮食合同定购制度的通知》(1986年10月14日);商业部、农牧渔业部、中国石油化工总公司《关于粮食合同定购与供应化肥、柴油挂钩实施办法》(1987年2月14日国务院批准发布);《国务院关于坚决落实粮食合同定购"三挂钩"政策的紧急通知》(1987年6月25日);《国务院关于完善粮食合同定购"三挂钩"政策的通知》(1988年1月3日)。

"三挂钩"政策为例,在商业部、农牧渔业部、中国石油化工总公司下发的《关于粮食合同定购与供应化肥、柴油挂钩实施办法》(1987年)中,要求"各级粮食部门要确定一位领导同志主管粮肥、粮油挂钩工作,并指定专人办理此项业务(办事人员确定以后,报上一级粮食部门备案)""对挂钩化肥调拨、供应必须从上到下逐级划清责任""哪一级出现问题,哪一级负责"。国务院在《完善粮食合同定购"三挂钩"政策的通知》(1988年)中又强调,"各省、自治区、直辖市人民政府,要尽早把挂钩政策、挂钩标准和实施办法一起向农民宣布,并实行分级、分部门的责任制,认真抓好落实"。在上述两个文件以及国务院《关于坚决落实粮食合同定购"三挂钩"政策的紧急通知》(1987年)中都提到,对截留、克扣、私分和挪用的单位和人员,"要认真查处,该处分的必须给予必要的处分,触犯刑律的要绳之以法"。我以为,在行政内部层层分解细化责任的基础上,形成对失职者追究行政责任的内部监督与制约机制,在一定程度上是能够督促行政机关工作人员履行契约义务。但单凭这一措施,还不足以有效地保证预期效果的实现,上述实践已充分地证明了这一点。因此,还必须考虑建立外部的督促与制约机制,反映到具体制度的设计上,就是允许相对一方享有向法院申请强制执行,以及要求赔偿因行政机关不履行或迟延履行义务所造成的损失的权利。

以上,我们只是围绕着确保行政契约所预期的特定行政目的实现这一中心,探讨了具有普遍性意义的权利义务配置,并没有囊括所有的权利义务。我们不否认,在具体个案中,依据特定行政契约所欲达到的行政目标,还可能存在其他方面的权利义务,但这些权利义务基本上是因案而异的,仅具有特殊性、个别性。

还有必要指出的是,我们谈行政契约中实体权利义务要按照保证特定行政目的优先实现的原则来配置,但并不等于否定,在契约当事人之间具有反向性目的追求的行政契约中,还存在以保证相对一方参与契约所预期的利益实现为目的的权利义务配置,比如相对人要求报酬权等。鉴于行政契约实践反映出这方面权利义务的设置与实施的效果还不尽人意,例如,在农村粮食定购合同履行中,给农民打白条的现象还比较严重;在国有企业承包契约中,对企业享有的权利和优惠有时规定较含糊,且要求必须经有关部门批准,实际上是拖而不办或根本落空。因此,在制度建设中还必须特别注意这个层次上的权利义务配置与实施,否则将极大地挫伤相对一方参与行政契约的积极性。

总之,行政契约作为推行行政政策与实现行政目的的手段,必然内在地决定与要求,在契约中双方的权利义务的配置是不均衡的,表现为向行政机关一方的权利倾斜和向相对一方的义务倾斜。但是,这种倾斜的程度应当有一定限度,也就是,应以实现特定行政目的所必需为衡量与判断标准,不得施加给相对一方与实现特定行政目的无关或不必要的义务或权利,也不能随意扩大行政机关的权利或令其承担不必要的义务,从而使契约中双方的权利义务的分配趋于合理。[1]

八、对行政契约的程序规范与控制

在现代行政法发展历程中,发生了一个具有革命性意义的观念突破,即从过去的只注重行政行为结果的合法性与正当性,转向对产生这种结果的过程和程序的合法性与正当性的关注。这是因为,在长期的行政执法实践中,人们发现良好的法律规范并不一定能够产生良好的效果,而抑制性的司法审查对这种产生过程有时又往往无济于事,将原来对行政行为控制的注意点,从事后的审查救济转移到事中的程序规范上,则是解决问题的较佳选择。

从行政程序法上规范和控制行政契约的行使的实践源于德国。促成这种实践的动因,一方面,是德国行政程序法上将行政契约视为对外发生效力的行为,基于对外行政手续的理论模式的考虑,欲在行政程序法中统一协调行政官署依单方意思表示所为高权行为与契约行为。[2] 另一方面,在立法及

---

[1] 在这个问题上,德国行政法院在处理"连结负担"时所采取的判决立场与态度值得注意,即对于行政机关在许可建筑商开发新社区时,与建筑商缔约,让后者承担在新社区内兴建幼稚园、小学及公路等公共设施,这是否属于违反"法律保留原则",额外增加相对人负担?对此,德国行政法院的见解是,该行政契约不违反法律禁止性规定,且兴建幼稚园等义务是开发社区的附带内容,因而不属于法律所禁止的不正当的"连结负担"。参见陈新民:《行政法学总论》,269页,及注 21,台北,三民书局,1997。

[2] 翁岳生:《行政法与现代法治国家》,208～209 页,台北,台湾大学丛书编辑委员会编辑,1979。

理论上承认行政契约的缔结基础存在着不对等(集中体现在"隶属契约"上),同时也认识到,这又极易导致行政契约运用的失控,因此,必须从行政程序上予以预防性规范。①

欧洲共同体在追求建立统一市场的目标过程中,也以正当程序为手段,消除成员国在公共工程与采购中事实上存在的对外国企业的歧视。欧共体通过颁布《公共工程令》(the Public Works Directive 71/305)、《公共供货令》(the Public Supplies Directive 77/62)等指令,确立了超过规定数额的合同应予公告,以便所有成员国中对此感兴趣者都能够参加投标;禁止在合同文件中使用技术性规格(technical specifications),偏袒国内企业;签订合同的强制性程序;明确签订合同的实体标准等具体程序要求。这种程序立法对英国等成员国的政府合同制度产生了深远的影响。②

在我国行政契约框架的构建中,出于保证行政机关所预期的特定行政目标的达成的考虑,在处于隶属关系的当事人间缔结的契约中,需要维持双方的不对等状态,以及赋予行政机关较大的主导性权利,而这在实际操作中又引发了诸多失范的实例。因此,在法律制度的设计和具体运作上,应当考虑借助行政程序来进行规范与控制。

行政程序之所以为现代行政法,或者更进一步说,为行政契约制度所倚重,是因为行政程序作为行政决定的规范流程,能够提供各方交易的理想空间,促进意见疏通,扩大选择范围,调和彼此的利益;能够消除地位不对等的隔阂,使处于弱势的一方能够自由地表达意见,实现合意的自由;能够通过课加行政机关程序上的义务和赋予相对一方程序上权利,使行政机关主导性权利的行使合乎理性,从而保证由此作出的行政选择是最有效益的。正因行政程序通过排斥行政恣意,使处于弱势的相对一方的权益得到有力保障,才保证了行政契约扩大相对人参与行政决策与管理的思想得以实现。从这个意义上讲,行政程序的确具有法治国根本性作用。

为达到上述效果,在程序设计上就必须考虑为行政契约当事人以及利益受到该契约影响的其他人员提供一个自由交换意见的理想空间和场所,

---

① [德]Fritz Ossenbuhl:《德国行政程序法十五年来之经验与展望》,董保城译,载台湾《政大法学评论》,第47期。

② Cf. P. P. Craig, *Administrative Law*, Sweet & Maxwell, 1994, pp. 685,689.

与此同时,建立限制行政机关恣意的制度。

(一)促进自由交流的程序

自由交流的空间与场所是以协商与听证制度为核心构建而成的。协商与听证制度使行政机关与处于从属或被管理地位的相对一方之间缔结行政法上契约关系的可能性转变为现实,也为行政机关主导性权利的正确行使提供了基础与保障。

协商的实质就是自由合意,是保证行政契约这种行政法上的行为方式从本质上符合契约根本属性的重要制度与措施。而且,取得相对一方对行政机关所欲推行的政策的理解和支持,以及协调可能发生冲突的公共利益和其他程序参加者的利益之间的关系,获得各方都满意的均衡方案,这一切活动都是通过协商制度来完成的。因此,协商制度在行政契约制度中占据着枢纽的位置,在行政契约的缔结、内容的形成以及执行等各个阶段都应当贯彻协商的精神。只有当行政契约的缔结对于行政政策的贯彻至关重要,而排斥行政机关或相对一方的选择性,[1]或者在签订"规范契约"[2]或契约内容为贯彻行政政策所必需时,[3]协商才受到一定程度的限制。但即使在上述法律对契约订立或内容有强制性要求时,也不排斥在法律未作硬性规定的其他阶段上存在协商的可能性。反思我国行政机关对行政契约手段的把握与运用,却对理应构成整个行政契约制度的灵魂与基石的协商精神缺乏应有的关注和理解,在具体操作上就存在将行政契约与行政命令同构化的问题。对这种实践的不良倾向,应当予以彻底批判和扭转。

---

[1] 这种情况如,为使社会治安综合治理抓出成效,必须建立群防群治机制,推行治安责任制,各级综治委应当与各单位的法定代表人签订治安责任合同、房屋出租人与承租人必须与公安派出所签订治安责任书(《深圳经济特区社会治安综合治理条例》(1994年)第26条和第39条)。

[2] "规范契约"指内容均由法律明确规定的契约,如为被裁决拘留的人出具担保的担保人与公安机关签订的担保书;因卖淫嫖娼被收容教育的人遇有子女出生、家属患严重疾病、死亡或其他正当理由需离所时,由其单位或家属与收容教育所签订的担保书(《治安管理处罚条例》(1986年)第40条第2款,《关于治安管理处罚中担保人和保证金的暂行规定》(1986年))。

[3] 法律仅对契约中为贯彻行政政策所必需的部分内容作明确规定的情形,比如,在全民所有制小型商业企业租赁合同中必须明确"国有资产评估后要对资产进行登记""企业的所有制性质不变,国有资产权隶属关系不变""承租方必须缴纳租赁抵押金"(《关于全民所有制小型商业企业租赁经营国有资产产权管理的规定》(1989年)第1、9、11条)。

协商制度应当成为调和特定行政目标实现所可能引发的各方利益冲突的有效设置。在特定行政契约中，形成冲突的利益方，不仅限于行政机关与相对一方，还可能包括利益将受到契约影响的第三人。因此，在协商制度的构筑上，要考虑如何有效地吸纳与调整这种多边利益的冲突。德国行政法在这方面先行了一步，其设计思路是，在公法契约侵害第三人权利时，将得到该第三人书面同意作为契约生效的必要条件。[1] 这对于避免引起第三人对行政契约的异议与诉讼，降低行政成本，极具价值，值得我国仿效。以协商制度为契机，构建以契约当事人和利益受到契约影响的第三人为程序参加者、调整各方利益冲突的多极式（复方性）行政程序结构，应当成为今后行政契约制度乃至整个行政程序法制建设的目标。

为使协商充分、正当、有效，必须相应地建立事先公告制度、资讯公开制度和平等竞争原则以及招投标等适当的缔结契约方式等附属制度。事先公告的目的，是及时通知对契约感兴趣的人参加契约的订立，使可能受到契约影响的第三人能适时维护自身利益。资讯公开，使参加程序者能够了解有关订立契约的详细材料，使参与活动更加具有目的性。平等竞争原则，以及招投标等适当的缔结契约方式，对在具有多位竞争者中贯彻机会均等原则，反对"内幕交易"及裙带关系等腐败滋生，具有重要意义。

在充分协商基础上达成的协议，原则上应当以书面的方式确定下来。采取这种要式主义，能够用来作为防止与解决纠纷的良好的程序设置。杜根（C. M. Doogan）在分析澳大利亚政府合同很少引起诉讼的原因时，说了一句很耐人寻味的话，他说："联邦合同条款所具有的细致特点，使缔约当事人对联邦的要求不存任何疑虑。"[2]详细的书面合同能够明确与细化程序参加者的各自要求，预先杜绝彼此可能产生纠纷的根源；且一旦发生纠纷，也便于分清责任，加速调解、裁决的进程。

要式主义的这种价值也为各国所认识。德国《行政程序法》专门以"书面方式"为标题，规定了行政契约的缔结原则上应采书面形式。法国行政法上，虽然没有硬性将书面方式作为契约生效的必要要件，但依积久之惯例，

---

[1] 德国《行政程序法》第58条第1款。
[2] Cf. C. M. Doogan, *Commonwealth Administrative Law*, Australian Government Publishing Service Canberra, 1984, pp. 61, 62.

采取书面形式已呈一种趋势。① 英、美等国政府合同制度中,也出现鼓励使用标准合同的倾向,认为这种标准合同能够起到统一作用,节省时间,而且便于推行政府政策。② 印度法院通过对 Union of India v. Rallia Ram 及 Union of India v. N. K. (P)Ltd. 等案的判决,对印度《宪法》第 299 条第 1 款关于"联邦或州行使行政权签订的所有合同应由总统或州长明确签订"的规定作了解释,法院认为,该款的意思是,合同可以采取正式的书面形式,也可以采取其他行为方式。③

但反观我国行政契约立法,有的法律仅对契约的订立作了要求,对缔约形式却未加规定(比如,农牧渔业部 1984 年 3 月 1 日发布的《农业技术承包责任制试行条例》中规定"承包双方必须经过充分协商,自愿签订承包合同"(第 4 条);国务院 1988 年 2 月 27 日发布的《全民所有制工业企业承包经营责任制暂行条例》规定"实行承包经营责任制,必须由企业经营者代表承包方同发包方订立承包经营合同"(第 14 条));有的法律对行政契约的缔结以及缔结形式一概未作规定(比如,1996 年 3 月 17 日八届人大四次会议通过的《行政处罚法》第 18、19 条对行政委托的规定)。虽然在实际运用上也存在采取书面合同形式的实例,但这种缺乏明示的要式主义要求的现实却引发了不少纷争。既然如此,我们为什么不在制度上采取成本较低的书面订立方式来预防纠纷的发生、减少契约履行的障碍呢? 当然,不分契约的种类、大小,不管情况如何,都要求采取书面形式,而一概排斥采取电传或口头等其他形式,这种僵硬的态度显然也是不可取的,不符合实际需要以及效益原则。因此,法律应当为行政机关根据实际情况以及成本核算采取其他的缔约形式留有一定的选择余地。

对不履行契约义务的相对人的直接强制执行权、作为制裁手段的单方直接解除契约权以及单方变更权等主导性权利,虽然是在双方约定基础上产生的,但从这种权利行使的方式和效果上看,更接近单方行政行为。(但

---

① 罗传贤:《行政程序法基础理论》,286 页,台北,五南图书出版公司,1993。

② Cf. David Foulkes, *Administrative Law*, Butterworths, 1982, p. 351. Also Cf. S. D. Hotop, *Principles of Australian Administrative Law*, North Ryde, N.S.W: Law Book Co. Ltd., 1985, p. 445.

③ Cf. C. K. Thakker, *Administrative Law*, Eastern Book Company, 1992, pp. 479, 481.

要注意,其毕竟不是单方行政行为,不能将其从完整的契约行为当中分离出来、单独作为单方行政行为来处理,关于这一点,我在本编的第二、九部分都作了详细的说明)。因此,应构建听证制度来控制这种权利的行使,加强理性选择。听证的实质是行政机关与相对人就主导性权利行使而疏通意见,通过赋予相对一方的反论权,排除恣意,将决定建立在坚实的事实依据上。当然,为保证行政机关能考量公共利益而及时行使主导性权利,要尽量避免行政程序上的牵制,仅在涉及相对人重大利益时,要求行政机关必须举行听证。在其他情况下,则由行政机关自由斟酌是举行听证、还是用说明理由方式来替代。

(二)限制行政恣意的制度

行政程序中,限制行政恣意的基本的制度原理是,通过使行政机关承担较多的程序义务,赋予相对一方较大的程序权利,使相对一方转变为在程序中能与行政机关抗衡的主体,与行政机关之间形成平等对话与制约关系,来抑制行政机关的恣意。上述听证制度的构造,典型地体现出这种制度原理,而说明理由制度、公开制度、回避制度、教示制度等制度中所蕴含的程序上的权利与义务分配,则进一步强化了相对一方制约行政恣意的能力,促进了上述抗衡状态的形成。

说明理由是行政机关在存在多名符合资格的竞争者中间进行利益的分配时,对最终决定所作的依据解释,或者作为听证的替代方式,对主导性权利行使的理由进行书面的阐述。要求行政机关承担这种义务,能够使行政机关在作出决定时更加审慎,同时也便于对决定的正确性进行事后的审查和判断。在具体制度的构造上,英国的说明理由制度具有启示性意义。在英国,法律要求行政机关在订立契约时,对选择该人缔结契约的理由作出说明。并认为这种责任是对那些未被选中而有权要求行政机关作出解释的当事人所应当承担的义务。此外,行政机关还有责任提供一份更加详细的档案材料,对所采取的程序、选中的申请人以及选择的理由进行说明。[①]

公开原则的价值在于增加程序参加人参与程序活动的目的性和针

---

① Cf. P. P. Craig, op. cit., p. 689.

性,使契约活动的整个过程中出现的错误容易被发现和及时纠正。在行政契约的缔结以及执行阶段,除公开会损及公共利益情况外,行政机关有义务将所有与契约有关的情况予以公开,包括对拟将缔结的行政契约的基本情况、参加竞争的条件、资格的审查及甄选的结果等,以接受来自公众的监督,防止与杜绝"暗箱操作"。美国对政府合同中的公开制度作了较为完备且严格的规定,除公开有可能泄露国家秘密、使政府遭受严重损害、国际条约与协定有相反规定等情况外,必须将合同情况在一定媒介上公开,并规定反馈意见的时间。[1] 法国行政程序上要求,行政机关必须将缔结行政契约的意愿向公众公开,以邀请投标者。违反该程序要求,将导致合同因越权而被撤销。[2] 公开原则在我国行政契约法制建设中也得到了一定程度的承认,比如,人事部 1990 年 2 月 26 日发布《人事部门廉政建设暂行规定》中就规定,在聘用干部时要做到政策、报考条件公开,考试办法、成绩公开和聘用结果公开。建设部 1992 年 12 月 30 日发布的《工程建设施工招标投标管理办法》中规定,对于公开招标,要由招标单位(政府)通过报刊、广播、电视等方式发布招标广告。但适用范围多限于契约缔结阶段,这显然较为狭窄,还有待于继续扩大。

回避原则通过相对一方对执法主体中立性态度的挑剔,与执法人员的自我回避,来维护行政契约权行使的权威性和客观公正性。需要回避的情况包括:(1)行政机关工作人员和行政契约的缔结或执行结果有着个人的利害关系;(2)行政机关工作人员与参加竞争的相对人之间存在利害关系;(3)行政机关工作人员与受行政契约缔结影响的第三人有利害关系。

教示制度要求行政机关在作出影响相对人权益的决定时,应告知其寻求法律救济的途径与期限。这对于相对人及时维护自身权益,制止行政恣意,具有重要意义。

上述在听证与协商基础上由说明理由、公开、回避、教示等内容形成的制度构造,有力地促进了程序中的角色分化和独立,使相对一方在参加契约

---

[1] Cf. Emmett E. Hearn, *Handbook on Government Contracts Administration*, Hearnsociates, 1987, pp,46,47.

[2] Cf. John Bell & Neville Brown, *French Administrative Law*, Oxford University Press Inc., 1993, p. 194.

活动的过程中实现了自我目的化,成为在程序中与行政机关相对立的具有一定功能的主体,从而有效地抑制了行政恣意。正因为行政程序具有上述功效,所以,必须硬性要求遵守。如果出现违反协商精神或未取得利益受影响的第三人书面同意就强行签订契约、在涉及相对人重大权益时不经听证即行使主导性权利、在作出影响相对人权益的决定时未说明理由、未按法律要求的书面形式缔结契约、以及违反公开、平等竞争、回避等原则等程序违法,对相对一方权益可能造成重大损害时,则将导致契约部分或全部内容的无效。① 如果不向相对人说明救济途径及期限,则应允许相对人在较长的期限内保留诉诸救济的权利。

而另一方面,上级行政机关及有关机构的介入干预,对责任人员的归责机制,也能对限制行政恣意起到积极的作用。

在缔结行政契约时必须征得其他行政机关(多为上级行政机关)的核准、同意或会同办理的程序,也能在一定程度上抑制行政恣意,增加决定的正确性。这在行政法理论上称为"参与保留"。在德国,当行政处分作成时,如依法规规定应有其他官署许可、同意或协同者,如契约的订立目的是代替行政处分,则此项契约只有在该其他官署依规定方式参与后,始能生效。② 这种立法模式是着重从行政程序角度事先防止行政机关与相对人私下规避"参与保留"。法国行政审判上对"参与保留"的态度是,如果未获得规定的同意,那么行政契约无效。但如果合同当事人已经部分或者全部履行合同,那么其有权要求按照合理价格支付赔偿。或者合同当事人也可以针对上级机关拒绝同意的决定,向行政法院提起请求赔偿(recoursenindemnite)或者撤销(en annulation)。同样,如果作出变动的行政机关也是合同的一方当事人时,当事人也可以对合同修改中公共权力的行使提出质疑(the contractor

---

① 德国在这方面的经验值得借鉴,德国《行政程序法》设专条对处于隶属关系当事人间缔结行政契约(隶属契约)时可能出现失控而预先从适用条件上加以规范(第55、56条),与此相呼应,遂专门规定"隶属契约"无效原因(第59条第2项),计有:与其相同内容之行政处分,将无效者;与其相同内容之行政处分,将不仅有第46条所称之程序上或方式上之瑕疵而违法,且此为订约人所明知者(此款设计意图在于预防当事人实施一种故意的法律规避(a deliberate circumvention of law));未具备缔结和解契约之前提要件,且与其相同内容之行政处分,将不仅有第46条所称之程序上或方式上瑕疵而违法者;使官署许诺依第56条不得准许之对待给付者。

② 德国《行政程序法》第58条第2款。

may question an exercise of la puissance publique in the modification of a contract: this is particularly so where the variation is made by that agency of the administration which was a party to the contract.).① 法国的这种处理模式侧重于对善意当事人的事后救济,同时也兼顾了对公共利益的保障。

我国行政法上对"参与保留"规范的思路,与德国相近,但并不像德国那样,通过行政程序法的统一规定,对所有涉及"参与保留"的行政契约都作此要求,而只是在个别的法律对特定行政契约的规定中存在。比如,对于国有土地使用权的出让,市、县土地管理部门应与有关部门拟订出让地块的征地和拆迁补偿安置方案、土地使用条件、《出让国有土地使用权合同(草案)》,报同级人民政府审核;按出让国有土地使用权批准权限,经上级土地管理部门审查后,报人民政府批准;然后与受让人正式签订《出让国有土地使用权合同》。对于未经批准或者采取欺骗手段骗取批准,无权批准或者超越批准权限非法批准出让国有土地使用权的,批准文件无效,非法批准占用的土地按照非法占用土地处理(《国务院关于出让国有土地使用权批准权限的通知》(1989年);《出让国有土地使用权审批管理暂行规定》(1990年)第6、10条;《土地管理法》(1986年)第48条)。我以为,我国目前这种立法模式存在针对个案处理的局限性,而且对善意当事人的权利保障意识较差,建议在制度建设中综合德、法两国的经验,既强调对所有涉及"参与保留"的行政契约的事前防范,同时又注意从保障当事人利益角度着眼,不将政府行政中出现的失误转嫁给善意的当事人。当然,如果当事人恶意与个别行政机关工作人员串通骗取批文,那么对其造成的损失,理应由其自己承担。

在涉及经济利益的行政契约中,审计机关对行政机关财务状况的周密审计,可以从经济上达到控制行政恣意、滥用权利的目的。在英国,由地方政府审计系统对地方行政机关缔结的合同情况进行有追溯效力的调查,是维护公益的一个重要控制措施。② 在我国,对国有企业承包经营中合同双方及企业经营者的财务状况,也要由国家审计机关及其委托的其他审计组织

---

① Cf. John Bell & Neville Brown, op. cit., p. 200.
② Cf. E. C. S. Wade & A. W. Bradley, *Constitutional and Administrative Law*, Longman, 1993, p. 745.

来审计。① 从实施的效果上看,也对遏制高估冒算行为,防止腐败,节约国家资产起到了较大的作用。例如,株洲市审计师事务所从1994年起连续三年对353个工程项目决算项目进行审计,挤掉了96.34%工程项目决策中存在的"水分"。②

建立归责机制,对行政机关中故意或重大过失致使公益受到严重损害的责任人员追究行政乃至刑事责任,也能在一定程度上对执法人员造成心理上的制约,抑制其行政恣意与武断。英国议会监督专员选举委员会(the parliamentary select committee on the ombudsman)在最近的一个报告中,建议扩大议会监督专员(ombudsman)的权力,使其能够对政府合同签订程序进行调查,这项建议显示出该委员会对合同规制中存在的问题的敏感。③ 我国有的学者也针对当前行政监察部门与行政合同缔结部门在对行政合同的管理和监督方面缺少沟通,没有发挥应有的作用提出了批评,要求加以改进。④ 因此,完善行政监督机制应是行政契约制度建设的重要内容。

在行政契约制度构筑中,行政程序还被赋予了一项新的功能,这就是通过确认"行政契约容许性(或许可性)"理论来统一规范行政契约订定权,以弥补组织法上对行政约权规定的欠缺,保持行政契约固有的能够灵活地适应各种非常态案件的需要的特性。

当然,就各国行政机关订立契约权的规范模式而言,不尽相同,有的是历史传统累积的结果,比如在英国,解决缔约权限时,首先要区分中央政府(the Crown)和其他行政机关(public authority)的地位,其原因在于中央政府享有普通法上的缔约能力,而其他行政机关只享有宪法性法规赋予的缔约权。具体而言,中央政府享有普通法上固有的不受限制的特权,凡中央政府可以合法实施的所有行为都可以通过合同方式实施(whatever the Crown may lawfully do it may do by means of contract);至于大臣(ministers

---

① 《全民所有制工业企业承包经营责任制暂行条例》(1990年)第7条。
② 《株洲力遏基建高估冒算——三年审计节约建设资金二亿元》,及短评《挤掉工程决算中的"水分"》,载《法制日报》,1997-04-12。
③ Cf. S. H. Bailey, B. L. Jones & A. R. Mowbray, *Cases and Materials on Administrative Law*, London, Sweet & Maxwell, Ltd., 1992, p.116.
④ 钢剑:《适应市场经济需要加快行政程序改革——市场经济与行政程序课题调查报告》,载《中国法学》,1995(2)。

of the Crown)能否以自己的名义签订合同,这在判例上是有争论的。但是,从获得官方支持的对 1975 年《供货权力法》(the Supply Powers Act)第 1 节内容的解释看,现在较为倾向的意见是,大臣没有独立的缔约资格,他只是中央政府的缔约代理人。而对于一般行政机关,则受到成文法对其权限规定的约束,以及越权无效原则的制约,但《地方政府法》(Local Government Act 1972)第 111 节规定,赋予了地方政府较为广泛的缔约权,其也可根据特别法授权,如《地方行政机关(物品和服务)法》(Local Authorities(Goods and Services)Act 1970),而享有对特定事项的缔约权。[①] 有的是通过具体划定契约金额来划分不同机关的缔约权限,如在澳大利亚,除非经部长批准,澳大利亚影视委员会(the Australian Film Commission)只能签订金额在 250 000 美元的有关财产征收或处理的合同;澳大利亚政务会(the Australia Council)签订的合同数额只限于 50000 美元。[②] 但是,从行政契约源起以及与行政契约功能特性相契合上讲,除了法律对缔约权限有特别规定外,一般只要具有宪法或组织法上的权限依据,[③]且符合行政机关管辖的行政事务范围内,在能有效达成行政目的而又不与法律相抵触的情况下,均允许缔结行政契约。这就是著名的"行政契约容许性"理论。比较成功地吸收这种理论的立法范例,是德国《行政程序法》第 54 条对"公法契约之适法性"所作的规定。这种对行政契约缔结不要求特别授权的观点,代表了现代行政契约理论发展的趋势。反观我国行政契约立法,则存在着强调通过单行法律或者文件明确授予行政机关签

[①] Cf. David Foulkes, op. cit., p.339.
[②] Cf. C. m. Doogan, op. cit., p.66.
[③] 比如,美国政府缔结政府合同的权限依据就是宪法序言中关于"政府应提供国防、增进公共福利以及确保天赋自由"的宣称,美国法院在 United States v. Tingey(39 U.S.(5 Pet)114(1831))案的法律意见中肯定了这一点,法院指出:"我们认为,这是属于主权中一般权力的附属权力,而且美国作为一个政治实体,它可以在宪法授权范围内,通过授权适当部门签订合同,只要这不为法律所禁止,且对于这些权力的正当行使是适当的。"当然,美国政府的缔约权也来源于议会的特别授权。Cf. Emmett E. Hearn, op. cit., pp.1,2.

订行政契约权的倾向,①也有一些学者主张,在契约行政的初级阶段,应以法律明确规定允许缔结行政契约为妥。②

我以为,在依法行政理念与行政契约互动适应过程中,的确存在着对行政契约立法化的倾向,但这种立法化一般是对常见的行政契约类型的规范化、固定化而已,并没有否定行政契约可以在没有明确法律授权的情况下缔结,而承认后者,恰恰是现代行政契约理论发展的一个趋势,其根本的理由是,保持行政契约固有的能够灵活地适应各种非常态案件的需要的特性。但是,承认行政机关可以在没有法律明确授权的情况下签订行政契约,并不意味着行政契约的缔结是处于无序、失控状态。恰好相反,从德国行政法制的经验看,对行政契约缔结权的控制,完全可以通过在行政程序中规定行政契约的容许性来实现,而且,加强对行政契约的法律救济以及归责机制,也能有效地控制和规范行政机关的缔约行为。

谈到这里,顺便说明一下,有的学者提出,在我国目前政府管理体制转轨变型时期,完全用法律确定行政机关签订行政契约的权力是困难的,甚至是不可能的,不如明确在何种情况下可以缔结行政契约,行政机关对符合行政契约范围标准的事项,就可以缔结行政契约。③ 对此,我以为不妥,行政契约的缔结权和适用条件是两个不同的范畴,尽管在行政契约的容许性中可以有限度地容纳这两方面的内容,但也不能将两者互为替代。解决行政契约的缔结权,只能说明行政机关缔结行政契约的权限依据,而行政契约的适用条件,是解决行政机关在什么情况下可以运用契约方式,行政机关只有在有权限时,才谈得上运用行政契约。

如果行政机关超越了法律规定的缔约权限,那么会产生什么样的法律后果呢?法国行政法理论上认为,行政机关在权限范围以外签订的行政契

---

① 较典型的,如《城镇国有土地使用权出让和转让暂行条例》(1990年)授权市、县人民政府管理部门与土地使用者签订土地使用权出让合同(第11条);《深圳市1995年人口与计划生育目标责任制包干方案》中明确要求"各区可参照市制定的包干指标内容,逐级下达到街道(镇)、居(村)委,并签订合同落实到人""行政机关、企事业和驻深单位实行横向和纵向包干,即单位按属地管理办法既向所属政府包干又向本系统上级签订合同包干"。

② 应松年主编:《行政行为法——中国行政法制建设的理论与实践》,616页,北京,人民出版社,1993。

③ 张树义:《行政合同》,107页,北京,中国政法大学出版社,1994。

约无效,但行政机关应根据公务过错理论对善意的对方当事人承担损害赔偿责任。理论上认为,这种责任不是一种合同责任。签订契约的公务员如有过错,其也应承担一定责任。对方当事人存有过错时,可以减轻行政机关的责任。对方当事人有恶意时,行政机关不负责任。① 在普通法国家,如英国,行政机关超越缔约权限所订立的合同,则因越权而无效。双方当事人,包括诚实(honestly)且合理(reasonably)地认为行政机关享有缔约权的第三人,均不得因此提起诉讼。② 但艾罗史密斯(Arrowsmith)却主张合同可执行,其理由是,应由行政机关而不是对方当事人承担确保遵守法律授权的义务,而且,在这里,对对方当事人的权利的保护,显然应优于公共利益。③ 我以为,对于行政主体超越缔约权限所订立的行政契约的效力问题,无论从欠缺缔约能力,还是从保障公共利益以及贯彻依法行政理念角度讲,都应当认定行政契约无效。但对于善意当事人应予保护,行政主体应承担法律责任,而归责的基础不是行政主体存在过错,而是行政主体违法,这与行政诉讼和国家赔偿的立法规定和精神是相吻合的。当然,行政法上的信赖保护原则,以及经济平衡原则,也是要求行政主体承担法律责任的基本考虑因素。如果对方当事人应知或者明知却故意与无缔约权限的行政机关签订行政契约,则可以考虑减免行政主体的责任,以作为对对方当事人的惩戒。如果具体负责签订行政契约的公务员存在故意或者重大过失,则行政主体对外承担法律责任后,可向其行使追偿权。

正是基于上述认识,我以为,在我国的行政契约制度构筑中,从程序上应当确认协商制度、听证制度、书面要式主义、公开原则、平等竞争原则、招投标等适当的缔结契约方式、回避制度、说明理由制度、教示制度等项重要的程序制度,同时建立上级机关的"参与保留"制度、严格的审计制度以及通过行政监察等途径追究失职者责任的归责机制,另外,还要确立"行政契约容许性"原则,以保持行政契约所固有的灵活处理非常态案件的特性,弥补组织法对行政机关缔约权规定的不足。

---

① 王名扬:《法国行政法》,183页,北京,中国政法大学出版社,1989。
② Cf. David Foulkes, op. cit., p. 339.
③ Cf. P. P. Craig, op. cit., pp. 681,682.

九、行政契约的救济制度[①]

从西方国家的法律救济模式看,对行政契约纠纷的解决主要是通过行政法上的救济方式,具体制度表现为协商、仲裁或行政机关内部裁决等司法外解决方法或者诉诸司法途径。如英国,在不区别公法(public law)和私法(private law)争议的救济管辖体制下,政府合同纠纷统由普通法院审理,但法院在审理案件时,适用《王权诉讼法》(the Crown Proceedings Act 1947),并根据行政机关签订合同时所执行的任务是否涉及管理或公共规制的方式,来确定是否适用司法审查。[②] 在法国行政法上,将行政机关为履行公职务(service public)所行使的行政活动视为广义的公共管理行为,为该管理行为所缔结的契约被解为公法上的行政契约(contract administration),[③]由此产生的争讼通过行政诉讼解决。德国法上,作为一般规则(as a general rule),如果行政契约一方当事人不履行契约义务,也是通过向行政法院提起诉讼来解决契约履行问题的。[④]

在我国,行政法学者对行政契约纠纷的解决亦倾向通过行政复议和行政诉讼途径。[⑤] 我也赞同,通过行政法上的救济方式来处理行政契约纠纷。这是因为,从根本上说,行政契约是行政机关在公共管理作用的领域为推行行政政策、实现行政目的而采用的行政手段,在契约中,双方当事人形成的主要是行政法上的权利义务关系,对这种关系的调整必须适用行政法,对由此产生的争议也应循行政救济途径解决。而且,更为重要的是,如果不存在解决行政契约纠纷的公法救济途径,将会助长"公法遁入私法"的趋势,造成

[①] 本部分的主要内容曾发表在《法学研究》1998年第2期。在博士学位论文的撰写与答辩中,我曾就行政契约的法律救济问题,特别是,行政契约纠纷到底能否循现有行政救济途径得到解决?如果不能,采取什么方式补救最为简捷等,与皮纯协教授、张焕光教授和朱维究教授讨论过,并深受启发,在发表该篇论文时对部分观点作了修正。

[②] Cf. P. P. Craig, *Administrative Law*, Sweet & Maxwell, 1994, pp. 567, 568.

[③] 成田赖明:《行政私法》,载台湾《法律评论》,第60卷第1、2期合刊。

[④] Cf. Mahendra P. Singh, *German Administrative Law: in Common Law Perspective*, Springer-Verlag Berlin Heidelberg, 1985, p. 54.

[⑤] 应松年主编:《行政行为法——中国行政法制建设的理论与实践》,624页以下,北京,人民出版社,1993。

行政法意义上的行政契约理论窒息和萎缩。长期以来,人们之所以热衷于从私法契约角度来构筑行政契约理论,而不顾忌其中的内在不亲和性,行政契约理论之所以迄今不发达,很大程度都是因为缺少公法救济途径与结构的缘故。①

但由于我国在救济制度上受到民法与经济法理论的影响较大,而对行政契约本身的行政性特点关注不够,因而在制度建设上存在着诸多缺失,再加上我国近年来行政管理体制的变革,导致原有救济制度的被取消,故有必要从行政契约行政性为考量,对现有救济制度进行反思与重构。

(一)司法外救济制度

西方国家在解决政府合同纠纷方面的制度运作表明,通过司法外途径(协商、仲裁或行政机关内部裁决)消除由于契约缔结或履行产生的争议,往往是比较成功的。英国尽管《王权诉讼法》(the Crown Proceedings Act 1947)确立了更加简化和现代化的诉讼程序,使所有涉及中央政府合同责任的诉讼,均可循该法确定的标准诉讼程序,以适格的政府部门或者检察总长(Attorney-General)为被告提起,②但在实际运作中,因政府合同引起的纠纷几乎很少诉诸法院,通常是由政府和当事人通过非正式谈判(informal negotiation)或者仲裁(arbitration)解决。③彼得·坎恩(Peter Cane)分析这种现象制因的结论是,政府与相对人间多为互利的长期合作关系,而非一次性商业交易,如果诉诸法院,常被视为不适当,且易产生付

---

① 吴庚:《行政法之理论与实用》,385页以下,台北,三民书局,1996。杨建顺:《日本行政法通论》,517~518页,北京,中国法制出版社,1998。

② 英国政府合同救济制度在历史上存在着一个演变过程,早先,中央政府(the Crown,也有人译成"英王")的违约责任是通过古老的权利请愿程序(procedure of petition of right)解决的,此外,在一些特别情况下成文法还提供其他的救济方式,比如,1919年《运输部法》(the Ministry of transport Act)明确规定了运输大臣的合同责任,允许当事人诉诸普通诉讼。但1947年《王权诉讼法》(the Crown Proceedings Act)废除了上述救济,规定了统一的救济程序。详见,H. W. R. Wade & C. F. Forsyth , Administrative Law , Clarendon Press, Oxford, 1994, p.832.

③ 纠纷处理的资料来源于 Turpin, Government Procurement and Contracts, 221-6. Cited from Peter Cane, An Introduction to Administrative Law, Clarendon Press, Oxford, 1992, pp.263, 264. Also see Brian Thompson, Constitutional & Administrative Law, Blackstone Press Ltd., 1993, p.401.

效应。① 在澳大利亚政府合同实践中，因违约或与合同履行有关的其他争议而导致的诉讼也相当少见，杜根(C. M. Doogan)将其中原因归纳为两个方面，一是政府合同条款的精确和细致使双方当事人对政府要求不易产生模糊认识；二是在实际运作中创建了独立的仲裁制度，作为解决政府与当事人间纠纷或异议的有效工具。② 美国对政府合同纠纷处理的运作机制中，行政机关内设立的合同申诉委员会(a board of contract appeals)也起到很大的作用。③ 西方国家契约救济制度实际运作中的共同感受，从某种意义上说，揭示了行政契约本身的特性与司法外救济制度具有更大程度上的契合。我们从中汲取的启示就是，要重视以行政契约特性为考量对司法外救济制度的构建。

我国在解决行政契约纠纷的法律制度的建设中，也同样比较强调通过协商、仲裁与行政机关内部裁决等方式解决争议，这一倾向我们可以从最高人民法院对审理农村承包合同纠纷的司法解释以及关于承包(租赁)经营合同的立法条文中得到证实。④ 但由于在考虑司法外救济制度时对行政契约行政性特点认识不足，再加上原有仲裁制度的改革，因此，有必要对我国行政契约的司法外解决方式进行重新审视与构建。

协商或者由政府出面调处，作为非制度化的解决方法，应当得到肯定。由双方当事人通过非正式的谈判与意见交流来消弭彼此对契约条款理解的

---

① Peter Cane 的分析，See Peter Cane, op. cit., pp. 263, 264.
② Cf. C. M. Doogan, *Commonwealth Administrative Law*, Australian Government Publishing Service Canberra, 1984, pp. 61, 62.
③ 在美国，政府合同纠纷通常由行政机关部门一位特别合同执行官员(a special contracting officer)来裁决，对该裁决不服，可向行政机关内的合同申诉委员会(a board of contract appeals)或者赔偿法院(the Claims Court)(限于金钱赔偿诉讼(a suit for monetary damages))申诉，如仍不满意，可向联邦巡回上诉法院(the Court of Appeals for the Federal Circuit)上诉。Cf. Peter L. Strauss, *An Introduction to Administrative Justice in the United States*, Carolina Academic Press, 1989, p. 285.
④ 最高人民法院在《关于审理农村承包合同纠纷案件若干问题的意见》(法(经)发(1986)13号1986年4月14日)中，要求在处理农村承包合同纠纷中应当发挥有关农村基层组织以及承包合同管理部门的调处作用。《全民所有制工业企业承包经营责任制暂行条例》(1990年)第21条、《全民所有制小型工业企业租赁经营暂行条例》(1990年)第22条均规定，合同发生纠纷后，双方应当协商解决，协商不成的，可申请仲裁。《北京市农业联产承包合同条例》(1989年)第21条规定，承包合同发生纠纷时，当事人应当协商解决；协商不成的，可以向所在乡、镇农村合作经济经营管理部门申请调解；调解不成的，可以向所在区、县承包合同仲裁委员会申请仲裁。

差异以及有关纷争,是诸种解决方法中成本最低且效益最高的解决方式,在我国传统文化背景下,对于处理当事人彼此间存在隶属关系的契约争议极具价值。

随着我国仲裁制度的改革,在原来的行政管理体制下设置的解决国有企业承包(租赁)合同的行政机关内部的仲裁机构(工商行政管理机关内设立的合同仲裁委员会)纷纷被撤销,依据《仲裁法》(1994年)重新组建的仲裁机构,性质转变为民间组织。而行政机关与所属机构或人员或者相对人缔结的行政契约争议,涉及行政法上权利义务的争执,这种权利义务的属性从根本上排斥民间仲裁的可能性,因此,不宜借助此类仲裁体系作为行政契约的救济方式,对此《仲裁法》(1994年)也予以肯定。①

但上述仲裁制度的变革,并不否定仲裁作为解决纷争的有效方法不能运用于行政契约之中。值得注意的是,目前为解决特定行政契约纠纷,行政机关在行政体系内部专门设立了仲裁机构,比如,人事部成立了人事仲裁公正厅,受理因履行聘任合同或聘用合同发生的争议。这种模式对于解决行政契约,特别是行政机关之间、行政机关与所属下级行政机构及公务员之间缔结的行政契约的纠纷,具有较强的示范与借鉴作用,落实在制度设计上,就是能否考虑在行政机关体系内设立专门的具有一定独立地位的仲裁机构。

尽管我国有的学者研究行政契约救济后得出的结论是,运用非讼形式解决行政契约纠纷的出路是行政复议制度,②在行政实践中也存在运用行政复议解决农村经济承包合同案件的实例,③甚至刚刚修订的《行政复议法》(1999年)第6条第6项中还进一步明确了可以受理因行政机关变更或者废止农业承包合同而引发的争议,但我对目前行政复议制度能否受理行政契约案件依然表示怀疑,理由是:

第一,从《行政复议法》(1999年)第2条规定看,行政复议的对象是具体

---

① 《仲裁法》(1994年)第3条第2项。
② 观点及对观点的论证,参见应松年主编:《行政行为法——中国行政法制建设的理论与实践》,628页以下,北京,人民出版社,1993。
③ 张志华:《南漳县政府授权政府法制机构严肃查处村级行政组织单方面撕毁经济承包合同案件》,载《行政法制》,1996(3)。

行政行为。而根据最高人民法院的司法解释,①具体行政行为是指行政机关针对特定相对人实施的单方行政行为。按此理解,必然会得出行政契约不属于行政复议的范围的结论。赞成行政契约纠纷可以通过行政复议解决的学者,不论以往多以《行政复议条例》(1990年)第9条第3项关于"行政机关侵犯法律、法规规定的经营自主权的"规定为法律依据,还是现在又有了上述《行政复议法》(1999年)第6条第6项的依据,在处理问题的思路上都是一贯的,就是将行政契约行为中多少有些类似于单方行政行为的主导性权利行为拆解出来,当作具体行政行为来处理。但却忽略了关键的一点,具体行政行为与双方行为(行政契约)在发生法律效力上是根本不同的,前者是建立在双方处于一种命令与服从关系之上,行为的法律效力的发生以行政机关单方意思表示为已足,具有"单方性"(unilateral)。而后者必须双方合意,也就是任何一方的意思表示对于法律效力的产生都具有"同值性"(gleichwertig)。因此,在此基础上实施的行为及引起的纠纷也是不尽相同的,或者说,行政机关单方行政行为和行政契约中行政机关违约行为发生的基础也是不一样的。所以,也就不能随意地打断或者肢解本来是作为一个整体的行政契约行为,也不可能期望,学术的历史也反复证明了根本不可能在行政行为概念(这里等同于具体行政行为)中去寻找行政契约行为的一席之地,而又能合乎情理。唯一可选的方法就是,在具体行政行为概念之外另行构筑行政契约的概念,并寻求各自的救济结构。对此观点,我们还可以借助我国台湾地区的学者对行政诉讼制度改革相关意见加以佐证。在我国台湾,作为行政诉讼的审查对象的行政处分,在本质特征上与大陆最高人民法

---

① 这是按照原来最高人民法院于1991年6月11日发布的《关于贯彻执行〈中华人民共和国行政诉讼法〉若干问题的意见(试行)》(下称《意见》)中的解释。最近,最高人民法院又重做全面的解释,即2000年3月8日发布的《最高人民法院关于执行〈中华人民共和国行政诉讼法〉若干问题的解释》(下称《解释》)。在《解释》中,不再界定具体行政行为的概念,而是笼统地使用"行政行为"的概念,其用意显然在于扩大其内涵,进而延伸行政诉讼的受案范围,但遗憾的是没有解释"行政行为"的具体含义。在这里,我觉得有必要说明两点,第一,从历史的分析角度看,借用《意见》勾勒出的具体行政行为概念,去阐述我们在文中要解决的问题,依然有价值。第二,根据我的理解,《解释》是否是想把行政契约与原来《意见》中所说的具体行政行为都包含在"行政行为"概念当中,如果是这样,那么在理论上能否成立,就颇值得推敲了。其中的问题,我在本编第二部分对"具体行政行为与行政契约"的辨析中已经说过了。我想其中最根本的问题是,这样一来,会使得作为诉讼意义上的"行政行为"概念更加模糊不清,捉摸不定。

院解释的具体行政行为基本相同。① 台湾学者批评"行政诉讼法"对"行政法院"裁判权范围规定过窄,建议增加对行政契约的裁决权,也就是,将行政契约与行政处分并列规定在"行政诉讼法"中。② 从这个建议中,也反映出我国台湾学者亦认为,单方行政行为与行政契约行为有着原则的不同,也不能用单方行政行为的观念来分解行政契约行为。这个问题也可以反过来推,如果行政契约行为能够分解为单方行政行为,那么在行政诉讼制度中增入行政契约案件的建议也就没有什么意义了。退一步说,假如能够将行政契约行为拆解为单方行为,那么在解决行政机关的行为的同时,作为另一方的行为的性质怎么认定? 怎么解决? 对这些扑面而来的问题,如果循着原有的思维方式去思考,或许就会感到迷茫而不知所措。这是问题的一方面。另一方面,就是从上述条款适用的范围来讲,也无法囊括所有的行政契约纠纷。因为行政契约的内容决非仅限于经济内容,还可能包括纯粹行政事务,比如消防协议,治安责任书,等等,对后者发生的纠纷,就不可能适用上述条款来解决。换句话说,就是退一步认可《行政复议法》上述条款规定可以引用来解决行政契约纠纷问题,单从行政契约种类的广泛性来讲,上述条款也是不周延的。更何况我从本意上就始终认为,上述条款在行政法理论上是根本不成立的,至少是非常成问题的。

第二,即使我们可以在行政复议和行政诉讼制度审查对象中加入行政契约行为,与具体行政行为并列,但从制度契合上讲,现行行政复议制度仍然不完全适合于解决行政契约纠纷。现行行政复议制度是基于对权力支配关系的行政行为的控制的需要而建立起来的单向性救济结构,整个制度的基本设计思想,主要是从保障相对人权益角度出发的,反映在启动复议机制上,就是只允许相对人提出复议申请,在复议裁决的基础上,就是只审查行政机关的具体行政行为,在复议裁决的结果上,就是针对行政机关作出处理决定。而在行政契约中,行政机关尽管在契约缔结与履行中拥有主导性权利,但这些权利的行使要受到公共利益必需原则的限制,不是在任何时间与场所都能行使的,因此,行政机关的预期不能完全通过单方意思表示直接在

---

① 具体分析,详见余凌云,《两岸行政复议受案范围比较》,载《台湾法研究学刊》,1992(6)。
② 翁岳生:《行政诉讼制度现代化之研究》,见《行政法与现代法治国家》,台北,台湾大学法学丛书编委会编辑,1979。

相对一方身上实现。正因如此,在纠纷中要求解决争执(比如在赔偿问题上)的一方不一定就是相对一方,也可能是行政机关,这就要求法律提供一个可供双方都能主动申请解决问题的场所与制度,而且解决问题的基础应建立在对双方行为的审查上,处理结论也是针对双方中违约一方(既可能是相对一方,也可能是行政机关)作出,因此,现行行政复议制度的单向性救济模式不能适应解决行政契约纠纷的要求。

为了使行政复议制度更加适合于解决行政契约纠纷的要求,就必须对行政复议制度作相应的修改,制定解决行政契约纠纷的特别规则,[①]也就是,在行政复议制度的单向性救济结构中,建立专门解决行政契约纠纷的双向性救济结构,将绝大多数行政契约纠纷都纳入行政复议救济范围。在这里,需要说明的是,并非所有在行政契约缔结与履行过程中发生的争执,都适用特别规则来处理。特别规则只适用于解决基于双方约定权利义务基础上所产生的纠纷,比如,违约赔偿,单方变更契约等。对于在行政契约缔结与履行过程中,行政机关单方行使行政权所导致的争议,比如,对违约构成违法的相对一方处以行政处罚,对中标者的确定等,就应通过常规的复议规则处理。

由于存在行政复议和行政仲裁两种救济方式,就必然要解决这两种救济方式各自的管辖范围问题。我感到,在两者的管辖分工上,行政仲裁主要适用于解决行政机关间及行政机关与所属下级机构或公务员间缔结的特定种类的行政契约纠纷,而绝大部分的行政契约纠纷还必须通过行政复议方式解决,至于具体管辖的界分,则主要是在以往制度累积的基础上,通过行政政策与立法来确定。

正是基于上述认识,我感到,今后司法外救济制度建设的重点应是,尽快建立行政仲裁制度,修改行政复议制度,形成以行政复议为主要救济方式,以行政仲裁为解决特定行政契约纠纷的制度模式。

(二)行政诉讼制度

正如政府合同研究的先驱人物特滨(Turpin)所担心的那样,如果合同

---

① 由于这些特别规则的构建要求与行政诉讼中的特别规则内容基本相同,因此,我将在行政诉讼制度修改中一并加以讨论。

纠纷的处理不诉诸第三人裁决，则存在着因当事人间讨价还价能力的不平等而使结果发生扭曲的危险。① 因此，西方国家在行政契约救济制度设计上坚持司法救济最终原则。在行政契约制度最为发达的法国，行政契约作为双方行为（bilateral acts），可导致通过向行政法院提起完全管辖之诉（pleine jurisdiction）请求赔偿救济，对于可以和行政契约分离的行为，如上级行政机关对行政契约的批准行为，则允许提起越权之诉（recours pour exces de pouvoir）。②

我国学者研究行政契约司法救济制度的结论多倾向将行政契约案件纳入行政诉讼范畴。③ 对此，我亦表示赞同。由行政诉讼统筹解决行政法上纠纷，是因为，在我国要区别个案所涉的法律关系的性质而循不同的救济途径解决争议的制度下，行政契约从性质上排斥其他司法救济途径的结果。

但从目前司法审判制度的运作上看，在处理行政契约纠纷时，还存在着法院管辖疏漏、体制不顺以及行政诉讼障碍等问题。最高人民法院的有关司法解释表明，法院对行政契约的管辖存在着疏漏，例如，对于国有企业承包合同中的企业经营者因政府有关部门免除或变更其厂长（经理）职务而引起的纠纷，司法解释认为属于人事任免争议，法院不予受理；④在管辖体制上也存在不顺，比如，将农村承包合同纠纷案件划入经济庭管辖。⑤ 有的学者认为，随着《行政诉讼法》(1989年)的生效，已将侵犯经营自主权案件划归行政庭管辖，且法条中关于侵犯经营自主权的规定涵盖了承包条例、租赁条例中规定的经营自主权，而且可推及其他种类的行政契约案件，因而上述问题已然完全解决。⑥ 我却以为，这些问题仍没有彻底解决，与前述行政复议所

---

① Cf. Turpin, *Government Procurement and Contracts*, 236—9. Cited from Peter Cane, op. cit., p. 264.

② 王名扬：《法国行政法》，651页，北京，中国政法大学出版社，1989。Cf. John Bell & Neville Brown, *French Administrative Law*, Oxford University Press Inc., 1993, p. 193.

③ 这方面的论文与专论较多，如许崇德、皮纯协主编：《新中国行政法学研究综述（1949—1990）》，487页，北京，法律出版社，1991。

④ 最高人民法院《关于企业经营者依企业承包经营合同要求保护其合法权益的起诉人民法院应否受理的批复》(法(经)复(1991)4号)(1991年8月13日)。

⑤ 最高人民法院《关于加强经济审判工作的通知》(法(研)发(1985)28号)(1985年12月9日)。

⑥ 应松年主编：《行政行为法——中国行政法制建设的理论与实践》，627页，北京，人民出版社，1993。

遇到的问题一样,因为行政契约与具体行政行为存在着本质的不同,而现行行政诉讼法却仅审查具体行政行为(按照最高人民法院《关于贯彻执行〈中华人民共和国行政诉讼法〉若干问题的意见(试行)》中的解释),尽管在实践中有受理行政契约纠纷的实例,但严格地说,从行政诉讼制度上并没有将行政契约纳入救济范畴,因此,解决上述管辖疏漏、体制不顺以及建立对行政契约的行政诉讼救济制度的关键一步就变成首先要将行政契约案件与具体行政行为并列纳入行政诉讼救济范围。

最高人民法院发布的《关于执行〈中华人民共和国行政诉讼法〉若干问题的解释》(2000年)似乎在解决这个问题上做出了努力,有将这两个概念统一到"行政行为"概念之中之姿态。但是,我却以为,这种解决方法颇有问题,姑且不说上述司法解释第1条中的"行政行为"概念偷换《行政诉讼法》(1989年)第2条中的"具体行政行为"概念的做法是否妥当,单是这种扩大解释的方法,就足以使"行政行为"的概念含糊不清,缺乏司法操作性,因为行政契约与具体行政行为的基本特征实在太不一样了,很难从中抽象出具有司法意义与诉讼价值的共同特征,这是不是也是上述司法解释中回避对"行政行为"概念作出明确解释的主要原因?而且,在我看来,过于宽泛的"行政行为"概念(比如说,行政机关为实现行政目的而实施的行为就是"行政行为"),就会因为缺少可供诉讼识别与把握的标准而变得毫无意义。因此,我断然拒绝没有实质诉讼意义的行政行为的概念,拒绝将这样虚无的"帽子"罩在具体行政行为与行政契约的"头上",作为它们的上位概念。在这个问题的解决上,我更加偏好保留原来诉讼意义上的行政行为概念,即特征鲜明的具体行政行为概念,当然其范围与内涵可以借鉴西方和我国台湾的做法,在保持其基本特征的前提下适当扩大,并将之与行政契约以及其他因行政法进一步发展可能衍生出的与具体行政行为迥然不同的新型手段一道并列纳入行政诉讼之中。当然,我也承认,这种解决方法必然要牵涉到《行政诉讼法》(1989年)的修改,操作难度较大,且旷日持久,不如现在这样在司法解释当中扩大对行政行为概念的解释来得方便,对相对人的救济也更加及时。但是,在我看来,有一点却是肯定的,那就是并列解决的方法在理论上更加顺畅。

要想彻底完成将行政契约纳入行政诉讼范畴的设想,还必须针对行政契约的特点对审判的规则及具体制度进行相应的增补与重构。可以这么说,行政诉讼的结构性重构,对于解决行政契约纠纷,进而推进行政契约理论的发展来说,都是必要而又至关重要的。之所以要对行政诉讼制度作改造,是因为行政诉讼制度构建之初,对行政契约制度的特性认识并不充分,在制度设计上表现为以审查行政机关行政行为为唯一目标的单向性构造模式。这也是带有共性的普遍现象或问题,可以看作是以在德国的Verwaltungsakt概念基础上发展起来的传统行政行为为核心来构筑行政法体系而在行政诉讼结构构造上产生的必然结果。具体到我国,更准确地讲,是继受这种制度结构的结果。而之后,人们逐渐认识到,行政契约无论在基本特征还是基本观念上都与传统行政行为有着根本的区别。正因为此,如果不对原有行政诉讼结构作必要的重构,即使我们在受案范围上承认可以受理行政契约案件,也会因行政诉讼结构的不契合而无法真正解决行政契约纠纷。在这方面,德国的体验更为深刻。据说,"二战"后德国之所以行政契约得以蓬勃发展,就是得益于行政诉讼制度的改革。也就是通过行政诉讼的结构性变化,使得其功能的多样性丝毫不逊色于民事诉讼,因而在解决从民法上的契约观念援引而来的行政契约的纠纷上也就变得得心应手。[1]

我国有学者也隐约地意识到行政诉讼的规则不能完全适用于行政契约救济上,并作了初步的探讨。[2]但在我看来,行政诉讼结构的重组,不能不结合考虑行政契约制度及纠纷的特征。具体来讲,我们所要构筑的行政契约制度框架是以行政程序保障处于不对等地位的双方当事人之间平等协商的实现,以保证契约所预期的特定行政目的实现为目标的实体权利义务配置的制度模式。在这种制度框架中,除了出于公共利益必需,行政机关可以主动实施单方解除或变更等权力外,对于契约履行中的其他一些问题,行政机关不能以自己的单方意志强加给相对一方,比如,在相对一方违约时,对赔偿金的确定上,在这种情况下,行政机关只能求助于法院裁决,因此,这就必须突破行政诉讼制度中只允许相对人起诉的规则,也应当赋予行政机关相应的起诉权;在审理行政契约案件时,也就存在根据原告的诉讼请求而对有关双方的行为进行审查,而不是仅对行政机关一方行为的审查;在举证责任

---

[1] 吴庚:《行政法之理论与实用》,385页,台北,三民书局,1996。
[2] 张树义:《行政合同》,175页以下,北京,中国政法大学出版社,1994。

分配上，除行政机关行使契约主导性权利时应负主要举证责任外，在一般情形下，应适用"谁主张，谁举证"原则；在诉讼中对非法律强行性规定的契约内容的履行纠纷可以进行调解；在诉讼中原则上不停止契约的履行，但是，如果不损及公共利益，也可以暂时停止履行契约；在裁决的形式上，对于行政机关行使主导性权利行为以及不履约行为，可以运用行政诉讼中的维持、撤销、责令履行职责等判决形式，同时还要针对行政契约纠纷中的效力的确认、以及违约责任的处理作出相应的判决。因此，为适应解决行政契约纠纷的要求，就必须在原有单向性构造的行政诉讼制度框架中，针对行政契约特点，建立专门适用于解决行政契约纠纷的双向性构造的诉讼结构。反映在具体制度与规则的构建上，就是在行政诉讼中专门规定解决行政契约纠纷的特别规则，包括允许行政机关起诉的条件、调解原则、举证责任、确认契约效力以及对违约责任处理的判决形式等。

十、结束语：对我国行政契约制度的基本构想

在我国计划经济体制下，以合同为执行国家计划的工具的实践就已蕴含了行政契约制度的某些基本因素与特征。[①] 随着经济体制改革的进程，政府管理职能、观念发生了根本性的转变，基于增进国有资产的使用效率、完善行政组织法对行政机关权限的规定等考虑，行政契约作为一种替代以命令强制为特征的行政高权性行为的更加柔和、富有弹性的行政手段，得以在经济领域以及行政管理中得到较为广泛的运用，立法机关还就其中的一些特定行政契约制定了单行法律予以规范。

在行政契约立法与具体运作中，立法者和执法者也隐约感到完全适用民事法律与原理来解决行政契约问题是不行的，但又对行政契约制度模式

[①] 我国虽然在 1958 年实行计划经济体制下取消了合同制度，但从 1961 年开始至 1966 年期间又将合同制度作为调整国民经济的一项重要措施而予以恢复和推广；1978 年以后即在立法中明确将合同作为执行国家计划的工具。有的学者认为这种（经济）合同的计划性决定了其实际为行政契约，但亦有学者提出反对，我以为，不能完全否定上述合同中所具有的行政性，也不能人为地割裂历史，否则就无法理解目前由计划性合同演变而来的国家订货合同应属于行政契约范畴了。关于计划性合同是否为行政契约的争论，详见应松年主编：《行政行为法——中国行政法制建设的理论与实践》，591 页，北京，人民出版社，1993。

的选择缺乏必要且充分的理论准备,因而在立法上就表现为,行政契约作为行政手段的行政性要求与民事理论的不完全协调与相容,而又无法圆满地解决这一问题;另一方面,大量的行政契约关系还处于不规范状态。行政契约作为一种概念或术语,似乎已被人们所接受,但要仔细追问其究竟为何物,又好像缺少那种从理论或者制度上娓娓道来的自信,那种感觉就好像是一种似曾相识的"熟悉的陌生"。因此,从法律制度构建角度解决行政契约的立法形式以及制度模式,是我国行政法理论研究及立法的一个重要课题。

(一)立法形式的选择

毫无疑问,作为制度构建的前提与载体,选择适当的立法形式是十分必要的。

目前针对特定行政契约制定单行法律予以规范的个别性立法形式(比如,单就国有企业承包问题制定专门的法律,对国有土地的出让制定专门的规则,等等)是不足取的,因为行政契约为现代行政法所注重者,乃是由于其使行政机关能够在没有法律明确具体授权的情况下,对法律规定不确定或根本没有规定的领域,通过与相对人协商方式来推行行政政策,从而弥补立法之不足,避免烦琐之立法而达到行政管理的目的。而单行性立法形式,会导致行政机关及执法人员在运用行政契约手段时,产生对单行法律的亦步亦趋的僵硬态度,使行政契约原本具有的机动性丧失。再者,现代行政法无论在规制行政抑或给付行政领域,愈益侧重于行政契约的运用,已成为一个基本趋势。若对每一种行政契约都进行立法,徒使法律数量激增,增加立法成本,也易导致各法之间在规范上的分歧、不一致。

在统一的合同法的草拟中,有过将行政契约纳入合同法调整范围的动议,但主流意见倾向于将行政契约排除在合同法范围之外,而采取制定行政法规、作出立法或司法解释等其他方式加以调整。① 而且,最终的立法结果也大致如此。

---

① 张广兴:《中华人民共和国合同法的起草》,载《法学研究》,1995(5)。又,在全国人大法律委员会副主任委员、全国人大常委会法制工作委员会主任顾昂然撰写的介绍合同法(草案)的材料当中,也谈到"属于行政管理的协议,如有关综合治理、计划生育、环境保护等协议,这些是行政管理关系,不是民事合同,不适用合同法"。参见全国人大法制工作委员会民法室编著:《〈中华人民共和国合同法〉立法资料选》,38页,北京,法律出版社,1999。

不将行政契约划入统一合同法调整范围的见解是较为妥当的,由于整个合同法是建立在当事人地位平等基础之上,并以突出地保护合同当事人的合法权益为首要的和直接的立法目的,这与行政契约多以行政主体与相对一方地位不对等为特征,以保障公共利益为优先考虑的理论模型是不尽相同的,反映到具体制度的构建上必然也不完全相同,因此,不宜将这两个理论基础不同的合同制度统一规定于一部合同法之中。

也许有人会提出行政契约毕竟也是一种合同形式,其与一般合同应有共同之处,这决定了将其纳入合同法予以规范的可能性,至于行政契约的特殊性可作若干例外规定。诚然,这种立法例在普通法国家行政法中是存在的。在英国,政府合同原则上适用普通合同规则,同时也受《地方政府法》和共同体法规定的以及法院判例创设的特殊规则的规制。[1] 但这种立法例的形成,是由于戴西(A. V. Dicey)所主张的任何人都必须受普通法与普通法院管辖的法治观念以及不区分公私法与管辖途径的法律传统所致。而我国的情况则不然,我国自清末以来受大陆法系的立法及学说影响甚巨,在当代法律体系中,虽没明确承认公私法的划分,但在法律调整手段及救济管辖上,仍区分民事法律关系与行政法律关系而有所不同。行政契约为行政法上之产物,其所形成的法律关系是行政法律关系,与民事合同所形成的民事法律关系不同,若采取上述普通法国家的立法例,则缺乏法律制度的相似背景与基础,要将两种不同性质的法律关系调和于一部合同法中,在立法技术上存在极大难度。

因此,就行政契约制定专门的、统一的法律规范予以调整,是比较理想的选择方案。在这一方案中有两种形式可供考虑:一是在行政程序法中设专章规范行政契约;二是制定专门的行政契约法。前种立法例为德国所采纳,德国《行政程序法》就行政契约在具体运作中出现的问题,有针对性地制定了若干因应对策,以达到预防性效果。[2] 但要将行政契约纳入行政程序法

---

[1] Cf. Terence Daintith,"*Regulation by Contract:The New Prerogative*", Collected in D. J. Galligan(ed.), *Administrative Law*, Dartmouth Publishing Company Limited, 1992, pp. 215－238; Also see David Foulkes, *Administrative Law*, Butterworths, 1982, pp. 338－370; and see P. P. Craig, *Administrative Law*, Sweet & Maxwell, 1994, pp. 678－711.

[2] [德]Fritz Ossenbuhl:《德国行政程序法十五年来之经验与展望》,董保城译,载台湾《政大法学评论》,第47期。

中予以规范,必然会涉及实体法问题,由于德国行政法传统上注重实体法,在行政程序法的制定中,也将有必要关联的实体法规定在内。这种法律传统与制度背景,为德国《行政程序法》将行政契约纳入规范范畴,扫清了立法上的理论障碍。但如果我国所要草拟的行政程序法仅限于技术性、程序性问题,那么,将行政契约纳入行政程序法规范范畴,则具有较大难度。而且,行政程序法的制定需要以高度的立法技术和行政法学的发展为基础,从目前我国行政法状况看,尚不具备起草条件,这就否定了前种立法例的可行性。因此,在我国,宜采取制定专门的行政契约法的立法方式。

(二)行政契约的制度建构

行政契约为行政法制度(institutes)与功能(functions)的结构性变化的产物。行政契约自身的妥当性,其实也可以从这里得到部分的理解。行政契约中以特定行政目的优先实现为考量的权利义务配置(表现为行政机关具有监督权、单方变更权与解释权等),以及行政契约所欲达成的行政目的,又从另外的角度进一步有力地说明该契约关系的行政性。更为本质的原因,当然是行政契约形成的是行政法上的权利义务关系,使其真正能够而且必须与民事契约作本质的区别。

从目前行政契约实际运用状况的考察中表明,行政机关间订立的行政契约(即"对等契约")由于双方地位平等,能够形成相互抗衡与讨价还价的效果,发生违背意志强制其中一方接受不公平条款的可能性较小。而行政机关与其所属机关或人员、相对人之间缔结的行政契约(即"不对等契约")因双方地位的不对等,发生滥用契约权欺压处于弱势一方等违法行为的概率较大,问题也较突出,因而在对行政契约制度进行构筑过程中,应将规制的重点放在对"不对等契约"的规范上。因此,本文对行政契约制度的理论构筑,主要是针对上述"不对等契约"实践中出现的问题,寻找制度上的对策。

在制度构建上,我们所要达到的效果或目标可概括为:就行政机关而言,要将行政契约权的行使纳入依法行政理念的支配之下,既要确保行政契约的特定行政目的能够达成,具体行政政策能够得以切实贯彻,又要防止与杜绝滥用其所具有的优越地位欺压处于弱势的一方当事人,或者与相对人相互勾结出卖行政权;就处于从属地位的当事人而言,要保证其以主体资格积极参与行政契约的订立与实施,保障其合法权益不受侵害以及其意志的自由表达。

上述思想反映在具体制度的构筑上,就必须确立以确保行政契约所预期的特定行政目的优先实现的实体权利义务的配置、有效的行政程序以及经济利益平衡原则等为主体枝干与内容的行政契约制度模式。

以确保行政契约所预期的特定行政目的优先实现为指导思想来配置实体权利义务,是行政契约作为行政法上手段的必然要求与结果,而要使行政契约所预期的特定行政目的顺利达成,又必须在契约双方当事人之间形成相互合作与制约的权利义务关系。

行政契约缔结的目的是推行特定行政政策、达成特定行政目的,而行政机关对行政政策的形成及内涵有着较透彻的认识,是行使行政契约手段的主导者,为了保证行政契约的缔结及实施能够循着行政机关所预期的方向与目标发展,就必须确认行政机关在行政契约中的主导性权利。对此,普通法国家是有着较为深刻的教训的。由于普通法国家的政府合同制度是建立在普通合同理论的基础与框架上的,没有发展出类似法国行政契约制度上的行政机关单方主导性权利义务模式与原则,但仅借助普通合同制度中的撤销权或中止权,却无法圆满地完成政府合同的特定任务,从而暴露了以合同方式规制结构的弱点。与英国的情况相反,法国行政法则在确认公共利益居于支配地位的基本要求上发展出系统的行政契约特殊规则,正像法国学者尼古拉斯(B. Nicholas)在其论著《法国合同法》中谈到行政契约制度时深刻地指出的:"行政机关享有执行职务(execution d'office)的特权,这是整个行政法的特征。行政机关可以采取任何必要措施执行或管理合同,而不需要求助于行政法院。"[1]因而保证了行政契约制度的良好运行。布朗(N. Brown)和贝尔(J. Bell)在考察了法国的行政契约制度后指出:"英国法在公法契约(public contract)上远不如法国发达。……法国对该领域的系统化与制度化为英国法发展中所遇到的问题提供了有益的解决指南。法国规则的

---

[1] Cf. B. Nicholas, *French Law of Contract*, London, 1982, p. 26. Cited from L. Neville Brown & John S. Bell, *French Administrative Law*, Oxford University Press Inc., 1993, p. 192, note 26.

进一步发展,亦有助于促进共同体内部的和谐与协调,也将对英国法产生更加直接的影响。"①

从英国和法国的经验中,我们不难得出应确认行政机关在行政契约中具有主导性权利的结论。但我们也不能不加批判地完全仿效法国的模式。法国行政法理论与判例认为,即使契约当事人间事先没有约定,亦不妨碍行政机关在行政契约中享有特权。这种特权的普适性,与契约要求双方当事人合意产生彼此权利义务之本质不符,且有使行政契约性质更趋向于单方行政行为的危险,故不可取。而且,从我国行政复议与审判反馈的信息表明,在实践中行政机关不经协商单方变更解除行政契约所导致相对人权益损害的现象比较严重。如果肯定法国式的普适的特权,无疑会助长原已存在的这种不良倾向。因此,我主张确立适度的、有节制的行政机关主导性权利,即行政机关对行政契约的履行具有监督与指导权;在相对一方违约且公共利益所必需情况下行使直接强制执行权与解除权;对严重违约已构成违法的相对一方处以法定的行政制裁措施;基于公共利益之考量可以单方变更与解除契约的权利;对行政契约享有解释权等,上述这些主导性权利在行政契约订立时是作为强制性条款规定的,对相对一方来说,要签订合同,就必须接受。

承认行政机关应享有主导性权利,实际上就是保证行政机关对相对一方拥有强制性、主导性地督促后者履行契约义务的能力,但与此同时,也必须认识到行政契约所预期的特定行政目的的实现,实际上取决于行政机关与相对一方各自切实履行彼此的义务。然而,从实践中反馈回来的信息表明行政机关在履行义务方面并不令人满意。因此,从权利义务配置上,也应考虑发挥相对一方对作为契约一方当事人的行政机关履行契约义务的督促作用,这在行政机关所承担的契约义务对相对一方能否完成其所承诺的契约义务具有前提性意义时,尤其显得重要。因此,应考虑在行政机关不履行或迟延履行义务时,允许相对一方向法院申请强制执行以及要求赔偿损失,来形成对行政机关的外在制约与督促机制。

当然,我们也发现,在实践中,行政契约得不到切实履行,有时是由于政

---

① Cf. John Bell & Neville Brown, op. cit., pp. 193, 201.

府各部门、中央与地方、上级与下级在制定政策上协调性差,或者相关部门采取不合作的态度,比如,有的行政机关就以行政契约是由别的政府部门签订的、本部门没有参与为由,拒绝执行合同政策。作为制止与消除这种现象的制度对策,加强行政机关内部制定政策的协调,以及督促相关部门配合合同政策的执行,就显得十分必要了。

上述确保行政契约所预期的行政目的实现的实体权利义务配置模式,是将公共利益的优先满足作为整个制度设计的考虑基点。但我们也要注意到,相对一方参加行政契约并非没有自身的利益要求,公共利益的实现不能以牺牲相对一方经济利益为代价,否则,行政契约将失去对相对一方的吸引力。因此,在保证公共利益优先满足的前提下,应对相对人因保证特定行政目的优先实现所作出的经济利益上特别牺牲进行必要的补偿,以维持行政契约中两种利益间的平衡,在制度设计上就是要确立经济平衡原则。另外,确立经济平衡原则,还可以起到从经济上控制与防止行政机关滥用主导性权利的作用。

当然,我们谈行政契约中实体权利义务要按照保证特定行政目的优先实现的原则来配置,但并不等于否定,在契约当事人之间具有反向性目的追求的行政契约中,还存在以保证相对一方参与契约所预期的利益实现为目的的权利义务配置,比如相对人要求报酬权等。基于行政契约的根本目的为实现特定行政目的的认识,在层次上我们可以将以确保特定行政目的优先实现的权利义务配置作为第一层次,而将保证相对一方利益实现的权利义务配置作为第二层次。这种层次的划分,只是我们在制度设计上考虑问题的先后次序,以及在这两种权利义务配置所代表的公共利益与私人利益发生冲突时的价值选择趋向,并不意味着后者无关紧要。恰恰相反,鉴于行政契约实践反映出这方面权利义务的设置与实施的效果还不尽人意,例如,在农村粮食定购合同履行中给农民打白条的现象还比较严重,因此,在制度建设中还必须特别注意这第二层次上的权利义务配置与实施,否则,将极大地挫伤相对一方参与行政契约的积极性。

而"不对等契约"中契约当事人间的地位不平等,以及行政机关在契约中具有主导性权利,决定了必须引入有效的行政程序,来保证双方合意的自由性和行政机关正当合法地行使主导性权利。这是因为,行政程序作为行政决定的规范流程,能够提供各方交易的理想空间,促进意见疏通,扩大选择范围,调和彼此的利益;能够消除地位不对等的隔阂,使处于弱势的一方能够自由地表达意见,实现合意的自由;能够通过课加行政机关程序上的义务和赋予相对一方程序上权利,使行政机关主导性权利的行使合乎理性,排斥行政恣意,从而保证由此作出的行政选择是最有效益的。

在制度的构筑上,必须建立以听证与协商制度为核心的自由交流与对话的理想空间,保证具有不同利益要求的当事人间能够相互充分表达意见,从而使行政契约从本质上满足了契约的内在要求。在协商与听证过程中,行政恣意得到了一定的抑制。而引入说明理由制度、公开制度、回避制度、教示制度等制度,则有助于进一步强化相对一方制约行政恣意的能力,保证了行政机关运用主导性权利的合理与公正性,维护相对一方合法权益。而充分的意见交流、采取严格的书面要式主义以及要求受契约影响的第三人书面签署意见,对于预防与解决纷争无疑起到了防范性的作用。同时建立上级机关的"参与保留"制度、严格的审计制度以及通过行政监察等途径追究失职者责任的归责机制,也能对限制行政恣意起到积极的作用。

消弭因行政契约缔结或履行所引起的纠纷,需要建立行之有效的救济制度。西方国家救济制度运作,以及我国实践经验均表明:通过协商、仲裁或行政机关内部裁决等司法外途径解决纠纷,往往比较成功。这种解决纠纷的方式之所以受到欢迎,主要是因为,相对一方出于其与行政机关间存在着隶属关系的考虑,期望与行政机关保持较为良好关系。因此,作为制度建设,应当肯定协商或者由政府出面调处作为非制度化的解决方法。但由于随着《仲裁法》(1994年)的生效实施,原来行政契约立法中所规定的在行政机关体系内设立的仲裁机构已不能援用,而必须以当前出现的在人事部内设立专门仲裁聘用合同纠纷机构的做法为契机,在行政机关体系内建立独立的行政契约仲裁机构,专门用来处理行政机关间及行政机关与所属下级机构或公务员间缔结的特定种类的行政契约纠纷。与此同时,对行政复议制度作相应的修改。之所以如此,是因为,在我们所要建立的行政契约制度中,行政机关所享有的主导性权利是以公共利益必需为限度的,因而是有节制的、适度的。在这种制度运作过程中,除行政机关行使契约主导性权利情况下,可以将自己对契约履行的预期与要求通过单方的行为实现外,在一般情况下,契约双方当事人发生纷争,都只能诉请第三方进行裁决,而现行行政复议制度的仅对相对人救济的单向性结构,根本不符合行政契约纠纷解决的要求。因此,制定专门解决行政契约纠纷的特别规则,也就是,在行政复议制度原有的单向性救济结构中,建立专门解决行政契约纠纷的双向性救济结构,应当成为行政复议制度改革的题中应有之义。从而在协商与政府出面调处的基础上,形成以行政复议为主要救济方式、以行政仲裁为解决特定种类行政契约纠纷的司法外救济制度模式。

在对行政契约纠纷进行司法救济上,则应肯定行政诉讼制度是唯一的司法救济途径,这是在我国根据法律关系性质而区别救济途径的制度下,行政契约作为行政法上的争议,从性质上排斥其他司法救济途径的结果。但也应看到,在行政诉讼制度构建之初,缺乏对行政契约这种双方行为特征的深入认识与考虑,表现在具体制度的构筑上,就是仅对相对人的单向救济,比如,行政诉讼仅受理行政机关实施的侵犯相对人合法权益的具体行政行为;诉讼只能由受行政机关具体行政行为侵害的相对人提起;在诉讼中被告行政机关负主要举证责任;不得提出反诉;在对案件的审查上也主要审查行政机关所认定的事实是否正确,证据是否确凿;行政机关所采取的行政行为是否符合实体法与程序法的要求等。但行政契约争议是在双方约定条款的基础上产生的,要求解决争议的一方并不仅限于相对人,行政机关由于在行政契约中除行使主导性权利情况外,不能像在实施单方行政行为那样,将自己的意志强行贯彻到对方身上,因此,其也存在要求法院裁决是非、并通过法院判决强制相对方履行义务的要求,所以,现行的行政诉讼制度的单向性构造不能满足行政契约救济的需要,而必须针对行政契约纠纷的特点,对目前的行政诉讼制度进行重构,即在原有单向性构造的行政诉讼制度框架中,针对行政契约特点,建立专门适用于解决行政契约纠纷的双向性构造的诉讼结构,反映在具体制度与规则的构建上就是,将行政契约与具体行政行为并列纳入行政诉讼受案范围之内;在行政诉讼中专门规定解决行政契约纠纷的特别规则,包括允许行政机关起诉的条件、调解原则、举证责任、确认契约效力以及对违约责任处理的判决形式等。

第 二 编

行政协议的判断标准*
——以"亚鹏公司案"为分析样本的展开

目　次

一、引言　/ 140

二、合同属性有待阐释　/ 144

三、不很成功的地方立法解释　/ 147

四、司法上的解释　/ 155

五、对出让合同性质的三种分析模式　/ 172

六、对民商法学者质疑的回应　/ 177

七、协议条款的解释权：一个例证　/ 180

八、结论　/ 191

---

* 张咏帮助收集、整理有关地方立法与合同范本资料，在此致谢。本文的主要内容发表在《比较法研究》2019年第3期。

一、引　言

　　2014年11月1日,全国人大常委会通过了《关于修改〈中华人民共和国行政诉讼法〉的决定》,其中一个重大突破,就是第12条第1款(十一)明确规定,"认为行政机关不依法履行、未按照约定履行或者违法变更、解除政府特许经营协议、土地房屋征收补偿协议等协议的",属于行政诉讼受案范围。新法自2015年5月1日起施行。2015年4月20日,最高人民法院发布《关于适用〈中华人民共和国行政诉讼法〉若干问题的解释》(法释〔2015〕9号),针对行政协议特性,用7个条款做了专门解释(第2条(六)、第11条至第16条)。2017年11月13日,最高人民法院发布了《关于适用〈中华人民共和国行政诉讼法〉的解释》(法释〔2018〕1号),2018年2月8日起实施。其中第163条第2款废止了《最高人民法院关于适用〈中华人民共和国行政诉讼法〉若干问题的解释》。考虑到行政协议比较复杂,尚存争议,最好另外专门制定一个司法解释,所以,在上述全面性司法解释中没有涉及行政协议。2019年12月10日,最高人民法院发布了《关于审理行政协议案件若干问题的规定》,共计29条。上述立法修改与司法解释的连动运作,将学术上的行政契约(合同)改称"行政协议"(以下,混用),变成了一个官方认可的正式的法律术语。

　　行政契约,很多学者偏好称之为行政合同,几乎不被民商法学者认同。在我国,民法强劲,合同理论又迎合世界潮流,几经公法洗礼,已呈现明显的私法公法化趋势。很多在法国传统上一直视为行政合同的契约,在当下中国早已能够用民法、民事诉讼妥善解决。在这样的情境下,要想证成行政契约,说服民商法学者,实属不易。因此,此番立法,尽管跟跟跄跄,至少让我们满意的是,无论在理论上,还是实践上,行政契约都已不再是一个问号了。随着新法的实施,我们对它的属性、特征、运用规律、审判技巧一定会有更深入的认识。

　　但是,学术史上却又多了一次无可奈何的遗憾,用了一个陌生的法律术语替换了一个约定俗成的学术术语。据说,之所以弃用"行政合同",是为了避讳民事合同与《合同法》。但是,在以往的行政法研究上,行政协议是有特指的,专指行政主体之间签订的协议。①不延续早已约定俗成的术语,不是立法的强势,反衬出立法的任性、软弱。这种咬文嚼字,纯属义气之争。无奈木已成舟,行政法教科书恐怕也只好随之变换术语。其实,在我看来,"合同"之前加上"行政"限定,就与民事合同划清了界限。

2015年10月22日,最高人民法院发布了"人民法院2015年度十大经济行政典型案例"。在"典型意义"一栏上,对"萍乡市亚鹏房地产开发有限公司诉萍乡市国土资源局不予更正土地用途登记案"(以下简称"亚鹏公司案")的介绍是,"本案是涉及行政协议的典型案例"。2016年12月28日,最高人民法院发布第15批指导性案例,又收录了本案,即编号为第76号的"萍乡市亚鹏房地产开发有限公司诉萍乡市国土资源局不履行行政协议案"。②有意思的是,该案是2014年4月23日一审判决,同年8月15日二审判决,③都在新法实施之前。这种刻意的挑选与措辞让我们有理由相信,在最高人民法院看来,这起案件比较贴切新法规定的行政协议,可以用来阐释有关法律规定,注释有关司法解释,尤其是其中的一些审判理路对基层法院能够起到指导作用。

所有这些,更为深刻的意义,可能还在于表明了最高人民法院的态度转向,用典型案例、指导性案例推翻了先前的司法解释、案由规定,④国有土地使用权出让合同(以下简称"出让合同")不再是民事合同,也不再由民庭管辖,而是行政协议,今后由行政庭审理。这无疑是一种积极的姿态,将行政诉讼法修改过程中遗留的有关争议,以及混乱的实践,迅速做个决断,进一步扩大了行政协议的种类范围。

---

① 刘莘:《行政合同刍议》,载《中国法学》,1995(5)。叶必丰:《我国区域经济一体化背景下的行政协议》,载《法学研究》,2006(2)。黄学贤、廖振权:《行政协议探究》,载《云南大学学报》,2009(1)。

② http://www.court.gov.cn/fabu-xiangqing-34332.html,访问时间:2017年11月5日。

③ http://wenshu.court.gov.cn/content/content?DocID=8eeaddd0-59d7-4910-b5da-21fd6b091df6&KeyWord=萍乡市亚鹏房地产开发有限公司诉萍乡市国土资源局不予更正土地用途登记,访问时间:2016年3月31日。

④ 在《关于审理涉及国有土地使用权合同纠纷案件适用法律问题的解释》(法释〔2005〕5号)、《最高人民法院关于修改〈民事案件案由规定〉的决定》(法〔2011〕41号)中,国有土地使用权出让合同都是按民事合同处理的。

为便于讨论,我摘抄了本案的一些重要事实,[①]列表如下(见表格1),对于本案的案情也就不难知晓了。

表格 1　亚鹏公司案的基本事实

2004年1月13日	萍乡市土地收购储备中心受萍乡市肉类联合加工厂委托,经市国土局批准,公开挂牌出让TG-0403号地块国有土地使用权。开发用地为商住综合用地,冷藏车间维持现状
2004年2月12日	亚鹏公司通过投标竞拍,竞得该宗土地使用权,萍乡市土地收购储备中心与亚鹏公司签订了挂牌出让成交确认书
2006年2月21日	亚鹏公司与市国土局签订了《国有土地使用权出让合同》,合同约定:出让宗地的用途为商住综合用地,冷藏车间维持现状
	亚鹏公司按合同约定向市政府的财政部门交纳了土地出让金、管理费、契税等
2006年3月2日	市国土局向亚鹏公司颁发了"萍国用(2006)第43750号"和"萍国用(2006)第43751号"两本国有土地使用证,其中"萍国用(2006)第43750号"土地证载明地类(用途)为工业;"萍国用(2006)第43751号"土地证载明地类为商服、住宅用地
	亚鹏公司认为"萍国用(2006)第43750号"土地证登记的地类(用途)为工业有误。多次向市国土局反映,要求其将"工业"更正为"商住综合"
2012年4月23日	市国土局明示不同意更正,亚鹏公司为此提起行政诉讼,后撤诉
2003年10月8日和2012年7月4日	萍乡市规划局两次出函称:出具规划条件中已明确了该地块用地性质为商住综合用地(含冷藏车间),但冷藏车间维持现状性质。根据该地块控规,其用地性质为居住(兼容商业),但由于地块内的食品冷藏车间是目前我市唯一的农产品储备保鲜库,也是我市重要的民生工程项目,因此,暂时保留冷藏库的使用功能,未经政府或相关主管部门批准不得拆除

[①] 亚鹏公司案的一审判决书、二审判决书,请看,http://wenshu.court.gov.cn/Content/Content? DocID=61a7eb02-6ea4-4472-93f5-8299e0f63b1c,http://wenshu.court.gov.cn/content/content? DocID=8eeaddd0-59d7-4910-b5da-21fd6b091df6&KeyWord=萍乡市亚鹏房地产开发有限公司诉萍乡市国土资源局不予更正土地用途登记,访问时间:2016年4月3日。

续表

2013年2月21日	市国土局向亚鹏公司作出书面答复:一、根据市规划局出具的规划条件和宗地实际情况,同意将冷藏车间用地的土地用途由工业用地变更为商住用地。二、由于取得该宗地中冷藏车间用地使用权是按工业用地价格出让的,根据《城市房地产管理法》之规定,土地用途由工业用地变更为商住用地,应补交土地出让金。三、冷藏车间用地的土地用途调整后,其使用功能未经市政府批准不得改变
2013年3月10日	亚鹏公司不服,向法院起诉,要求判令撤销上述答复的第二项,认为该宗地块拍卖时是商住综合用地整体拍卖,原告已按成交价全部支付了相关费用,不存在再补交出让金。之后又撤诉
2013年7月10日	亚鹏公司公司再次向法院起诉,请求判令市国土局将国有土地使用证上的地类用途由工业用地更正为商住综合用地,并撤销补交土地出让金的决定
2014年4月23日	一审判决,责令市国土局依法予以更正,并撤销补交出让金决定
2014年6月17日	市国土局不服上诉
2014年8月15日	二审判决驳回上诉、维持原判

在中国法院网上,该案是编排在"典型案例""指导案例"之中,都是"对各级法院法官审理类似案件,提供参照标准"。在对该案"典型意义"的评述中,强调了三点:第一,"行政协议是行政机关为实现公共利益或者行政管理目标,在法定职责范围内与公民、法人或者其他组织协商订立的具有行政法上权利义务内容的协议"。第二,"当出现争议时,如本案中双方当事人对合同中有关'冷藏车间维持现状'条款产生不同理解时,行政机关不得随意作出不利于行政相对人的解释。"① 第三,"行政机关在职权范围内对行政协议约定的条款进行的解释,对协议双方具有法律约束力,人民法院经过审查,根据实际情况,可以作为审查行政协议的依据"。②

---

① http://www.chinacourt.org/article/detail/2015/10/id/1730838.shtml,访问时间:2016年3月31日。
② http://www.court.gov.cn/shenpan-xiangqing-34262.html,访问时间:2017年1月4日。

在我看来,首先,上述第一点重申了司法解释。① 解释之中自然隐含着判断标准,需要我们逐一提炼出来,并做进一步评判。本案涉及的是国有土地使用权出让合同,在属性上就颇有争议,一审、二审法院却避而不谈。我们也不妨拿它作为测试的样本,检验一下司法解释的判断标准。我们将会有怎样的发现呢?能不能从中把剔出最本质的标准,并做有价值的解释性建构呢?其次,第二、三点最为重要,是想揭示出对行政协议的审查不同于民事合同的理路,以及救济效果的差异。这是为了进一步证成行政协议,为上述判断标准提供进一步的脚注。从本质上看,行政协议的判断标准就是其与民事合同的差别,从形式到实质上的不同。对于一向视为行政优益权的解释权之争,公法的审查路径与方式是否优于私法,便成为一个重要的证成方法,判别行政优益权能否作为行政协议之判断标准的一块试金石。那么,本案是不是一个理想的例证呢?在本文中,我将循着这样的思路展开批判性分析。

二、合同属性有待阐释

亚鹏公司案涉及的是国有土地使用权出让合同的纠纷。但是,这类合同算不算行政协议?无论是《行政诉讼法》(2014 年)第 12 条(十一),还是《最高人民法院关于适用〈中华人民共和国行政诉讼法〉若干问题的解释》(2014 年)第 11 条第 2 款,《最高人民法院关于关于审理行政协议案件若干问题的规定》(2019 年)第 2 条,都没有提及。《最高人民法院关于适用〈中华人民共和国行政诉讼法〉若干问题的解释》(2015 年)第 11 条第 2 款对行政协议的列举,基本上是重复了《行政诉讼法》(2014 年)第 12 条(十一)的规定,包括政府特许经营协议、土地、房屋等征收征用补偿协议等。因为法官们理解上述第 12 条(十一)中的"等",是"等外等","除了列举的两类行政协议,还包括其他行政协议",所以,增加了"其他行政协议",却没有抓住起草司法解释的时机做进一步的扩展

---

① 《最高人民法院关于适用〈中华人民共和国行政诉讼法〉若干问题的解释》(2015 年)第 11 条对行政协议的定义是,"行政机关为实现公共利益或者行政管理目标,在法定职责范围内,与公民、法人或者其他组织协商订立的具有行政法上权利义务内容的协议,属于行政诉讼法第十二条第一款第十一项规定的行政协议"。《最高人民法院关于审理行政协议案件若干问题的规定》(2019 年)第 1 条进一步修改为,"行政机关为了实现行政管理或者公共服务目标,与公民、法人或者其他组织协商订立的具有行政法上权利义务内容的协议,属于行政诉讼法第十二条第一款第十一项规定的行政协议"。

列举。①《最高人民法院关于关于审理行政协议案件若干问题的规定》(2019年)第2条胪列了"矿业权等国有自然资源使用权出让协议",却在措辞上刻意回避了国有土地出让,据说是存在较大意见分歧。

对出让合同刻意回避的原因,一位法官分析道,在新行政诉讼法实施前,"国有土地使用权出让合同纠纷案件都是通过民事诉讼途径进行司法救济的"。有关法律与司法解释都体现了"典型的民法原则","定性为民事合同,不能说没有相应依据"。②

在民商法学者看来,出让合同的民事属性早有定论,现在仅因其含有某些公法因素,就要改换门庭,这很难接受。比如,崔建远教授就认为,"在一份合同关系中同时存在行政性质与民商法律关系的属性的情况下,对该合同的定位应该看哪种性质处于更重要的地位,更起主导作用"。如果在一个合同之中,"显然是民商法律关系更多、更居于主导地位,因而应将它们定位在民商法上的合同。但同时不应忽视其中的行政色彩,对于行政属性的部分,应该适用行政法律规范。这非常类似于因立法技术的缘故使民法典里含有某些刑法规定。我们不可能因民法典里含有的某些刑法规定就把民法典定位在刑法典上"。所以,他明确指出,"不同意因国有土地出让合同、财政支农周转金借贷合同中含有行政主体的特别权力而把它们定位于行政合同的思维"。③

照理来讲,法院要将亚鹏公司案作为一起行政案件来审理,首先就应当直面上述质疑,对出让合同的性质做一番分析和判断,定分止争。但是,一审、二审法院避而不谈。我们也不清楚当事人是否提出过异议?是否有过

---

① 其中的原因,负责起草该司法解释的两位法官江必新、梁凤云没有给出解释。但是,他们在著述中都明确肯定了国有土地使用权出让合同、国有资产承包经营、出售、租赁合同等都属于行政协议。参见江必新、梁凤云:《最高人民法院新行政诉讼法司法解释理解与适用》,116-125页,北京,中国法制出版社,2015。梁凤云:《行政协议案件的审理和判决规则》,载《国家检察官学院学报》,2015(4)。

② 《城镇国有土地使用权出让和转让暂行条例》(1990年)第11条明确规定:"土地使用权出让合同应按照平等、自愿、有偿的原则,由市、县人民政府土地管理部门与土地使用者签订"。"平等、自愿、有偿"是典型的民法原则,民法原则调整的理应是民事行为。《最高人民法院关于审理涉及国有土地使用权合同纠纷案件适用法律问题的解释》(法释〔2005〕5号)也是依据《民法通则》《合同法》等法律规定,结合民事审判实践"制定的。参见李福忠:《新行政诉讼法确立的行政协议诉讼制度初探》,载《山东审判》,2015(4)。

③ 崔建远:《行政合同之我见》,载《河南省政法管理干部学院学报》,2004(1)。

庭上庭外的解释沟通？至少在判决书上没有载明。但不分析合同属性，不仅暴露了法院判决的说理不够，这也会让一个很重要的理论问题，也是一项必备的审判技巧偷偷地溜过去。

我曾私下请教过该案的主审法官——江西省萍乡市中级人民法院行政庭副庭长李修贵，他的解释是，"当事人提出的诉讼请求是责令行政机关履行法律职责"，包括：第一，"请求判令被告将萍国用(2006)第43750号国有土地证的地类用途由'工业'更正为商住综合用地"，第二，"依法撤销被告答复中关于要求原告补交出让金208.36万元的决定"，这些诉求都具有很明显的行政法性质，单个地看，都可视为一个个独立的行政行为，当事人也没有提及合同纠纷，所以，法院就"直接作为行政案件，放到行政庭审理了"，对出让合同的法律属性"也没有多想"。

这是以往行政审判中常见的处理方式，①一些法官和学者也认为，"行政协议是一个系列行政行为"，②本质上是"协议性行政行为"。③ 一方面，这似乎化繁入简，让问题迎刃而解，"将行政协议分解为若干独立的行政行为，按照行政诉讼的规则去审理、判决行政协议纠纷案件，也就没有多少困难了"。④ 但是，另一方面，也让人颇为困顿，既然与合同有关的行政权行使可以单独切割出来，⑤那么，还要行政契约干什么？在我看来，亚鹏公司案从本

---

① 比如，"王保明与扬中市八桥镇人民政府不履行法定职责二审行政判决书"((2015)镇行终字第00152号)中，"上诉人要求增加审查双方签订的拆让协议的性质，是属于行政协议还是民事协议"，二审法院认为，"由于上诉人在一审中的诉讼请求是判令被上诉人为上诉人办理国有土地使用权转让的法定职责，故对上诉人提出的增加审查上述部分内容的请求，本案不予理涉"。

② 郭修江：《行政协议案件审理规则——对《行政诉讼法》及其适用解释关于行政协议案件规定的理解》，载《法律适用》，2016(12)。

③ 王学辉：《行政何以协议——一个概念的检讨与澄清》，载《求索》，2018(2)。

④ 郭修江：《行政协议案件审理规则——对《行政诉讼法》及其适用解释关于行政协议案件规定的理解》，载《法律适用》，2016(12)。

⑤ 在实践中还存在着另一种拆解方式，也就是撇开合同的属性不论，仅识别争议的属性，如果属于民事争议，就按照民事诉讼处理，比如，"北京北方电联电力工程有限责任公司与乌鲁木齐市交通运输局其他合同纠纷二审民事裁定"((2014)民二终字第40号)，法院认为，"有关回购原因的行政行为与回购争议本身相互独立，北方公司对终止《BOT协议》之前的相关行政行为并无异议。根据北方公司诉讼请求及一审查明的事实，双方争议的回购款依据问题，不涉及具体行政行为，北方公司本案亦未针对具体行政行为提出相关诉求。故本案不属于行政诉讼受案范围"，"各方当事人在回购款的支付问题上，处于平等的法律地位，不能排除民事法律规范的适用。北方公司起诉符合民事诉讼法关于受理条件的规定，应予受理"。

质上是一个行政契约纠纷,因为行政机关没有按照合同约定的方式行使行政权,至少在当事人看来,是这样的。那么,为什么不能将合同约定的行政权行使和合同纠纷切割开呢?这是因为,合同缔结之后,行政机关应当怎样行使行政权,不仅要遵循依法行政原则,也要受合同拘束。如果依法行政要求与合同约定发生冲突时,应当让依法行政胜出,然后再解决合同责任。所以,在这类纠纷中,法院不能仅微观地解决行政权行使的合法性判断问题,还必须回答合同是否有效,是否还必须继续履行下去,以及有关的违约责任。这是其一。其二,行政机关为何不依照合同约定行使行政权,有时可能涉及当事人行为不当或者不遵守合同在前。法院不能无视这些问题,必须一并进行审查,做出综合判断。这种双向审查方式,显然不同于对行政行为的单向性审查。

因此,无论是新行政诉讼法、司法解释还是本案都没有解决国有土地使用权出让合同是否为一种行政协议,最高人民法院将本案收入"人民法院2015年度十大经济行政典型案例"、第15批指导性案例,也仅具有宣示性效果,并没有从理论上、从解释学上真正解决这个问题。因此,我们还必须补上这个论证过程,其实质是在进一步阐释、澄清行政协议的判断标准及其运用。

三、不很成功的地方立法解释

我们之所以会不假思索地认同出让合同是一种行政协议,这或许是长期以来,行政法理论上已经将这一合同形态纳入了行政契约范畴,并产生了广泛影响。不少地方行政程序立法,如湖南、兰州,是在行政法学者的直接参与下制定的,不仅对行政合同做出解释,也将出让合同胪列在行政合同的种类之中。各地立法又少不了互相取经。上述影响便向更大范围扩展开去,司法也不可能不受波及。

我们在北大法宝中搜寻有关"行政合同"、"行政协议"的地方性法规、规章,共得到22个结果。在中国法院的"法律文库查询"专栏,以"行政合同""行政协议"为关键词查找地方性法规、规章,获得11个结果。排除仅泛泛提及"行政合同"字样的法规、规章以及重复、无效结果后,有12个地方人民政府规章对"行政合同"的概念做了规定,其中 9 个还具体列举了行政合同的种类(见表格 2)。①

表格 2　地方行政程序立法中的有关规定

规章名称	行政合同概念界定	行政合同的种类
《湖南省行政程序规定》 (2008.4.17)	行政机关为了实现行政管理目的,与公民、法人或者其他组织之间,经双方意思表示一致所达成的协议	(一)政府特许经营;(二)国有土地使用权出让;(三)国有资产承包经营、出售或者出租;(四)政府采购;(五)政策信贷;(六)行政机关委托的科研、咨询;(七)法律、法规、规章规定可以订立行政合同的其他事项
《山东省行政程序规定》 (2011.6.22)	行政机关为了维护公共利益,实现行政管理目的,与公民、法人和其他组织之间,经双方意思表示一致达成的协议	(一)政府特许经营;(二)国有自然资源使用权出让;(三)国有资产承包经营、出售或者租赁;(四)公用征收、征用补偿;(五)政府购买公共服务;(六)政策信贷;(七)行政机关委托的科研、咨询;(八)计划生育管理;(九)法律、法规、规章规定可以订立行政合同的其他事项
《西安市行政程序规定》 (2013.3.25)	行政机关为了实现行政管理目的,与公民、法人或者其他组织,经双方意思表示一致所达成的协议	无

---

① 据报道,我国已经制定十二部地方行政程序规定,均以政府规章和行政规范性文件的形式出现。《省市县三级已出台 12 部地方行政程序规定》,http://news.xinhuanet.com/politics/2015-11/26/c_128471785.htm,访问时间:2016 年 9 月 5 日。

续表

规章名称	行政合同概念界定	行政合同的种类
《海口市行政程序规定》（2013.6.7）	行政机关为了维护公共利益,实现行政管理目的,与公民、法人或者其他组织之间,经双方意思表示一致达成的协议	(一)特许经营;(二)国有土地使用权出让;(三)行政机关、事业单位的国有资产承包经营、出售或者出租;(四)政府采购;(五)政策信贷;(六)行政机关委托的科研、咨询;(七)行政机关与企业的战略合作;(八)法律、法规、规章规定可以订立行政合同的其他事项
《邢台市行政程序规定》（2013.10.18）	行政机关为实现行政管理目的,与公民、法人或其他组织之间,经协商一致所达成的协议	(一)政府特许经营;(二)国有土地使用权出让;(三)国有资产承包经营、出售或出租;(四)政府采购;(五)政策信贷;(六)行政机关委托的科研、咨询;(七)行政机关与企业的战略合作;(八)法律、法规、规章规定可订立行政合同的其他事项
《凉山州行政程序规定》（2013.10.28）	行政机关或者其授权机构为了实现公共利益的目的,与公民、法人或者其他组织之间,经双方意思表示一致所达成的协议	(一)政府特许经营;(二)国有自然资源使用权出让;(三)国有资产承包经营、出售或者租赁;(四)政府采购;(五)政策信贷;(六)行政机关委托的科研、咨询;(七)公共工程承包合同、国家大型公共设施建设;(八)法律、法规、规章规定可以订立行政合同的其他公共管理事项
《江苏省行政程序规定》（2015.1.6）	行政机关为了维护公共利益,实现行政管理目的,与公民、法人和其他组织之间,经双方意思表示一致达成的协议	(一)政府特许经营;(二)国有自然资源使用权出让;(三)国有资产承包经营、出售或者租赁;(四)征收、征用补偿;(五)政府采购;(六)政策信贷;(七)行政机关委托的科研、咨询;(八)法律、法规、规章规定可以订立行政合同的其他事项

续表

规章名称	行政合同概念界定	行政合同的种类
《宁夏回族自治区行政程序规定》(2015.1.10)	行政机关为了实现行政管理目的,与公民、法人或者其他组织之间,经双方意思表示一致所达成的协议	无
《兰州市行政程序规定》(2015.1.14)	行政机关为了维护公共利益,实现行政管理目的,与公民、法人和其他组织之间,经双方意思表示一致达成的协议	(一)特许经营;(二)国有土地使用权出让;(三)行政机关、事业单位的国有资产承包经营、出售或者出租;(四)政府采购;(五)政策信贷;(六)行政机关委托的科研、咨询;(七)行政机关与企业的战略合作;(八)法律、法规、规章规定可以订立行政合同的其他事项
《浙江省行政程序办法》(2016.10.1)	行政机关为实现公共利益或者行政管理目的,可以在法定职责范围内,与公民、法人或者其他组织协商订立行政协议	无
《汕头市行政程序规定》(2016.12.3)	行政机关为了实现行政管理目的,与公民、法人或者其他组织之间,经双方意思表示一致所达成的协议	(一)政府特许经营;(二)国有土地使用权出让;(三)国有资产承包经营、出售或者出租;(四)政府采购;(五)政策信贷;(六)行政机关委托的科研、咨询;(七)行政机关与企业的战略合作;(八)法律、法规、规章规定可以订立行政合同的其他事项

续表

规章名称	行政合同概念界定	行政合同的种类
《蚌埠市行政程序规定》（2017.12.6）	行政机关为了维护公共利益，实现行政管理目的，与公民、法人或者其他组织经协商达成一致的协议	（一）政府特许经营；（二）国有自然资源使用权出让；（三）国有资产承包经营、出售或者租赁；（四）政府采购；（五）政府与社会资本合作项目；（六）政策性贷款；（七）行政机关委托的科研、咨询；（八）行政机关与企业、高校的战略合作；（九）法律、法规、规章规定可以订立行政合同的其他事项

从上述地方立法看，只要有列举的，都涉及出让合同。对行政合同的描述都是突出了主体必须是"行政机关与私人之间"，并强调签约是"为了实现行政管理目的"，有的还补充了"公共利益"的要求。也就是兼采了"主体说"和"目的说"。2015年5月之后通过的3部地方人民政府规章亦如此，根本没有受到新司法解释的影响。

1. 国外有类似的界定进路

这似乎与英美的政府合同（government contract）、日本的狭义行政契约很接近。英美国家的政府合同仅强调合同一方当事人必须是行政机关。日本近年来，越来越多的学者也倾向采用"主体标准"，主张"行政契约就是行政主体为一方签订的契约"。这一变化估计也是受到了美国的影响。[①] 而且，政府签订合同的公益性是显而易见的，无须特别强调。

但是，英美国家是不区分公法与私法，也无所谓公法契约与私法契约的

---

① 日本行政契约的程序基本上是通过1947年《会计法》《地方自治法》、1948年《国有财产法》、1949年《支付延迟防止法》、2000年《投标契约适当化法》、2002年《官制串通投标防止法》、2005年《公共工程品质确保促进相关法》、2006年《公共服务改革法》等构建起来的。尤其是最初的几部法律都是在美军占领下制定的。参见田林：《日本行政契约的立法统制》（中国人民大学法学院博士学位论文，2016年）。

划分,之所以将政府合同归为一类,只是去探究其中可能适用的特别规则。①在美国,之所以要适用这些规则与规章,是为了"保证联邦税款得到适当、公正的使用"(protect Federal tax dollars to ensure they are used appropriately and fairly),"保证那些有资格的公司通过公平、公开竞争获得政府的生意"(ensure fair and open competition among qualified companies for the Government's business),以及"政府以合理的价格获得货物和服务"(obtain goods and services at reasonable prices)。这决定了政府合同的形成(formation)或缔结(the pre-award phase)、管理(administration)或合同履行(contract performance)两个阶段的特定内涵,也就是一些不同于普通民事合同的内容和要求。比如,对政府合同形成过程中的瑕疵,当事人有权向政府有关部门申诉或者到法院起诉。②

英国人的看法也大致如此。他们也认为,不能忽视对政府合同权行使的司法审查(judicial review)。如果这些权力都免于司法审查,那么有关政府权力行使的豁免范围就会实质性增多。至于是否予以司法审查,取决于决定是落在公私法划分的哪一边(which side of the public-private law divide a decision is deemed to fall)。比如,公共采购纠纷(public procurement disputes)如果涉及违反法定公法义务、采取违法政策或者涉嫌受贿、腐败等,就可以司法审查。③

日本也是以主体标准去统合传统上的公法契约与私法契约,形成了狭义的行政契约概念,所以,在此概念之下,自然也不否认其中的一些合同,比如采购合同,仍然为私法上的契约,只是因为这类私法契约需要使用公共财政,"不能说与公共利益无关",而且,在签订程序上越来越趋向行政程序,比如采取招投标程序,所以,才统合在行政契约范畴之内,放到行政法上一并

---

① 2016年5月21日,在浙江大学公法中心召开的指导性案例研讨会上,我请教了爱荷华大学法学院赖茨(John C. Reitz)教授,政府合同和私法合同到底有什么不同。他认为有两点不同,第一,在变更合同时,行政机关有一定的特权。第二,在合同终止时,行政机关可以少赔一点。比如,不赔偿预期利益。

② Cf. Anita Ponder & Joshua C. Drewitz, "An Introduction to Federal Government Contracting: More businesses are likely to seek government contracts with federal, state, and local government agencies. Be sure you know the rules" (2010) 56 Practical Lawyer 20.

③ Cf. Peter Leyland & Gordon Anthony, Textbook on Administrative Law, Oxford University Press, 2013, pp. 450, 453.

研究。① 于是,便出现了一种学说,行政契约是以私法契约为基本结构的特殊契约。

最近与法国教授交流,②发现他们也有类似认识,认为行政合同就是民事合同的一类特殊合同,只不过签订主体之一必为政府,且是为了公共利益,所以,一方面,政府享有一些特权,比如,根据"经济平衡原则"(le principe d'equation financiere),允许政府基于公共利益要求直接变更合同,但要给予当事人相应的补偿。另一方面,也需要适用一些超越民商法的特殊规则,比如,运用"不可预见理论"(theory of imprevision),当出现不可预见的事件,使得当事人继续履约会造成较大的亏损时,要求当事人继续提供公共服务,政府给予亏损补助,以保证公共服务不间断。

2. 在我国欠缺说服力

这个观念如果引入我国,估计比较容易为民商法学者接受,因为在现代合同法上,契约自由也不是绝对的,要受到公法的诸多限制。但是,合同法的公法化程度越高,也就越难说服民商法学者,让他们接受这类合同是行政契约。这种难度恐怕是当初法德形成行政契约观念之时所不曾遇到的。比如,招标、拍卖等程序,在民商法学者看来,是"市场竞价方式","反映出了土地出让金的商品价值属性和出让合同的民事性质"。③ 退一步说,即便订立程序是行政的,也不等于形成的合同就是行政的。

然而,这个观念显然与上述我国地方立法的趣味以及行政法学者的认识不同。可以说,在我国,一开始走的就是德法的路子,强调公法与私法的界分,注重行政契约内容之中的公法因素,以"行政法律关系说"为通说。区分行政契约与民事合同的目的,是适用不同性质的法律以及救济。所以,不少行政法学者认为,行政合同与民事合同,不是一回事,是非此即彼的关系。

这种观点适用到行政法上的"纯粹契约"和"假契约",都无大碍,然而,

---

① 田林:《日本行政契约的立法统制》(中国人民大学法学院博士学位论文,2016年)。
② 2016年9月2日,法国波尔多大学公法学教授 Olivier DUBOS、Frédérique RUEDA 在张莉教授、陈天昊的陪同下,造访清华大学法学院,我们就行政合同的识别标准做了较为深入的交谈。
③ 宋志红:《国有土地使用权出让合同的法律性质与法律适用探讨》,载《法学杂志》,2007(2)。

一俟运用到"混合契约"上,①就与民商法学者发生了激烈碰撞。崔建远教授批评道,"公共工程承包合同、公共工程捐助合同、公共工程特许合同、公务特许合同、独占使用共用公产合同和出卖国有不动产合同等,同该特定的政府部门到超市购买办公用品的合同相比有何差别呢?应当说大部分相同","双方是处于平等地位进行洽商、缔约的,双方的绝大多数权利义务是对等的",行政机关"只是显现民商法主体的资格,于此场合,其行政主体的法律地位隐退其后","其行政管理权限在该买卖合同关系中消逝殆尽",呈现的"只是一个普通的民商法主体,同自然人、公司法人等没什么两样"。②"单纯地以宪法及组织法塑造行政机关的初始性质及职责而忽略其他要素来认定行政合同的'主体说',不符合客观实际,不宜被采纳"。③

其实,在我看来,当初行政契约理论上之所以采用"行政主体",是受德日影响,尤其是受王名扬先生《法国行政法》的影响。但是,"行政主体"究竟何意?王名杨先生在书中又语焉不详,有关德日的二手文献也没有深究其义,转换到中国情境,容易让人望文生义,又意外地与民法上的机关法人发生了勾连,使其与民事主体趋同。④难怪民商法学者会误读。单从字面上看,的确读不出行政法的味道。其实,行政法学者之所以造出"行政主体",就是想突出其行政法意义。以行政契约为例,签约一方之所以强调为行政主体,主要是考虑在行政契约中约定的对未来行政行为的处分大多落在该行政主体的职责权限之中。这又必须与"行政法律关系说"(具有行政法上权利义务内容)结合起来才能阐释清楚。否则,"行政主体"呈现出来的可能更多是形式意义,而非实质意义。

同样道理,"目的说"(公共利益)如果不能在合同内容上显现出行政法的特质,那么,在伦理上可能是苍白无力的,至少说服力不强,也可以忽略不计。比如,行政机关为办公购买纸张,谁也不否认这也是为了行政目的(公共利益),但签订的却是民事合同。我们根本不存在像法国"布朗哥

---

① 关于"混合契约""纯粹契约"与"假契约"的划分,参见余凌云:《行政法讲义》(第二版),261—262页,北京,清华大学出版社,2014。
② 崔建远:《行政合同之我见》,载《河南省政法管理干部学院学报》,2004(1)。
③ 崔建远:《行政合同族的边界及其确定根据》,载《环球法律评论》,2017(4)。
④ 余凌云:《行政主体理论之变革》,载《法学杂志》,2010(8)。

(Blanco)"案确立的那种规则,只要是"公共服务的原因",就绝对排除民事法庭的管辖权,"所有以公共服务为目的的行为都应该由行政法院管辖",而"不论该诉讼标的为何"。① 即便是法国,后来,也出于和我们一样的顾虑,对上述"公共服务之目的"标准做了适当的修正。

所以,在我看来,仅强调主体,加上行政目的或者公共利益,似乎都无法将行政机关签订的行政契约与民事合同清晰地区分开来。上述立法定义都不算成功,对于我们识别行政合同(行政协议)的价值不大。倒是上述12个地方人民政府规章中,有近一半(5个)在行政合同种类中直接列举了国有土地使用权出让合同。像这样一次次的地方立法肯定,显然会不断强化大家的认同感。

四、司法上的解释

《最高人民法院关于适用〈中华人民共和国行政诉讼法〉若干问题的解释》(2015年)第11条具体阐释了行政协议的涵义,也就是上述"典型意义"评述中的第一点。《最高人民法院关于审理行政协议案件若干问题的规定》(2019年)第1条基本延续了上述定义,实质性改动只是删除了"在法定职责范围内",因为行政协议的一种违法形态就是超出了行政机关的法定职责范围,但不能因为违法,就否认其为一种行政协议。学术上对行政契约(行政合同)的定义,一般也没有类似限定。

从与已有理论观点的承继上看,可以说,第一,上述司法解释全面采纳了学界的某些理论成果,包括了"主体说"(行政机关与私人之间)、"目的说"(为了公共利益或者具有行政目的)等,而且,既然是合同,当然需要合意,也

---

① 陈天昊:《在公共服务与市场竞争之间——法国行政合同制度的起源与流变》,载《中外法学》,2015(6)。

就是要通过"协商订立"。①　第二,抛弃了行政契约"是执行公务的一种方式",②或许是因为"执行公务说"与"目的说"雷同,也许是语焉不详、无法清晰判断,因为私法手段也能成为执行公务的一种方式。第三,将"特权说"③"行政法律关系说"④改叙成"具有行政法上权利义务内容"。其实,在我看来,因为合同法的公法化趋势日益明显,"特权说"的说服力变弱。"行政法律关系说"和"具有行政法上权利义务内容",没有实质差别,只是视角不同。前者是一种动态的法律状态格局,后者是一种静态的法律状态描述,两者之间有着内在的关联。

　　上述司法解释的取向显然与司法实践趋同。陈无风对2014年之前行政合同案件所做的统计分析发现,"不管是由民庭审查,还是行政庭审查,司法实务中对行政合同与民事合同的判断标准,都遵循以合同内容来判断合同性质的思考方式。有无行政优益权,合同中约定的权利义务属于典型的行政行为还是民事行为是二者共同考量的因素"。"目的论、合同主体之间的关系成为广泛使用的判断标准"。"而理论上所说的标的论或所欲设定的法

---

①　行政法学者基本认同这些要素,分歧仅在于,有的学者认为这些要素就足以成就行政契约,有的学者认为还必须进一步考虑"执行公务的方式""特权说"或者"行政法律关系说"。然而,此一探伸,"目的说"就显得多余,完全可以涵射到"执行公务的方式"、"特权说"或者"行政法律关系说"之中。

②　有的学者认为,"行政合同之所以成为行政合同而不是民事合同,其中最根本的特征在于,行政合同本身是执行公务或履行行政职责的手段"。比如,杨小君:《论行政合同的特征、法律性质》,载《行政法学研究》,1998(2)。在对"山东省烟台市国土资源局与山东烟台长城科工贸(集团)公司等土地行政处罚决定纠纷上诉案"的分析中,张瑚、张福林认为,"国有土地使用权的出让,是由行政机关通过行政权来实现的,是国家作为管理部门与土地使用者之间的基本关系是管理与被管理的关系。因此,土地使用权出让实际上是国家配置土地资源,管理土地的一种方式。那么,基于管理方式的土地使用权出让合同应是行政合同"。参见张瑚、张福林:《从判例看国有土地使用权出让合同的性质》,载《国土资源》,2006(3)。郑春燕教授还提出了一个很独特的观点,认为,"对某一未明身份之契约究属行政还是民事的辨别,最终要追溯至该行政主体有无相应的行政裁量权的判断"。参见郑春燕:《论裁量视角下的行政契约》,载《浙江学刊》,2007(5)。

③　有的学者认为,行政优益权是根本的判断标准。比如,刘莘:《行政合同刍议》,载《中国法学》,1995(5)。朱新力:《行政合同的基本特征》,载《浙江大学学报》(人文社会科学版),2002(2)。戚建刚、李学尧:《行政合同的特权与法律控制》,载《法商研究》,1998(2)。步兵:《行政契约中的特权及其控制》,载《东南大学学报》(哲学社会科学版),2006(8)。

④　有的学者认为,判断行政契约的核心标准是有无行政法律关系。比如,江必新:《中国行政合同法律制度:体系、内容及其建构》,载《中外法学》,2012(6)。余凌云:《行政契约论》(第二版),30页,北京,中国人民大学出版社,2006。王克稳:《论行政合同与民事合同的分离》,载《行政法学研究》,1997(4)。

律关系说,大约因为较复杂,难以判断,因而在司法实践中适用很少。法官更愿意运用直截了当的、清晰易辨的方式来甄别合同性质"。①

亚鹏公司是"投标竞拍"获得该合同的,而且合同是与市国土局签订,这显然符合行政协议的"合意""主体""目的"等要求,但是,仅凭这些条件还远远不够,还很难说服民商法学者,②因为当事人签订的也可能是民事合同。如此看来,是否"具有行政法上权利义务内容",应该是判断行政协议的最为根本的条件。

这也是民事法官可以接受的划分标准。在"江西省宜轩投资实业有限公司、都江堰市胥家镇实新社区村民委员会、都江堰市胥家镇人民政府因与都江堰市人民政府合同纠纷案"((2015)民二终字第431号)中,最高人民法院民事法官批评了原审法院没有考虑合同中明显具有公法内容的约定,比如,"同意上报实新村为增减挂钩项目","同意实新村项目享受灾后重建各项补贴,办理施工审批手续",指出,"具体到本案中,对于案涉《流转合同2》以及《投资协议》的性质问题,原审法院并未从上述协议所反映的与一般民事协议不同之处这一角度对案涉协议是否为行政协议或民事协议进行考察"。在"六盘水传奇广告有限责任公司因与六盘水市钟山区城市管理局、六盘水市城市管理局合同纠纷案"((2017)最高法民申1200号)中,最高人民法院民事法官也指出,"《合作协议》的主要内容涉及钟山区城管局法定职责范围内的市容市貌、环境卫生、户外广告等问题;《合作协议》还明确约定,该协议的签订背景是鼓励社会力量参与市政建设和整脏治乱活动,钟山区城管局在职责权限内对传奇公司具有监管权力。因此,该协议具有行政法意义上权利义务关系内容,不具备平等民事主体之间的民事法律关系内容"。

那么,由"行政法律关系"演变而来的"具有行政法上权利义务内容"究竟何意?查找有关文献,以往理论积累极少,对这一特征基本都只是一带而过,缺乏深入分析。新法实施之后,陆续有了一些较为细致的研究,多为我

---

① 陈无风:《行政协议诉讼:现状与展望》,载《清华法学》,2015(4)。
② 崔建远教授就不认同"主体说"、"执行公务手段说"等标准。参见崔建远:《行政合同之我见》,载《河南省政法管理干部学院学报》,2004(1)。

国台湾地区"公权力作用"理论之变形。①但是,吴庚"大法官"在《协同意见书》中阐述的标准之中,②在我看来,其中,"契约是作为实施公法法规的手段",显然无法说服大陆民商法学者,"约定事项中有显然偏袒行政机关或行政机关占有优势地位的",这更让民商法学者无法接受。

1. 司法解释之后的判案

从以往的经验看,一个新的司法解释出台之后,经过一段时间的审判实践,法院很可能会对其中的一些不确定概念、条件与标准做出有价值的解释性建构。因此,我很想知道,法官在判案中是如何理解行政协议的?

我们在北大法宝上,检索审结时间为2015年5月1日至2016年4月1日的行政协议案件,共获得60个有关案例。另外,在中国裁判文书网上,检

---

① 比如,于立深直接引入我国台湾地区的"公权力作用"标准,认为"只有公权力发挥了法律效果,才会产生合同的行政性"。参见于立深:《行政协议司法判断的核心标准——公权力的作用》,载《行政法学研究》,2017(2)。又比如,韩宁提出"蜕变"标准,也就是,在合同中,"行政机关所享有的权利中,有哪些具有'变身'为行政权的'潜能'?一旦这些权利产生质变,其就可能进入传统的行政诉讼受案范围,因为权力和权利行使的后果可谓天差地别。此类型权利占协议中所有权利的比重则可以决定其在行政协议光谱上的地位"。她也承认"蜕变"标准与"公权力作用"基本一致。"吴庚也曾提出行政契约的判断标准,分为两层:首先,契约之一造为代表行政主体之机关;其次,有下列四者之一时,即认定其为行政契约:(1)作为实施公法法规之手段者;(2)约定之内容系行政机关负有做成行政处分或其他公权力措之义务者;(3)约定内容涉及人民公法上权益或义务者;(4)约定事项中列有显然偏袒行政机关一方或使其取得较人民一方优势之地位者。这一组判断标准,在台湾地区行政法学界被广为引用。显然,第一层的判断标准在大陆学界、实务界都已达成共识,但是第二层中的四点内容,却没有获得足够的重视。在笔者看来,第2项和第3项正是从行政协议的两方分别出发,对行政法上权利义务的刻画,至于第4项,则是权利'蜕变'成'权力'这一情形的体现。需要特别注意的是,吴庚同时指出,原则上应以契约标的为标准,必要时兼采契约目的加以衡量。笔者认为,这与将行政法上权利义务作为判断行政协议的核心标准可能是殊途同归的"。参见韩宁:《行政协议判断标准之重构——以"行政法上权利义务"为核心》,载《华东政法大学学报》,2017(1)。又比如,程琥在阐述"内容要件"时,除了提及行政优益权,还简单地复述了上述吴庚教授的观点。参见程琥:《审理行政协议案件若干疑难问题研究》,载《法律适用》,2018(12)。

② 吴庚"大法官"的意见在我国台湾地区是主流观点。他认为,凡行政主体与私人缔约,其约定内容(契约标的),有下列之一因素的,即认定为行政契约:(1)契约是作为实施公法法规的手段,行政机关本应作成行政处分,而以契约代替;(2)约定的内容系行政机关负有作成行政处分或其他公权力措施的义务;(3)约定内容涉及人民公法上的权益或义务;(4)约定事项中有显然偏袒行政机关或行政机关占有优势地位的。如果契约履行内容属于"中性的",应就契约整体目的及履约内容、目的来判断。参见我国台湾地区"司法院""大法官"释字第348号(1994年5月20日)、释字第533号(2001年11月16日)之"大法官"吴庚《协同意见书》。转自于立深:《行政协议司法判断的核心标准——公权力的作用》,载《行政法学研究》,2017(2)。

索审结日期为 2016 年 1 月 1 日至 2016 年 4 月 1 日的行政协议案件,获得 62 个相关案例。抛去 2 个重复的案件,一共得到 120 个案例。

我们发现,法官极少对涉案协议是否为行政协议做深入的分析,原因可能是下述两类案件就占去了大半。第一,对原告撤诉是否准许或者是否按照撤诉处理的行政裁定占到了 44 起,还有 2 个是管辖错误,6 个原被告不适格,5 个超过起诉期限,2 个重复起诉。这些当然无须分析协议性质。第二,行政诉讼法已明确列举为行政协议的,比如土地房屋征收补偿协议,法院也不再做进一步分析,[①]只看是否按照新旧法处理,[②]或者衡量是否属于"认为行政机关不依法履行、未按照约定履行或者违法变更、解除行政协议内容的情形",前一种案件 13 起,后一种案件 4 起。

只是在一些案件中,法院认定争议协议并非行政协议,而是国家赔偿协议、安置补偿协议或其他民事协议,以及法院认定不属于行政诉讼受案范围而不予立案的,才有了一些分析,但多不深入,浅尝即止。以下案件中,法院的解读还是颇有意思的。

(1)"南通咏辉置业有限公司与南通市通州区十总镇人民政府不履行法定职责二审行政裁定书"((2015)通中行终字第 00547 号)中,一审法院认为,"行政协议具有以下五个方面的特点:第一,目的要素。即行政协议的目的是为了实现公共利益或者行政管理目标,是为了实现公法上的目的。第二,主体要素。行政协议的主体为行政主体和行政相对人,其中行政主体是不可缺少的主体。第三,职责要素。职责要素是指行政机关签订行政协议必

[①] 比如,"王国才与慈溪市国土资源局行政征收二审行政裁定书"((2015)浙甬行终字第 269 号)中,法院认为,慈溪市统一征地事务所与第三人慈溪市附海镇东海村经济合作社签订的慈土征字(2003)405 号《征地安置补偿协议》已经履行完毕。"不存在行政诉讼法及其司法解释所规定的行政机关不依法履行、未按照约定履行或者违法变更房屋征收补偿协议等的情形,原告无权就该《协议》提起行政诉讼"。

[②] 最典型的一个案件就是"上诉人张凤霞与被上诉人泰兴市国土资源局、原审第三人泰兴市人民政府济川街道办事处确认协议无效一案二审行政裁定书"((2015)泰中行终字第 00146 号)。法院认为,"本案所涉动迁补偿协议系泰兴市人民政府济川街道办事处受被上诉人委托与案外人李智在平等、自愿、协商一致的情况下签订的协议,上诉人针对该协议提出的异议实则属于民事纠纷,依法不属于行政诉讼受案范围。即便依上诉人诉称该协议属于行政协议,但依据法不溯及既往原则,该动迁补偿协议签订于 2015 年 5 月 1 日之前,依法不能适用现行《中华人民共和国行政诉讼法》及《最高人民法院关于适用〈中华人民共和国行政诉讼法〉若干问题的解释》的相关规定"。并且指出,"本案不作为行政案件处理并不妨碍上诉人通过其他诉讼另行寻求救济"。

须是在'法定职责范围内',法定职责范围之外签订的行政协议无效。主要体现为:①行政机关签订协议应当在法定职责范围内。②行政机关签订协议的程序应当符合法律规定。③协议内容不能违反法律法规的禁止性规定。第四,意思要素。即行政主体和行政相对人签订行政协议必须经过协商,意思表示一致。第五,内容要素。即行政主体和行政相对人之间签订合同的内容是行政法上的权利义务。"这与江必新、梁凤云的观点很接近。

但是,很有意思的是,一审法院并没有真正讨论备忘录是否为行政协议,而是分析了其内容的不合法,并指出,"涉案备忘录既不符合为了实现公共利益或者行政管理目标的目的要素,其内容亦违反了相关法律法规的规定,超出了被告的法定职责范围,损害了国家利益、公共利益以及他人的合法权益,故涉案备忘录不属于行政诉讼法所规定的应当受理的行政协议范畴"。其实,在我看来,是否为行政协议,与行政协议是否违法,是两个不同的问题,协议违法不等于就不是协议。① 是否是行政协议,更多的是形式上的、主观上的判断,是否实质符合行政协议的特征要件。是否合法,需要法院经过审查之后做出裁判。所以,一审法院的分析走偏了。

二审法院意识到,并纠正道:"一审法院在审查确认上诉人的起诉不符合受理条件的情形下,其所作备忘录超出被上诉人的法定职权范围,损害国家利益、公共利益及他人合法权益的认定已经超出了人民法院行政审判的权限范围"。

二审法院也提出了对行政协议的见解,"所谓行政协议,是相对于民事协议而言,其主要特征在于:订立行政协议的一方必须是行政主体,订立行政协议的主要目的是实现行政管理职能,具有公益性,其产生、变更、消灭的是行政法律关系;行政协议双方当事人的法律地位并不是完全平等的,行政主体享有行政优益权。其中,行政协议所具有的产生、变更、消灭行政法律关系是行政协议区别于民事协议的主要特征,是判断协议性质的主要方面"。

然后,二审法院结合本案指出,从备忘录内容来看,南通市通州区十总镇人民政府是"为促进该地区的商业开发,以开发主体的身份与上诉人南通

---

① 司法解释中"在法定职责范围内"的表述也属多余。参见沈福俊:《司法解释中行政协议定义论析——以改造"法定职责范围内"的表述为中心》,载《法学》,2017(10)。

咏辉置业有限公司签订"。而且,"协议中所约定的南通市通州区十总镇人民政府对土地拍卖价格高出50万元/亩的部分返还给南通咏辉置业有限公司、回购部分商业铺面和住宅等相关权利、义务内容并不属于行政法律规范调整的范围,双方之间并未因此产生、变更或消灭相应的行政法律关系,该备忘录不具有行政协议的基本特征"。

但是,对上述判断,我不完全认同。仔细分析备忘录,我们还是能够发现一些内容是约定了行政法上的权利义务,比如,"十总镇政府对实际拍卖价格高出50万元/亩的部分将返还给南通咏辉置业公司,用于该地块的基础设施配套建设。区返还到镇的基础设施配套费将定向用于该地块基础设施建设","南通咏辉置业公司在取得该地块开发权之后,十总镇政府将向南通咏辉置业公司回购部分商业铺面和住宅用于安置拆迁户","十总镇政府负责11月底前完成拆迁工作,2011年1月前完成挂牌出让","十总镇政府负责协助做好该地块相关配套工程的报批工作和群众工作"。

(2)"董凤岐与汪清县人民政府行政纠纷二审行政裁定书"((2015)吉行立终字第188号)中,对"上诉人董凤岐不服不予立案行政裁定的上诉",吉林省高级人民法院的裁定行文极短,言简意赅,认定"上诉人董凤岐所谓的与汪清县清理欠款办公室关于清欠费用的约定,根本不属于行政协议"。

难得的是,法院还阐述了行政协议,"行政协议是指行政机关为了履行行政职责、实现行政管理目标与相对人经过协商一致达成的协议。行政协议需要具备以下几个方面的主要特征:①行政协议主体一方恒定是依法享有行政职权的行政主体。②签订行政协议的目的在于履行行政职责,实现行政管理公益目标。③行政协议签订履行过程中行政机关享有优益权"。在这近似提纲挈领的解释之后,法院没有结合本案做进一步的分析。

(3)"朱元德诉江永县住房和规划建设局行政协议纠纷行政裁定书案"((2015)江永法行初字第8号)中,法院认为,"可诉行政协议,是行政主体以实施行政管理为目的,进行公共管理和服务的一种方式,具有鲜明的公权力属性,行政主体对行政协议的履行享有行政优益权,协议双方的权利义务不完全对等"。而在本案中,"《协议书》是平等主体之间订立的协议,不属于可诉的行政协议范围"。法院没有阐述推理过程。

(4)"坤昊房地产开发有限公司与西平县人民政府行政协议纠纷行政判

决书案"((2015)漯行初字第27号)中,对于原告竞得国有建设用地使用权,与西平县公共资源交易中心签订的成交确认书,法院从两个方面去分析判断。首先,依据最高人民法院行政审判庭的两个答复,认定签订成交确认书的行为属于行政行为。① 其次,"该成交确认书是原告自愿参与国有土地使用权挂牌出让的直接法律后果,确认了涉案土地出让的总价及每平方米单价,又约定了竞得人交纳的竞买保证金自动转作受让地块的定金、签订的期限以及不按期签订的法律后果,具有行政协议的属性"。由于"行政行为"与"合意"兼而有之,所以,是一种行政协议。这与我一向看法很相像,行政契约是游离在具体行政行为与民事合同之间的一种特殊的形态。②

但是,对于原告与被告西平县政府签订《招商引资协议书》,法院只是断言"该《招商引资协议》性质属于行政协议",没多做分析。其实,在我看来,《招商引资协议书》是个不可多得的分析样本,公法上的约定非常明显。包括:第一,约定了出让土地。"甲方(被告)以招拍挂形式公开公平出让该宗土地,乙方(原告)可以参加竞买,如依法取得土地使用权后并与国土部门签订国有土地使用权出让合同,按合同约定期限和竞拍成交价全额交付土地使用权出让金"。第二,甲方"负责按本合同约定如期完成该项目建设用地地上(地下)建筑物、附着物的拆迁清理工作",这种"拆迁清理工作"要通过有关行政机关行使行政权才能完成,应该是对行政法义务的一种约定和事先处分。所以,在土地出让过程中,西平县人民政府还专门作出了(2014)9号县长办公会议纪要,专题研究 xp-2013-32 号土地公开出让问题,要求"地面附属物清点、拆迁补偿等工作由县征安办牵头,财政局、住建局、国土局和柏亭办事处等单位主动搞好配合,3月1日前要摸清该地块整体情况,

---

① 最高人民法院行政审判庭(2009)行他字第55号《关于土地管理部门出让国有土地使用权之前的拍卖行为以及与之相关的拍卖公告等行为性质的答复》规定,"土地管理部门出让国有土地使用权之前的拍卖行为以及与之相关的拍卖公告等行为属于行政行为,当事人不服提起行政诉讼的,人民法院应当依法受理。"最高人民法院行政审判庭(2010)行他字第191号《关于拍卖出让国有建设用地使用权的土地行政主管部门与竞得人签署成交确认书行为的性质问题请示的答复》规定,"土地行政主管部门通过拍卖出让国有建设用地使用权,与竞得人签署成交确认书的行为,属于具体行政行为。当事人不服提起行政诉讼的,人民法院应当依法受理。"

② 余凌云:《行政法讲义》(第二版),261页,北京,清华大学出版社,2010。

并向县政府汇报下步工作打算;5月20日前要完成拆迁补偿等工作,保证该地块达到合同规定交地条件"。第三,"甲方将在出让文件中公开优惠条件,中标即享有优惠条件,如乙方没有中标该协议无效",这是对行政政策适用范围的约定。西平县人民政府在(2014)2号县长办公会议纪要又重申了这一点。"xp-2013-32号宗地拟规划为城西新区农贸市场,竞得者可享受县政府关于此地块的相关优惠政策"。

(5)"原告张志怀、张润碧、张志琴诉被告毕节市七星关区长春堡镇人民政府土地行政协议一案行政判决书案"((2015)黔方行初字第16号)中,法院认为,"行政协议是指行政机关为达到维护与增进公共利益,实现行政管理目标之目的,与行政相对人之间经过协商一致达成的协议"。并结合本案,对是否符合"公共利益""行政管理目的"以及"协商一致"做了分析。"本案中,《承诺书》的协议一方为行政机关即被告长春堡镇政府,另一方为自然人顾尚芳。该《承诺书》载明'由于毕威高速新公路修建,国家需征用长春村十一组顾尚芬(笔误,应为芳)的承包地',是为增进公共利益,实现行政管理目标的需要。《承诺书》尾部有承诺单位及本案被告加盖的印章、顾尚芳本人手印、原告张志琴签名及捺印,由此可见,该《承诺书》系顾尚芳与长春堡镇政府通过协商一致达成的协议。因此,《承诺书》符合行政协议的构成要件,应属行政法律关系所调整的行政协议"。

但是,法院给出的行政协议定义之中扣掉了"行政法上权利义务的内容",仅凭"公共利益"和"协商一致",很难说本案的《承诺书》就是行政协议。而且,就该案的核心争议而言,也更偏向民事纠纷。因为双方争执的焦点是,原告主张其原承包土地实际面积为0.28亩(186.65平方米),被告丈量时却缩小到146.72平方米,存在欺诈,要求解除《承诺书》。法院的裁断是,"顾尚芳、原告张志琴均在《承诺书》上捺印、签字捺印,已经认可土地征用面积为146.72平方米,原告在本案中亦未提供有力证据证明其被征用土地面积为0.28亩(186.65平方米),对原告的该项诉讼主张,本院不予支持"。

从以上判案,我们可以发现,法院并没有完全按照司法解释的规定要件去识别判断，而是呈现了三种分析路径，①一是"公共利益""行政优益权""行政法律关系"（地位不平等），比如，案件(1)(2)(3)。二是"行政行为""合意"，比如，案件(4)。三是"公共利益""行政管理目的"以及"协商一致"。比如案件(5)。

如上分析，案件(5)继续沿用了上述地方立法的界定方式，采行的标准有缺陷，无法有说服力地识别行政协议。其余4个案件阐释的标准还不够透彻完整，对行政协议"具有行政法上权利义务内容"的认识，都只是停留在传统的行政优益权理论之上，或者将其中的行政行为单独切割出来。尤其可惜的是案例(1)、(4)，法官都没有意识到公法上的约定。

但是，在"河南省漯河市召陵区人民政府与漯河市东城置业有限公司土地出让金返还纠纷再审案"((2018)最高法行申565号)中，最高人民法院行政法官已经完全采用了"行政法上权利义务"标准，"《项目合同书》中约定，东城置业公司在东××集聚区投资兴建商务中心项目，工程建设必须符合产业集聚区的规划、建设和管理，必须合法经营，照章纳税；漯河市东城××集聚区建设管理委员会（以下简称东城建管委）负责协调办理人防工程手续、工商注册相关手续，并给东城置业公司提供优良的建设环境；项目建成投产后，经评定，若项目固定资产达到约定的投资规模、投资强度，东城置业公司享受相应的优惠政策。这些权利义务的约定，不仅涉及地方政府不同职能部门的行政职权，而且具有明显的行政法上的权利义务特征"。

2. 法官的见解

新法实施未久，在中国知网上能够检索到的行政协议文章不多，《中国法律评论》2017年第1期刊发了一组文章，算是较为集中的论述。我找了几

---

① 在民事裁定中，还发现一起以"执行公务方式"为识别标准的裁定，即"最高人民法院民事裁定书"(2015)民申字第3013号，法院认为，"赤湖镇政府又是对本辖区环境质量负责的地方人民政府，且本案合同标的为污水处理项目，赤湖镇政府签订和履行污水处理特许项目协议是其行使公共管理和公共服务职责的方式之一，该行为具有公权力属性"。"为此，特许项目协议在第二十六条第26.3款约定：'甲方不得采取任何违反法律法规和本协议约定以外的行动影响乙方及项目公司对本项目的建设和运营管理。如果出现这种影响，甲方同意补偿甲方的影响而造成的任何直接损失，但为了公共安全和健康的紧急情况而采取措施除外'。本院认为，根据该约定，赤湖镇政府在发生危及公共安全和健康的紧急情况下对项目的建设和运营管理采取措施，既不违反合同约定，也不违背其行政管理职责。因此，二审裁定认定，特许项目协议第26.3款体现了赤湖镇政府作为公共事务管理者的身份，这一条款具有行政合同性质，并无不当。"

行政协议的判断标准——以"亚鹏公司案"为分析样本的展开

篇主要是出自法官之手的文章,看他们如何解读行政协议的识别标准,尤其是"具有行政法上权利义务内容"的。之所以略去主体、目的(公共利益)不深谈,不是说,它们不是其中的标准,而是,第一,识别相对容易;第二,涵义较清晰,且分歧不大;①第三,仅凭它们还无法说服民商法学者。

（1）地位不平等

赵龙法官在分析房屋征收补偿协议是一种行政协议时指出,它的"订立主体为房屋征收部门与被征收人",根据《国有土地上房屋征收与补偿条例》(2011年)第4条第2款的规定,房屋征收部门是由市、县级人民政府确定组织实施房屋征收与补偿工作的行政机关。"由此,不同于拆迁人与被拆迁人的平等民事关系,房屋征收部门与被征收人具有明显的不平等性"。②因为民事合同的显著特征就是双方地位平等,③因此,主体之间地位是否平等,便成了判断合同是民事合同还是行政协议的一块试金石。④民商法学者甚至以地位不平等来根本否定行政合同是一种合同。

但是,这种不平等是外观印象上的、形式上的,还是实质的,权力因素真

---

① 李智辉法官提出了一个很有意思的观点,也就是对当事人意愿的尊重与满足程度。"审判实践中有时难以准确判断行政协议签订的目的",可以转换为观察在协议订立过程中对当事人意愿的尊重与满足程度。比如,在房屋拆迁安置补偿协议纠纷中,实现公共利益或者行政管理目标与纯粹的商业开发之间难以区分,两者可能兼而有之。这时要结合被拆迁人和拆迁人协议签订时的情况进行判断:如果拆迁人充分尊重了被拆迁人的意志,对被拆迁人提出的安置补偿条件予以充分考虑,则双方签订的协议为平等主体之间的民事协议;反之,则是行政协议。参见李智辉:《行政协议？民事协议？不能"傻傻分不清"——行政协议的法律特征及司法受理》,载《中国国土资源报》,2016—01—12。的确,行政契约是游离于公法上行为(权力性行为)与普通民事合同之间的一种特殊形态,包含着两个此消彼长的变量关系,也就是合意的程度与权力因素的成分。但是,上述观点似乎过于简单化了,合意的空间与程度似乎成了唯一判断标准,完全回避了对权力因素的分析。那么,是不是说,被限制或挤压的不得商谈的部分就自然属于行政性的？就可以直接推断为行政法上权利义务内容呢？这是颇令人费解的,即便是民事合同,也不见得完全迁就一方当事人的意愿和要求。

② 赵龙:《行政协议相对人违约行政机关可申请法院强制执行》,载《人民法院报》,2015—04—16。

③ 《合同法》(1999年)第2条第1款规定,"本法所称合同是平等主体的自然人、法人、其他组织之间设立、变更、终止民事权利义务关系的协议"。第3条规定,"合同当事人的法律地位平等,一方不得将自己的意志强加给另一方"。

④ 在"原告王文通诉被告蠡县留史镇人民政府行政协议行政裁定书案"((2015)唐行初字第111号)中,法院认为,《土地补偿协议》是原告等村民委托村委会负责人与留史镇人民政府签订的土地使用协议,是平等民事主体间就土地使用达成的一致意见,不是严格意义上的土地征收和征用,不具有行政强制性和行政主导性,不是《中华人民共和国行政诉讼法》界定的可诉的行政协议,不属于人民法院行政诉讼受案范围"。

的影响并渗入了协议的缔结与内容?这是两个不同的概念。这个判断标准也太过抽象,不如行政优益权来的具体,而后者又是地位不平等的表征。赵龙法官的分析似乎也不够透彻细腻,说服力还不够强。

(2)行政优益权与签订过程的行政性

宋海东法官认为,行政协议虽然与民事合同一样,也是双方意思表示一致的结果,但相比而言,具有以下特征:一是缔约的一方为行政机关;二是行政协议的目的是为了实现公共利益;三是行政机关享有协议履行的指挥权、单方变更协议标的权、单方解除权、制裁权等行政优益权。① 上述第三点,尽管遮遮掩掩,但似乎已经潜意识地与"行政法上权利义务"做了勾连。

相形之下,李福忠法官说得更加直白,行政协议的行政性,"主要表现为行政主体对行政协议享有的行政优益权,即签订协议选择权、履行过程指挥权、单方解除协议权、违约行为制裁权",以及行政机关承担的特殊义务,比如"对合同相对方的无过失补偿"。"对于上述行政机关享有的特权和承担的特殊义务通过合同法等民事法律是难以解释的,如果按照民事诉讼程序审理,适用法律将面临一定困难,审理起来也不顺畅,显然通过行政诉讼程序加以救济更加适合这类纠纷的特点"。②

李福忠法官还进一步分析了国有土地使用权出让合同,论证它是一种行政协议,因为"土地管理部门出让国有土地使用权之前的拍卖行为、提前收回土地使用权处理决定、处罚决定、与竞得人签署成交确认书等行为,均是行政机关单方履行行政职权而实施的行政行为,对上述行为不服提起诉讼的,属于行政诉讼受案范围应无任何异议"。最高人民法院"关于土地管理部门出让国有土地使用权之前的拍卖行为及与之相关的拍卖公告等行为性质的答复"(〔2009〕行他字第55号)、最高人民法院"关于收回国有土地使用权案件适用法律问题的答复"(〔2012〕行他字第10号)、最高人民法院"关于拍卖出让国有建设用地使用权的土地行政主管部门与竞得人签署成交确认书行为的性质问题请示的答复"(〔2010〕行他字第191号)对此分别进行了规定,"这与单独因履行国有土地使用权出让合同引起的纠纷情形

---

① 宋海东:《新行政诉讼法语境下行政协议若干问题探析——以类型化诉讼为视角》,载《山东审判》,2015(6)。
② 李福忠:《新行政诉讼法确立的行政协议诉讼制度初探》,载《山东审判》,2015(4)。

是不同的"。①

另外,李福忠法官在分析国有土地使用权出让合同时还认为,应当将合同签订的整个过程以及各个环节的行为一并考虑,看是否具有行政法上的元素。这种看法在政府采购合同的属性之争中就已存在,也就是,是适用行政法上的"双阶理论"区分签订程序与合同属性,还是作为一个完整的过程一并认定。在我看来,合同签订过程中的程序以及行为的行政性,与合同本身的性质之间的确是可以区隔的。但是,当合同纠纷与签订程序以及行为有着内在联系时,是可以依据签订程序与行为的行政性来认定合同的属性的。②

从上述分析可以看出,第一,只要在协议中规定,或者实际享有行政优益权,就是"具有行政法上权利义务内容"。③李福忠法官进一步补充了除行政优益权之外,还有行政机关的特殊义务。这种观点很接近早先的认识,是对早先行政合同理论的重述。④在司法实践上也接近通说。但是,客观地说,行政优益权不是很典型的行政权,本质上还是约定的权力,是为了实现具体行政契约的行政目的而有所增删选择的,但在不同程度上也超出了民事合同的一般原理。比如,民事合同一般不承认一方当事人有单方解除合同的权利,承揽合同除外。⑤第二,李福忠法官对出让合同的分析,也没有完全裹足于行政优益权的分析框架,还要求考察签订协议过程的行政性,认为后者也决定了合同的属性。

(3)协议中规定了一些行政职权以及适用超越合同法的规则

梁凤云法官花了大量笔墨分析了这类协议,除了与李福忠法官类似的观点外,还进一步补充了以下理由,⑥第一,《城镇国有土地使用权出让和转

---

① 李福忠:《新行政诉讼法确立的行政协议诉讼制度初探》,载《山东审判》,2015(4)。
② 余凌云:《行政契约论》(第二版),208—214页,北京,中国人民大学出版社,2006。
③ 麻锦亮法官也认为,"行政优益权无疑是行政诉讼独有的制度"。"只要出现行政机关享有行政优益权条款的协议,多数可以推定其具有公共利益目的"。麻锦亮:《纠缠在行政性与协议性之间的行政协议》,载《中国法律评论》,2017(1)。
④ 应松年:《行政合同不容忽视》,载《法制日报》,1997-06-09。
⑤ 我曾与韩世远教授探讨,在行政合同中,政府基于公共利益需要有权单方变更合同,对当事人相应的损失要给予补偿。他认为,承揽合同中定作人也有单方变更权。但是,一般民事合同的变更需要双方协商。因为《合同法》(1999年)第77条规定,"当事人协商一致,可以变更合同"。
⑥ 梁凤云:《行政协议案件的审理和判决规则》,载《国家检察官学院学报》,2015(4)。

让暂行条例》《城市房地产管理法》是将合同一方的土地管理部门作为行政主体对待的。正如有关合同范本使用说明中明确的，"本合同的出让人为有权出让国有土地使用权的人民政府土地行政主管部门"。第二，该种协议是在具有不同法律地位的行政法律关系主体之间签订的，一些法律规定的行政职权也纳入到合同内容当中。比如，国土资源部和国家工商总局发布的《国有土地使用权出让合同范本（2000年）》和《国有土地使用权出让合同补充协议（2006年）》中，规定了征收土地闲置费、无偿收回土地使用权。①而且，从最高人民法院的批复中，也肯定了上述权力是一种行政权力。②

在梁凤云法官看来，"有行政法上权利义务内容"，似乎主要体现在协议中约定的内容涉及一些由法律规定的行政权力。为了提醒读者这些权力的行政性，他甚至直接把"征收闲置土地费"的权力说成是"对闲置土地的处罚权"。③

梁凤云法官在分析政府采购合同时提及，"政府采购法中规定的内容有相当数量超出了合同法规定的规则"。例如，政府采购应当遵循公开透明原则、公平竞争原则、公正原则和诚实信用原则（第3条）、政府采购应当采购本国的货物、工程和服务（第10条）、财政部门负责政府采购并履行监督管理职

---

① 这两项行政权力均出自《房地产管理法》（1994年）第25条，该条规定："以出让方式取得土地使用权进行房地产开发的，必须按照土地使用权出让合同约定的土地用途、动工开发期限开发土地。超过出让合同约定的动工开发日期满一年未动工开发的，可以征收相当于土地使用权出让金百分之二十以下的土地闲置费；满二年未动工开发的，可以无偿收回土地使用权；但是，因不可抗力或者政府，政府有关部门的行为或者动工开发必需的前期工作造成动工开发迟延的除外。"

② 《最高人民法院关于地方人民政府作出的同意收回国有土地使用权批复是否属于可诉具体行政行为问题的答复》（2012年8月23日）规定："地方人民政府针对其所属土地行政部门作出的同意收回国有土地使用权批复，土地行政管理部门直接据此付诸实施且已经过复议程序，原国有土地使用权人对地方人民政府同意收回土地使用权的批复不服提起诉讼的，人民法院应当依法受理。"《最高人民法院关于收回国有土地使用权案件适用法律问题的答复》规定："在国有土地使用权出让合同纠纷中，具有土地行政管理职能的市、县人民政府决定收回国有土地使用权的行为，是单方履行行政职权的行为，对该行为不服提起诉讼的，属于行政诉讼受案范围。"《最高人民法院行政审判庭关于拍卖出让国有建设用地使用权的土地行政主管部门与竞得人签署成交确认书行为的性质问题请示的答复》（2010年12月21日）规定："土地行政主管部门通过拍卖出让国有建设用地使用权，与竞得人签署成交确认书的行为，属于具体行政行为。当事人不服提起行政诉讼的，人民法院应当依法受理。"

③ 梁凤云：《行政协议案件的审理和判决规则》，载《国家检察官学院学报》，2015(4)。

责(第13条)等。①也就是说,只要合同中存在着超越民事法律规定的规则,就具有行政性,就是行政协议。

杨科雄法官做了更加宏观的概括,认为,"行政法上的权利(力)义务可从以下几个方面进行判断:一是是否行使行政职权;二是是否为实现行政管理目标或者公共利益;三是在协议里或者法律上是否规定了行政机关的优益权"。他进一步解释了三者之间的关系,第一和第三个标准"构成了行政协议的标的",当这些标准不好判断时,就要结合第二个标准。在他看来,第一个标准是"本质要素",只要符合这一要素,所涉协议即为行政协议,而第二和第三个标准仅是"辅助要素","对行政协议的科学分类具有重要作用"。②

耿宝建、殷勤两位法官从2017年以来最高人民法院就国有建设用地使用权出让、招商引资、土地房屋征收补偿、资产转让等协议类行政案件的裁判中,更敏锐地提炼出了一些识别标准,指出,"如果满足以下条件之一,可以认为主要包含行政法上的权利义务关系:一是约定指向未来行政机关要作出某个具体的行政行为;二是以约定代替过去行政机关作出某个具体的行政行为;三是约定的内容来源于行政法律规范的明确规定;四是当条件成就时,行政机关可以依约定实施单方变更或者解除权"。③其中第一、二点接近了本文观点。

在我看来,第一,"出民入行"的观点是符合行政契约产生的机理的。无论是规则还是权力,只有迥异于民事合同,才有区分行政契约的价值与意义。至于梁凤云法官提到的"超出合同法的规则",或者更宽泛地说,"超越民商法的规则",是否能涵射到"具有行政法上权利义务"标准之内呢?还需要进一步研究。④第二,行政契约中的确有时是混杂着主导性权利(行政优益权)和行政权力的,但是,它们还是有一定区别的,尽管有些行政优益权可能是行政权力的行使特性之于合同的体现,比如,依法行政原则优于合同约

---

① 梁凤云:《行政协议案件的审理和判决规则》,载《国家检察官学院学报》,2015(4)。
② 杨科雄:《试论行政协议的识别标准》,载《中国法律评论》,2017(1)。
③ 耿宝建、殷勤:《行政协议的判定与协议类行政案件的审理理念》,载《法律适用》,2018(17)。
④ 在法国,对于"超越于普通法之条款"的解读,有一种看法是"体现了公权力",还有一种看法是"仅部分条款体现出了公权力,而更多的条款主要展现了合同履行之条件不同于传统民事合同"。陈天昊:《在公共服务与市场竞争之间——法国行政合同制度的起源与流变》,载《中外法学》,2015(6)。

定,行政机关也就可以根据公共利益需要享有单方变更权。第三,在行政契约中是静态地胪列某些行政权力,还是约定了这些权力未来的行使,特别是行政机关承诺将做出的行政行为形态与结论,又是两个不同的概念。显然,在一个属性待定的合同之中,能够挑剔出、鉴别出若干行政权力以及对行政权力未来行使的约定,对于成就行政契约,更具有说服力。第四,"行使行政职权"与对行政权力未来行使的约定又是不同概念,一动一静,泾渭分明。行政协议文本之中可能更趋向静态。协议履行之中发生争议,则是动态所致,多为约定的权力行使不为当事人接受。所以,我不太赞成"行使行政职权"作为判断标准。

3. 本书观点

从上述夹叙夹议中,不难看出,我不完全赞同上述观点。的确,"具有行政法上权利义务内容",决定了行政协议与民事合同在解决纠纷上的不同理路,成为判断行政协议的根本性标准。在我看来,应当从以下四个方面做解释性建构,其中(1)(2)是对上述法官已有认识的认可,(3)(4)是进一步的发展,也能从后述的出让合同示范文本分析中得到印证。

(1)协议中必须引入一些非民事合同所有、不符合民事原理的特别约定与内容。比较多见的是赋予行政机关行政优益权,①以及适用超越民法、合同法的特殊规则,从而形成了行政法上的权利义务关系。这是因为,首先,就行政协议欲实现的行政目的看,完全援用民事合同上的所有机制,能否确保履约,行政机关仍有疑虑,唯恐力所不逮。其次,现阶段不很成熟的市场机制、普遍缺失的信用体系,更让行政机关觉得有揉入特殊保障条款的必要。

(2)协议中直接规定了某种行政权力,以及行政法上的义务。最明显的

---

① 从法国的经验看,就行政优益权而言,有别于民事合同的权利形态主要有两种,一是行政机关因政策改变,可以单方变更或解除行政协议,并给予合同当事人相应的补偿。二是因不可归咎于行政机关的不可预见的原因,比如通货膨胀、物资短缺等,导致行政协议继续履行不经济,行政机关可以要求合同当事人继续履行,但应采取相应措施,弥补合同当事人付出的额外成本。Cf. A. C. L. Davies, *The Public Law of Government Contracts*, Oxford University Press, 2008, pp. 56—57. 这是"公共服务不间断原则"(public service continuance principle)的要求,根本源自公民对政治治理的信念(citizens' beliefs in political governance)。Cf. Mohammad Hussein Momen & Hussein Rahmatollahi, "*The Principle of Continuance in Public Service Contract*" (2016) 9 *Journal of Politics & Law* 7. 所以,这些改变都不算违约。

就是纯粹的行政契约形态,比如治安处罚上的担保协议,双方约定的都是如何确保被担保人不逃逸,不串供、不销毁证据,保证随传随到等公法上的事由。

(3)双方在协议中约定了对行政权的未来处分。合同约定了作为当事人一方的行政机关未来必须做出的某种行政行为,或者必须履行的某种行政法上的义务。比如,允诺出让国有土地,不同于一般民商法意义上的物的交易,土地出让的审批过程是一个行政权运用过程,不仅受合同效力拘束,也必须遵守依法行政原则,因此,土地管理部门签订出让合同,实际上是约定了其未来办理土地出让的批准、登记等手续,并对这些行政权行使做过事先的合法性审查。又比如,土地管理部门应当依照合同约定"提供达到'五通一平'条件的地幅"。① 所以,在签订行政协议时,一般会根据类型与目的,由负有主要法定职责的行政机关出面代表签约,比如,国有土地使用权出让合同由土地管理部门来签,这是因为,该行政机关在合同签订时就可以、也有权对其未来的行政决定作出预先的处分。

(4)行政协议实际上也约定了其他相关行政机关对行政权的未来处分。很多时候,不是协议一方当事人的其他行政机关,在职责上与上述行政法义务有关联,也必须依据协议约定连动地做出相应的配合性、辅助性决定,才能使得合同约定的目标最终实现。比如,当事人按照原先约定的用途开发商品房建设的,只要符合条件,建设部门应当及时颁发有关建设许可证,否则,国有土地使用权出让合同约定的土地用途无法兑现。又比如,合同约定当事人可以将"土地使用权随同地上建筑物、其他附着物出租",土地管理部门、房产管理部门就应当依法办理登记手续。所以,从某种意义上讲,签订行政协议的行政机关一方,仅具有形式上的意义,是代表政府一方。行政协议在履行过程中,需要政府作为一个整体对外回应。

上述公法约定不仅要受合同约束,还必须服从依法行政的要求。"自由民主理论要求国家既要保护个人自治,又要为公共利益而行事。由于这些

---

① 在"山东省烟台市国土资源局与山东烟台长城科工贸(集团)公司等土地行政处罚决定纠纷上诉案"中,就是"由于烟台市土地局未能及时向长城公司提供达到'五通一平'条件的地幅,致使长城公司未能在取得《国有土地使用权证》后的二十七个月内完成全部建设任务"。张珊、张福林:《从判例看国有土地使用权出让合同的性质》,载《国土资源》,2006(3)。

义务既是强制性的,又是一般性的,因此,国家必须尊重其与个人和整个社会的关系,即使特定个人和国家以其他方式——包括合同的方式——相互作用"(liberal democratic theory obligates the State both to preserve individual autonomy and to act in the interests of the public good. As these duties are both mandatory and general, the State is required to respect its relationship with the individual and society at large even when a named individual and the State interact in other ways-including contractual ones.)。"国家不能简单地拘束于合同,它也必须在这些预先存在的关系中一并履行义务"(The State is not simply bound to a contract; it must fulfil simultaneously its duties within these pre-existing relationships as well)。[1] 合同约定只有与依法行政要求相吻合,才能拘束行政权的行使。当两者发生冲突时,在解决问题的次序上,依法行政要求无疑要优于合同约定。这是因为,行政机关不能拘泥于已有的合同而放弃未来的权力行使,否则,行政机关就变成了立法机关,可以通过合同自我授权。但是,这不等于说,签订行政协议对当事人是不安全的,一方面,行政机关对于合同约定不可能弃之如敝屣,另一方面,对当事人造成的损失,必须遵循经济平衡原则,给予合理补偿或者采取其他补救措施。

五、对出让合同性质的三种分析模式

那么,亚鹏公司签订的出让合同是不是一种行政协议呢?或者从更宽泛的意义上讲,国有土地使用权出让合同是不是一种行政协议呢?从有关文献看,大概可以有三种分析模式。

(1)"特殊合同"的分析模式

国有土地使用权出让合同本质上是一种民事合同,但是,双方存在着权利义务不对等,土地管理部门享有某些特权,或者说,行政优益权、主导性权利,这些超越私法的规则使得出让合同不是一般的民事合同,而是建立在民事合同结构基础上的一种特殊合同,兼具契约性与行政性,所以,可以认为

---

[1] Cf. Shannon Kathleen O'Byrne, "*Public Power and Private Obligation: An Analysis of the Government Contract*"(1992) 14 *Dalhousie Law Journal* 496—497.

是一种行政协议。比如,上述李福忠法官的分析基本上属于这种路数。

这种分析方法较温和,容易获得民商法学者的认同,但是,很难说服民商法学者接受这是行政契约。而且,出让合同中不仅有行政优益权,还蕴含着对行政权未来的处分约定,仅看前者,不及后者,不免以点概面。

(2)"执行公务方式"的分析模式

"土地使用权的出让,是由行政机关通过行政权来实现的,是国家作为土地所有者处置土地的一种方式","实际上只是国家配置土地资源、管理土地的一种方式"。① 对此又从两个途径进一步解析。

一是结合"目的说",签订土地出让合同是"为了贯彻国家的土地政策法规",包括"改革城镇国有土地使用制度,合理开发、利用、经营土地,加强土地管理,促进城市建设和经济发展等","按照市场方式配置土地资源,取得最佳土地利用效益"。为此,合同之中蕴含了很多特殊规定,比如,"通过对出让金的调整,实现对土地市场的经济调控","附有该宗地的规划条件及其转让条件",以"防止炒卖地皮等土地投机行为的出现","土地管理部门对土地管理的公共事业或公共利益,不能完全受限于或取决于受让方的利益"。

二是双重身份说,土地管理部门在合同内外叠加着两种不同身份,在合同之内,土地管理部门是以平等主体签订合同的一方当事人,在合同之外,土地管理部门仍然承担着土地监管职责。所以,"其在法律上的表现,是政府机关对使用土地的批准,土地管理部门与土地使用者之间的基本关系是管理与被管理的关系",那么,"基于出让行为的土地出让合同自然是一种行政合同"。②

这种分析方式说服力还不够,也很难说服民商法学者。"土地管理部门签订出让合同的目的并不是为了实施行政管理,而是为了在土地所有权上设定用益物权,从而实现土地所有权的商品价值"。在民商法学者看来,土地管理部门行使"纠正、警告、罚款、无偿收回土地使用权等行政处罚权",是"土地管理部门依据法律授权享有的行政管理权",同样,"因公共利益需要收回土地的规定,实际上属于土地征用条款,是国家依法定程序和条件对民事主体用益物权的剥夺,这是法定的权力",都不是"基于行政合同享有的行

---

① 陈少琼:《我国国有土地使用权出让合同法律性质》,载《中国司法》,2004(12)。
② 陈少琼:《我国国有土地使用权出让合同法律性质》,载《中国司法》,2004(12)。

政特权"。①

(3)"对优益权以及行政权未来处分的约定"的分析模式

尽管我们无法查阅亚鹏公司签订的国有土地使用权出让合同文本,但是,根据国土资源部和国家工商总局发布的《国有土地使用权出让合同范本(2000年)》和《国有土地使用权出让合同补充协议(2006年)》,我们还是可以做出如下判断,证实亚鹏公司签订的出让合同应当是一种行政协议。

第一,亚鹏公司签订的合同中应当规定了征收土地闲置费、无偿收回土地使用权。这是超越民事法律的规则,属于行政优益权或者主导性权利。

第二,出让合同签订之后,亚鹏公司作为受让人取得了 TG－0403 号地块国有土地使用权,出让人、也是签约一方的市国土局依据合同也预先同意了其未来将办理有关土地的转让、审批、登记等手续,对其未来的行政行为已经做出了事先的处分。而且,根据合同约定,同意亚鹏公司对该地块进行商住综合开发建设。只要亚鹏公司是按照事先约定的、并经过行政机关批准的土地用途开发利用,建设规划管理部门、房产管理部门就必须办理相应的许可手续。这些行政法上的义务都源自合同,或是隐含在合同之中的。

第三,合同约定的"冷藏车间维持现状",市规划局在复函中进一步解释原因,"由于地块内的食品冷藏车间是目前我市唯一的农产品储备保鲜库,也是我市重要的民生工程项目,因此,暂时保留地块内约7300平方米冷藏库的使用功能,未经政府或相关主管部门批准不得拆除"。因此,亚鹏公司必然承担了"维持现状"、"未经批准不得拆除"的义务,这毫无疑问是一种行政法上的义务。

我们还可以进一步分析国土资源部、国家工商行政管理总局发布的《国有建设用地使用权出让合同》示范文本(2008年版),发现,在文本总计46条之中,涉及土地管理部门未来权力处分的有6条(见表格3),与其他行政机关职责交集的条款则有6条(见表格5),也就是说,涉及未来行政权处分约定的条款共12条,约占全部条款的26%。这些条款的约定无疑构成了整个合同的核心内容。

---

① 宋志红:《国有土地使用权出让合同的法律性质与法律适用探讨》,载《法学杂志》,2007(2)。

表格3 《国有建设用地使用权出让合同》示范文本（2008年版）中涉及土地管理部门未来权力处分的约定条款

条款内容	土管部门职责	法律依据
第二条 出让土地的所有权属中华人民共和国，出让人根据法律的授权出让国有建设用地使用权，地下资源、埋藏物不属于国有建设用地使用权出让范围。	出让土地使用权	《城市房地产管理法》第十四条、《土地管理法》第五十五条、《协议出让国有土地使用权规定》第六条
第十一条 受让人应在按本合同约定付清本宗地全部出让价款后，持本合同和出让价款缴纳凭证等相关证明材料，申请出让国有建设用地使用权登记。	办理土地初始登记	《土地管理法》第十一条第二款、《土地管理法实施条例》第五条第一款、《土地登记办法》第三条第二款、第二十七条
第二十条 对受让人依法使用的国有建设用地使用权，在本合同约定的使用年限届满前，出让人不得收回；在特殊情况下，根据社会公共利益需要提前收回国有建设用地使用权的，出让人应当依照法定程序报批，并根据收回时地上建筑物、构筑物及其附属设施的价值和剩余年期国有建设用地使用权的评估市场价格及经评估认定的直接损失给予土地使用者补偿。	审查、报批收回国有建设用地使用权	《土地管理法》第五十八条、《房地产管理法》第二十条、《城镇国有土地使用权出让暂行条例》第四十二条
第二十四条 国有建设用地使用权转让、抵押的，转让、抵押双方应持本合同和相应的转让、抵押合同及国有土地使用证，到国土资源管理部门申请办理土地变更登记。	办理土地转让、出租、抵押等变更登记手续	《土地管理法》第六条第一款、《土地管理法实施条例》第六条第一款、《土地登记办法》第三十九条

续表

条款内容	土管部门职责	法律依据
第二十五条 本合同约定的使用年限届满，土地使用者需要继续使用本合同项下宗地的，应当至迟于届满前一年向出让人提交续期申请书，除根据社会公共利益需要收回本合同项下宗地的，出让人应当予以批准。住宅建设用地使用权期限届满的，自动续期。	审批土地使用权续期	《物权法》第一百四十九条、《城市房地产管理法》第二十二条第一款、《城镇国有土地使用权出让和转让暂行条例》第四十一条
第二十七条 土地出让期限届满，土地使用者没有申请续期的，土地使用者应当交回国有土地使用证，并依照规定办理国有建设用地使用权注销登记，国有建设用地使用权由出让人无偿收回。	办理土地注销登记	《土地管理法》第七条、《土地管理法实施条例》第七条、《土地登记办法》第五十条

因此，在我看来，行政机关基于公共利益而签订的合同，之所以可以成为一种行政协议，根本原因就在于，行政机关享有优益权，以及对未来行政权的行使与处分构成了整个合同的基调，合同的主要内容、实质约定都集中在这些方面。也就是说，协议主要内容由对行政权未来行使的承诺或约定而形成的。从对出让合同范本的分析看，对行政权的未来处分约定，有些是明确的意思表示，更多的可能是隐性的意思表示。这种分析模式最直截了当，也容易与民事合同拉开距离。

行政机关在签订行政契约之前，应当对未来权力的处分做过合法性审查与沟通，使得合同约定、行政权行使与依法行政原则是吻合的。因此，当事人有权依据行政契约要求行政机关兑现当初的约定，当事人也应该有这样的合法预期，行政机关也应该受到契约的拘束，除非有关法律法规变化使得履约与依法行政原则发生抵触，或者当初的约定违法。

六、对民商法学者质疑的回应

关于行政契约有无的争议,波属云委,不绝于耳,民商法学者指向的场域主要是"混合契约"。对于一些有争议的合同形态,比如,政府招商引资合同、政府采购合同、国有建设用地使用权出让合同、探矿权转让合同、农村土地承包合同、国有企业租赁承包经营合同、经济协作合同、科技协作合同等,是行政合同抑或民事合同呢?民商法学者与行政法学者一直在角力之中。

崔建远教授近期批评了行政合同的泛化,提出,应当"借鉴英美法上的'近因理论'和法国法上的'直接执行公务说',选取最接近合同的因果链条,并根据其所蕴含、体现的属性作为认定该合同的法律性质、类型归属。如果最接近合同的因果链条所蕴含、体现的是市场规律,如价值规律;如果该合同项下的权利义务呈现的是对等性,而非隶属和服从,那么,就将该合同认定为民商合同,而非行政合同"。①

崔建远教授进一步指出,"仅仅依赖'近因理论''直接执行公务说',并不总能令人信服地界分行政合同与民商合同,只有同时根据有关主要方面和次要方面、主要矛盾与次要矛盾的哲学思想及思维方法,才有可能周延地定性和定位某合同究竟是行政合同还是民商合同"。②

我也同意,应当采取"近因理论"。崔建远教授也不否定,要进一步分析合同的内容约定的属性。只不过在我看来,分析的方法与路径应当是看是否存在对行政权力处分的约定,而不是笼统地看是否是"符合市场规律""对等"还是"从属"关系。至于哪些合同应当属于行政合同之中的"混合契约",还有待于做进一步的个案分析。

可以肯定的是,民商法学者一般也不否认,在"混合契约"中也存在着上述"具有行政法上权利义务内容",或者说,某种(些)超越私法的规则。比如,崔建远教授就承认"这部分权利义务关系属于行政法律关系","合同的解释与法律适用必须重视这部分行政法律关系。""对于行政属性的部分,

---

① 崔建远:《行政合同族的边界及其确定根据》,载《环球法律评论》,2017(4)。
② 崔建远:《行政合同族的边界及其确定根据》,载《环球法律评论》,2017(4)。

应该适用行政法律规范"。①

但是,在他们看来,第一,在现代社会,私人的契约权受到公法的某种限制,在民事合同中夹杂着某种行政法内容或者条款,已不鲜见。第二,即便"在一份合同关系中同时存在行政性质与民商法律关系的属性",也要看"哪种性质处于更重要的地位,更起主导作用"。并进一步认为,这些超越私法规则"因其在整个合同中所占比重较低,故它不改变合同的基本属性"。②

最高人民法院于2015年10月28日作出的(2015)民一终字第244号民事裁定也采同样的观点。法院认为,"本案合同并未仅就行政审批或行政许可事项本身进行约定,合同涉及的相关行政审批和行政许可等其他内容,为合同履行行为之一,属于合同的组成部分,不能决定案涉合同的性质。从本案合同的目的、职责、主体、行为、内容等方面看,合同具有明显的民商事法律关系性质,应当定性为民商事合同,不属于新《行政诉讼法》第十二条(十一)项、《最高人民法院关于适用〈中华人民共和国行政诉讼法〉若干问题的解释》法释(2015)9号第十一条第二款规定的情形"。③

对于民商法与行政法上由来已久的争执,为了证成行政契约,我始终的看法就是,对于混合契约,只要能够为民商法原理与规则很好调整的,一律不必强行贴上行政契约的标签。如果部分不能或者全部不能由民商法原理或者规则调整的,那么,契约之中必然夹杂着某些公法内容,必须由公法来规范。④因此,对于某种混合契约是否要划入行政契约范畴,不单是理论问题,更是实践选择。

但是,在我看来,对契约性质的认识与归类,不取决于不同性质条款的多寡,在契约中所占比重高低,而是看以下两点:

一是契约主要内容是由什么形成的,或者说,主要约定的内容是什么。

---

① 崔建远:《行政合同之我见》,载《河南省政法管理干部学院学报》,2004(1)。
② 崔建远:《行政合同之我见》,载《河南省政法管理干部学院学报》,2004(1)。
③ http://wenshu.court.gov.cn/content/content?DocID=9ecdadd7-3930-4629-b953-6414290fceef&KeyWord=关于投建经营辉县上八里至山西省界公路项目的协议书。但是,这个观点也遭到了质疑。陈学辉:"政府特许经营协议争讼管道——评最高人民法院(2015)民一终字第244号民事裁定",http://www.sohu.com/a/168661651_657048,访问时间:2017年12月18日。
④ 余凌云主编:《全球时代下的行政契约》,9页,北京,清华大学出版社,2010。

诚如日本学者指出的,"主要契约内容是由行政处分(相当于我国的行政行为)或公权力行为形成的,以及依法作出行政处分来设定、变更契约内容的情况等,可以认为是含有行政处分程序的契约关系,应当认可其公法的特质"。①比如,国有土地使用权出让合同主要是由土地审批、登记,允许建设等行政权处分约定形成的,②而不是仅限于"出让人可依法对受让人警告、罚款乃至收回建设用地使用权"等行政因素。③

之所以会与民法学者产生认识上的差异,究其原因,是因为以往我们多关注权利的法律属性,特别是权利的民事属性,比如,土地使用权是一种物权,而忽视了权利出让(转让)过程的行政性。"在中国,个人或组织所拥有的地权,最终都不是来源于法律或习俗,而是来源于政府的授权,权利的实施也必须依赖于政府的保护"。④以出让合同为例,"出让""有权出租""登记手续"等文字,平白质朴,看似与民事无异,却隐含着行政机关对未来行政行为的预先同意与处分,双方约定的实际上是一种行政法上的权利义务关系。因此,在行政协议中,往往存在着双层的约定、双层的不同法律关系以及双层的权力属性。我们不能仅关注第一层次的民事属性,还必须重视第二层次的行政法属性。

二是纠纷多发的场域是否与这部分内容密切相关。当合同纠纷主要源自"行政法上权利义务内容"的履行,民商法学者是否同意应当通过行政诉讼解决呢?如果是,这是否意味着"民事合同"(混合契约)纠纷也可能通过行政诉讼解决?还是坚持在民事诉讼上处理?如果诉诸民事诉讼,在审理上是否优于行政诉讼?能够更好地实行合法性审查,适用行政法规则?这恐怕是我们在决定这类合同放在行政审判庭还是民事审判庭上审理,是否要承认行政契约这类特殊合同时,必须审慎思量的问题。至少从诉讼结构

---

① 田林:《日本行政契约的立法统制》(中国人民大学法学院博士学位论文,2016年)。
② 或许,民商法学者会反驳,行政机关签订的民事合同也涉及财政拨款处分的约定,怎么就不是行政协议呢?在我看来,财政权的行使也应受依法行政之拘束,此类合同也必然会受很多公法规则的约束。英美的政府合同就是基于这样的考虑。但在我国,由于合同法的公法化程度已较高,已足以容纳了上述特殊规则,因此,仅此不足以构成合同的主要内容,也不可能推翻合同的属性。
③ 崔建远:《行政合同族的边界及其确定根据》,载《环球法律评论》,2017(4)。
④ 曹正汉、史晋川:《中国地方政府应对市场化改革的策略:抓住经济发展的主动权》,载《社会学研究》,2009(4)。

与功能上讲,对这类"行政法权利义务内容"引发的纠纷,行政诉讼要优于民事诉讼,更有利于保护当事人利益,因为行政诉讼的基本功能就是控制行政权力,防止滥用,进而保障相对人的合法权益。①

对于符合上述两点的混合契约,纳入行政合同范畴,并不抹杀其部分的民事属性。毋庸置疑,对于行政法律关系争议,行政救济手段最有力;对于民事法律关系纠纷,民事救济方式最恰当。引入行政法规则、行政诉讼结构,仅是解决其中的行政法律关系争议。对于混杂其中的民事法律关系争议,行政诉讼法还专门设有行政诉讼附带民事诉讼制度,能够一并解决,可以邀请民庭法官加入合议庭共同审理,无须另案处理。反之,在民事诉讼上却没有类似制度。至于其中交织部分的衔接处理,还需要进一步研究,比如,行政机关滥用权力导致合同违约,是国家赔偿还是违约责任?我以为,行政合同既然是一种特殊合同,还是按照违约责任,也可以引入"最有利于相对人原则"。

七、协议条款的解释权:一个例证

亚鹏公司是与市国土局签订了《国有土地使用权出让合同》,行政协议的双方当事人应当很明确,就是亚鹏公司和市国土局。合同约定:出让宗地的用途为商住综合用地,冷藏车间维持现状。但是,"维持现状"到底是指"维持原工业用地使用性质不变,还是维持地上建筑物及其原有使用功能不变",双方存有分歧,这成了本案的焦点。

为方便讨论,我将有关分歧争执的过程列表如下(见表格4)。

---

① 民商法学者存在一个认识误区,认为,通过行政救济解决出让合同的纠纷,不利于保护民事权利。比如,宋志红就认为,"如果是适用行政程序规则来解决出让合同纠纷,则可能会对其中民事目标的实现造成极大损害"。因为"一方面,我国是一个强政府弱民众的国家,民众权利本身就面临着遭受公权力侵害的极大危险;另一方面,由于国家垄断土地一级市场,受让人处于经济上的弱势地位。在此情况下,如果再赋予出让人大量行政特权,对受让人而言,则无疑是雪上加霜,使其权利处于一种不稳定的随时可能受到侵犯的状态,并且还会使这种侵害进一步披上'合法的外衣'"。宋志红:《国有土地使用权出让合同的法律性质与法律适用探讨》,载《法学杂志》,2007(2)。

表格 4　有关条款的争议

亚鹏公司	2006年2月21日，与市国土局签订了《国有土地使用权出让合同》，合同约定：出让宗地的用途为商住综合用地，冷藏车间维持现状。领取国有土地使用证后，一直向国土局要求纠正该证的地类使用性质
市土地收购储备中心	挂牌出让时给竞买人提供的文件资料中，内容涉及出让土地规划用途的有《国有土地使用权公开挂牌出让公告》和《挂牌出让地块规划设计要求》，后一份文件出自市规划局。两份资料均载明"开发用地为商住综合用地，冷藏车间维持现状"。因为有不同理解，市土地收购储备中心向市规划局呈函要求其作出解释
市规划局	2003年10月8日和2012年7月4日，萍乡市规划局两次函称：出具规划条件中已明确了该地块用地性质为商住综合用地（含冷藏车间），但冷藏车间维持现状性质。根据该地块控规，其用地性质为居住（兼容商业）
市国土局	市规划局出具的规划条件的"冷藏车间维持现状"应该理解为其土地用途维持工业用途的现状。原告坚持要求将冷藏车间的土地用途变更为商住综合用地，那么根据《房地产管理法》第十八条的规定，原告应当补交相应的土地出让金
一审法院	市规划局函中已讲得十分清楚，维持现状只是维持房屋的适用，并不是维持其土地性质
二审法院	由于双方当事人对上述土地用途之表述存在不同理解，萍乡市规划局作为用地规划设计的权威机关，就该问题作出了专门答复，明确出让地块用地性质为商住综合用地，包含了冷藏车间，并指出"冷藏车间维持现状"是指暂时维持其使用功能。

从中不难看到，在这起纠纷中，市规划局卷了进来，并出具了有利于亚鹏公司的解释函。根据《城镇国有土地使用权出让和转让暂行条例》（1990年）第10条规定，[①]规划部门应当也是参与土地出让方案，知悉有关情况的。

[①] 《城镇国有土地使用权出让和转让暂行条例》（1990年）第10条规定："土地使用权出让的地块、用途、年限和其他条件，由市、县人民政府土地管理部门会同城市规划和建设管理部门、房产管理部门共同拟订方案，按照国务院规定的批准权限报经批准后，由土地管理部门实施"。

在主审法院看来,"本案所涉及的疑难问题在于,国有土地出让方与受让方对合同条款产生不同理解,第三方行政机关在职权范围内进行解释,是否具有法律效力,对争议双方能否产生约束力"。①

那么,将这类纠纷纳入民事诉讼、采用民法规则处理,与通过行政诉讼、运用行政法审理,审理思路、理由阐释、判决结论是否也会有所不同呢?行政救济会不会效果更优呢?我们不妨逐一做个推演。

这种论证的意义在于,传统行政契约理论一直将行政机关的解释权视为一种行政优益权。对于解释权之争,应当采用公法的审查路径,而且,救济效果显然要优于私法。如果这种理论预设是成立的,那么,无疑可以从某种程度上证成行政契约,也说明行政优益权(比如解释权)不失为行政协议的一个判断标准。

1. 行政契约有关理论

在20世纪90年代的行政契约研究中,深受王名扬的《法国行政法》影响,津津乐道于法国行政合同中的行政优益权,学者普遍认为,行政机关订立行政契约是为了追求某种行政目的的实现,也应主导行政契约的履行。如果出现对契约条款的理解分歧,行政机关自然有解释权。这属于行政契约中的一种行政特权,甚至不取决双方事先是否约定,行政机关都有此种权利。②但是,这里所指的行政机关一般是签订行政契约的一方,而不是契约之外的第三方。

2. 亚鹏公司案没有突破上述理论

在本案中,代表政府与亚鹏公司签订《国有土地使用权出让合同》的是市国土局。照理来讲,对于合同约定的"出让宗地的用途为商住综合用地,冷藏车间维持现状"究竟何意,市国土局应该心知肚明。出现与亚鹏公司不同的解读,的确有点出人意料。

在阅读本案时,我发现了两个疑点。第一,合同签订之后,亚鹏公司按

---

① 江怀玉、郑红葛、李修贵:《行政协议履行争议中行政机关对协议条款解释行为的法律效力及司法审查——萍乡市亚鹏房地产开发有限公司诉萍乡市国土资源局不履行行政协议案》,收入浙江大学公法与比较法研究所2016年5月21日在杭州举办的"2016行政指导案例中美研讨会"论文集。

② 余凌云:《行政契约论》(第二版),102页,北京,中国人民大学出版社,2006。

合同约定向市政府的财政部门交纳了土地出让金、管理费、契税等。当时应当是按照整块土地都是商住综合用地来核算缴纳的,否则,就不会有后来的补交之说。但是,缴纳之时,财政部门并没有异议,应该也是同意亚鹏公司的理解。也就是说,合同上的冷藏车间土地与其他土地性质是一致的,是连在一起的。"冷藏车间维持现状"只是维持功能不变,而不是土地性质不变。第二,据2012年7月30日萍乡市规划局向萍乡市土地收购储备中心作出的《关于要求解释〈关于萍乡市肉类联合加工厂地块的函〉》中有关问题的复函称,它"在2003年10月8日出具规划条件中已明确了该地块用地性质为商住综合用地(冷藏车间约7300平方米),但冷藏车间维持现状"。如果确有2003年出具的规划条件,市国土局不可能不知晓。所以,在我看来,有财政部门、市规划局的先前行为,市国土局不应该在条款的解释上出现分歧。但是,还是出现了分歧。

那么,怎么办呢?这一宗土地的出让是先由市土地收购储备中心挂牌招标,所以,"冷藏车间维持现状"究竟何意,市土地收购储备中心应当清楚。亚鹏公司便请市土地收购储备中心解释。市土地收购储备中心却向市规划局发出《关于要求解释〈关于萍乡市肉类联合加工厂地块的函〉》,要求市规划局做出答复。因为土地是否允许出让,首先必须符合规划。而且,根据《城镇国有土地使用权出让和转让暂行条例》第10条规定,"土地使用权出让的地块、用途、年限和其他条件,由市、县人民政府土地管理部门会同城市规划和建设管理部门、房产管理部门共同拟订方案",市规划局应当明了当初议决。

2012年7月30日,市规划局复函称,"该地块(包括冷藏车间)用地性质为商住综合用地"。市规划局的肯定答复,显然具有权威性。之后,市国土局似乎接受了市规划局的解释,对用地性质不再持有异议,却节外生枝,提出另外一个主张,亚鹏公司"取得该宗地中冷藏车间用地使用权是按工业用地价格出让的",根据《城市房地产管理法》之规定,要将冷藏车间用地的土地用途由工业用地变更为商住用地,应补交土地出让金。从职权法定上看,这的确又回到了土地管理部门的权限范围,因为先前误读了该地块的土地属性,导致了错算土地出让金,所以,需要纠偏。但是,这似乎又是和前面财政部门的行为有着某种矛盾。

从上述一来二往的过程看,对于合同条款的解释权似乎还是掌握在作为行政协议一方的市国土局手上。如果市国土局固执己见或者知错不改,那么,当事人也只能诉诸公庭,别无选择。其实,从本案当事人寻求救济的过程看,它是极希望通过行政机关内部的权威解释来平息分歧的。但似乎法律上没有给出这样的路径。

3. 法院的讨论与裁判

在审理本案过程中,法官也存在两种见解。一种意见认为,市规划局的解释对市国土局没有拘束力。因为市国土局核定的土地出让金价款之所以偏低,就是考虑到冷藏车间为工业用地,工业用地的地价要低于商住综合用地。另一种意见认为,市规划局的解释具有"权威性和有效性"。因为,第一,土地用途是规划部门确定的。第二,市国土局当初如何核定土地出让金,"是出让方自己的事",竞买人无从知晓。现在不能因为土地出让金收取过低而要求当事人补交。第三,从出让合同约定的出让年限看,也没有显现出是"分为两宗不同用途地块出让"。①

一审、二审法院均采纳了第二种意见,认为市规划局是"用地规划设计的权威机关",对其出具的解释函进行合法性审查之后,判决该解释对协议双方具有法律约束力。也就是认可了在行政协议中第三方可以享有解释权。这显然突破了传统的行政契约理论,也是最高人民法院选取它作为"典型案例"的规范意义。

法院之所以支持亚鹏公司不再补交土地出让金,据主审法官李修贵副庭长的解释,主要是考虑"维持冷藏车间现状"实际上限制了亚鹏公司的及时开发利用,给后者带来了一定经济损失,所以,在土地出让之时,市国土局核算的土地出让金偏低,也是可以理解与接受的。当然,这个理由并没有写进判决之中。

4. 对上述行政契约理论的进一步修正

在我看来,上述判案与分析,自然形成了两个观点,可以进一步修正、发

---

① 江怀玉、郑红葛、李修贵:《行政协议履行争议中行政机关对协议条款解释行为的法律效力及司法审查——萍乡市亚鹏房地产开发有限公司诉萍乡市国土资源局不履行行政协议案》,收入浙江大学公法与比较法研究所2016年5月21日在杭州举办的"2016行政指导案例中美研讨会"论文集。

展行政契约理论。

(1)签约的行政机关仅具有形式意义

市国土局尽管是签约一方,却只具有形式上的意义,它代表的应该是政府一方。因为从出让土地的所有权看,应当属于国家,市国土局不是所有权人。①那么,为什么没有让市土地收购储备中心作为签约一方,主要考虑的是合同涉及国有土地出让,涉及土地转让的审批与登记,这些都属于土地管理部门的职责,由它出面签约,更有利于行政协议的执行,提高效率。

因此,我们可以认为,出面签订行政协议的行政机关,一般是行政协议涉及的行政法事项在其法定职责范围之内,或者主要由其管辖。在很多场合下,它仅具有形式上的意义,是政府的代表。因为行政协议的履行很多时候需要其他行政机关连动配合,其他行政机关也将会依据行政协议产生作为义务,它们是隐身的签约一方。协议之中,不仅有着该行政机关的权力处分约定,如果涉及其他行政机关的职责,也会夹杂着后者的权力处分约定。

为了进一步论证我的观点,我们进一步分析了《国有建设用地使用权出让合同》示范文本(2008年),②梳理出以下与其他行政机关有交集的条款(见表格5)。

---

① 张瑚、张福林认为,"《土地管理法》规定国有土地的所有权由国务院代表国家行使,而国务院既未通过法规将此项权利的部分全能授权给地方人民政府及其土地管理部门行使,又未通过民事委托的形式将所有权或所有权的部分全能授权土地管理部门。可见土地管理部门对国有土地并不享有民事权利。因此,各级土地行政管理部门的土地出让是其行政职权"。张瑚、张福林:《从判例看国有土地使用权出让合同的性质》,载《国土资源》,2006(3)。

② 宋志红分析了《国有土地使用权出让合同》范本(GF—2000—2601)、《国有土地使用权出让合同补充协议》示范文本(试行)(2006年),挑出了"具有强烈的行政属性,符合行政合同条款的特征"的条款,也就是"对法律规定的行政管理措施予以细化或进一步约定的条款",认为,"这在《出让合同》中体现的并不明显,第13条第1款有关开工日期的约定带有这种性质。但在2006年7月1日实施的《补充协议》中却处处可见,其第1条至第6条、第9条至第14条,全部属于这种类型的条款"。宋志红:《国有土地使用权出让合同的法律性质与法律适用探讨》,载《法学杂志》,2007(2)。我也查阅了《补充协议》,发现,第3条至第5条、第11条至第14条都是关于规划的要求。其他主要是关于土地闲置的规定。但是,上述两个示范文本已经废止。

表格5 《国有建设用地使用权出让合同》示范文本（2008年版）中与其他行政机关职责交集的条款

条款内容	相关部门职责	法律依据
第三条　受让人对依法取得的国有建设用地,在出让期限内享有占有、使用、收益和依法处置的权利,有权利用该土地依法建造建筑物、构筑物及其附属设施。	1. 规划部门职责：为受让人办理建设用地规划许可证以及建设工程规划许可证 2. 房产管理部门职责：为地上所建房屋办理登记手续	1. 规划部门：《城乡规划法》第三十八条第二款、第四十条 2.《物权法》第九条第一款和第十条、《城市房地产管理法》第六十条第二款
第六条　出让人将出让宗地交付给受让人的日期和交付土地时应达到的土地条件。其中,土地条件按照双方实际约定选择和填写,主要涉及场地平整及周围基础设施情况。	土地储备机构职责：对土地进行前期开发,使之满足出让合同约定的土地条件	《土地储备管理办法》第十六条、第十八条
第十五条　受让人同意在本合同项下宗地范围内同步修建下列工程配套项目,并在建成后无偿移交给政府	人防办职责：监督防空建设,以兼顾其与城市地下空间开发	《人民防空法》第十七条、第二十二条、《人民防空工程建设管理规定》第六条、第四十五条
第十七条第一款　受让人在本合同项下宗地内进行建设时,有关水、用气、污水及其他设施与宗地外主管线、用电变电站接口和引入工程,应按有关规定办理。	环保部门职责：审批地上建设项目的环境影响评价文件。	《环境保护法》第十三条、《环境影响评价法》第二十二条第一款、《建设项目环境保护管理条例》第十条第一款

续表

条款内容	相关部门职责	法律依据
第十八条 受让人应当按照本合同约定的土地用途、容积率利用土地，不得擅自改变。在出让期限内，需要改变本合同约定的土地用途的，双方同意按照本条第(二)项规定办理：(一)由出让人有偿收回建设用地使用权；(二)依法办理改变土地用途批准手续，签订国有建设用地使用权出让合同变更协议或者重新签订国有建设用地使用权出让合同，由受让人按照批准改变时新土地用途下建设用地使用权评估市场价格与原土地用途下建设用地使用权评估市场价格的差额补缴国有建设用地使用权出让价款，办理土地变更登记。	规划部门职责：审批受让人提出的土地用途变更申请。	《土地管理法》第五十六条、《城市房地产管理法》第十八条和第四十四条、《协议出让国有土地使用权规定》第十六条、《协议出让国有土地使用权规范》第二条
第十九条 本合同项下宗地在使用期限内，政府保留对本合同项下宗地的规划调整权，原规划如有修改，该宗地已有的建筑物不受影响，但在使用期限内该宗地建筑物、构筑物及其附属设施改建、翻建、重建，或者期限届满申请续期时，必须按届时有效的规划执行。	规划部门职责：调整规划 监督规划实施	《城乡规划法》第四十七条 《城乡规划法》第五十二条、第五十三条

可以想见，上述涉及其他职能部门的条款约定要想实现，并能够写入合同之中，市国土局在签订出让合同之前，至少应当通过内部程序与有关职能部门有过沟通，后者也应当对涉及其职责的合同事项有过事先审查，并已经做出了事先处分，有过承诺。

因此，有关职能部门对相对人的抽象义务，通过出让合同转变成对当事人的具体义务。当事人依据合同约定，便具有了对有关职能部门的请求权。只要当事人严格履约，后者也有进一步完成事先处分的义务，而且，也不存在法律障碍。也就是说,如果不存在有关法律已发生变化,或者情势变迁和重大公共利益需要,致使事先的处分约定违法,那么,后者也具有法定的作为义务,而决不能以非合同签约方为由拒绝履行义务。当然,从诉讼规则看,有关职能部门毕竟不是签约方,与当事人发生的纠纷也不是合同纠纷,而是不履行法定职责。

(2) 职权法定决定解释权的归属

从中可以看出,一个行政协议的目的实现,往往涉及多个行政机关,需要彼此合作协力。依法行政原则,特别是职权法定原则仍然是一个基本原则,是彼此合作的前提。签约行政机关不能越俎代庖,对于涉及其他行政机关职责的事项,还必须由后者来依法履行。如果这个观点是成立的,那么,合同一旦产生纠纷,就应该依据所涉事项属于哪个行政机关职责范围,交由其来决定。

因此,行政协议中的条款如果出现争议,就应该有法定职责的行政机关来负责解释,不见得一定是签约的行政机关。比如,本案中,关于"出让宗地的用途为商住综合用地,冷藏车间维持现状"应当怎么解释,应该由规划部门负责,因为土地出让拍卖的起点是规划,只有符合规划,允许出让的土地,才可能进入拍卖程序。土地出让之后,如何开发、利用、经营,也必须符合规划。①所以,尽管"土地使用权出让的地块、用途、年限和其他条件",是"由市、县人民政府土地管理部门会同城市规划和建设管理部门、房产管理部门共同拟订方案",但在规划上应当是规划部门主导的,土地管理部门是实施机关。对于地块属性,规划局的解释应该具有权威性。在本案中,市国土局也不否认这一点。所以,市规划局出具复函之后,市国土局也不再质疑冷藏车间的土地性质。

因此,在我看来,可以形成一个规则,对于行政协议中有关条款发生理解歧义的,应当根据职权法定的原则,由有权的行政机关做出解释,其他行政机关,包括形式上的签约一方的行政机关都必须遵从。

5. 如果按照民事合同处理,又会有怎样的"解"呢?

在我国,对于民事合同上出现了条款规定不清或者歧义,一般是"以契

---

① 《城镇国有土地使用权出让和转让暂行条例》(1990年)第17条规定:"土地使用者应当按照土地使用权出让合同的规定和城市规划的要求,开发、利用、经营土地。"

约当事人意思为准"。梁慧星教授认为,"解释契约时应探究缔约当事人的意思,而不拘于文字的字面意思"。①崔建远教授也持基本相同观点,"解释系争合同条款,应当探求已经表示出来的当事人的真意"。②根本理由就是合同是双方当事人合意的结果。这已经比较接近英美法系的主观主义学说(Subjective theory),"主观主义坚持把探寻双方当事人一致同意的意思放在首位"。③但是,"由于合同解释不仅直接关系当事人双方重大经济利益,而且往往影响社会公共利益,如果过分强调当事人内心的意思,必至损害他方利益及社会公益,不能不予一定限制",④比如,应当符合法律,尤其是不得违反法律、行政法规的强制性规定。这算是民法上的通说了。

在亚鹏公司案中,土地管理部门认为是"冷藏车间的用地性质保持不变",而亚鹏公司却以为是"保持冷藏车间的功能不变"。双方当事人出现不同解读,是缔约时存在着认识上的误解。因此,对于亚鹏公司案出现的理解歧义,必须进行合同解释。如何探究"当事人的真意"呢?

在浙江大学公法中心召开的指导性案例研讨会上,有些行政法官认为,民商法上强调"尊重意思自治",依循民事路径处理,法官定会去探究当初双方当事人在签订协议时到底是怎么理解的,也就很有可能会认为,合同签订之时亚鹏公司存在重大误解,还是应当按照土地管理部门的意见办理。⑤

但是,那次会议上没有民商法学者出席,也就无从听取其辩驳。那么,

---

① 梁慧星:《论合同解释》,载《现代法学》,1986(1)。
② 崔建远:《合同解释与法律解释的交织》,载《吉林大学社会科学学报》,2013(1)。
③ 崔建远、杨明刚:《如何选定合同用语的含义——合同解释问题研究》,载《法学》,1996(12)。
④ 梁慧星:《论合同解释》,载《现代法学》,1986(1)。
⑤ 在那次会议上,与郑春燕教授交谈,她也持这种观点。通过阅读有关民法文献(崔建远、杨明刚:《如何选定合同用语的含义——合同解释问题研究》,载《法学》,1996(12)),或许,在民法上可能会有这样的解释。"如果双方当事人都确实不知道对合同用语的含义的理解存有错误,其中一方当事人应当知晓对方当事人对合同用语的含义有另外的理解,即具有过失,那么,通常以该对方当事人对合同用语的理解来选定合同用语的含义,即作不利于过失之人的解释"。按照这种观点,估计亚鹏公司会处于不利地位。据说,美国 FrigalimentImporting Co. v. B. N. S. lnternational Sales Corp 案判决与"与我国合同法一贯精神相一致"。套用该案的分析来阐释判决理由应当是,"尽管受让方可从功能上理解该条款,但并不意味着出让方也有理由知道这一点。因而,受让方有责任证明该条款是在功能上而非在用地性质上使用的。实际上这是难以证明的。故而应按出让方对条款的理解作为合同所言之含义"。如果是这样,民事救济显然不利于贯彻依法行政原则,对相对人的保护也不利。当然,我不是民法专家,不敢妄断。而且,询问了几位民法教授,他们也都没有提及这种处理方式。所以,姑且存疑。

民商法学者究竟会持怎样的见解呢？我请教了三位民法教授，获得了三种分析路径，但结论都是一样的。

第一种是认为，土地用途是事先由规划部门确定的，出让方不能违背土地用途，所以，法院应当尊重、认可规划部门的解释。① 这应该算是"运用合理的客观标准（Objective standard of reasonableness）去判定选取哪一方当事人理解合同用语的含义"吧。②

第二种是认为，土地出让合同属于格式合同。争议条款内容清晰，协议双方却解读不同。根据《合同法》（1999年）第41条规定，"对格式条款有两种以上解释的，应当作出不利于提供格式条款一方的解释"。土地出让合同是依据建设部的范本制定的，由土地管理部门提供，因此，对争议条款应当解释为"保持冷藏车间的功能不变"，对相对人才是有利的。市规划局的函件只是一个佐证，有无皆可。③

第三种是认为，土地出让合同尽管有建设部的范文，却不能算是格式合同。但是，从合同目的看，是开发商住，而且，双方在合同中也没有约定分阶段解决土地用地性质，所以，法官一般会倾向亚鹏公司的主张。④

上述第一种处理，就和上述行政法上的认识几乎没有什么差别了，但却不是从依法行政、职权法定的角度出发，法院也不太可能对规划部门解释的合法性进行深度审查。第二种和第三种都是将土地出让合同完全视为民事合同的解决方式，从救济效果看，也与行政法上的救济趋同。因此，在我看来，"亚鹏公司案"或许不是一个好的样本，它没有彰显出公法与私法救济的迥然不同。这也印证了我的一个基本判断，行政优益权作为行政协议的判断标准，可能说服力不够。但是，至少可以说，将土地出让合同纳入行政协议范畴，救济效果不亚于私法上的救济，不会出现民商法学者担心的对当事人保护不利的问题，而且，公法解决方式更加简洁，还能够通过行政诉讼发挥对行政权依法行使的监督作用。

---

① 我请教了崔建远教授，他认为这个案件有点复杂，但他持上述看法。
② 崔建远、杨明刚：《如何选定合同用语的含义——合同解释问题研究》，载《法学》，1996(12)。
③ 我请教程啸教授，他持这种观点。
④ 我请教韩世远教授，他持上述看法。

八、结　　论

行政协议的判断标准,映衬出行政合同与民事合同的不同。为了证成与建构行政协议,有两条路径可供我们选择。一条进路是,将行政契约作为民事合同的一类特殊合同,从公共利益出发,找出与民事合同不同之处,比如,超越私法的规则,或者行政法律关系。但是,在当下,私法已经明显趋向公法化的情境中,上述进路很难说服民商法学者接受行政契约观念。而且,在民商法学者看来,在合同之中可以接受"超越私法的规则",但应该是很有限的。他们也不太会接受法国人的自圆其说,行政合同之所以是一种合同,不是从"作为意思自治的工具"角度出发,而是在"作为稳定合作机制"上的统合。① 这似乎有偷换概念之嫌。

另外一条进路是,将行政契约看成完全不同于民事合同的品格。在行政法学者看来,在当下市场机制不完全成熟、信用制度尚未确立的情境下,很难完全通过市场竞争、民商法机制来保证合同追求的行政目的的充分实现,所以,需要与民事合同不同品质的行政合同,引入更多的公法规则与保障机制。

我们可能更加偏好后一条路径。在这一论证的路径上,传统的"主体说"、"目的说"(公共利益)显得苍白无力,形式意义大于实质意义。要证成行政契约,上述标准都必须结合、并最终落实到"具有行政法上权利义务内容"这一个重要标准之上。

在我看来,对"具有行政法上权利义务内容"的阐释,以往学者多拘束于行政优益权理论,而忽视了隐含在行政契约之中的行政机关对未来行政权处分的约定。这是一方面。另一方面,行政协议的目标实现,可能还涉及其他行政机关的联动配合。所以,合同约定有时也涉及相关行政机关的职责,也经其允许做出了事先的处分。也就是说,在签订行政协议之前,有

---

① 在法国人看来,"行政合同从其诞生之初,就没有被作为意思自治的工具,而是被视为一种旨在实现公共服务之良好运作的合作机制"。陈天昊:《在公共服务与市场竞争之间——法国行政合同制度的起源与流变》,载《中外法学》,2015(6)。

关条款应当也经过了相关行政机关的审定,签约行政机关与相关行政机关也一定有过沟通。合同履行过程中,只要恰当履行,条件成就,签约行政机关与相关行政机关就必须履约,做出相应的行政行为,履行相应的行政义务。司法解释中的"具有行政法上权利义务"恐怕更多的是指上述这些内容。

对行政协议的司法审查*

目　次

一、引言 / 194

二、三种不同的理论解读 / 197

三、诉讼结构中的行政协议 / 206

四、引入"混合契约"概念 / 210

五、从法律关系出发的区别审查 / 219

六、行政协议无效 / 227

七、行政协议能否仲裁？ / 243

八、结论 / 248

---

* 本文的主要内容发表在《中国法学》2020年第5期。梁凤云、章文英提供了行政协议司法解释的有关讨论材料，陈天昊提供了最高人民法院有关行政协议的民事和行政裁判，张咏、王正鑫帮助收集了国有土地出让合同、行政协议无效的有关案例，在此一并致谢。

一、引　言

行政协议(也称行政契约、行政合同)纠纷应当如何审理,这是行政法理论和行政审判实践必须回应、却又很难释明的重要课题。在这个问题上,学者、法官之中意见分歧不小。关注已久的行政协议司法解释,历时三载,增删十数次,也因上述不同认知的角力,迁延顾望、迟疑不决。2019年12月10日最高人民法院发布了《关于审理行政协议案件若干问题的规定》,非但没有平息争议,反而引发了新一轮的质疑。[①]

究其原因,在我看来,首先,行政法学界内部声音嘈杂,对行政协议观点不一,对司法解释的拟定与解读也就有着不同立场。其次,民法学者也存在着某些"误读",诱因很大程度上也来自行政法学者自己的表述。比如,"行政协议是行政机关行使职权的一种方式",是"立于上下秩序之高权关系缔结的合同","不具有交易的属性"。这种源自德国的理论被民法学者进一步解读,于是,很自然地出现了二分法,属于市场交易行为的,是民事合同,只形成民事关系;符合"非市场"行为或标准的,是行政协议,形成的完全是行政权利义务关系。[②]两者非此即彼。

可以说,迄今,有关英美政府合同、法德行政契约的研究,可供我们直接引入的不多。在法国,行政机关签订的合同,至少绝大部分适用一个特别规则体系(a corpus of special rules),这些规则构成了"行政合同"法(the law of "administrative contracts")。这类合同迥异于普通合同(ordinary contract),具有特殊法律性质(special legal nature)。在德国,行政机关签订的合同长久以来都视为私法合同,因为在德国传统观念中,合同不属于国家有权采用的特殊法律手段范畴。即便如此,最终在行政法上也承认,国家签订的一些合同属于"公法契约"(public law contract),这一类别在传统上相

[①] 王利明:《论行政协议的范围——兼评〈关于审理行政协议案件若干问题的规定〉第1条、第2条》,载《环球法律评论》,2020(1)。还有两篇在微信上发表的文章,包括邓峰:《PPP市场面临法律危机？行政协议司法解释可能产生的影响》,贾康:《将PPP合同定性为"行政协议",将颠覆PPP的创新根基》。

[②] 王利明:《论行政协议的范围——兼评〈关于审理行政协议案件若干问题的规定〉第1条、第2条》,载《环球法律评论》,2020(1)。

当有限(this category remains traditionally rather restricted)。比如,不包括公共采购合同。普通法上,政府合同(government contract)不具有特殊法律性质,适用与私人之间合同一样的规则、程序和救济。但是,为应对外包(contracting out)骤然扩张,也就是行政机关通过合同将部分职责外部化,为了防止行政机关与相对方通过合同妨碍公法价值,学术上已开展讨论是否最好还是构建行政合同的特殊场域。并认为,这是使公共合同(public contract)和合同化的公共活动(contractualised public activities)符合公法价值的最佳方式。① 实际上有些政府合同已开始适用一些特殊规则。上述国家之所以各有不同,这不仅有法律传统、制度的差异,还有市场的成熟度、信用体系的完备程度以及民法规范的有效性等诸多因素的影响。那么,我们讨论的行政契约到底对标哪一个呢？更为关键的是,我们关注的行政契约形

---

① Cf. Jean-Bernard Auby, "*Comparative Approaches to the Rise of Contract in the Public Sphere*"(2007)*Public Law* 46—48,56. 在英国,政府合同是否应当适用公法,存在"否定说"和"肯定说"。Allison 和 Oliver 就持"否定说",认为,"政府合同应当继续仅受私法规范,或者至少主要由私法来调整。这可以避免将公法与私法划分带入合同领域,因为,众所周知,决定何时适用特别公法规则是非常麻烦的"(government contracts should continue to be regulated solely or at least primarily by private law. This would avoid bringing a public/private divide into the field of contract, with all the well-known difficulties of deciding when the special public law rules would apply)。Harlow 也认为,完全适用私法,能更好地保护合同当事人(It might also offer better protections to contractors)。Cf. A. C. L. Davies, *Accountability: a Public Law Analysis of Government Contract*, Oxford University Press, 2001, p. 12. Davies 主张"肯定说","正是因为政府合同代表公民利益,执行特殊任务,享有特殊权力,所以,需要公法规则,以要求政府对公民负责,促进合同活动,以及保护合同当事人"(it will be argued that because the government contracts on behalf of citizens, because it performs special tasks, and because it has special powers, public law rules are required to make the government accountable to citizens, to facilitate its contracting activities, and to protect contractors.)。Cf. A. C. L. Davies, *The Public Law of Government Contracts*, Oxford University Press, 2008, p. 83. 在美国,有的学者也认为,一些政府合同近似行政合同,一般合同法规则不能完全适用。"如果私人合同不适合所加入的一些任务,常识表明,无论是为了将政府与供应商的关系建立在一个更为稳固的基础上,还是出于对合同在整个社会中的地位的关注,都需要寻找更适合这项工作的法律原则"(If private contract is not suited for some of the tasks to which it is put, common sense would indicate that both concern for putting Government-supplier relationships on a sounder basis as well as concern for the position of contract in society at large necessitate a search for legal principles more adequate to the job.)。"在数量有限的合同中,有必要建立行政合同制度,以体现政府的优越性,以及满足政府灵活性的需求"(it has been argued that institution of the administrative contract is necessary in a limited number of contracts to recognize the fact of government superiority and the need for government flexibility.)。Cf. Donald Frenzen, "*The Administrative Contract in the United States*"(1968)37 *George Washington Law Review* 281,286.

态、种类与范围是否和上述国家一致呢?这在援用上述国家有关理论来解构我国契约实践时必须时刻警醒。否则,难免无的放矢、不着边际。即便是对上述国家的公共合同(public contract)研究,有关文献也远远没有深入到法院的审查技术、法律适用、判决执行等细微层面,更缺乏从中国问题意识出发,对有关判例的比对分析。因此,所有相关讨论都不免雾里看花,说服力不够。

当下理论已经取得的进展是,民法学者已经接受了行政契约,除了对"纯粹契约"(形成的完全是公法关系的行政契约,比如治安责任承诺协议)不持疑义(因而在本文中也不再讨论这类行政协议),对一些"混合契约"也做出了些许让步,认可了行政诉讼法胪列的有名行政协议,但是,争执的场域依然是我们所说的"混合契约",[①]尤其是司法解释增补进来的一些合同形态,它们算是行政协议?还是民事合同?或者各退一步,属于夹杂着民事与行政约定的混合型?在本文中,我之所以要特别提出"混合契约"这一分类,这涉及要区分有关纠纷的属性,分别适用不同性质的法律和程序。"恺撒归恺撒、上帝归上帝"。或许,这种建议可以进一步舒缓民法学者与行政法学者之间的紧张关系,不再过多地执拗于"混合契约"应该贴上什么标签,怎么归类,而是一起关注有关纠纷如何妥善解决。

在本文中,首先,我将对三种理论认识做批判性分析,论证唯有按照"合同说"的理路才能真正解决行政协议纠纷。其次,随着实践发展,行政诉讼结构也不断变迁。那么,为了解决行政协议纠纷,行政诉讼结构做了哪些度身定做,适应变化呢?再次,我将重点论证,在公法与私法交织的界面上,应当引入"混合契约"概念。对于有关纠纷,原则上应当通过行政诉讼附带民事诉讼,区分纠纷属性,循着不同救济路径分别处理。最后,我将着重讨论公法与私法交织的两种重要情形,也是当下争议最大的问题,一是行政协议的无效,涉及《行政诉讼法》(2017年)第75条和民法典关于合同无效规定之间的适用关系。二是行政协议能否仲裁。

---

① 在我看来,行政契约包括"纯粹契约""混合契约"和"假契约"三种类型。参见余凌云:《行政契约论》,38~40页,北京,中国人民大学出版社,2000。余凌云:《行政法讲义》,256页,北京,清华大学出版社,2010。

二、三种不同的理论解读

《行政诉讼法》(2017年)第12条第1款(十一)明确规定,"认为行政机关不依法履行、未按照约定履行或者违法变更、解除政府特许经营协议、土地房屋征收补偿协议等协议的",属于行政诉讼受案范围。从立法表述方式上看,这似乎是延续了《行政复议法》(1999年)第6条(六)"认为行政机关变更或者废止农业承包合同,侵犯其合法权益的"立法技术。这或许是为了与《行政诉讼法》(2017年)第2条和第6条表里一致。《最高人民法院关于审理行政协议案件若干问题的规定》(2019年)在起草思路上,也基本上是针对行政机关单方决定,阐释应当如何受理、审查和判决。

从学术研究看,对于行政契约纠纷的解决,行政法学者大致有"特殊法律规范说""行为说""合同说"三种不同审理思路。对上述第12条第1款(十一)规定,就有着相应的三种不同解读。

1."特殊规范说"

"特殊法律规范说"寻求公法私法合流,主张为了调整行政协议,应当"引入一种新制度,一种能够在公共服务领域容纳市场因素的行政法新制度",[1]"具有公私法的包容性和与时俱进的适应能力"。[2] 具体而言,就是要构建一种公法与私法结合融通的"新行政法",它"超越民法与行政法的截然界限,是关于以公私法结合方式实现政府职能的制度。新行政法不但确认经济效率原则和结果导向的工作绩效评价机制的合法性,而且在市场经济主体提供职能性公共服务方面提供制度支持。新行政法能够在自愿结合的公私合作中,以公法原则和公共价值支配效率主义的适用,以公益规则规范市场主体利己导向的经营活动。在公私合作和价值冲突中有效和合法地实现政府的公共职能"。[3]通过构建这样一个公法与私法高度融合的特殊规范体系,来规范和调整同样具有公法与私法混合特征的行政协议。

---

[1] 于安:《我国PPP的法治走向与新行政法》,载《中国法律评论》,2018(4)。
[2] 于安:《我国实行PPP制度的基本法律问题》,载《国家检察官学院学报》,2017(2)。
[3] 于安:《我国PPP的法治走向与新行政法》,载《中国法律评论》,2018(4)。

"特殊规范说"估计是受到了英国合同法在处理 PPP 上的成功范例之启发。在英国,政府合同是对政府为一方签订的合同的总称。从现象上看,"政府越来越多地使用合同,有时被看成是模糊公与私的一个例子,从而成为公法作为一个可识别的领域消亡的一个促成因素"(Indeed, the increased use of contracts by government has sometimes been regarded as an example of the blurring of boundaries between public and private and thus as a contributing factor in the demise of public law as an identifiable field.)。① 然而,事实上,政府合同也不可能完全在与私人之间签订的合同一样的法律结构中运行。有公共机构参与的政府合同一般都要适用一些特别的规则,比如,地方政府签订合同的权限就要受越权无效(ultra vires)原则的拘束,除非其有法定的权限签订合同,否则合同无效。又比如,将合同当事人从地方政府批准的名单中拿掉,也要受到自然正义(natural justice)原则的约束。② 但这也没有必要去进一步构建一个高度融合的、专门的特殊法律体系。"建立一个分析性的、独立的政府合同的法律之主张是很难得到支持的"(The argument for an analytically distinct law of government contract is difficult to sustain)。这种观点是"对'合同技术'或'有关合同的法律'的可创造性之潜在性缺乏足够的关注"(it may further be criticized for paying insufficient attention to the creative potential of 'contract technology' or 'the law of the contract')。"如果基本的关注点是,政府在私法程式中运作会削弱对公共利益的司法监控,那么,就更有理由不但将两个体系合起来,而且鼓励公法与私法原则的交互融合"。"在控制混合行政方面,混合法律体系比独立的法律体系更加有用"(A distinct body of law is less useful in controlling mixed administrations than mixtures of law)。③ "在这个过程中,公和私不可避免地交织在一起,这更像是一个鸡蛋的搅拌,而不是把两股绳编织在一起"(Public and private have become inextricably intertwined in a process better analogized to the scrambling of an egg than to the weaving of a two-

---

① Cf. A. C. L. Davies, *The Public Law of Government Contracts*, Oxford University Press, 2008, prefacexvi.

② Cf. Ian Harden, *The Contracting State*, Open University Press, 1992, pp. 37—38.

③ Cf. Carol Harlow & Richard Rawlings, *Law and Administration*, Butterworths, 1997, pp. 250—251.

strand rope.）。① 也就是在处理政府合同纠纷上，采用公法与私法混搭的技术就已经足够了。

或许，在形式上不区分公法与私法的英国，要实行上述混搭相对比较容易。但是，要在我国推进这一观念难度极大。可以说，迄今，"特殊法律规范说"基本停留在一种理论设想，很多重要的理论问题还没有展开充分论证，更遑论细致的、可操作的法律规范了。比如，打破公法与私法的截面，实现公法与私法的结合，那么，是走私法的公法化路径吗？单就行政协议，引入诸多特殊规则，也就是有别于普通合同的规则，在合同法理论上能否迅速接受，不无疑问。同样，重组的方式如果是对公法的改造，那么，是走公法的私法化吗？还是采用传统上的"民法原理在行政法上的援用"技术？新行政法还是公法吗？还要不要继续坚持公法与私法的基本划分？等等，诸如此类的问题扑面而来，应接不暇。所以，这种解读可以先暂且放下不论。比较有竞争力的是"行为说"和"合同说"。

2."行为说"

"行为说"主张将行政契约作为行政行为的一种类型，而不是"合同的一种"，人为地将双方行为分解为我们熟悉的单方行为，采用我们擅长的与单方行为一样的方式处理。如若不然，便会"陷入按照民事诉讼法的思维模式、合同纠纷的审查方式、民事诉讼法的裁判规则，去审理和裁判行政协议案件"。②

从表面上看，"行为说"似乎更契合上述立法路数。它也并非空穴来风，以往对行政契约的行政审判也有类似处理，似乎走得更远，出现了单方行政行为的审查模式，就是以公法的视角，将行政契约中的公法纠纷抽出，挑出有关行

---

① P. Cane, "Accountability and the Public/Private Distinction", in N. Bamforth & P. Leyland (eds), *Public Law in a Multi-Layered Constitution*, Hart Publishing: Oxford, 2003. Cited from A. C. L. Davies, *The Public Law of Government Contracts*, Oxford University Press, 2008, p. 63.

② 郭修江：《行政协议案件审理规则——对〈行政诉讼法〉及其适用解释关于行政协议案件规定的理解》，载《法律适用》，2016(12)。

政权、行政优益权行使,仿效单方行政行为,做部分有针对性的处理。① 最高人民法院行政庭的两次答复也持相同观点。② 一些法官和学者也认为,"行政协议是一个系列行政行为",本质上是"协议性行政行为"。③ 这似乎化繁入简,让问题迎刃而解,"将行政协议分解为若干独立的行政行为,按照行政诉讼的规则去审理、判决行政协议纠纷案件,也就没有多少困难了"。④

上述解决行政契约的思维方式,在行政诉讼法修改之前还能获得些许理解,可以赞许为法官在传统单向性诉讼结构下的进取与努力。但是,行政诉讼法修改之后,仍然依恋上述审查路径,却不足取。一方面,它带来了意想不到的结果,无意之中迎合了民商法学者的主张,就是合同纠纷中涉及行政纠纷的,完全可以切割出来,单独依照行政救济途径处理,那么,也就没有必要另外成就行政协议概念了。另一方面,《行政诉讼法》(2014年)第12条第1款(十一)的增补,也就"不过是对此前行政诉讼法实施过程中已经存在的制度安排进行再度确认",⑤谈不上巨大进步,无须额手相庆。

在学理上,因为行政契约的介入,有着"单方行政行为"与"双方行政行

---

① 比如,"王保明与扬中市八桥镇人民政府不履行法定职责二审行政判决书"((2015)镇行终字第00152号)中,"上诉人要求增加审查双方签订的拆迁协议的性质,是属于行政协议还是民事协议",二审法院认为,"由于上诉人在一审中的诉讼请求是判令被上诉人为上诉人办理国有土地使用权转让的法定职责,故对上诉人提出的增加审查上述部分内容的请求,本案亦不予理涉"。在实践中还存在着另一种拆解方式,也就是撇开合同的属性不论,仅识别争议的属性,如果属于民事争议,就按照民事诉讼处理,比如,"北京北方电联电力工程有限责任公司与乌鲁木齐市交通运输局其他合同纠纷二审民事裁定"((2014)民二终字第40号),法院认为,"有关回购原因的行政行为与回购争议本身相互独立,北方公司对终止《BOT协议》之前的相关行政行为并无异议。根据北方公司诉讼请求及一审查明的事实,双方争议的回购款依据问题,不涉及具体行政行为,北方公司本案亦未针对具体行政行为提出相关诉求。故本案不属于行政诉讼受案范围","各方当事人在回购款的支付问题上,处于平等的法律地位,不能排除民事法律规范的适用。北方公司起诉符合民事诉讼法关于受理条件的规定,应予受理"。

② 最高院行政审判庭在《关于土地管理部门出让国有土地使用权之前的拍卖行为以及与之相关的拍卖公告等行为性质的答复》([2009]行他字第55号)中指出:"土地管理部门出让国有土地使用权之前的拍卖行为以及与之相关的拍卖公告等行为属于行政行为"。最高院行政庭在《关于拍卖出让国有建设用地使用权的土地行政主管部门与竞得人签署成交确认书行为的性质问题请示的答复》([2010]行他字第191号)中又进一步指出:"土地行政主管部门通过拍卖出让国有建设用地使用权,与竞得人签署成交确认书的行为,属于具体行政行为;当事人不服提起行政诉讼的,人民法院应当依法受理"。

③ 王学辉:《行政何以协议——一个概念的检讨与澄清》,载《求索》,2018(2)。

④ 郭修江:《行政协议案件审理规则——对〈行政诉讼法〉及其适用解释关于行政协议案件规定的理解》,载《法律适用》,2016(12)。

⑤ 刘飞:《行政协议诉讼的制度构建》,载《法学研究》,2019(3)。

为"的划分。这种分类源自第一部部颁教材《行政法概要》，由王名扬先生执笔的行政行为一章（第七章）。王名扬先生是在"行政权作用"（"国家行政机关实施行政管理活动"）的意义上使用"行政行为"。其中，对行政行为的分类提到了单方行为和双（多）方行为，并从法律效果的发生加以区分，行政机关单方意见就发生法律效力的，是单方行为，包括依申请的行为；需要双方或者多方同意才能发生法律效果的，是双（多）方行为，他还特别指出"协议的行为就是多边的"，列举了行政契约。① 尽管寥寥数语，言之不详，王名扬先生还是深刻洞悉了单方行为与双方行为的根本差别在于发生法律效果的意思表示不同。也就是，行政契约是双方合意成立，原则上，任何一方无法通过单方意思表示随意改变或者撤销。

然而，"行为说"却彻底摧毁了上述认知，从根本上否定了行政行为与行政契约、单方行为与双方行为之间的理论划分。而且，故意忽视它们在法律效果上的不同形成机理，人为地将合同约定的行政权行使和合同纠纷之间切割开来，尽管能够解决一些纠纷，但是，这种碎片式的、而不是整体地解决协议纠纷的审理方式，在不少纠纷处理上，仍然不免捉襟见肘、左支右绌，救济效果也差强人意，也无法实质化解纠纷。

第一，无法将所有合同纠纷都拆解成单方行为。在行政契约中，尤其是"混合契约"中，像行政机关通过行政优益权或者行政权的行使而能够单方实现法律状态改变的，应该不多见，是例外，不是常态。这意味着，绝大多数行政契约纠纷必须通过双方协商或法院解决。

第二，拆解出来的行政权行使违法，从逻辑上讲，就只能是产生行政赔偿。而行政赔偿是抚慰性的、不充分，远不如将行政权行使违法作为行政机关违约的情形，按照违约赔偿，使当事人获得更充沛救济。而且，实践上如果不存在损害，比如，当事人在行政机关单方决定收回土地之前并没有开发，也就不发生行政赔偿问题。但是，如果将行政机关违法收回土地视为违约行为，则存在违约责任。

第三，行政机关为何不依照合同约定行使行政权，有时可能涉及当事人行为不当或者不遵守合同在前。法院不能无视这些问题，必须一并进行审

---

① 王珉灿主编：《行政法概要》，97—100页，北京，法律出版社，1983。叶必丰：《行政行为原理》，45页，上海，商务印书馆，2014。

查,做出综合判断。这种双向审查方式,显然不同于对行政行为的单向性审查。

第四,仅解决拆解出来的单方行为是否合法,还远远不够,必须进一步解决合同是否有效、应否继续履行。合同缔结之后,行政机关应当怎样行使行政权,不仅要遵循依法行政原则,也要受合同拘束。如果依法行政要求与合同约定发生冲突时,应当让依法行政胜出,然后再解决合同责任。① 所以,在这类纠纷中,法院不能仅微观地解决行政权行使的合法性判断问题,还必须回答合同是否有效,是否还必须继续履行下去,以及有关的违约责任。

3. "合同说"

《行政诉讼法》(2014年)修改之后,不少法官便对"行为说"的审查思路提出质疑,认为在违约、赔偿等事项上会产生"一系列问题",②并肯定"行政协议并不是国家赔偿法的调整对象"。③主张以法律关系为中心的合同纠纷审查方式,④"确认协议有效后,审查的重心应当转移到合约性审查或者说是违约性审查,即双方行为是否符合行政协议关于权利义务的约定",⑤这显然是一种双向性的审查路径。支持将行政协议的所有纠纷均纳入行政诉讼的

---

① 在"林某、季林鹏、杨玉珍因诉被上诉人夹江县国土资源局土地行政协议案"((2019)川11行终16号)中,法官判定双方《补偿安置协议1》第八条约定"不符合法律规定,行政机关错误认定了安置人员,"可能导致政府多支出补偿资金而令国家利益受损"。但是,在解决合同是否履行上适用了信赖保护,判决行政机关继续履行合同。法官阐述的理由是,"在案证据并未反映出上诉人一方采取了欺诈、胁迫的手段订立合同或者双方恶意串通,该协议未违反法律、行政法规的效力性强制性规定,也无其他导致合同无效的法定情形。作为行政协议相对方的上诉人在签订协议时并无过错,相反作为具有征地补偿安置法定职责的被上诉人,理应熟悉掌握相关政策、标准和依据,但却作出了不符合征地补偿安置方案的意思表示,应当承担相应责任。即使该条内容被撤销或者解除,被上诉人仍然应当赔偿上诉人因此而受到的损失。况且,作为协议当事人的行政主体一方,被上诉人仅口头告知林某1、季林鹏不符合农业人口安置的条件,其并没有依法作出撤销或者单方解除该协议第八条的行政纠错决定。因此,按照信赖保护原则和政府诚实守信的要求,被上诉人应当履行协议第八条的约定"。在我看来,错认安置人员,可以作为重大误解来处理。
② 麻锦亮:《纠缠在行政性与协议性之间的行政协议》,载《中国法律评论》,2017(1)。
③ 江必新:《行政协议的司法审查》,载《人民司法》,2016(34)。
④ 耿宝建、殷勤:《行政协议的判定与协议类行政案件的审理理念》,载《法律适用》,2018(17)。
⑤ 宋海东:《新行政诉讼法语境下行政协议若干问题探析——以类型化诉讼为视角》,载《山东审判》,2015(6)。

受案范围。①

"合同说"是将行政协议本质上看作是一种合同,有关争议应按照合同纠纷的模式来解决。至于合同的形态,又有"完全公法意义的合同""混合契约"两种不同解释。对合同的完全公法意义解读,就是将行政协议中形成的所有关系都作为公法关系,完全通过行政诉讼解决。主张对于行政诉讼法有关行政协议的规定,"应结合原告围绕协议的效力、协议的履行、协议的变更解除、协议的责任承担等提出的相应诉讼请求,对上述规定作扩大解释,尽量使其容许于行政诉讼,并防止同一性质的协议争议由行政和民事诉讼途径分别处理,出现行政裁判和民事裁判不一致的情形"。② 这与我主张的"混合契约"之间有着视角、态度和处理上的差别。"混合契约"承认公法关系与私法关系兼有混杂,对于不同属性的争议,在行政诉讼附带民事诉讼的平台上,仍然按照不同诉讼途径解决。③

对于上述第12条第1款(十一)"认为行政机关不依法履行、未按照约定履行或者违法变更、解除政府特许经营协议、土地房屋征收补偿协议等协议的"立法表述,一些学者、法官十分纠结,并推定立法者对行政协议的引进还是采用单向性诉讼结构下的"行为审",批评司法解释采用"行政协议"术语没有忠实遵循上述立法规定。我却不以为然。首先,立法上虽然仅出现了"协议",但是,从立法修改过程的讨论,④以及结合《行政诉讼法》(2014年)第2条、第6条规定,立法机关规定的"协议"就是指"行政协议"。其次,这种以行政机关为主体的表述形式是不突破"民告官"的结果。再次,立法者依然使用的是"等协议",而非"等行为",是将行政协议作为"双方行为"整体地引入行政诉讼结构之中,并针对这一特殊行为形态做相应的审查姿态与技术调整。最后,行政机关"违法变更、解除"是对行政优益权的行使,具有行政

---

① 在"蒋大玉诉重庆高新区管委会行政协议纠纷案"((2017)最高法行再49号)中,最高人民法院行政法官主张,"除《中华人民共和国行政诉讼法》第十二条第一款第(十一)项所列举的四种行政协议争议外,还包括协议订立时的缔约过失,协议成立与否,协议有效无效,撤销、终止行政协议,请求继续履行行政协议、采取相应的补救措施、承担赔偿和补偿责任以及行政机关监督、指挥、解释等行为产生的行政争议"。

② 耿宝建、殷勤:《行政协议的判定与协议类行政案件的审理理念》,载《法律适用》,2018(17)。

③ 余凌云:《行政契约论》,42~43页,北京,中国人民大学出版社,2000。

④ 2014年7月,在行政诉讼法修改草案提交三审之前,全国人大法工委行政法室召开行政合同专题座谈会。

性。行政机关"不依法履行、未按照约定履行"可能涉及行政权力行使,也可能未必。但都不可能不对双方争执进行双向性审查。

其实,细读《最高人民法院关于审理行政协议案件若干问题的规定》(2019年),也不难发现"合同说"的迹象与佐证。比如,第7条规定,对于原告请求解除行政协议,法院完全是按照合同是否符合约定或者法定解除情形来审查,应该是一种双向式审查,而不是单审行政机关一方的行为。同样,第10条第3款规定,对行政协议是否履行发生争议的,由负有履行义务的当事人承担举证责任,也不是仅对行政机关的单向性审查。第19条、第21条、第22条在措辞上都使用了"赔偿""补偿",而不是"行为说"使用的"行政赔偿"、"行政补偿"。因为后者是对于单方行政行为而言的,而合同行为只产生合同责任。第14条关于原告提出的撤销请求,从其中规定的撤销事由看,也是《合同法》(1999年)第54条、民法典第147条至第151条规定的理由,而不是《行政诉讼法》(2017年)第70条规定的情形。第18条、第20条也是"采取复述民事合同法规则的方式"。①

在有"公法契约"(public law contracts)概念的国家,这类纠纷也是作为合同来审理的,而不是单纯审查行政机关一方的行为。有关这类的诉讼由行政法院处理,适用行政诉讼法的程序与实体规则(the usual procedural and substantial rules of administrative litigation law)。行政法院不仅审查针对行政机关的挑战,也审查由行政机关对相对方提出的诉求。②

在我看来,对于行政协议尤其是"混合契约"纠纷的解决,基本适用合同法。只是针对行政协议在签订、履行过程中发生的局部个别的行政争议,采取公法方式进行"外科手术式"精准"治疗"。如果有关行政争议表现为单方权力行使,也不排除可以采用上述"行为说"的切片式审查技术。③ 但是之后,仍然还是放回到合同中,按照合同原理和规律处理,④除非行政法要求适

---

① 王洪亮:《论民法典规范准用于行政协议》,载《行政管理改革》,2020(2)。

② Cf. Jean-Bernard Auby, "*Comparative Approaches to the Rise of Contract in the Public Sphere*" (2007) *Public Law* 54.

③ 对单方行为的切片式审查技术,参见韩宁:《行政协议行为司法审查规则研究》,载《浙江学刊》,2018(3)。

④ 比如,在国有土地出让合同中,行政机关违法收回土地,法院判决撤销违法行政决定之后,是将上述行为视为一种违约,仍然回到合同履行上决定是否继续履行,并承担违约责任。

用的一些特殊规则,比如,合法的单方变更或解除不算违约,"因为对公共权力的合法行使,不应视为受谴责之事"(the legitimate exercise of public power should not be treated as a matter for condemnation)。① 因此,在"合同说"视野里,不可能出现行政机关违法行使行政权而产生的行政赔偿,而是合同的违约赔偿责任。这种技术操作使得救济效果丝毫不亚于民事救济,比如,赔偿的范围可以不限于国家赔偿的直接损失,还可以包括合同法上的可得利益损失。② 也正因如此,在我看来,《最高人民法院关于审理行政

---

① Cf. A. C. L. Davies, *The Public Law of Government Contracts*, Oxford University Press, 2008, p.185. 在我看来,上述司法解释中最重要、也最有特色的规定,是第 16 条对行政机关单方变更或者解除行政协议的规定,也是民法学者抵触和质疑的权利形态。从形式上看,单方变更或解除是行政优益权的行使,实质是依法行政与合同约定之间发生了内在冲突,行政机关必须首先遵守依法行政的要求,然后,再来解决合同责任问题。对于合法的单方解除或变更,由于不存在违法,也谈不上违约责任,但是,为保障相对人的合法利益,行政机关必须恪守"经济平衡原则",积极采取补偿、补救措施。从救济方式上看,这显然与合同法迥异。在民法学者看来,行政机关即便是合法变更、解除行政协议,也应当视为违约,也要承担违约责任。但是,从救济效果上看,公法与私法异曲同工、不相上下。从救济方式的多样化与灵活度上看,公法更胜于私法。比如,某市已有的一座跨江大桥拥堵不堪,财政无力建设,政府寻求公私合作,引进社会资本。某公司与政府签订协议,由公司投资建设,政府允许通车后收费三十年,公司要求政府在收费期限届满之前不得建设其他大桥或者隧道。这显然加入了公法约定。后因机动车增长迅猛,又导致大桥交通拥堵,公众反应强烈,所以,政府批准建设第三座大桥。公司认为政府违约,遂提起诉讼。政府批准建设公共设施、方便公众出行是政府职责之所在,因此,政府有权、也必须解除有关约定。这是让依法行政胜出,所以,也谈不上违约。但是,这绝不意味着相对人与政府签订行政协议有着巨大的不确定风险。行政机关在合法行使单方变更、解除等行政优益权的同时,还必须遵守"经济平衡原则",也就是必须对由此造成的相对人损失给予补偿。补偿的方式可以是多样的,比如,提前回购;因新大桥分流交通量而导致的收费减少,给予合理的行政补贴。

② 比如,在"再审申请人鄂州市泓元置业发展有限公司因诉湖北省葛店经济技术开发区管理委员会行政协议案"((2018)最高法行申 154 号)中,最高人民法院行政法官认定,"在再审申请人泓元公司已履行案涉协议约定义务的情况下,再审被申请人对协议约定的 7 亩土地逾期十年多未交付给再审申请人,也未按照协议约定履行相关规划义务,已构成严重的违约行为"。然后,行政法官直接根据《中华人民共和国合同法》第一百一十二条关于"当事人一方不履行合同义务或者履行合同义务不符合约定的,在履行义务或者采取补救措施后,对方还有其他损失的,应当赔偿损失。"以及第一百一十三条第一款关于"当事人一方不履行合同义务或者履行合同义务不符合约定,给对方造成损失的,损失赔偿额应当相当于因违约所造成的损失,包括合同履行后可以获得的利益,但不得超过违反合同一方订立合同时预见到或者应当预见到的因违反合同可能造成的损失。"之规定,指出,"尽管一、二审法院已经判决再审被申请人继续履行案涉协议约定的义务,但毕竟再审被申请人逾期十年多未将置换土地交付给再审申请人使用,即便本案二审判决后再审被申请人将置换土地交付给再审申请人,也仅仅是履行了协议约定的义务,并不能弥补再审申请人在这十年多因无法使用该置换土地而失去的经济利益",因此,行政机关因其违约行为应当赔偿协议相对人协议履行后的可得利益。

协议案件若干问题的规定》(2019年)第19条、第20条、第21条、第22条都没有特别规定的必要,完全可以按照合同法执行。

三、诉讼结构中的行政协议

当下的学术争论,在你来我往的学术推手中频频提及的行政协议与"行政行为",可能都存在着指称错位和理解差异。民法学者对行政协议范围扩张的批判,很大程度上是在质疑行政诉讼解决行政协议纠纷的制度能力。因此,有必要正本清源,从行政诉讼解决纠纷的机理发展谈起。我们不难发现,行政诉讼的结构与解决纠纷的机理也不是一成不变的。行政行为范畴在不断变化,行政诉讼结构与机理也随形就势,不断变迁乃至突变。

行政诉讼虽从民事诉讼之中脱胎而来,但从开初的设计上就与民事诉讼不同。在私法上,是"对双方当事人之间发生的事实上的纠纷加以法律构成,对如此构成的法律纠纷以符合其形态的准则加以处理"。就私法而言,"虽然它同时也是调整当事人行动的规范,但就其主要性格而言","是纠纷解决规范"。"私法秩序的保障被压倒性地作为法院的任务,法院被视为最适合解决纠纷的中立机关"。① 而行政诉讼"于历史沿革上并非因'纷争解决'此一前法律性格之要求而生,而系基于对行政之适法性控制与对贯彻人民权利保护之要求而生"。②

因此,《行政诉讼法》(1989年)是以审查单方行为为对象而构建起来的,专为解决行政行为的合法性审查而设计。《最高人民法院关于贯彻执行〈中华人民共和国行政诉讼法〉若干问题的意见(试行)》(1991年,已失效)对"具体行政行为"还特意做出解释,强调单方性。③ 也就是,行政行为是指行政机关单方意思表示就能发生法律效果的权力行使行为,这是传统的、现在看来属于狭义的行政行为概念。《行政诉讼法》(1989年)第11条胪列的行政行

---

① [日]小早川光郎:《行政诉讼的构造分析》,王天华译,33页,北京,中国政法大学出版社,2014。
② 翁岳生主编:《行政法》,1311页,北京,中国法制出版社,2002。
③ 在该司法解释中,"具体行政行为"是指"国家行政机关和行政机关工作人员、法律法规授权的组织、行政机关委托的组织或者个人在行政管理活动中行使行政职权,针对特定的公民、法人或者其他组织,就特定的具体事项,作出的有关该公民、法人或者其他组织权利义务的单方行为"。

为形态也无一例外。

解决纠纷的机理是,如果行政行为违法,并对相对人的合法权益产生妨害,相对人可以诉诸法院。法院只要通过对行政行为的合法性审查,撤销违法的行政行为,那么,加诸其合法权益上的妨害就能够排除,权利状态便能够恢复原状,纠纷也随之化解。"法院所依据的规范一般就是与纠纷的存在的存否无关地拘束着作出行政行为之行政机关的行政秩序规范本身"。[①] 所以,主观之诉是表象,行政诉讼本质上是客观之诉,是为了维护客观法秩序。诉的利益与主观公权利仅是因为法院资源有限而不得不构筑的限制性措施,从而将主观之诉与客观之诉统合成一体两面。《行政诉讼法》(1989年)的总体设计也大致符合上述诉讼原理。

然而,之后的实践,由于法院锐意进取,不断拉张行政诉讼范围,一些非典型的行政行为也进入了法官的视野。大致可以分为,一是责任认定,比如道路交通事故责任认定、火灾原因及火灾事故责任认定、工伤认定、地质灾害责任认定等,这类行为都没有对当事人的权利义务做出法律上的处分。二是行政确认,包括发放结婚证、房产证等,其法律效果在私法上已经发生,行政机关只是用国家公信力确认已有的法律状态。三是行政裁决,比如行政机关对专利侵权、房屋拆迁安置补偿、滩涂水源林木权属等民事纠纷的居中裁决,有关民事争议只能适用私法解决。上述非典型的行政行为在法律效果上与传统行政行为不同,但至少在公权力性和单方性上却是一致的。为适应上述变化,《最高人民法院关于执行〈中华人民共和国行政诉讼法〉若干问题的解释》(2000年,已废止)第1条干脆删除了"具体",改为"行政行为"。这意味着已经从传统行政行为上发生了移动,拉张了概念外延。

对于上述非典型的行政行为,比如责任认定,还勉强可以通过判决撤销、重新作出责任认定来解决。但是,对于行政确认、行政裁决,通过上述行政诉讼结构就无法妥帖应对,因为仅是撤销违法的行政确认、行政裁决,民事争议犹在,并不能真正解决纠纷。要想实质性化解纠纷,就必须加入新的诉讼机制。《最高人民法院关于执行〈中华人民共和国行政诉讼法〉若干问题的解释》(2000年)第61条增加规定了民行交叉,"被告对平等主体之间民

---

① [日]小早川光郎:《行政诉讼的构造分析》,王天华译,34页,北京,中国政法大学出版社,2014。

事争议所作的裁决违法,民事争议当事人要求人民法院一并解决相关民事争议的,人民法院可以一并审理"。《行政诉讼法》(2014年)第61条继续扩大了民行交叉的范围,规定"在涉及行政许可、登记、征收、征用和行政机关对民事争议所作的裁决的行政诉讼中,当事人申请一并解决相关民事争议的,人民法院可以一并审理"。与此同时,作为制度操作的平台,行政诉讼附带民事诉讼的创制性平台也孕育而生。

同样,在行政诉讼初创之际,行政契约因为实践不普遍,理论不成熟,未引起立法者的兴趣与关注。随着行政契约实践的不断深入,运用领域的逐渐拓展,面对频发的纠纷,便有了诉讼需求。但是,由于《行政诉讼法》长期不改,只能以行政行为为审查对象。欲将行政契约纳入行政诉讼,也必须将其塞入行政行为范畴之中。所以,不少学者和法官主张,行政契约属于"双方行政行为",是行政行为的一个亚种。这是继"具体行政行为"脱变为"行政行为"之后的又一次实质性拉伸,行政行为由单方扩展到双方。立法者、法官和学者都清醒地意识到行政协议不同于传统行政行为,也与上述非典型行政行为迥异,是双方合意行为,是一种全新的行为类型。应当"建立专门适用于解决行政契约纠纷的双向性构造的诉讼结构",包括双向性审查结构、允许行政机关起诉的条件、反诉权、举证责任、确认契约效力以及对违约责任处理的判决形式等。①

《行政诉讼法》(2014年)除了第12条受案范围、第61条民行交叉外,还专为行政协议量身定制了第78条。② 这些还远远不够。《最高人民法院关于审理行政协议案件若干问题的规定》(2019年)进一步规定行政协议的判断标准;胪列若干有名行政协议;列举与行政协议有利害关系的具体情形;照抄民事诉讼上的"协议管辖",为行政协议当事人提供更多、更灵活的管辖;规定诉讼时效;明确对行政优益权的审查方式,引入了"经济平衡原则";适度修补行政机关原告资格不明之缺陷;规定了行政协议无效的法律适用;

---

① 余凌云:《论行政契约的救济制度》,载《法学研究》,1998(2)。余凌云:《论对行政契约的司法审查》,载《浙江学刊》,2006(1)。
② 《行政诉讼法》(2014年)第78条规定:"被告不依法履行、未按照约定履行或者违法变更、解除本法第十二条第一款第十一项规定的协议的,人民法院判决被告承担继续履行、采取补救措施或者赔偿损失等责任。被告变更、解除本法第十二条第一款第十一项规定的协议合法,但未依法给予补偿的,人民法院判决给予补偿。"

原则上不得仲裁,等等。这些规定都是程序性的,"主要局限在法院审判规则、救济手段以及程序审查方面,总体来讲,是谨慎、健康、有益的,没有实质上突破宪法秩序下的法院角色与功能"。① 当然,上述解释也引发了不少争议。但在我看来,上述解释至少在认可双向性审查、公法与私法混搭的法律适用、双方举证以及引入单方变更的行政法理上取得了不小的进步,使法院的审理操作更贴近双方行为的特征。或许,我们可以考虑放弃完全公法意义上的解释,转移到"混合契约"立场做一定的修正,有关争议可能还会进一步迎刃而解。下面再提。

严格地说,迄今尚未完成的,也只能通过行政诉讼法规定,不能采用司法解释解决的制度是行政机关的原告资格与反诉权。这无疑是对行政诉讼基本结构的重大突破。究其原因,《行政诉讼法》在2014年修改过程中,最初都因意见分歧较大而搁置讨论行政契约,直至"三审稿",才匆忙写入行政协议,遗留了行政机关原告资格以及反诉权没有规定。这不能不说是一个立法遗憾。从理论上讲,行政协议是双方合意的产物。除非行政机关行使行政优益权或者约定的行政权,可以通过单方意思表示发生法律效力,否则,行政机关必须与相对人协商一致,才能形成、变更或者废止法律关系。因此,在行政协议纠纷解决上,行政机关也有充当原告、反诉的需求和可能。

如何填补上述法律漏洞?通过司法解释的操作空间十分有限。《最高人民法院关于审理行政协议案件若干问题的规定》(2019年)第6条只能接受行政机关不得反诉。第24条又试图给出行政机关无原告资格下的应对方法,也就是区分两种情形,一种是行政机关具有行政优益权或者约定的行政权。这意味着行政机关单方意思表示就可以发生法律效果。相对人如果不服,可以提起行政诉讼。另一种是除上述情形外,行政机关可以先做出行政决定,要求相对人履行协议义务。如果相对人仍然拒不履行,行政机关可以申请非诉执行。在我看来,后一步颇有疑问,似乎混淆了行政机关在行政协议中的角色。"行政契约有效成立之后,它不具有行政法上的公定力和执行力"。如果上述行政决定可以成为执行依据,这"意味着行政机关对行政契约争议进行了单方裁决,有违契约法理"。②何况相对人还有其他应对选项,比如,相对人可以要求

---

① 余凌云:《法院如何发展行政法》,载《中国社会科学》,2008(1)。
② 于立深:《行政契约履行争议适用行政诉讼法第97条之探讨》,载《中国法学》,2019(4)。

解除合同,并主动承担违约责任,那么,行政决定就失去了执行基础。

其实,在我看来,行政机关作为原告的需求是十分有限的。首先,对于"混合契约",其间夹杂着大量的民事约定,只要我们鉴别出发生的争议中没有公法因素,就可以适用民法、合同法,行政机关做原告也顺理成章。比如,在国有土地出让合同中,行政机关已依约履行交付土地的义务,而相对人"未完全履行合同约定的支付土地出让金义务",这一纠纷就不具有公法因素,行政机关完全可以通过民事诉讼要求相对人履约。其次,行政机关能够通过行使行政优益权或者行政权来解决的,也没有必要充当原告,因为这些权力还是具有与单方行政行为近似或者相同的特性。最后,对于其他公法约定产生的纠纷,考虑到相对人和行政机关之间的长期依存关系,以及行政机关也有一定的制衡手段,行政机关即使不做原告,也还是能够通过协商、约谈等方式解决矛盾。英国的经验也是如此,有关政府合同的诉讼是罕见的(rare),政府和当事人一般都乐意通过谈判或者仲裁解决纠纷。这有助于事后尽快修复双方关系。①

四、引入"混合契约"概念

在不少民法学者和行政法学者看来,行政协议和民事合同分属公法与私法,非此即彼。对于以往在私法上处理的合同形态,因其中的公法因素而重新识别为行政协议,即便行政法伸出橄榄枝,认可其中不需要适用公法的关系仍然可以参照适用私法,也无法获得民法学者的谅解;参照适用的情形与范围,也容易引发不小的争议。这就是当前问题的症结。

其实,在我看来,行政契约是介于公权力与合意之间的一种特殊形态。在私法合同和公法契约之间一定存在着过渡形态或者中间灰色地带。合同形成的是公法关系、还是间杂着私法关系,完全由双方协商决定。在私法关系上加入了公法关系,无论成分多少,都是"混合契约"。承认这一混杂形态,可以找到公法与私法和解的最大公约数,才能论证行政协议的合理性。因为如果公法问题可以采用私法方法解决,也就没有必要划分公法与私法,反之,亦然。

---

① Cf. A. C. L. Davies, *Accountability: a Public Law Analysis of Government Contract*, Oxford University Press, 2001, p.12.

1. 对"混合契约"做完全公法意义上的解读？

从司法解释看，似乎没有接受"混合契约"概念，而是将胪列的行政协议都被视为行政法上的协议，也就是说，除了其中的行政法上权利义务关系，其他与民事合同上的相同或者相似的法律关系也识别为行政法上的法律关系，适用"民法原理在行政法上的援用"学说，对后者"参照适用民事法律规范"。①这类案件也完全纳入行政诉讼审理，只是针对上述由民事关系转换而来的公法关系上出现的纠纷，在诉讼程序规则上可以"参照适用"民事诉讼法。

据说，德国行政法在早期也承认"混合契约"。但"已被学界抛弃"。"现行通说认为，不应把同时具备公私法内容的'混合合同'划分为公法与私法两个部分并分别依据不同规范作出不同处理，而应基于合同标的的目的与整体属性作出判断，此即所谓的'统一判断原则'"。"只要合同中存在有唯一一项公法规范对象，就足以将其认定为公法合同，否则高权主体一方就有可能会逃逸于更为严格的公法规范之外"，该标准也被称为"主导性理论"。"德国法院组织法第 17 条第 2 款规定，受理法院对法律争议所涉及的所有法律问题作出裁判"。②

在我看来，上述理论只是对合同的整体性质的判断。我们要引入的"混合契约"范畴也是行政协议的一种类型，而非民事合同，这与上述德国认识没有根本分歧。只不过"混合契约"不认可协议形成的所有关系均为公法关系，之所以划归行政庭审理，是因为行政诉讼可以"一并解决民事争议"。但是，对于我们关注的问题，上述理论研究却语焉不详，或根本没有触及。比如，在德国，"混合合同"具体是什么形态？有哪些种类？它们被识别为行政契约、划归行政法院审理之后，在具体审查上是否还要区分或者实质上区分争议性质，并分别适用（援用）私法和公法解决？德国行政诉讼审理行政契约的结构是什么？是否适合解决本质上为民事争议的纠纷？是否有针对性

---

① 《最高人民法院关于审理行政协议案件若干问题的规定》(2019 年)中明文涉及这类情形的共计三处，包括第 18 条、第 25 条、第 27 条。其中，第 27 条是一般性条款。"参照适用"也可以理解为"类推适用"，其中可能会有变通。但在合同无效上又认可了公法与私法具有共同法理，第 12 条第 2 款又是"可以适用民事法律规范"，也就是可以"直接适用"。那么，为什么会有如此不同呢？实在令人费解。我的同事民法学者王洪亮教授也敏锐地察觉到这一问题，并指出"这里的适用应该改为准用"。王洪亮：《论民法典规范准用于行政协议》，载《行政管理改革》，2020(2)。

② 刘飞：《行政协议诉讼的制度构建》，载《法学研究》，2019(3)。

的特殊诉讼制度构造？对于实质上的民事争议，行政法院是做出行政判决还是民事判决？我们依然知之甚少。所以，不能简单地依据德国的经验去否定"混合契约"。

但是，在我国，这种完全归属行政法领域的行政协议，对于民法学者来说，就是一个完全陌生的事物。而寥寥数条的司法解释根本无法解释民法学者接踵而来的不断质疑，比如，在合同法上，除非法定或者约定的免责事由，当事人都可以要求其承担违约责任。如果行政机关违约行为是合法的，当事人可以要求其承担违约责任吗？更进一步，是否可以要求可预期利益的赔偿？等等。尤其是那些原先按照民事合同处理的协议，审查的重点怎么就变成了合法性审查，而不是有效性审查？这的确让民法学者疑惑不解。

其实，在我看来，这都是不加鉴别的结果。对于行政协议，合法性审查仅针对其中的公法约定，不加鉴别的一概适用，就是无的放矢。这是因为，行政机关不能拘泥于已有的合同而放弃未来的行政权力行使，否则，行政机关就变成了立法机关，可以通过合同自我授权。① 因此，在公法约定上，依法行政原则优于当事人意思自治。但是，行政协议上的约定并非都具有公法元素，尤其是那些原先被视为民事合同的"混合契约"，对于没有公法元素的民事约定，仍然应当适用当事人意思自治。比如，某开发商参加土地招拍挂中标后，与行政机关签订了土地出让合同。行政机关将开发商事先缴纳的五十万元保证金（保证参加招标）转为土地出让金，并敦促开发商尽快缴清不足部分。开发商反悔，表示不要土地，先前缴纳的保证金作为违约金，行政机关不同意。双方的纠纷就属于纯粹的民事纠纷，适用当事人意思自治。

从根本上讲，这里存在的分歧其实是不同进路，一个是做完全公法意义上的解析，将行政协议中形成的所有法律关系均视为公法关系，另一个是"混合契约"的解读，将这类合同视为私法与公法关系混杂的集合体。但是，无论哪种进路，在面临问题、解决思路及处理手法上没有本质差别。首先，都必须鉴别争议的本质属性，将其中真正的公法约定挑出来，仅对其中行政纠纷进行合法性审查，适用公法处理，遵从依法行政原则优于当事人意思自治。其次，对于那些本质上为民事关系的争议，无论是否转化为公法关系，

---

① 余凌云：《行政协议的判断标准》，载《比较法研究》，2019(3)。

都要"参照"或者适用私法解决。最后,在解决了行政协议中行政机关行使行政权或行政优益权的合法性之后,仍然将其放回合同之中展开后续的作业处理,比如,对于行政权或行政优益权行使违法,视为违约,按照合同违约责任处理。除非有关合法性审查会对合同有效性或者合同责任产生不一样的影响,便会产生与合同法不同的特殊处理规则。比如,合法的单方变更不产生违约,而是采用"经济平衡原则"解决行政机关的责任问题。

我更倾向认同"混合契约"。第一,在完全公法意义下的解读中,对于相同或近似私法关系的争议,虽然形式上认为是行政争议,但是,解决这些争议,还要做实质鉴别,参照适用私法规则。尽管有着一般性的民法援用规定,比如,《最高人民法院关于审理行政协议案件若干问题的规定》(2019年)第27条,但是,在实际操作上还必须不断答疑解惑。① 比如,还要花费口舌去逐一解释当事人行使撤销权的期限,②违约金数额的确定等。③ 莫不如直接承认其为私法关系,直接适用民法。第二,同样,在解决这类争议上,行政诉讼是否比民事诉讼有优势?也不无疑问。当然,在将这些争议解读为公法争议之后,也可以"参照适用民事诉讼法的规定",让行政诉讼实质脱变为民事诉讼,审理结果或许也与民事诉讼并无二致。但是,仍有力所不逮,比如,在民事关系转性而来的内容上发生争议,原先按照民事合同处理,行政机关当然有原告资格、可以反诉,但是,现在按照行政案件处理,行政机关还有起诉资格、反诉权吗?即便可以,要解释清楚,也还要多费口舌,大费周章,将原本简单明了的问题复杂化。第三,或许,在解决纠纷的效果上,两个路径都会殊途同归。但在消除民法学者的困惑上,后一条路径是民法学者

---

① 比如,有的法官提问,"房地产开发中,开发商延迟竣工,征收违约金的案件中,违约金是否适用行政处罚法中,不得超过中标的标的的规定?或适用民事诉讼中,不得过高的规定?"其实,在我看来,这个问题上根本没有公法因素,应该完全按照民事合同处理。又比如,有的法官提问,"协议约定拆除养殖棚,假如按面积补助10万元,逾期拆除的话,1天扣除补助1万元。养殖户超过拆除期限20天后,自行拆除了养殖棚。政府以逾期补助已扣完为由,不再支付补助金,现养殖户起诉要求支付10万补助金,请问该怎么处理"。同样,在我看来,也没有公法因素,应该按照民事合同处理。

② 比如,"张西宝诉五莲县住建局、五莲县政府房屋征收行政协议案"((2018)最高法行申3313号),法院应否主动审查"当事人行使行政协议撤销权是否超过法定期限",这实际上不涉及公法问题,有关争议也实质上属于民事争议,所以,完全可以适用民法规定,无须做出特别解释。

③ 比如,"董凤芹诉白水县政府房屋征收补偿协议案"((2018)最高法行申9054号),行政协议违约金数额的确定,也没有什么特别的公法要求,完全是私法问题,也没有必要做出特别解释。

更熟悉和易于接受的,来自民法学者的很多诘问也就不成其为问题了。

2.民法学者的态度

从现有民法学者的研究看,他们能够接受的行政协议,是区分了市场行为与非市场行为,主张行政协议仅存活在非市场行为,"在性质上属于替代行政行为","本质上是行政机关行使行政职权的一种方式"。按照这种认识,"行政机关订立行政协议并不是一种市场行为","协议双方当事人的关系并不是民事权利义务关系,而是行政上的权利义务"。[①] 所以,在他们看来,"混合契约"根本不存在,要么是行政协议,要么是民事合同。

出于上述理论见解,他们认可了《行政诉讼法》(2014年)第12条第1款(十一)胪列的两种有名行政协议,并解释道,政府特许经营协议是行政机关行使许可权的一种方式,土地、房屋等征收征用补偿协议"属于政府行使征收权、征用权的必要环节,是政府征收权、征用权的组成部分"。[②]但却不接受《最高人民法院关于审理行政协议案件若干问题的规定》(2019年)增补进来的有名行政协议。其实,在我看来,上述无论哪一种有名行政协议,都混杂着公法关系与私法关系。

或许,民法学者从行政法文献上解读出来的很多行政契约是秩序行政上的行政行为替代方式。比如,治安管理处罚上基于担保人和保证金规定而签订的担保协议。在秩序行政范畴,非市场行为性标准是可以成立的。然而,随着给付行政、福利国家的迅猛发展,"行政并非仅系国家实践法律与权力目的之手段,而是应作为国家福利目的之工具,来满足社会之需要"。[③] 行政协议的大量涌现恰好是因为给付行政的迅猛发展,比如,市政基础设施建设从本质上讲,就是政府的一项重要职责。政府履行有关职责的方式,既可以亲力亲为,也可以公私合作;既可以采用民事合同,也可以创造出与私法手段交织结合的新的形式与手段。"给付行政不拘泥于给付形式的公法或私法形态,法理上赋予了其形式选择自由的空间。这要求从目的导向来解释给付行政,而并不能简单地采取形式判断标准。进而,通过私法同样可

---

① 王利明:《论行政协议的范围——兼评〈关于审理行政协议案件若干问题的规定〉第1条、第2条》,载《环球法律评论》,2020(1)。

② 王利明:《论行政协议的范围——兼评〈关于审理行政协议案件若干问题的规定〉第1条、第2条》,载《环球法律评论》,2020(1)。

③ 周弘:《福利国家向何处去》,1页,北京,社会科学文献出版社,2006。

能实现给付行政的目的。例如,通过私法契约来实现公共设施的提供,这便模糊了原有的公法与私法边界,出现了越来越多的混合行为"。① 在给付行政领域,之所以会有行政协议,特别是私法关系与公法关系交织的混杂形态,就是完全采用民事合同不足以实现公法目的,所以,必须适用一些超出私法原理的特别规则。这是因为,"自由民主理论假设,个人与国家、国家与社会之间存在着不可分割的关系。这些关系使国家即便处于合同关系之中也要承担强制性义务,它必须对个人自治持续给予关切和尊重,它也必须寻求发现公共利益并采取行动"(Liberal democratic theory posits an inalienable relationship between individual and State, on the one hand, and State and society on the other. These relationships place mandatory obligations on the State even when it is in a contractual relationship: it must continue to demonstrate concern and respect for individual autonomy; it must seek to discover and act upon the common good.)。"在某种程度上,私法模式不能容纳自由民主理论的核心部分,这使得它不适合界定国家责任的任务"(To the extent that the private law model cannot accommodate a central component of liberal democratic theory makes it ill-suited to its task of defining State liability.)。②

从上述分析可见民法学者与行政法学者的根本分歧之所在,民法学者是以市场行为和非市场行为为划分标准,行政法学者是以具有行政法上权利义务内容为识别标准。这两种不同方法运用到市场领域,对既存的合同进行识别时,归类上就会出现交叉,便会见仁见智、称雨道晴。比如PPP和自然资源开发利用上的合同形态,民法学者认为是民事合同,行政法学者主张是行政协议。于是,各说各话,不易达成共识。

在上述公法与私法交叉范围内形成的合同形态,原先按照民事合同来处理,现今归类为行政协议,变成非此即彼。这已让民法学者错愕。如果再进一步做完全公法意义上的解读,认为形成的合同关系均为公法关系,只是对那些与民法关系相同或者相近的关系援用民法原理来调整,也就是"参照适用"民事法律规范。这更让民法学者费解。

---

① 胡敏洁:《给付行政范畴的中国生成》,载《中国法学》,2013(2)。
② Cf. Shannon Kathleen O'Byrne, "*Public Power and Private Obligation: An Analysis of the Government Contract*" (1992) 14 *Dalhousie Law Journal* 518.

在我看来,更务实、更有说服力的态度,应当承认它们是"混合契约",是民事关系与行政关系兼而有之的混合体。最高人民法院民事法官在"京环公司股权纠纷案"((2016)最高法民再234号)中也认可,"行政合同本身并不必然排斥民事权益约定或部分内容需民事权利义务规则处理的可能"。最高人民法院行政法官在"香港斯托尔实业(集团)有限公司、泰州市人民政府、泰州市海陵区人民政府、江苏泰州海陵工业园区管理委员会招商引资协议案"((2017)最高法行再99号)中也承认,"协议内容除包括相关民事权利义务约定外,还包括大量难以与协议相分离的行政权利义务约定"。在"孝感金太阳置业有限公司、孝感市孝南区人民政府再审审查与审判监督行政裁定书"((2018)最高法行申3619号)中,一审法院的行政法官也指出,"尽管双方当事人之间诉争的法律关系存在一些民事因素,但终因双方当事人不属民法所要求的平等主体关系"。这类"混合契约"中含有公法关系、公法内容,是能够鉴别出来的,民法学者对此也不否认。这些公法关系上发生的争议,应当通过行政救济途径、适用行政法来解决。如果仍然固执地坚持按照民事合同、适用民事法律规范处理,这显然根本违背了公法与私法二元划分的法治基础,也抹灭了行政诉讼与民事诉讼的功用划分之必要。

3."混合契约"是"谈出来的"

作为"双方行为",相对人是否同意签订行政协议具有完全的意思自治,行政机关也无法像"单方行为"那样通过单方意思表示就产生法律效力,无法施加权力性作用。只要是行政协议,从根本上说,当事人都有权拒绝接受。当事人之所以选择签订,只是因为与政府合作而可期待的巨大利益。可以说,行政协议是双方作为彼此独立的法律人格互相对等地"谈出来的",不是或者不完全是命令与服从结构下的产物。生成"混合契约"不仅是可能的,也绝对不是主观臆想的。"混合契约"的出现,是政府与相对人共同设计出来的一项最伟大的发明。

比如,某人将具有百年历史的祖传大宅象征性卖给政府,原本是私法上的房屋买卖合同,却加入了公法内容,双方约定,政府应当将大宅申报为文物,按照文物保护单位管理。① 政府接手之后,没有申报文物保护单位,仅将大宅中有文物价值的木雕、石雕拆除,集中保管。大宅逐渐荒芜,无人问津。

又比如,某公司获得某条交通运输线路的独营权,在特许经营合同中双方约定,交通委员会必须采取有力措施,严厉打击在该交通运输线路上非法运营的"黑车"。这显然是公司为了实现独营,又顾虑"黑车"猖獗,公司无法凭一己之力制止,也无权阻止,恐怕无利可图,因此,要求交通委必须做出相应的履职承诺。

至于行政职责与行政权力的行使能否成为约定内容,民事法官和行政法官似乎存在着分歧。在"崂山国土局与南太置业公司国有土地使用权出让合同纠纷案"((2004)民一终字第106号)中,最高人民法院民事法官从民事合同角度解读《国有土地使用权出让合同》,认为,"政府机关对有关事项或者合同审批或者批准的权限和职责,源于法律和行政法规的规定,不属于当事人约定的范畴。当事人将上述权限和职责约定为合同所附条件,不符合法律规定"。"当事人将法律和行政法规没有规定的政府机关对有关事项或者合同的审批权或者批准权约定为合同所附条件,同样不符合法律规定"。但是,最高人民法院行政法官在"香港斯托尔实业(集团)有限公司、泰州市人民政府、泰州市海陵区人民政府、江苏泰州海陵工业园区管理委员会招商引资协议案"((2017)最高法行再99号)中丝毫不否定双方当事人可以做类似约定,"这些权利义务虽有部分民事权利义务性质,但更多约定涉及地方政府不同职能部门的行政职权,分别受多部行政法律规范调整,具有明显的行政法上的权利义务特征。而事实上,此类约定也系海陵工业园管委会代表海陵区政府进行的行政允诺",并且强调公法约定的合法性更适宜通过行政诉讼审查,"与民事诉讼程序相比,行政诉讼程序更有利于全面审查协议中有关税收承诺、土地出让价款承诺、行政许可承诺等诸项涉及行政法律规范之适用条款的合法性与合约性;而协议包含的工商、质监、房管、建设、交通等多个行政许可审批事项的约定,适用行政诉讼程序审理也更为适宜"。

对标西方,这有点近似、却不完全是它们在"合同拘束裁量"(fettering

---

① 纳入文物保护单位的,必须依据《文物保护法》(2017年)第13条规定,由相应的政府核定公布,并根据第15条规定,由有关政府划定"必要的保护范围,作出标志说明,建立记录档案,并区别情况分别设置专门机构或者专人负责管理"。

discretion by contract)上探讨的主题。在西方,这个问题很复杂,判例给出的边际也很零碎,认识也似乎不完全一样。在英国,判例法规定的原则主要有二,一是行政机关不允许通过合同放弃任何源自成文法、普通法的权力,也不能摒弃保护公共利益的职责。比如,不得放弃征用权(requisition power)。二是行政机关不应该通过合同承诺拘束其裁量权。比如,行政机关在与大学签订的合同中承诺在大学望远镜周边地区不鼓励城市开发,就是违法的。加拿大法也有同样原则,①比如,加拿大最高法院判决,联邦政府不得通过合同给予税收或关税减免。德国行政法对同一问题提出了一个有趣方法,判例法否认地方行政机关可以对地方规划的未来内容作出承诺,因为这方面的决定总是要考虑到对受到影响的不同利益进行精确的评估。如果决定只是重述先前合同规定的内容,上述评估就会有偏差(biased),甚至缺失(absent)。在法国法上,行政机关在合同中承诺以某种方式作出决定,也是严格禁止的。比如,行政机关不能在合同中事先承诺任命某人为公务员,或者给予规划许可。②

在我看来,公法约定,一方面,可能是来自行政机关的要求,不加入有关公法约定,不足以保证行政协议的公共服务或者行政管理目标的实现。另一方面,也很可能是出自相对人单方的强烈期许,并作为合同成就的对价,要求行政机关必须承诺。无论哪一方主动提议,还是双方皆有意愿,都必须双方形成合意,且必须符合合同法规定和依法行政要求。公法约定的形成与实施,是受到依法行政的优先拘束,可能会给行政协议带来一定风险,但是,也可以通过行政协议特殊规则加以管控和化解,比如,事前的合法性审

---

① 在加拿大,"国家不能因合同而限制其制定、修改或废除立法。其立法权只能基于公共利益而行使,而不是为了履行合同义务。同样,公共利益要求政府和行政机关不能因为合同而不履行法定的职责或行使自由裁量权。一份与政府的法定义务和"法定出生权"不符的合同,即使在很大程度上是商业性的,也会失效"(The State cannot fetter by contract its statutory power to enact, amend, or repeal legislation. Its legislative powers are to be exercised for the public interest alone and not in furtherance of a contractual obligation. Similarly, the public interest requires that neither the government nor a public authority contractually disable itself from performing a statutory duty or from exercising a discretionary power conferred by or under a statute. A contract which is incompatible with the government's legislative obligations and "statutory birthright" fails even if the matter is largely commercial.). Cf. Shannon Kathleen OByrne, "*Public Power and Private Obligation: An Analysis of the Government Contract*"(1992) 14 *Dalhousie Law Journal* 501.

② Cf. Jean-Bernard Auby, "*Comparative Approaches to the Rise of Contract in the Public Sphere*"(2007)*Public Law* 52—53.

查,个别约定违法不必然导致行政协议无效,以及单方变更的责任机制。也正因合同出现了公法约定,具有了行政法上权利义务内容,也就由民事合同嬗变为行政协议,形成"混合契约"。

其实,在我看来,政府和相对人对于签订什么样的合同心中有数。在一些合同中,他们也完全可以选择不做公法约定,[①]比如,在上述案件中双方反向约定,如果政府没有将百年大宅认定为文物保护单位,当事人有权解除合同。如果交通委没有制止非法运营,致使相对人无法实现合同预期,造成损失,那么,交通委应当承担相应的合同责任。这种约定就没有公法元素。或许,就相对人投资逐利而言,相较于后一种对消极后果的约定,恐怕相对人更乐意选择要求行政机关的积极作为或者承诺处分,这更符合相对人实现合同目的。

五、从法律关系出发的区别审查

"混合契约"中夹杂着行政法律关系和民事法律关系。从理论上讲,"混合契约"可能发生的纠纷包括:(1)纯粹为民事争议;(2)纯粹为行政争议;(3)既有民事争议,也有行政争议。它们之间的关系又可以进一步分为,一是彼此可以切割,分别处理。两者之间或许存在着解决次序,"先民后行"或者"先行后民",也许没有处理次序。二是彼此交织,需要一并处理。上述胪列的各种情形完全是逻辑推演,在实践上是否都存在,还有待进一步观察。

如前所述,国有土地出让合同、矿业权出让协议、征收补偿协议等有名行政协议,实质上是"混合契约",当它们纳入行政诉讼受案范围之后,我们马上面临一些必须回答的重要问题,行政协议纠纷是否意味着整体编入行政案由?是否全部划归行政庭审理?尤其是行政协议中发生的争议纯粹是民事争议,是否也要诉诸行政庭?还是在立案阶段就鉴别分流?如果不分流,如何审理?

1.行政诉讼与民事诉讼应当各安其位、各尽所长

"混合契约"中公法关系与私法关系的交织并存,"这并不否认在那些明显应属于公法或者私法调整的领域内公法或者私法各自相对的优势地位,

---

[①] 在法国,政府签订的合同究竟是什么属性,尽管最终还是由法院说了算,但是,政府对于签订什么样的合同是了然于胸的,它完全可以在合同中不涉及让相对人提供公共服务,或者避免自己享有特殊权力,从而签订一个普通私法合同。Cf. A. C. L. Davies, *The Public Law of Government Contracts*, Oxford University Press, 2008, p.55.

毕竟外来的渗透不能也不应抹杀内在的本性"。① 因此，不能笼统地认可在解决行政协议纠纷上行政诉讼与民事诉讼具有竞争性，"民事协议可能交由行政审判庭审理，行政协议也可能交由民事审判庭审理。区分民事协议与行政协议、民事诉讼与行政诉讼，更多应考虑审判的便利性、纠纷解决的有效性、裁判结果的权威性以及上下级法院间裁判标准的一致性，也应考虑何种诉讼更有利于对行政权力的监督和公共利益的维护"。②在我看来，行政诉讼是为解决行政争议而构建，民事诉讼结构更适合解决民事争议。对于不同性质争议的解决，最好还是"上帝的归上帝，恺撒的归恺撒"。因此，行政协议中发生争议的不同属性，决定了不同诉讼的选择。

当然，我也不否认，在公法与私法交叉的合同领域，由于私法的公法化，私法已有很大的伸展力和融合力，不少带有公法因素的问题在私法上已能很好解决，与依法行政要求也不抵牾。③ 但是，公法纠纷也无法全部转换为

---

① 郭明瑞、于宏伟：《论公法与私法的划分及其对我国民法的启示》，载《环球法律评论》，2006(4)。

② "香港斯托尔实业(集团)有限公司、泰州市人民政府经贸行政管理(内贸、外贸)再审行政裁定书"((2017)最高法行再 99 号)，https://susong.tianyancha.com/87a614883fee11e8b0207cd30ae00c08，访问时间：2020 年 5 月 19 日。

③ 比如，在"淮南市国土资源局与淮南禹州房地产开发有限公司建设用地使用权出让合同纠纷上诉案"((2016)最高法民终 729 号)中，案涉地块现状涉及建筑物、农作物和水渠，"无法满足国土部门对土地使用权净地出让要求"，淮南禹州房地产开发有限公司请求撤销《成交确认书》并予以退还已交的土地款(含竞买保证金)。民事法官回避了上述"净地"要求，而是认为，"由于淮南国土局与禹州房产公司始终未能签订正式书面合同，就出让合同的履行作出明确约定，禹州房产公司取得国有建设用地使用权进行开发的合同目的难以实现，其可以主张解除双方之间的权利义务关系"，根据《合同法》(1999 年)第 96 条、第 97 条规定，允许依法解除合同，退还定金和土地出让金。从行政法角度看，国有土地出让未达到"净地"要求的，不符合国土资源部、住房和城乡建设部《关于进一步加强房地产用地和建设管理调控的通知》(国土资发〔2010〕151 号)第 4 条中关于"不得毛地出让"的规定，以及《闲置土地处置办法》(2012 年)第 21 条规定，也可以撤销《成交意向书》。在本案中，公法与私法的裁判效果并无差别。又比如，在"攸县人民政府、株洲市望云房地产开发有限公司合同、无因管理、不当得利纠纷二审民事判决书"((2018)最高法民终 595 号)中，攸县人民政府通过会议纪要约定了行政奖励，"该项目必须建设人防工程，人防工程面积不得少于 2000 平方米，可纳入县政府城建重点工程项目范畴，经省级人防主管部门验收合格后，按照攸府阅〔2013〕5 号会议纪要精神，据实给予奖励。如该项目城市综合体商业服务面积达到国内县级城市领先水平，待项目综合验收后，根据攸府阅〔2013〕5 号会议纪要精神，可据实予以奖励"。这种奖励毫无疑问具有行政性，是为了实现特定行政目标(人防工程建设、具有领先水平的综合商业服务)而设定的，属于行政奖励。但是，最高人民法院民事法官却转化为合同之债来处理。"本案中，攸县人民政府对望云公司开发建设案涉城市综合体及配套城市广场项目所作奖励承诺，是其作为该宗国有土地所有权人，为保障案涉城市综合体及配套城市广场项目顺利开发建设，基于《国有建设用地使用权出让合同》作出的据实性奖励承诺，该行为属民事法律行为，而非行政奖励行为。一审判决认定望云公司与攸县人民政府之间形成合同之债，并无不妥。"

私法争议来处理。能否采用"转换技术",归根结底还要取决于救济的充分有效,并符合依法行政要求。

比如,在"安徽通德房地产开发有限公司、蚌埠市国土资源局土地租赁合同纠纷案"((2016)最高法民终638号)中,蚌埠市国土资源局根据《土地管理法》第58条第1款第1项规定,做出提前收回国有土地使用权决定。因双方对补偿金额无法达成一致,通德房地产开发有限公司遂提起民事诉讼。最高人民法院民事法官将上述行政决定转换成民事行为看待,"根据土地租赁协议,国土资源局应将案涉土地出租给通德房产公司使用,国土资源局作出决定收回土地,系解除土地租赁协议行为"。由于双方对上述行政决定没有异议,法院也不加诘问。或许,从民事诉讼上的"不告不理"看,"民不告,官不究",民事法官仅需回应双方当事人争执的补偿问题,不及其余,这也无可厚非。

但是,如果按照行政协议的审理思路,在行政法官看来,国土资源局提前收回土地决定是否合法,是解决合理补偿的前提与基础。即便双方当事人对上述行政决定不持异议,法院也不会默认或者推定该决定合法,法院有义务审查该决定的合法性。因为"行政诉讼所涉之事件,恒攸关公益及行政是否依法行政,因此,在事实之掌握方面,务求其符合'实质之真实',而非以当事人不争执即可"。① 也就是说,在行政诉讼上,法院的审查不完全受制于原告的诉讼请求与理由。"行政诉讼惟置重于以维持行政事件法规正当适用为目的之性质,故亦有国家依行政裁判所之职权而可出于当事人请求范围外以为审理,或得变更系争之处分,与原告以不利益者。行政诉讼,非以保护个人权利为主要之目的,乃以判断宣告公益事件何为正法为其目的者也,是故不拘于当事人之声明,而从裁判所自身之见地,以宣告关于系争事件之正法"。②

如果提前收回决定是违法的,法院应当撤销。如果提前收回决定是合法的,双方又同意解除租赁合同,有关补偿问题,的确不具有公法因素,属于民事争议,也如最高人民法院民事法官所说,通过民事诉讼解决,一方面,"既能审理地上构筑物的补偿,还能审理通德房产公司的其他诉讼主张,更符合通德房产公司诉讼的本意。这种审查思路显然更有利于保障通德房地

---

① 蔡志方:《行政救济新论》,108页,台北,元照出版社,2000。
② [日]美浓部达吉:《行政裁判法》,邓定人译,155页,北京,中国政法大学出版社,2005。

产公司的利益"。另一方面,"亦能够充分考虑国土资源局的权利,基于公共利益解除土地租赁协议的补偿与违约解除土地租赁协议的补偿应有区别"。而在行政诉讼上又有行民交叉、附带民事诉讼,能够在这个平台上从审查上述行政决定的合法性就手转为对补偿问题的民事审理。因此,采用行政协议的审理思路,显然更有利于保护通德房地产开发有限公司的利益。

英国对于某些近似"混合契约"的政府合同也存在类似的审查思路。如前所述,政府合同原则上适用私法框架,仅针对其中一部分具有公法因素的政府合同构建相应的公法框架。后一类政府合同就比较像我们讨论的"混合契约"。在英国,一个包含了公法与私法因素的案件可以通过普通诉讼提起。在这种情况下,法院当然会适用公法规范来决定其中的公法因素(a case containing elements of both private and public law might be brought by ordinary action. in such a case, the court would of course use public law norms in order to determine the public law elements of the case.)。对于一个政府合同纠纷,是否要予以司法审查,关键也是看是否存在公法责任,如果存在,那么,不诉诸司法审查,上述公法责任是否可以得到充分执行(the key issue is whether there are any obligations in public law and if so, whether they can adequately enforced without recourse to judicial review)。[1]如果不行,就要通过司法审查保证上述公法责任的实现。

2. 不宜在立案阶段就做实质识别与分流

从当下民事法官的审理实践看,不论是否为行政协议,只要发生的纠纷是民事争议,就直接按照民事诉讼案件审理。比如,最高人民法院民事法官在"北京北方电联电力工程有限责任公司与乌鲁木齐市交通运输局其他合同纠纷案"((2014)民二终字第40号)中不否认在一个合同中存在着两种不同性质的法律关系,而且认为,在解决争议时必须首先判断争议的实质性质,并根据不同性质的争议适用不同的诉讼程序解决。对于这个"混合契约",新疆维吾尔自治区高级人民法院民事法官从合同目的以及行政优益权角度裁定,上述"协议书不属于民事法律关系中的合同",基于上述"协议书

---

[1] Cf. A. C. L. Davies, *The Public Law of Government Contracts*, Oxford University Press, 2008, pp. 190, 193.

所产生的诉讼应当属于行政诉讼而不属于民事诉讼"。但是,这一判断并没有得到最高人民法院民事法官的支持。①本案争议的要点是应当按照什么标准回购,是依据评估机构的意见,还是通过司法鉴定。这个争执中的确没有公法因素,是纯粹的民事纠纷,可以通过民事诉讼解决。也就是说,在民事法官看来,只要能够辨析协议发生的具体纠纷纯属民事属性,就可以在立案阶段直接划归民事庭审理。在"京环公司股权纠纷案"((2016)最高法民再234号)中,最高人民法院民事法官也持相同处理意见。在肯定涉案"特许经营权合同"为行政协议的同时,认定具体纠纷"涉及讼争合同履行过程中特定款项的权益归属,性质上应属于双方当事人间民事权利义务的约定",便直接按照民事案件处理。

我不认同上述民事法官做法,这必然会要求法院在立案阶段就对纠纷进行实质审查。在我看来,不论是"有名行政协议"还是"无名行政协议",只要识别出一个合同具有行政法上权利义务内容,就应当认定为行政协议,也应当先按照行政案件立案。至于发生的具体争议是民事的,还是行政的,抑或兼而有之,所有这些都需要进入实质审才能确定。

3. 应当以行政诉讼附带民事诉讼为平台

民事关系与行政关系交叉现象,在行政法上已不鲜见。行政机关在做出许可、登记、征收、征用、裁决时,都存在着基础民事法律关系,实践上"原告往往对基础民事法律关系和被诉行政行为的合法性同时提出质疑,诉请法院撤销被诉行政行为",而"基础民事法律关系与被诉行政行为的合法性及效力密切相关","不对当事人的民事争议一并处理",就不能实质解决纠纷。②因此,在行政诉讼上就随之诞生了"行民交叉"审理制度。它可以避免

---

① 在本案中,最高人民法院民事法官进一步指出,"案涉《BOT协议》《补充协议》履行过程中,交织着相关行政主体的具体行政行为,而两种性质不同的法律关系中,双方主体重叠,在民事合同关系中的双方当事人,是相关行政法律关系中的行政主体和行政相对人。但该协议与其履行过程中所涉及的行政审批、管理事项等行政行为,依据不同的法律规范,这些行政行为虽影响双方合作,但不能因此否认双方民事合同关系的存在及独立性。同样,上述协议的终止及案涉工程回购事宜,也具有这样的特点。影响回购发生及方式的行政行为,与回购过程中就回购依据产生的争议,分属不同的法律关系、相互独立。"争议法律关系的实际性质,不能仅凭一方主体的特定身份确定。本案需判断争议是否与行政主体行使行政职权相关,应结合争议的具体内容及所针对的行为性质认定"。

② 危辉星:《行政附带民事诉讼制度的若干理论与实务问题》,载《法律适用》,2012(2)。

以往在程序上必须"先民后行""先行后民"的次序选择难题,也不再出现因不同法院分别审理行政案件和民事案件所带来的司法判断差异,以及在民事诉讼上将有关行政行为仅当作证据而与行政行为效力之间出现的龃龉。

关于行民交叉,最早见于《最高人民法院关于执行〈中华人民共和国行政诉讼法〉若干问题的解释》(2000年)第61条关于行政裁决的规定,①很简略地规定法院可以"一并解决相关民事争议"。最高人民法院在2009年发布的《关于当前形势下做好行政审判工作的若干意见》中,鼓励在行政裁决、行政确权、行政处理、颁发权属证书等中一并解决民事争议。在《最高人民法院关于审理行政许可案件若干问题的意见》(2010年)中又推广适用到行政许可案件。《行政诉讼法》(2014年)第61条规定基本认可了已有实践,并进一步胪列了行民交叉受案范围。②《最高人民法院关于适用〈中华人民共和国行政诉讼法〉的解释》(2018年)用了8个条文详细解释了"相关民事争议的一并审理"。

在行政诉讼中,对于一并要求解决的民事争议,(1)原则上单独立案;(2)行政争议与民事争议分别裁判;(3)民事部分按照民事案件收取诉讼费用;(4)对民事争议的审理,适用民事法律规范。也就是说,相关民事争议是放到行政诉讼上一并审理,但仍作为民事案件审理,适用民法和民事诉讼法。上述诉讼程序,理论上称之为"行政诉讼附带民事诉讼""行政附带民事诉讼"。

行政协议纠纷有行民交叉现象,但情况更为复杂。我们已付诸实践的行民交叉、行政诉讼附带民事诉讼或许最初不是为行政协议量身打造的,但是,毕竟是认可了在这一平台上可以同时解决行政争议和民事争议。以往行民交叉的审判实践已经积累了不少经验,尽管行政协议与上述行民交叉稍有不同,比如,行政协议中民事争议也是发生在行政机关与相对人之间,

---

① 《最高人民法院关于执行〈中华人民共和国行政诉讼法〉若干问题的解释》(2000年)第61条规定:"被告对平等主体之间民事争议所作的裁决违法,民事争议当事人要求人民法院一并解决相关民事争议的,人民法院可以一并审理。"

② 《行政诉讼法》(2014年)第61条规定:"在涉及行政许可、登记、征收、征用和行政机关对民事争议所作的裁决的行政诉讼中,当事人申请一并解决相关民事争议的,人民法院可以一并审理。在行政诉讼中,人民法院认为行政案件的审理需以民事诉讼的裁判为依据的,可以裁定中止行政诉讼。"

而以往一并解决的民事争议却始终是发生在相对人之间,不涉及行政机关在民事诉讼中充当原告问题,但是,这不妨碍我们可以在此基础上进一步丰富发展,为行政协议定制有关审查技术。具体而言,行政协议纠纷进入行政诉讼后,如果行政协议中只存在民事争议或者行政争议,可以分别立案,通过民事诉讼、行政诉讼,做出民事判决、行政判决。对于民事争议与行政争议交织一起的,无论在技术上能否分割,都是通过行政诉讼附带民事诉讼进行审判,通过争议性质的鉴别,分别适用行政法和行政诉讼法、民法和民事诉讼法,做出一个裁判。

4. 行政法官对公法因素的体察更敏锐

对于合同中是否具有"行政法上权利义务内容"或者公法因素的判断,是审理行政协议纠纷案件的难点。无论是对行政协议做完全公法解读还是引入"混合契约"概念,都根本无法回避。因为这部分约定发生争议,必须适用公法规则,或者说,有别于私法的特别规则。由于行政法上已有长期的理论研究,司法实践也有三十多年的行政审判经验,在这方面,还是能够比较敏锐地鉴别出来,擅长行政审判的行政法官比民事法官更有优势。

比如,"常州高成莱阳置业有限公司与常州市天宁区茶山街道办事处合同纠纷案",① 双方争执的焦点是茶山街道协助拆迁而收取的"配合费"。无

---

① 这是我参与的一起专家论证案件,大致案情是,2007年,茶山街道与常州市茶山莱阳置业有限公司(后变更为高成莱阳置业有限公司,简称"高成莱阳公司")签订《土地转让补偿及拆迁协议书》,除集体土地补偿外,另外约定:第一,对于茶山街道的"拆迁管理协作",高成莱阳公司"在拆迁开发正常,并实现了有效开发情况下","自愿补偿人民币1500万元"。第二,"在实现销售并获利的情况下","另补偿配合费2000万元"。2008年,它们又签订《协议书》,补充约定:"如项目运作良好,除安置房外,房屋销售均价超过4800元/平方米",按照上述约定兑现。因高成莱阳公司没有完全支付上述款项,双方发生争执,提起民事诉讼。一审法院认为,两份协议"合法有效",并查明,"案涉项目已经进行有效开发,房屋销售均价超过4800元/平方米","已经开始盈利",应当认定项目运作良好。上述款项的"付款条件已经成就"。判决高成莱阳公司必须支付上述款项和违约金。高成莱阳公司以"项目运作良好"和"除安置房外,房屋销售均价超过4800元/平方米"是两个不同条件,目前项目运作不理想为由,提起上诉。二审法院也同样认为,"除安置房外,房屋销售均价超过4800元/平方米"是对于"项目运作良好"的具体判断标准,"二者是同一含义",而不是支付款项的两个并列条件。"该付款条件已经成就"。判决"驳回上诉,维持原判"。高成莱阳公司仍然不服,申请最高人民法院再审。最高人民法院做出民事裁定((2016)最高法民申2287号),认为,"双方认可两份协议的真实性,协议并不违反法律规定,故原审法院认定协议合法有效,并无不当"。"原审法院在对协议约定进行文义分析的基础上",认定"付款条件成就","具有充分事实依据,符合诚实信用原则和客观事实,并无不当"。裁定驳回再审申请。

论一审法院、二审法院,还是最高人民法院,民事法官在判断两份协议是否合法有效上都从当事人意思自治出发,只要双方当事人意思表示真实,就认定两份协议"合法有效",并从文义分析上进一步断定付款条件成就。

但是,从行政法角度去审视,结论却大相径庭。《地方各级人民代表大会和地方各级人民政府组织法》(2015年)第68条第3款规定,街道办事处是市辖区、不设区的市人民政府设立的派出机关。《城市房屋拆迁管理条例》(2001年)第5条第2款规定,县级以上地方人民政府有关部门应当依照本条例的规定,互相配合,保证房屋拆迁管理工作的顺利进行。《常州市城市房屋拆迁管理办法》(2003年)第5条第2款规定,各级人民政府和规划、房管、财政、物价、工商、经贸、公安等有关部门应当依照本办法规定,互相配合,保证城市房屋拆迁管理工作的顺利进行。从街道办事处的工作职责看,其中一项就是"承办区政府交办的其他事项"。本案协议中也指出,"按照市政府文件精神拆迁实行属地管理",茶山街道"应强力依法推进拆迁",确保高成莱阳公司"开发之需"。因此,街道协助拆迁,是其职责。而将应当履行的职责作为对价,要求对方额外支付费用,属于"不当搭附",是违法的。从行政法理论上讲,任何行政职责的履行、行政权力的行使,所需经费均来自税收,行政机关不得另行收取费用,更不能作为创收的手段。

又比如"河南新陵公路建设投资有限公司诉辉县市人民政府合同纠纷案民事裁定书"((2015)民一终字第244号),在该案中约定了辉县市政府的义务是"协助乙方办理项目投资、建设、经营等相关手续等",也就是协助办理有关土地使用、规划、施工、验收等审批手续,这显然是公法约定。最高人民法院民事法官却坚持认为,"本案合同并未仅就行政审批或行政许可事项本身进行约定,合同涉及的相关行政审批和行政许可等其他内容,为合同履行行为之一,属于合同的组成部分,不能决定案涉合同的性质。"

在新陵公司看来,这些约定是实现合同目的的重要保证。本案纠纷也正是因为"辉县市政府没有履行'路段两端的接线等相关问题的协调工作',致使新陵公司所修路桥为断头路,无法通行,致使新陵公司的合同目的不能实现"。对于政府是否履行协调工作或者协调是否实现预期,法院不能简单地做事实判断,便判定政府违约。法院应当进一步审查双方上述约定的合法性,政府承诺协助办理手续是否超出了行政机关的权限范围,是否构成无效。

六、行政协议无效①

从法院审查行政协议的经验看,行政协议是否合法有效,是解决任何纠纷的不可逾越前提。② 这似乎近似于法院对民事合同的审查路数。然而,行政协议因具有行政法上权利义务内容,必须遵从依法行政原则,不可避免地会出现公法与私法在无效规则适用上的交集,比民事合同更加复杂,也更为难办。

《行政诉讼法》(2017年)第12条第1款、《最高人民法院关于审理行政协议案件若干问题的规定》(2019年)第2条胪列的"政府特许经营协议""土地房屋征收补偿协议""矿业权等国有自然资源使用权出让协议""政府投资的保障性住房的租赁、买卖等协议"等有名行政协议,不少有过归民庭审理的过往,其实都属于"混合契约",是兼有私法和公法关系的混合体,在无效规则的适用上也更为棘手,迄今聚讼不已。本文就以"混合契约"为主要分析样本,探讨公法与私法关于无效规定适用的场域,彼此调和的程度,以及对《行政诉讼法》(2017年)第75条的审慎运用。

1. 适用的场域

不少法官在审理行政协议无效案件中,在法律适用上一般是认为,"行政协议具有两面性,既有作为行政管理方式'行政性'的一面,也有作为公私合议产物'合同性'的一面。""对于行政协议无效的判断,既要适用行政诉讼法关于无效行政行为的规定,同时也要适用民事法律规范中关于认定合同无效的规定",③或者说,"首先应优先从行政角度考虑,在适用行政法律规范的同时,可以适用不违反行政法和行政诉讼法强制性规定的民事法律规范"。④无论是同时适用,还是优先适用,一般都不对涉案争议的性质再做进一步识别。

---

① 本文发表在《法学评论》,2021(1)。
② 张青波:《行政协议司法审查的思路》,载《行政法学研究》,2019(1)。
③ 比如,"彭利坚、衡阳市人民政府城乡建设行政管理:房屋拆迁管理(拆迁)二审行政判决书"((2019)湘行终496号)。
④ 比如,"莆田市湄洲湾北岸经济开发区管理委员会、郑金叶、黄金镇等其他非刑事赔偿事由二审行政判决书"((2017)闽行终497号)。

很显然,上述法律适用的前提,是将涉案的行政协议所形成的法律关系一概视为公法关系。在我看来,这种审查方式过于粗糙,对讼争关系的公法或私法属性不加区分,既不符合"混合契约"特性,适用法律上也不免无的放矢。所以,在有些不涉及公法关系争议的行政协议无效判决中,对于行政诉讼法的无效规定,法官只是形式上提及,①甚至根本不提,②法官真正祭起的法宝是民法无效规定。

《行政诉讼法》(2017年)第75条指向的是行政行为的无效。"实施主体不具有行政主体资格或者没有依据等重大且明显违法情形"的,确认无效。这完全是以行政行为为对象,表达了越权无效的底线,捍卫了依法行政原则。根据有关理论,行政机关超越权力或者违法行为必须外在表现为"重大且明显违法",通常是达到了任何理性第三人都可以"一目了然"的程度。《最高人民法院关于适用〈中华人民共和国行政诉讼法〉的解释》(2018年)第99条对"重大且明显违法"具体胪列了"行政行为实施主体不具有行政主体资格""减损权利或者增加义务的行政行为没有法律规范依据""行政行为的内容客观上不可能实施"等情形。③ 无效行政行为自始不发生法律效力。对于已出现的法律状态变动,应当恢复原状或者采取补救措施。对于造成的损失,由有过错一方承担赔偿责任,或者按照双方过错大小分担。

那么,上述第75条是否也适用于行政协议呢?大致有两种解释。一种是认为,如果采用"行为说",由于行政协议兼具行政性与契约性,将其中行政性部分做切割,单独拿出来孤立地审视,在不少情形下是行使行政优益权

---

① 比如,"哈尔滨市道里区人民政府、贾淑娥二审行政判决书"((2018)黑行终406号)中,由于争议的焦点是补偿协议是否为双方真实意思表示,是否存在欺诈、胁迫,以及是否违法强制性规定,这些都不涉及公法问题,所以,法院仅提到了《行政诉讼法》第75条,但实际上是依据《合同法》第52条作出判决。

② 比如,"李成香与岳阳市岳阳楼区人民政府、岳阳市国土资源局行政确认二审行政判决书"((2017)湘行终1310号)中,当事人只是主张补偿标准过低,不涉及公法问题,所以,法官也只适用《合同法》第52条进行审查。

③ 从法院判案看,还将事实认定错误视为"重大明显"等外情形。比如,在"莆田市湄洲湾北岸经济开发区管理委员会、郑金叶、黄金镇等其他非刑事赔偿事由二审行政判决书"((2017)闽行终497号)中,法院认为,"本案中,人民法院的生效判决已确认坐落于东浦镇塔林村亭厝的四目厅房屋南侧(坐东朝西)底层2间归原告郑金叶所有。被告将原告郑金叶所有的部分房屋纳入第三人黄玉文合法住房面积与第三人黄金镇签订《征迁补偿安置协议书》,存在重大明显的事实内容错误,属于《中华人民共和国行政诉讼法》第七十五条规定的'重大且明显违法'情形"。

或者行政权的行为,与传统行政行为相同或者近似。判断其是否无效,也可以适用上述第 75 条,效果也会直接波及行政协议的合法有效。但是,这种"切片式"的孤立审查方式与行政协议的双方性不完全吻合。另一种是认为,行政诉讼上的行政行为包含单方与双方行为,上述第 75 条也是认定无效行政协议的标准。但是,在我看来,对于"混合契约",上述第 75 条作为合法性审查的重要标准,仅适用于其中的公法约定或者行政法律关系,完全不适用于其中的民事关系。这是因为,上述第 75 条规定是依法行政的内在要求,与民事关系无涉。无论上述哪一种理解,可以肯定地说,上述第 75 条都不是为行政协议量身定制的,它仅关注行政机关一方的行为,相对人一方的合同行为对行政协议可能产生的影响并未纳入视野与考量之中。

《合同法》(1999 年)第 52 条是对合同无效的专门规定,是对双方合意有效性的根本否定评价,目的在于"制裁不法行为人,维护国家的法治秩序和社会的公共道德"。① 合同无效的情形包括:(1)一方以欺诈、胁迫的手段订立合同,损害国家利益;(2)恶意串通,损害国家、集体或者第三人利益;(3)以合法形式掩盖非法目的;(4)损害社会公共利益;(5)违反法律、行政法规的强制性规定。

《民法典》(2020 年)颁布后,在吸纳上述第 52 条上的重大变化是,第一,欺诈、胁迫的结果只是合同可撤销(第 184 条、第 150 条),而非无效。第二,保留了恶意串通(第 154 条)、违反法律、行政法规的强制性规定(第 153 条第 1 款),并且进一步明确了"强制性规定"是效力性的,"该强制性规定不导致该民事法律行为无效的除外"。第三,通过"违背公序良俗"(第 153 条第 2 款)吸收上述"损害社会公共利益"。通过"虚假的意思表示"(第 146 条第 1 款)涵摄上述"以合法形式掩盖非法目的"。也就是说,民法典对无效的规定,仅删除了欺诈、胁迫的情形,其他基本不变。

行政协议也是合同,即便形成的是公法关系,也没有理由不可以适用,更不用说"混合契约"中的私法关系。但是,民法上无效规定没有公法上的特殊考虑,无论是适用于行政协议中的公法关系还是私法关系,在审查方

---

① 王利明:《关于无效合同确认的若干问题》,载《法制与社会发展》,2002(5)。

式、举证责任上与民事合同无二致。①

　　从以上分析可见,对于形成的完全为行政法律关系的"纯粹契约"和"假契约",在无效认定上,上述公法规定和私法规定应该都可以适用。但是,对于"混合契约",在适用上发生并用的场域,应该是"混合契约"中的公法约定、行政争议。对于纯粹的民事争议,仅适用私法规定。

　　2.公法与私法规则的调和程度

　　《最高人民法院关于审理行政协议案件若干问题的规定》(2019年)第12条是很独特的,是为数不多的解决如何适用公法与私法规定的条款。它没有在公法与私法之间寻找适用于无效行政协议的特殊规范,而是合并适用既有规定,并明确适用次序,也就是,优先适用《行政诉讼法》(2017年)第75条,民法上无效规定可以作为补充。这种适用次序安排,主要是考虑"行政协议的本质是行政性,协议只是行政机关履行职责的一种形式,其作为公权力行政的属性并未因其形式的不同而改变",②在行政关系或者公法约定上,依法行政优于当事人意思自治。

　　这也是对司法经验的总结和提炼。从以往的司法实践看,法院一般也是交替适用上述两套标准,"采用否定式并用方法"。也就是先适用《行政诉讼法》(2017年)第75条,然后,还要进一步适用民法上无效规定继续检测。王贵松教授对这种适用方法的评价是,"或许比单独适用《合同法》第52条更加严格,将限缩行政协议的无效范围"。③我以为不会,且情况更加复杂。

　　上述两套标准之所以要并用,前提是认为它们不兼容或者不完全兼容。这显然与民法认识有出入。在民法理论上,《合同法》(1999年)第52条(五),也就是《民法典》(2020年)第153条第1款,是公法介入私法的"转介条款"(也称"引致条款"),"通过引致公法的规定,使得公法与私法对具体行

---

① 在"杨宇、杨怡、重庆市国土资源和房屋管理局确认行政协议无效暨撤销行政复议决定案"((2016)渝04行终98号)中,法院在运用《合同法》第52条时指出,"杨宇、杨怡未提供有效证据证明秀山县征收办在与其签订协议时有上述应当认定为无效情形的行为,也未提供证据证明签订的协议内容有应认定为无效的情形,双方在平等、自愿、协商一致基础上签订的协议内容不违反法律、行政法规的强制性规定,不存在欺诈、胁迫等情形,且杨宇、杨怡已足额领取了安置补偿费,协议合法有效,杨宇、杨怡要求重新签订协议的理由不成立"。
② 王敬波:《司法认定无效行政协议的标准》,载《中国法学》,2019(3)。
③ 王贵松:《论行政协议的无效》,载《北京航空航天大学学报》(社会科学版),2018(5)。

为的调整保持了一致性"。① 在行政协议无效判定依据上,《行政诉讼法》(2017 年)第 75 条作为公法规定,通过上述"转介条款",理应被民法无效规定全部遮蔽。但是,事实却非如此。那么,上述第 75 条为什么没有完全被吸纳进去? 公法与私法到底能调和到什么程度呢? 以下逐一分析。

(1)"没有依据"与强制性规定

《行政诉讼法》(2017 年)第 75 条规定的"没有依据",主要是行政机关给出的优惠政策等承诺或对价,对安置对象、补偿对象等行政确认,②将应由国家机关之间协调的事务约定给社会第三方运作,③或者行政权力(行政优益权)的行使等在实体法上没有法律根据,以及"按照事件性质或者法律、法规、规章的规定不得订立行政协议的"。④

至于未经审批、议决等重大程序瑕疵是否可以导致行政协议无效,理论上还存在争议。⑤但是,从有关司法解释和行政诉讼法规定看,更支持否定说。《最高人民法院关于审理行政协议案件若干问题的规定》(2019 年)第 13 条规定,未经批准的行政协议仅是"未生效",而不是无效。从《行政诉讼法》(2017 年)第 70 条(三)和第 74 条第 1 款(二)之规定看,程序违法,并对当事

---

① 王利明:《论无效合同的判断标准》,载《法律适用》,2012(7)。
② 比如,在"杜玉强诉马争茹等行政协议案"((2015)保行终字第 204 号)中,法院认定,"定州市人民政府 1988 年 3 月 30 日对以原告为户主姓名进行的宅基地清理登记具有最终的法律效力"。"但被告对本案被征收土地、房屋的产权未进行基本的调查核实,即与第三人杜玉强签订补偿安置协议,没有尽到审查责任,侵犯了原告的合法权益"。"判决被告定州市北城区办事处与第三人杜玉强签订的第 JYA108 号定州古城恢复改造工程补偿安置协议书无效"。
③ 比如,"再审申请人崔海成、任保申因诉被申请人山东省冠县人民政府不依法履行行政协议义务案"((2020)最高法行申 1431 号),最高人民法院行政法官认为,"本案中,冠县政府拟设立保税港区功能区,该设想须经青岛保税港区及青岛港授权许可。所涉事项属于两个国家机关之间内部协商解决的事务,与外部行政管理活动无关"。"冠县政府通过协议方式,将两个国家机关之间的协商、协调事务,交给社会第三方进行运作,显然超越订立行政协议的职权范围、超越其自由裁量权,且极易引发权力腐败问题,损害国家利益、公共利益。因此,冠县政府与崔海成、任保申订立《引进协议》行为无效,相关奖励约定不能作为判决冠县政府履行给付义务的主要证据和依据"。
④ 最高人民法院行政审判庭编著:《最高人民法院关于审理行政协议案件若干问题的规定理解与适用》,183 页,北京,人民法院出版社,2020。
⑤ 王洪亮教授认为,"如果违反的仅是合同规则的方式、程序或形式,则不存在违反法律无效的结果"。王洪亮:《论民法典规范准用于行政协议》,载《行政管理改革》,2020(2)。王敬波教授认为,未经招投标程序、民主议决、批准等,均会导致无效。王敬波:《司法认定无效行政协议的标准》,载《中国法学》,2019(3)。

人权利产生实质影响,无论是否为重大明显瑕疵,只会产生撤销效果。① 在"安丘市人民政府与潍坊讯驰置业发展有限公司行政协议再审案"((2017)最高法行申 7679 号)中,安丘市政府提出,由于"未按照招投标的法定程序选定建设单位","选定的建设单位并不具备相应的资质等级",涉案合同书因违反法律、行政法规的强制性规定而整体无效。法院认为,"上述理由均不能从实质上否认涉案合同书的效力"。

对于合法性审查,民法学者流露出一丝不安,担心行政行为的合法性会对行政协议的效力产生影响,"将使大量行政机关参与订立的协议的效力处于不确定状态,这势必影响交易安全与交易效率"。② 其实,英美的政府合同即便更多地采用了私法模式,未来不确定的风险依然大于私法合同。因为合同不拘束裁量,行政机关为执行公共职能(public function)而行使裁量权,或者法律变化,都可能使合同履行成本上升甚至履行不能。③ 为了管控上述风险,政府合同便有了标准改变条款(standard change clause)、强制条款(mandatory clause)以及主权行为理论(sovereignty act doctrine)等设计。④ 但是,在我看来,对行政协议效力的合法性审查不会有太大的震动。在行政法上对于行政行为的效力,也有着瑕疵治愈、确认违法、撤销和无效的程度递进。按照无效行政行为理论,无效应当是行政机关违法重大明显,像"写在额头一般",任何第三人都能轻易做出判断。作为行政协议的相对人,对于这种重大明显违法也应该知悉。

上述第 75 条规定的作为行政行为基础的法律"依据",一定是强制性规范,而非指导性规范,也基本上可以通过"转介条款"涵摄到《合同法》第 52 条(五)、《民法典》第 153 条第 1 款之中。因此,上述第 75 条描述的"没有依

---

① 从司法实践看,对实体决定无异议,仅就程序违法而起诉的案件越来越少。因为对相对人而言,诉讼无实际收益,不能改善其法律状况。如果规定程序重大明显瑕疵而无效,重新走一遍程序的结果仍然维持原来的实体决定,只会徒增当事人和行政机关的负担。不如规定可撤销,将是否要求撤销的主动权交给当事人。至于是否撤销,应由法院权衡整个案件情况来决定。

② 王利明:《论行政协议的范围——兼评〈关于审理行政协议案件若干问题的规定〉第 1 条、第 2 条》,载《环球法律评论》,2020(1)。

③ Cf. A. C. L. Davies, *The Public Law of Government Contracts*, Oxford University Press, 2008, p. 196.

④ Cf. Donald Frenzen, "*Administrative Contract in the United States*" (1968) 37 George Washington Law Review 281.

据",实际上也符合、至少部分符合民法上"违反法律、行政法规的强制性规定"之规定。它们之间有交集。

但是,公法与私法在适用上还是有三点不同。第一,在行政法上,可以直接依据地方性法规、规章确认行政协议无效。而在合同法上,在判断合同无效上,地方性法规和规章只是"参考",它们只有与上位法不抵触、在规范体系上浑然一体,才可以据此得出无效结论。① 地方性法规和规章如果"旨在保护国家和社会公共利益",也可以转换为另外一个理由,也就是"损害国家和社会公共利益",判决合同无效。但是,违反地方性法规和规章,"并不导致合同必然无效"。② 因此,对于行政协议中的公法瑕疵是否导致协议无效,用上述公法与私法的两套标准分别判断,结论有时差不多,但也不尽然。第二,公法判断的依据范围更广一些,甚至不排除规范性文件。比如,在最高人民法院发布的典型案例"徐某某诉安丘市人民政府房屋补偿安置协议案"中,法院认为,"涉案《产权调换补偿协议书》关于给徐某某两套回迁安置房的约定条款严重突破了安置补偿政策,应当视为该约定内容没有依据,属于无效情形"。③ 安置补偿政策是双方合意的边际,是为了在旧村改造中更好地贯彻平等对待原则,实现基本的公平。因此,安置补偿政策尽管不是法律、法规,但是,法院依然将其视为上述第75条规定的依据。第三,民法上的"强制性规定",依照民法通说,还要再进一步区分为效力性强制性规定和管理性强制性规定,要限缩解释为仅指效力性强制性规定。"排除了'非效力性'的管理性强制规定,以及非强制的任意性或倡导性规定"。④ 民法典第153条第1款也进一步予以明确。这是优先考虑合同自由、鼓励交易和维持市场秩序。运用到行政协议上,对于"混合契约"中的私法约定依然适用,但是,对于公法约定,却不宜再做区分,否则,行政机关将可能逃逸出依法行政的约束。正如石井昇指出的,"行政合同签订的目的本身在于实现行政管理目的,一旦合同签订,僭越既有的管理

---

① 王利明:《论无效合同的判断标准》,载《法律适用》,2012(7)。
② 王利明:《关于无效合同确认的若干问题》,载《法制与社会发展》,2002(5)。
③ https://www.chinacourt.org/article/detail/2019/12/id/4719338.shtml,访问时间:2020年6月8日。
④ 苏永钦:《以公法规范控制私法契约——两岸转介条款的比较与操作建议》,载《人大法律评论》,2010(总八辑)。

性规范,则无法与整体行政管理秩序相容,此时仍承认其效力,难免不符合行政实践的需求"。①

(2)"不具有行政主体资格"与越权

《行政诉讼法》(2017年)第75条规定的"不具有行政主体资格",就是行政机关超越职权,不具有行为资格和能力。转换到行政协议上,就是指行政机关的签约能力。这不是或者主要不是民事行为能力,而是公法能力,这与行政协议的行政性有关。公法上的主体资格如果适格,因其实际上是民法上机关法人的平行迁入,行政机关签约的民事行为能力也相应得到认可。所以,对行政协议案件的审查一般都绕不过公法上行政机关主体资格(适格)。由于职权法定,这便很可能会与上述"引介条款"发生某种交集。

但是,对于行政机关签订行政契约的"主体资格",不能简单化,不能、也不宜完全按照行政主体理论来确认。这是因为,第一,行政机关的签约能力也就是公共能力(public competence),涉及两个层面,一个是签约权利,另一个是签约内容与目的。②从行政契约理论看,比较宽松,一般不需要法律明确授权。只要与行政机关职责不抵触,且法律没有明确规定履行职责方式,行政机关都可以裁量采取恰当的执行方式,包括行政协议方式。第二,出面签订行政协议的行政机关,一般是行政协议涉及的主要行政法事项在其法定职责范围之内,或者主要由其管辖。在很多场合下,它仅具有形式上的意义,是政府的代表。因为行政协议的履行,或者达成协议公法目的,很多时候需要其他行政机关联动配合,其他行政机关也将会依据行政协议产生作为义务,它们是隐身的签约一方。这就是很多行政协议签订之前政府会召集相关部门讨论并形成会议纪要的缘故。所以,行政协议之中,不仅有着该行政机关的权力处分约定,如果涉及其他行政机关的职责,也会夹杂着后者的权力处分约定。

反过来说,如果过于热衷判定行政机关越权(ultra vires),会带来一些问题。从英国的经验看,一是将越权的风险转移给合同当事人。因为相较

---

① 转自王贵松:《论行政协议的无效》,载《北京航空航天大学学报》(社会科学版),2018(5)。
② Cf. Jean-Bernard Auby, "Comparative Approaches to the Rise of Contract in the Public Sphere"(2007)Public Law 49.

于行政机关,判断某行为是否属于行政机关的权限范围,合同当事人显然不占优势。二是它给了公共机构一个没有吸引力的选择,即利用自己的过度权力来逃避糟糕的交易(it gives the public body the unattractive option of using its own excess of power to escape a bad bargain)。① 在我国实践上也出现了一些吊诡现象,比如,因为土地迅速升值,行政机关甚至主动要求法院判决其所签订的国有土地出让合同或者承诺的税收优惠政策等超越职权无效。

从我国行政实践看,由于缺少对行政协议的统一规范,在经济开发、特许经营、国有土地出让、集体土地征收等过程中,行政机关在签约主体的选定上通常不注意"职权法定",而是考虑行政协议由谁具体负责实施。但是,行政机关通常会以内部会议纪要、批准、批复、发布公告决定等方式,解决行政协议涉及内容的权限问题。因此,法院不应轻易判决越权。对于实践中遇到的签订权限争议,比如,行政机关内设机构、派出机构或者其他组织出面签订的行政协议,合同法上规定的"表见代理"、事后追认皆有适用余地,②

---

① Cf. A. C. L. Davies, *Accountability: A Public Law Analysis of Government Contract*, Oxford University Press, 2001, p. 13.
② 比如,在"邵金顺诉连江县人民政府行政协议二审行政判决书"((2018)闽行终 40 号)中,法院指出,"虽然被诉行政协议是在涉案征地批复前签订,但是,鉴于被诉行政协议签订不久,国土资源部即作出了涉案征地批复,影响被诉行政协议效力的因素得以消除,因此,被诉行政协议应认定有效"。比如,对集体土地的征收,应当先经省级人民政府批准。在"孙秀东、内蒙古自治区阿鲁科尔沁旗人民政府再审审查与审判监督行政裁定书"((2017)最高法行申 669 号)中,法院查明,阿旗政府作为征地方(甲方),与被征地方(乙方)前进联合社、第三方天山街道办事处于 2013 年 6 月 15 日签订《征收土地协议书》。2014 年 8 月 21 日,内蒙古自治区人民政府下发内政土发(2014)519 号《关于阿鲁科尔沁旗人民政府实施城镇规划 2014 年第二批次建设用地的批复》。因此,最高人民法院行政法官认为,"虽然被诉《征收土地协议书》在实际实施过程中存在未批先征、少批多征及改变用途等问题,但其并不存在《中华人民共和国行政诉讼法》第七十五条规定的确认行政行为无效的条件"。但是,必须是有权机关的事后追认,方为有效,比如,"再审申请人清远盛兴投资有限公司因诉被申请人广东省清远市清城区人民政府行政协议案"((2020)最高法行申 3832 号),最高人民法院行政法官认为,"《中华人民共和国城镇国有土地使用权出让和转让暂行条例》第十一条规定,土地使用权出让合同应当按照平等、自愿、有偿的原则,由市、县人民政府土地管理部门与土地使用者签订。本案中,2010 年涉案土地被批准征收后,有权签订出让合同的出让主体只能是清远市国土资源局"。虽然"清城区政府已明确横荷街道办事处受其委托与盛兴公司签订《协议》",但是,"横荷街道办事处与清城区政府均不具备签订国有建设用地使用权出让合同的签约主体资格和行政职权。因此,《协议》对国有土地使用权出让的约定应视为自始不能且违反土地管理法强制性规定,应属无效"。

还可以视为实际上的委托关系。① 上述机构所签订的行政协议经过行政机关批准、备案,②或者形成同意意见的会议纪要、③领导批示,应当视为行政机关签订的有效合同。

除上述情形之外,的确属于"超越职权",不具有行政主体资格的,才可以确认行政协议无效。由于职权(责)法定,有关法律规定为效力性强制性规定,这又大致可以归入民法上"违反法律、行政法规的强制性规定"。只不过行政法上的授权规范包括法律、法规和规章,④法规包含行政法规和地方性法规。因此,对于超越地方性法规和规章授权的,还要适用《行政诉讼法》(2017年)第75条。可见,采用上述两套标准对行政协议中的行政机关资格进行判断,结论也相差无几,只是公法判断的标准更多元些。

从上述分析可见,通过民法上的"转介条款",在判断结论上,与《行政诉讼法》(2017年)第75条规定大致相同,但又不能完全涵摄。《行政诉讼法》(2017年)第75条在判断上又有特殊考量,也还有一定的独立适用价值。因此,它们之间的关系应当是,第一,在"混合契约"的公法约定上,民法规定的"虚假的意思表示""恶意串通""违背公序良俗"等无效情形完全适用。因为无论是公法还是私法,这些都是绝对不容许的,都会直接否定合同效力。第二,只是在上述"转介条款"中,在公法瑕疵对行政协议是否产生无效效果的

---

① 比如,在"范凯诉太和县城关镇人民政府等行政协议案"((2017)最高法行申2289号)中,对于再审申请人提出的"城关镇政府不具有签订被诉补偿安置协议的行政主体资格",法院认为,"如果没有法律、法规的禁止性规定,也没有专业性方面的特殊要求,行政机关可以将某一事项的一部或全部委托给其他行政机关、下级行政机关乃至私人组织具体实施。涉及国家重大利益以及涉及公民重要权利的领域以外的具有给付、服务性质的行政行为,尤其是以协商协议方式实施的行为,更是如此"。法院进一步指出,"城关镇政府是以自己的名义,而非委托主体太和县政府的名义签订协议。虽然一般认为,受托主体接受委托后仍应以委托主体的名义实施行为,但只要委托主体不是转嫁责任,对委托予以认可,并能承担法律责任,人民法院可以认定委托关系成立"。

② 陈无风:《司法审查图景中行政协议主体的适格》,载《中国法学》,2018(2)。

③ 在"陆敬军与宿迁市宿城区洋北镇人民政府行政确认二审行政判决书"((2019)苏行终1066号)中,法院指出,"2016年12月31日宿迁市宿城区人民政府《关于加快大亚圣象家具产业园项目建设的会议纪要》载明由洋北镇负责具体实施房屋和土地征收;洋北镇政府一审开庭时亦陈述,案涉项目'是市政府引进的招商引资项目,具体推动实际是由区政府负责的,镇政府是授权委托与老百姓进行协商拆迁',该陈述与前述会议纪要能够相互印证,证明洋北镇政府系受授权委托与陆敬军签订征收补偿安置协议"。

④ 比如,《基础设施和公用事业特许经营管理办法》(2015年)第14条、第15条、第18条授权规定。

判断上,应当优先适用上述经严格限定解释的第75条。在行政协议的行政性内容上,由于地方性法规被认可为判断无效的依据,规章和地方性法规也是授权依据,且对强制性规范不做效力性与管理性区分,行政协议无效的情形与概率或许会大一些。第三,对于"混合契约"的私法约定上,仅适用民法上无效规定。因为如果行政机关签订的是民事合同,当然与私人之间签订的民事合同一样完全通过合同法来调整。如果行政机关签订的合同之中融入了部分公法约定,因具有"行政法上权利义务内容"而归为行政协议,对于合同底色的私法约定也一并要求适用《行政诉讼法》(2017年)第75条规定,这是难于想象的,也是荒谬的。

3. 对第75条的审慎运用

行政协议是双方行为,即便是其中约定的行政关系,也不像单方行为那样由行政机关依据法律授权通过单方意思表示而形成,从根本上说,仍然必须取得相对方的认可和同意。行政协议是双方通过合意创设的微观法秩序,其中不仅有公法目的,也有私法目的,有公法利益,也有私法利益。因此,对其中公法约定的效力判断,以及对整个行政协议产生的效果,是在上述错综复杂、交织往复的各种利益关系之中所做的由点及面的推断,不像单方行政行为那样单一,而是充满了利益平衡的考量,必须统筹考虑。

"行政合同由于其合意性,其存续性(力)应当比单方面作出的国家行为强。其理由不在瑕疵或者瑕疵后果层面,而是在相应的处理层面;因为行政合同借助公民同意而成立,可以包含在单方法律行为、特别是行政行为方面不适法的处理内容。行政合同的法律界限和瑕疵感染性因此要小一些,这一点——反过来看——也赋予其较强的存续力"。① 正是因为行政协议是双方的合意,在"混合契约"中,公法约定或内容只占其中一部分、甚至一小部分,也许还与其他部分相对独立、可以分离。所以,要更加注意保护合同的存续,保护交易安全。在适用《行政诉讼法》(2017年)第75条上,如何由点及面地判断对行政协议效力的影响,应当慎之又慎。

从我国法院的审判看,也对行政协议的存续性和稳定性给予了极大的关注与努力,在对有关公法约定或内容的合法性进行"外科手术式"审查时,

---

① [德]哈特穆特·毛雷尔:《行政法学总论》,高家伟译,379页,北京,法律出版社,2000。

也尽量不让"创面"波及行政协议的整体或其余部分,实际操作及结论非常类似对民事合同的审查。

(1)即便行政协议的公法约定违反有关强制性规定,但应当归结于行政机关对有关政策执行的偏差或者先行决定的错误,且双方意思表示真实,又有保护相对人的合法预期之必要,仍然有可能确认有关公法约定或内容有效。

比如,在"安丘市人民政府与潍坊讯驰置业发展有限公司行政协议再审案"((2017)最高法行申7679号)中,对于"合同书第四条第2项是关于免收土地契税、土地增值税、土地使用税的约定"是否无效,一审法院认为,"合同书第四条第2项约定超越了安丘市政府的法定权限,违反了《中华人民共和国税收征收管理法》的强制性规定"。但是,最高人民法院行政法官认为,"该约定是安丘市政府以税收优惠的形式为讯驰公司道路建设进行的补偿,具有合同对价性质,且意思表示真实"。《国务院关于税收等优惠政策相关事项的通知》第三条规定:"各地与企业已签订合同中的优惠政策,继续有效;对已兑现的部分,不溯及既往"。"安丘市政府的税收优惠约定条款符合上述规定,应为有效约定"。

上述国务院通知在清理规范税收等优惠政策时,引入了行政法上合法预期保护。在行政协议中能否约定税收优惠,政府比当事人更加通晓有关税收政策。即便上述约定违反了有关强制性规定,过错也在政府。而对当事人的合法预期予以保护,有利于交易安全,提升政府的公信力。正如最高人民法院行政法官指出的,"政府在地方建设开发和招商引资领域的优惠政策应有持续性和连贯性,以便为民营企业营造优良的营商环境,切实保护行政协议相对人的信赖利益及其他合法权益"。也正是基于上述国务院通知的依据,法院认可了有关公法约定的有效性。

在2014年行政诉讼法修改之前,由民庭审理的一起特许经营权合同纠纷案也有着同样的考量。"申请再审人深圳鹏森投资集团有限公司因与被申请人成都市锦江区业余体育学校及一审被告成都市巨能投资管理有限责任公司确认合同无效纠纷案"((2014)川民再终字第10号)中,经锦江文体局批复同意,锦江区业余体育学校采用BOT方式,出让锦江体育运动场特许经营权。鹏森公司竞拍获得对体育运动场的特许经营权。锦江业余体校以"锦江体育运动场属于在集体土地上进行非农业工程建设及经营,违反了《中华人民共和国土地管理法》第六十三条的强制性规定"为由,请求确认合同无效。

一审、二审法院民事法官均认为,根据《中华人民共和国土地管理法》第六十三条"农民集体所有的土地使用权不得出让、转让或出租用于非农业建设"的规定,锦江业余体校在租用农民集体所有的土地上进行非农业建设,违反了上述禁止性规定,其与鹏森公司签订的《协议书》应属无效。

四川省高级人民法院民事法官在再审时指出,"该协议书系双方当事人真实意思表示,未违反法律、行政法规的禁止性规定,应属有效"。理由是,首先,"从形式上看,锦江体育运动场经营权的出让由成都市锦江区人民政府批准,成都市人民政府的同意,锦江文体局锦文广(2006)1号批复'同意锦江业余体校以BOT方式运作',锦江业余体校委托嘉诚公司公开拍卖,双方最终签订《协议书》,因此,根据《中华人民共和国合同法》第三条、第四条的规定,签订该协议书系双方当事人真实意思表示,签订该协议书的程序也未违反法律、行政法规的禁止性规定"。其次,"本案系锦江业余体校采用租赁农村集体土地的方式获得了案涉土地使用权,并已建成锦江体育运动场的部分基础设施,该行为发生在锦江业余体校与鹏森公司签订《协议书》之前。锦江业余体校只是将锦江体育运动场的经营管理权出让与鹏森公司,内容并不涉及土地用途的变更。且现锦江业余体校仍与农村集体续签了土地租赁协议,仍继续享有锦江体育运动场的经营权,故锦江业余体校与鹏森公司签订《协议书》的基础仍然存在"。再次,"《中华人民共和国合同法》第六条规定'当事人行使权利、履行义务应当遵循诚实信用原则';第八条规定'依法成立的合同,对当事人具有法律约束力。当事人应当按照约定履行自己的义务,不得擅自变更或者解除合同',锦江业余体校以其具备订约条件为由委托嘉诚公司拍卖锦江体育运动场的特许经营权,鹏森公司基于信赖,依照相关程序与其签订《协议书》。后锦江业余体校又自认其在获得案涉土地使用权时存在过错,违反《中华人民共和国土地管理法》第六十三条的规定,要求确认其与鹏森公司签订的《协议书》无效,违反了《中华人民共和国合同法》的诚实信用及依合同履行义务原则"。最后,"本案系合同纠纷,而获得土地使用权系物权纠纷,系不同的法律关系。即使锦江业余体校在获得案涉土地使用权的过程中违反《中华人民共和国土地管理法》第六十三条的规定,从而导致本案《协议书》的效力应重新认定,也应以锦江业余体校的前置物权行为被纠正或被确认违法为前提，现锦江业余体校未提供相关证据，故不具备对《协议书》效力进行重新认定的基础。故锦江业余体校认为《协议书》无效的理由不能成立"。

该案如果转换到公法语境中来裁判，上述行政机关的批准、同意和批复，构成了政府信赖保护的"信赖基础"，或者合法预期保护中行政机关的"意思表示"。锦江业余体校出让之前，已建成的锦江体育运动场的部分基础设施，就是在租赁农村集体土地上建设的。所以，这个瑕疵不影响对鹏森公司的合法预期保护。如果该案是通过行政诉讼审理，法院在确认合同有效的同时，还可以责令行政机关采取补救措施，比如，通过征收集体土地，修复土地使用上的瑕疵。因此，相较于民事诉讼，公法救济更加彻底。

（2）如果行政协议瑕疵可归咎于行政机关的过错，且行政机关能够通过行使裁量权或者采取补救措施消除有关合同瑕疵的，法院也不宜判决行政协议无效，而应当责令行政机关继续履行行政协议，责令行政机关履行法定职责、采取补救措施，将无效状态治愈成合法状态，从而使公法救济的效果不亚于、甚至超过私法救济。

以往，有些行政协议由民庭审理时，民事法官实际上也运用了类似的技术，只因无法责令行政机关履行职责，救济上稍显消极。比如，在"香港大横沥国际度假村投资管理公司等与绵阳市人民政府土地出让合同纠纷上诉案"（（2017）最高法民终194号）中，民事法官没有支持经开区管委会请求确认双方所签《土地使用权出让协议书》无效的诉求。首先，民事法官不因为行政机关的合同约定超出其权能便轻易认定合同无效，而是将行政机关能否兑现约定转换为是否违约的判定，"为履行协议，经开区管委会需要按法定程序办理建设用地的一应手续，并依约提供符合规定且适宜履行的土地。能否获得批准，属于经开区管委会和绵阳市政府对自己履约能力及合法性的判断问题，如因未能获得批准而导致协议履行受阻，其应对不能履行协议承担责任，而不影响协议关于出让2000亩土地的约定本身的效力"。其次，对于行政机关提出的合同违反规划的理由，民事法官认为，行政机关可以通过上报审批、调整规划等方式治愈，"《购买土地协议》约定的项目用地是否符合经四川省人民政府批准的绵阳市城市总体规划和绵阳市土地利用总体规划，应由作为招商引资项目土地出让方的经开区管委会和绵阳市政府决定，而作为投资方的大横沥公司和新南湖公司并不能掌握该地块是否符合经四川省人民政府批准的绵阳市城市总体规划和绵阳市土地利用总体规划,大横沥公司基于对政府的信赖,有理由相信项目用地符合城市总体规划和土地利用总体规划。即使事实上不符合规划,也可由政府及相关部门通过上报审批和调整协议项目以适应规划的方式解决"。最后,对于涉及基本农田的转性问题,民事法官无法直接审查行政机关不报批的行为是否违法,也无权责令其履行法定职责,只能从消极的意义上将行政机关没有报批直接认定为违约。"本案《购买土地协议》签署时约定的土地状况有基本农田,系集体所有土地状态等问题,均涉及绵阳市政府和经开区管委会的义务,包括土地性质变更、报建、审批等,绵阳市政府和经开区管委会可以通过报批或者报规,履行清理合同标的物上权利瑕疵的义务;如果不能达成合同目的,应当认定违约"。

(3)行政协议的无效原因也可以通过行政机关事后的主动补正方式消除,这与民事合同无异。"无效合同与效力待定、未生效合同等一样,也可以通过补正的方式而使其有效"。①《最高人民法院关于审理行政协议案件若干问题的规定》(2019年)第12条第3款规定,"行政协议无效的原因在一审法庭辩论终结前消除的,人民法院可以确认行政协议有效"。

比如,在"卜建萍、郑州市金水区人民政府二审行政判决书"((2019)豫行终1104号)中,法院认为,"改造指挥部及丰庆路街道办系代表金水区政府签订的协议,金水区政府对此又予以追认,而金水区政府又是规章授权的城中村改造主体,故本案不存在主体不适格的重大明显违法情形"。

(4)行政协议即便是无效,也还要进一步区分行政协议是部分无效还是整体无效,是可以分离剔除、不至于影响协议整体的无效,还是基础性、根本性的无效。对此,行政协议与民事合同没有分歧。对无效行政协议的处理,除了按照合同法上规定的返还财产,有过错一方承担赔偿责任或者按照双方过错分担责任之外,行政诉讼上还可以要求有过错的行政机关采取补救措施。

比如,"孝感金太阳置业有限公司、孝感市孝南区人民政府再审审查与审判监督行政裁定书"((2018)最高法行申3619号)在解决无效上就比较有层次。在该案中,孝南区政府与金太阳集团(香港)发展有限公司在合同中

---

① 王利明:《合同法研究》(第一卷),626页,北京,中国人民大学出版社,2015。

约定,先取得工业用地,再转变为商业用地。后因案涉土地不能转性,行政机关决定收回。金太阳集团(香港)发展有限公司不服,提起诉讼,要求孝南区政府继续履行上述约定。

一审、二审法院在审理中发现,这是以协议方式直接取得商业用地。"根据《中华人民共和国土地管理法》等法律法规的原则规定以及国土资源部、监察部《关于严格实行经营性土地使用权招标拍卖挂牌出让的通知》的规定,经营性用地使用权全部实行招标、拍卖或者挂牌出让",上述约定"意在规避法律和政策规定,存在'以合法形式掩盖非法目的'情形,同时协议对案涉土地出让金的约定明显违反《中华人民共和国土地管理法》第五十五条第一款的规定,存在侵害国家利益的情形,依据《中华人民共和国合同法》第五十二条规定,该协议的效力应当认定无效"。因此,判决驳回金太阳集团(香港)发展有限公司要求"用地性质从工业用地变更为商业用地"的诉讼请求,涉案土地由孝南区政府所属的相关职能部门依法予以收回。行政法官接着指出,"根据《中华人民共和国合同法》第五十七条'合同无效,被撤销或者终止的,不影响合同中独立存在的有关解决争议方法的条款的效力'的规定",双方在合同中约定的"若土地变性不能按双方约定时间办理到位,孝南区政府全额退还金太阳公司所支付的土地费用及利息(利息按银行同期贷款利率计算)",约定内容仍然存在效力。所以,"孝南区政府依照约定应当全额退还金太阳公司已缴纳的保证金及土地出让金,并按同期银行借款利率支付相应利息,金太阳公司则应将土地归还给孝南区政府,其间双方产生的相应损失各自承担"。

最高人民法院在再审裁定中指出,"孝南区政府同意将涉案土地出让给金太阳公司,该宗地为工业用地",金太阳公司已经实际取得涉案土地的工业用地使用权,这仍然有效。土地变性的约定无效不可波及至此。"该案系因孝南区政府没有按照双方协议约定如期为金太阳公司办理土地变性而引起的纠纷,金太阳公司也是在拥有涉案工业用地使用权的前提下提起的本案诉讼,但原审法院的处理却让其丧失诉前本已享有的工业用地使用权,起诉反而得到了比不起诉更为不利的后果",因此,指令再审。

总之,《行政诉讼法》(2017年)第75条和民法无效规定发生并用的场域应该是"混合契约"中的公法约定或内容。有关公法约定无效是否会导致整个行政协议无效,应当综合考虑如下:第一,有关公法约定或内容如果构成行政协议的核心与基础条款,有关公法约定被判定无效,要求继续履行行政协议的其他内容毫无意义,或者事实上不可行,那么,行政协议整体无效。第二,有关公法约定即使构成行政协议的基础条款,且判定为无效,但过错归咎于行政机关,行政机关可以主动补正或者采取补救措施,消除无效原因的,行政协议仍可以判定为有效。第三,有关公法约定与行政协议的其他内容不存在内在的牵连性,相对独立,可以合理切割,不影响其他内容的有效和继续履行,那么,仅为有关公法约定无效,行政协议其余部分仍然有效。

七、行政协议能否仲裁?

行政协议是否适用仲裁,在理论上存在着肯定与否定两种观点。(1)否定说认为,《仲裁法》(2017年)第2条明确规定,仲裁仅适用于平等主体之间发生的合同纠纷。而在行政契约中双方地位是不平等的。① 第3条也明确排除了"行政争议"。(2)肯定说认为,协议本身具有意思自治的属性,当事人有权自主选择纠纷解决方式。② 又分为"直接适用"和"类比适用"两种解说。"直接适用说"认为,只要坚持司法审查最终原则,就允许仲裁。"从人民权利自主角度分析,不抵触法院作为司法机关以及保障人民诉讼权与权利救济等宪法基本要求下,仲裁也就不是宪法所禁止"。③ "不宜简单认为行政协议争议不能申请仲裁。当然,承认仲裁裁决仍应坚持司法最终原则。

---

① 在"申请人陕西凯莱斯科耀瓷文化股份有限公司与被申请人铜川市国土资源局撤销仲裁裁决一案民事裁定书"((2018)陕02民特4号)中,法院认为,"本案铜川市国土资源局与凯莱斯科公司签订的《国有建设用地使用权出让合同》是铜川市国土资源局行使其行政管理职责的体现,合同的目的亦是为合理配置土地资源,促进土地开发,实现其行政管理目标,故上述合同属于行政协议。因本案行政协议中当事人一方系行政机关,双方当事人之间并非平等主体,该合同中约定的仲裁条款不符合《中华人民共和国仲裁法》第二条'平等主体的公民、法人或其他组织之间发生的合同纠纷和其他财产权益纠纷,可以仲裁'的规定,申请人认为铜川仲裁委员会无权仲裁的申请撤销理由成立,本院予以支持"。

② 最高人民法院行政审判庭编著:《最高人民法院关于审理行政协议案件若干问题的规定理解与适用》,356页,北京,人民法院出版社,2020。在美国,政府合同尽管允许仲裁,但是,政府通常不用。Cf. Michael A. Brancaal Lori Ann Lange, *Litigation Strategies For Government Contracts*, Aspatore, 2013, p.9.

③ 姜波、叶树理:《行政协议争议仲裁问题研究》,载《行政法学研究》,2018(3)。

对经仲裁裁决后,如协议一方能够提出相应的证据证明裁决存在法定撤销情形的,仍可根据《仲裁法》(2017年)第58条等规定,向仲裁委员会所在地的中级人民法院申请撤销仲裁裁决"。"根据既判力理论,对仲裁裁决未予涉及或者处理的事项,或者非基于同一基础法律关系形成的诉讼请求,行政相对人仍可通过提起行政诉讼解决"。① "类比适用说"的论证脉络大致是,行政协议作为公法上的契约,具有(近似)民事属性,所以,也可以仲裁。但是,"行政协议仲裁是一种'类民商事仲裁'",本质相同,"但又并非完全相同"。可以"类比适用民商事仲裁的相关规定"。②

在我看来,肯定说不具有说服力。假如民间仲裁机构可以否定行政决定的效力,那么,它必然具有凌驾国家意思表示之上的决断权威,这无疑是很难想象的。即便是采用司法审查最终原则,允许通过行政诉讼校正仲裁裁决,让最后的决断权再次回到国家手里,这也不能证成仲裁本身的正当性。退一步说,假定这种推论能够成立,那么,行政诉讼上的所有行政争议都应该可以适用仲裁。事实却并非如此。更何况在实践中,双方有可能都接受仲裁裁决,不再诉诸行政诉讼,那么,"公法遁入私法"不可避免。这些都是"直接适用说"的"阿硫克斯之踵"。至于"类比适用说",也不成立。如果说,作为"混合契约",行政协议中的民事关系引发的纠纷可以适用仲裁,以此来论证行政协议中的行政争议或者整个行政协议也同样可以诉诸仲裁,无疑是以偏概全。这是"类比适用说"在推理上的内在缺陷。

在行政法上,行政争议之所以不能诉诸仲裁,是因为,第一,行政决定是行政权的行使,是国家意志的体现,其合法性只能由国家自身通过法定机关和程序推翻。第二,在解决行政争议中,重点是审查行政决定的合法性,也就是以依法行政的要求为准据,在维护客观法秩序、实现公共利益的前提下,解决双方争执。

仲裁以私法的审理方式显然大异其趣,无法达成同样目标。这是因为,首先,仲裁不对涉及行政性的部分进行合法性审查,对相关事实仅凭双方提

---

① 耿宝建、殷勤:《行政协议的判定与协议类行政案件的审理理念》,载《法律适用》,2018(17)。
② 王世涛、刘俊勇:《行政协议争议解决之仲裁问题研究》,载《南海法学》,2019(3)。

供的证据做出判断。① 其次,遵从当事人意思自治,只要是双方意思表示真实,且不违反法律、行政法规的效力性强制规范,仲裁机构和民事法官一般都会倾向裁判合同有效。②

《最高人民法院关于审理行政协议案件若干问题的规定》(2019年)第26

---

① 比如,在"申请人南京市国土资源局六合分局因与被申请人南京凤南大泉湖置业有限公司申请撤销仲裁裁决纠纷案"((2016)苏01民特81号)中,涉案土地开发需要环评,"大泉湖公司亦多次向六合国土局提出报告,请求妥善解决案涉地块的环评问题"。仲裁机构将环评不落实归咎国土局不履约。这显然违背了职权法定原则,当事人应当向环保局报批有关环评文件。但是,环保局事后提供的"情况说明"中指出,在合同签订之后,"在竹镇镇政府召开了报告书技术评审会",当事人"未向我局报批环境影响评价文件","我局未向凤南公司出具任何有行政效力的文件"。而当事人在仲裁和民事诉讼中却提供了"六合环保局认为案涉地块项目不符合环评审批条件"证据,国土局对有关证据的真实性也提出质疑。但是,无论是仲裁机构还是民事法官,都没有追加环保局为第三人,也没有对环保局没有批准环评文件的合法性进行审查,这显然不利于监督行政机关依法行政,也可能使公共利益得不到妥善保护。

② 比如,某房地产开发有限责任公司(乙方)与区政府(甲方)签订《置换土地协议书》,双方约定,第一,"经协商甲方同意以基准价30万元/亩的土地置换冲抵乙方还建工程建设资金,共应补偿给乙方的土地总量暂定为561亩,其中确定投资额本金折算为不少于409亩,利息折算为152亩。为确保乙方在土地招、拍、挂时能获取应有的置换土地,甲方鼓励乙方直接参与竞标(乙方可将还建房总投资额冲抵履约竞标保证金)"。第二,"竞标时乙方以超过每亩30万元以上的任何价格中标时,由甲方负责按下列标准对乙方进行底价(每亩30万元)及差价部分的资金补偿:即每亩超出30万元以上时,无论差价多少,甲方得差价部分的50%,乙方得差价部分的50%(乙方对工程投资额折算不少于409亩的建设用地数量直接参与土地招、拍、挂后的分成,对利息折算置换的152亩的土地不参与招、拍、挂后每亩30万元以上之差价部分的分成)"。第三,"乙方未能中标,而由第三方中标时,甲方负责将每亩30万元的底价及每亩超过30万元以上之差价部分的50%和乙方应得的利息部分以现金形式支付给乙方完毕后,甲方可将招、拍、挂部分的"国有土地使用证"办理给第三方"。

在仲裁机构和民事审理角度看来,上述双方对"土地出让价款溢价分成"的约定,是"当事人真实意思表示",实际是双方约定的"代建收益的一种计算方式,并非土地出让主体对土地出让金的处分,不违反法律、行政法规的强制性规定。行政机关"负有支付溢价分成款义务",它只是"作为参与市场活动的平等民事主体,享有独立法人财产,有权自行决定如何使用其自有资金,按合同约定收益分配和风险分担,与国家利益和社会公共利益无关"。

但是,在行政法官看来,"土地溢价分成款直接指向土地出让金,是指土地出让金高于当事人约定底价部分的溢价分成款,其实质仍是土地出让金"。对于土地出让金的收取、上缴与使用,法律有着明确规定。《城市房地产管理法》第19条规定,"土地使用权出让金应当全部上缴财政,列入预算,用于城市基础设施建设和土地开发。土地使用权出让金上缴和使用的具体办法由国务院规定",《城镇国有土地使用权出让和转让暂行条例》第50条规定,"依照本条例收取的土地使用权出让金列入财政预算,作为专项基金管理,主要用于城市建设和土地开发。具体使用管理办法,由财政部另行制定"。因此,行政机关不具有随意处分土地出让金的权力,上述有关溢价分成款约定显然是违法的,"必将造成大量本应上缴国家财政的土地出让金流失","导致国家用于城市建设的资金减少,必然损害社会公共利益"。

条规定,"行政协议约定仲裁条款的,人民法院应当确认该条款无效"。但是,1995年伊始,为了在基础设施建设上积极吸引外资,就允许外商投资特许权协议纠纷适用仲裁。因为"仲裁,尤其是国际仲裁可以超越行政区划和行政当事人来选择仲裁人员,被认为是一个比行政诉讼更有客观公正性的争议解决渠道"。[①] 所以,上述司法解释又规定了"但书","法律、行政法规或者我国缔结、参加的国际条约另有规定的除外"。

然而,这条解释却引爆了仲裁领域的学者、投资人和律师。在他们看来,一方面,这样内外有别,差别对待不合理。另一方面,从2004年开始,从建设部印发的城市供水、管道燃气、城市生活垃圾处理协议三个示范文本看,都规定了仲裁。实践上,长期以来,特许经营合同、BOT以及PPP纠纷都可以通过仲裁与民事诉讼解决,也没有发现什么不适宜。归根结底,是因为批评者认为,行政诉讼表现长期低迷,所以,不看好行政协议,更乐于接受民事救济。

其实,在我看来,《行政诉讼法》(2017年)第12条第1款(十一)胪列的"政府特许经营协议""土地房屋征收补偿协议",以及《最高人民法院关于审理行政协议案件若干问题的规定》(2019年)增列的"矿业权等国有自然资源使用权出让协议""政府投资的保障性住房的租赁、买卖等协议""符合本规定第一条规定的政府与社会资本合作协议"等有名行政协议,如果按照完全公法意义上的解读,认为上述行政协议形成的合同关系均为公法关系,产生的争议均为行政争议,很自然会依据《仲裁法》(2017年)第3条得出不得仲裁的结论。但是,上述有名行政协议以往不少就是当作民事合同处理,其中内容也多为民事关系。如果人为地将其全部变为行政关系,参照适用民法,那么,很难说通为什么这些法律关系上的争议不得仲裁。正如前述,这种完全公法意义上的解读显然是有问题的。

在我看来,上述有名行政协议应当都是"混合契约"。这类协议恐怕不能简单地借用德国的隶属契约理论来解构,首先,德国人所认同的行政契约是否包括同样或者近似的种类形态,从现有文献上还无法做出判断。其次,它们也很难说是命令与服从结构之下的产物,是替代行政行为的一种方式,

---

① 于安:《我国实行PPP制度的基本法律问题》,载《国家检察官学院学报》,2017(2)。

双方地位不对等。恰恰相反,从我国实践看,"混合契约"一般是行政机关与相对人处于平等地位你情我愿"谈出来的"。

"混合契约"是以民事合同为底色,融入了一些公法约定,是兼有公法关系与私法关系的混合体。因此,对于其中发生的纠纷,如果仅仅只是民事争议,公法约定实际上处于"沉睡"状态;或者,发生的争议尽管涉及公法与私法,但是,完全可以分割处理,那么,对于有关民事争议,没有理由否定仲裁。比如,政府与社会资本合作协议"一般并非由单一的行政协议组成,甚至在形态上表现为合同群",其中"属于民事合同的","合同中有关仲裁的约定有效,可以依法仲裁"。[①] 但是,如前所述,如果纠纷涉及行政协议中的行政法上权利义务,则不能仲裁。延伸一步,如果在一个合同纠纷中交织着行政争议与民事争议,从技术上无法分割处理,也不适宜申请仲裁。

在"六安市裕安区国土资源局、六安市德天置业有限公司申请撤销仲裁裁决特别程序民事裁定书"((2019)皖 15 民特 3 号)中,民事法官也采取了近似的审查策略,指出"故不应将国有土地使用权出让合同简单纯粹的定性为民事合同或行政协议,将该合同引发的争议确定为民事纠纷或行政诉讼受案范围,而应根据合同约定内容反映的法律关系性质、所涉争议的具体性质及是否涉及行政优益权等多方面综合判定"。并结合涉案争议的性质,进一步指出,"现双方仅是基于土地所有权人代表身份与受让人身份而对合同应否解除、应否支付土地出让金及违约金等产生争议,该争议应属民事争议范畴,六安仲裁委员会有权就该争议事项进行裁决"。

从公私合作的实践上看,与政府缔结何种性质的合同,主动权在相对人,后者具有完全的意思自治和契约自由。政府如果能够接受完全纯粹的民事合同,就属于行政法上的"利用私法手段达成公共任务"。比如,上述司法解释第 2 条(五)之所以在"政府与社会资本合作协议"之前限定"符合本规定第一条规定",就意味着在法律上有着这样的合意空间和选择可能。如果一定要加入公法约定,相对人也可以与政府在民事属性的主合同之外,另行签订一个行政契约,事先做好技术上的分割。并且约定,在主合同上发生的争议允许申请仲裁、民事诉讼。

[①] 最高人民法院行政审判庭编著:《最高人民法院关于审理行政协议案件若干问题的规定理解与适用》,360 页,北京,人民法院出版社,2020。

八、结　论

总之,在我看来,不论行政诉讼法上是如何表述行政协议的,都应当将行政协议作为一种合同来审查,而不是当作一种可以拆分成类似单方行为的对象来归入传统的司法审查。当下引发诸多争执的行政协议是"混合契约",实际上混杂着民事关系和行政关系,行政诉讼法和有关司法解释胪列的有名行政协议都概莫能外。

对于这类合同形态,在技术上有两种处理路径,一个进路是做完全公法意义上的解读,人为地将其全部归为公法性质的行政协议,不承认其中事实上形成的民事关系,而是一律识别为公法关系。除了行政关系产生的纠纷必须通过行政诉讼适用行政法解决之外,对于本质上为民事关系而被视为公法关系之上产生的纠纷,参照民事法律规范解决,在诉讼程序上也参照民事诉讼法规定操作。另外一个进路是引入"混合契约"概念,承认这类行政协议是民事关系与行政关系的混合体或者组合形态,区别不同性质的法律关系,在行政诉讼附带民事诉讼平台上,分别适用行政诉讼和行政法、民事诉讼与民法、合同法解决。无论上述哪一种方法,技术路径本质相同,对很多问题的处理效果估计也不相上下,根本差别在于是否将民事关系转为公法关系之后采用参照适用民事法律规范方法解决。但是,后一种方法在操作上更加简单明了,也跳过了一些棘手难题,比如,公法关系能否适用仲裁,容易为民法学者理解与接收,无须大费周章。所以,我倾向后一种路径。

对"混合契约"纠纷的解决,首先,必须鉴别纠纷的属性,遵循不同程序与法律解决。行政诉讼与民事诉讼、行政法和民法各司其职,各尽其责。其次,对行政争议采取"外科手术"式的司法审查,对行政机关公法行为的合法性做出判决,然后,原则上仍然要放回合同之中,判断其对合同履行的影响,以及行政机关应当承担的相应合同责任。

在有关法律规范的建构上,Davies 在分析英国的政府合同时指出,要设计出一个复杂而微妙的规制体系(regulatory regime),由三个要素组成,首先,合同法提供了基本框架(the basic framework provided by the ordinary private law of contract)。其次,对私法框架的一套公法校正,以处理一些政府可能需要不同处理的情形（a set of public law modifications to that private law framework to deal with situations in which the government might require different treatment）。最后，构建一套公法规则，以处理一些在合同法上根本不会产生的问题（a set of public law rules to address matters that do not arise in the private law of contract at all）。比如，她特别关注了政府合同如何应对政策改变。这是政府合同相对于普通合同不太稳定的根源。因为每届政府的政策目标不完全相同，为了适应新环境、新思维，满足社会诉求，政府可以改变立法、政策，或者行使裁量权。其正当性源自议会主权原则（the doctrine of parliamentary sovereignty）以及政府不可以拘束裁量的规则（the rule that the government may not fetter its discretion）。因此，公共行政要有灵活性（flexibility）。但是，另一方面，又要保护合同相对人。为了协调两者之间的冲突，政府合同就要有一个与之相应的公法结构。首先，要对政府中断（disrupt）、终止合同的权力有所限制。其次，通过适当的金钱救济（monetary remedies）为合同相对人提供保护。① 同样问题，在美国，是通过引入标准变更条款（standard changes clause），允许政府在合同"范围"内做出改变。② 在法国，是确认了作为行政优益权的单方变更、解除权。

在我看来，我们也完全可以采用同样的思路。因此，行政协议研究的根本任务有二，一是找到公法因素的识别技术与标准，从"混合契约"中把剔出公法因素。③二是在解决公法因素的合法性及其处理之后，进一步判断其对合同效力及履行等是否会产生与合同法不一样的特殊影响或效果，进而决定是否要形成特殊规则予以特别规范。有关行政协议的立法与司法解释，就是全面归纳和总结这些提炼出来的具有公法属性的特殊规则。在我看来，与行政协议相应的公法结构所涉及的问题包括但不限于：（1）统一规范行政机关的签约权限；（2）因行政机关自身之外的原因（比如立法变化、上级

---

① Cf. A. C. L. Davies, *The Public Law of Government Contracts*, Oxford University Press, 2008, p.72, pp.170–172.

② Cf. Donald Frenzen, "*Administrative Contract in the United States*"（1968）37 *George Washington Law Review* 281.

③ 这方面的研究，详见余凌云：《行政协议的判断标准——以亚鹏公司案为分析样本》，载《比较法研究》，2019（3）。

改变政策、规划调整等）或者自己的原因，单方变更、解除协议的限制、①程序与救济；(3)上述原因导致行政协议履行成本显著上升，行政机关又要求继续履行的，对合同相对人的补偿措施；(4)行政协议无效；(5)是否允许仲裁等等。或许，对于民法学者和行政法学者来说，上述建议，能让我们更快地形成共识，趟过这片理论"泥潭"。

---

① 在英国，如果行政机关只是觉得合同对其不划算(a bad bargain)，便借口不浪费公共资金(seeking to protect public fund from waste)，想逃避合同(escape a contract)，这在法院得不到支持。Cf. A. C. L. Davies, *The Public Law of Government Contracts*, Oxford University Press, 2008, pp. 177—178.

第 三 编

政府采购合同
——围绕行政契约的识别标准的进一步展开

目　次

一、导论：政府采购合同是一种行政契约吗？　/ 254

二、利用合同的规制：政府采购合同的另一种功能？
　　——对丹梯斯理论的解读及其对我国的启示　/ 259

三、采购程序：构造目的与性质　/ 276

四、政府采购中对第三人的权利救济　/ 289

一、导论:政府采购合同是一种行政契约吗?

马汀(J. M. F. Martin)博士在其博士论文的开卷导言中曾说过这么一句话:"在西方资本主义社会中,……国家极少通过国有企业来生产和制造行政机关履行公务所必需的商品和劳务。行政机关通常要到市场上去订购所需。"① 如果说,这个在西方政府组织运行中极为普通的话语,对于以往处在计划经济体制下靠指令性划拨来提供政府机构运转的物质基础的时代的我国来讲,是一个极其陌生的话语的话,那么,对现在已经摆脱了计划经济束缚、正迈向市场经济的我国,却早已不再陌生。因为自深圳市于1995年率先进行政府采购的试点工作之后,河北、山东、广西、安徽、江苏、上海、北京、重庆等地也相继开展了这项工作。据统计,截至1998年底,全国有29个省、自治区、直辖市和计划单列市不同程度地开展了政府采购试点工作。② 而且,为了统一各地政府采购的法规范,《政府采购法》也已于2002年正式颁布,2014年又经修正。作为对外开放的一个步骤,我国的政府采购市场也开始向世界开放。③ 因此,政府采购对于我们已不再是什么新鲜事了。

其实,在我国,由政府各部门自行分散采购的实践,可能还可以追溯到更早的时候。但是,由政府中的专门部门(如政府采购办公室(处)或政府采购中心,各地情况不同,设置机构的名称和隶属关系也有可能不同)负责管理、集中购买,更加讲究采购的方法和程序,更加注重贯彻公平竞争的原则,并由财政进行有效监督的实践,却是近几年的事。政府采购(public procurement,也可以译成公共采购),顾名思义,就是政府部门或所属团体为了实现行政职能或为公众提供服务,使用公共资金进行货物、服务、工程建

---

① Cf. Jose M. Fernandez Martin, *The EC Public Procurement Rules: A Critical Analysis*, Clarendon Press, Oxford, 1996, p. 1.
② 数据来源,王雷鸣:《政府采购法呼之欲出》,载《人民日报》,1999 - 05 - 12。
③ 在1995年12月日本大阪召开的亚太经合组织部长会议和领导人非正式会议上,江泽民主席代表中华人民共和国承诺,我国将于2020年向亚太经合组织成员对等开放政府采购。参见《人民日报》1999年5月12日关于政府采购背景资料的介绍。2007年我国正式启动加入WTO《政府采购协议》(GPA)的谈判。

设等项目的采购。从广义上讲,上述分散采购和集中采购两种形态都应该包括在内,但从实践的发展趋势看,特别是从我国政府采购的沿革来看,后一种形态更加有意义,或者说,政府采购发展的方向是更加侧重后一种形态,也就是强调政府采购的实质应是市场竞争机制与财政支出管理的有机结合。正因为此,目前对政府采购的概念界定和理论探讨,也基本上是侧重在后一种意义上展开的。

从政府采购的范围看,从各类办公用品、设备到市政工程、房屋修缮,极其广泛。西方国家一般根据采购的对象将政府采购分为公共供应(public supply)和公共工程(public works)两大类,相应订立的契约也分别称为公共供应合同(public supply contract)和公共工程合同(public works contract)。而我国又更进一步将公共供应分为货物采购和服务采购,而且,从目前各地政府采购实践看,也主要限于这两种,工程采购项目只有少数地区进行了个案尝试。① 但不管怎样,政府采购合同实际是一组原则上以政府为一方签订的合同的组合,却是不容争辩的事实。所以,对政府采购合同的研究实际是涵盖了对几种合同形态和种类的研究,当然,它们之间有着类似性,特别是在行政契约范畴上有着相同的种类意义(后面我还会谈到这个问题)。

如果我们把整个政府采购目标的实现过程划分为政府采购阶段(或称先合同阶段,pre-contractual stage)和采购合同履行阶段(或曰合同阶段,contractual stage)两个阶段的话,我们就可以这么说,政府采购合同(procurement contract)是整个政府采购活动的"果实",是政府和采购参加人经过讨价还价后形成的文字上的约定。而接下来,政府采购目标能否实现,又完全取决于政府采购合同的履行情况。因此,政府采购合同实际上又起到"承前启下,继往开来"的作用,也正因为此,政府采购合同可以说是政府采购中的核心和枢纽。结合我们正在讨论的主题,在这里,更加吸引我们的却不是政府采购合同的重要地位,而是它的性质,也就是它是不是一种行政契约(administrative contract)?

采购行为乍一看好像不就是一般的商业行为,政府采购合同也就是一

---

① 王雷鸣:《政府采购法呼之欲出》,载《人民日报》,1999-05-12。

般的民事合同,因为政府到市场上去采购,和平民百姓好像没有什么差别。这种说法大体不错,但失之笼统。仔细分析起来,在特定情况下,政府采购合同却有可能与一般商业合同有着实质的区别,发生性质的转变。而促成变化的原因首先根源于政府采购所具有的经济重要性和其本身所蕴含的公益性。

众所周知,现今的政府采购在国内国民生产总值中已经占有较大的比重,据统计,在西方发达国家政府采购要占到10%～20%,我国政府消费也大约要达到10%左右。也就是说,按1998年我国国内国民生产总值约为8万亿元的规模来算,政府支出大约有8000亿元之巨。[①] 与此相联系的是,政府在何时、何地、向何人购买何种物资,对该经济部门或地区的发展、生存或获利(profitability)都会产生关键性的影响,进而对整个国民经济都会发生举足轻重的影响。借助珍任劳德(Jeanrenaud)的分析话语,就是可以把政府采购的上述功用也看作是其作为经济政策的工具(instrument of economic policy)而发挥作用的一个方面,[②]是凯恩斯(Keynes)预算政策理论的一个具体运用,特别是在经济衰退时期,增加政府采购,将有助于增加全球需求和刺激经济增长。政府采购在这个意义上的运用,在美国1935年至1942年表现得尤为淋漓尽致。而且,二战后的欧洲也通过大规模的公共工程项目来扩大政府预算,以抑制失业率。

但是,或许有人会说,大量的公共资金通过政府采购投放到市场中去,这种行为的本身当然会对经济结构和运行产生影响,但这似乎与我们正要讨论的政府采购合同的属性并没有什么关联。我承认的确如此。但是,如果再引申一步,如果政府借助上述对企业和地区都具有巨大吸引力的经济利益,在采购中"借水行舟",贯彻一定的行政政策,特别是那些还没有来得及形成为法律的政策目标,也就是珍任劳德(Jeanrenaud)所说的政府采购作

---

① 数据来源,王雷鸣:《政府采购法呼之欲出》,载《人民日报》,1999-05-12。
② 珍任劳德(Jeanrenaud)系统地把政府采购作为经济政策工具所发挥的功能概括为五个方面,除了上面的第一个方面外,其他四方面的功能依次是,政府采购还可用来保护国内企业,减缓外来竞争压力;促进特定商业领域的竞争;弥补地区差异,实现重新分配的目标;社会功能。当然,这其中有些功能之间在意思上有所重叠。Cf. Jearnrenaud, "*Marches publics et politique economique*" (1984)72 *Annales de l'Economie Publique, Sociale et Cooperative*, No.2, 151 at 154－156. Cited from Jose M. Fernandez Martin, op. cit., pp. 46－48.

为政策工具所发挥的最后一个功能——社会功能(social function),即运用政府采购来增加就业机会、对少数民族或边远地区实现特殊优惠、或者实现其他合法的社会政治目标,①这时,合同就不再仅仅是商业活动的媒介,而转变为行政规制的手段,在公务机制中所起的作用也会随之加强。而且,要特别提醒大家注意的是,这绝不是仅仅停留在理论上的一种预设。就多数国家的现实看,行政机关将政府采购用作干预工具(interventionist tool)或社会经济政策的手段(a social-economic instrument)都已经是不争之事实,不但欧共体是这样,美国和加拿大也是这样。② 这种利用合同的规制(regulation by contract)就极有可能在政府采购合同的内容中(而不是签订程序上,因为采购程序的特殊性(行政性)对合同性质的影响问题,我在下面还会专门论及)形成一些民法无法调整的行政法关系,促使合同的性质发生根本的变化。

另一方面,政府采购本身也有其目的,就是采购到政府组织运行所必需的物资,这同样也带有公共利益的性质。在特定案件中,为了保证上述行政目的的实现,也同样可能在合同中为政府保留有主导性的权利,比如,在公共工程建设合同中对合同履行的管理权等。而且,合同活动还有可能要受到法律上特别的控制,由民法以外的特别规则来调整,比如,公共工程建设合同的订立和履行中出现的违法违纪行为,要由《工程建设若干违法违纪行为处罚办法》(建设部、监察部发布,1999年3月3日)来调整。上述合同内容的特殊性以及合同适用特别规则本身就说明其有别于一般的民事合同,而应构成另一类独立性质的合同。

在这方面,马汀(J. M. F. Martin)博士作了更加详细和精辟的阐述。他说:"政府采购合同中一方当事人被视为公共利益的代表,这就决定了公法

---

① Ibid.
② 关于这方面更加详尽的介绍,参见麦克克纳登(McCrudden)的研究。Cf. McCrudden, *Public Procurement and Equal Opportunities in the European Community. A Study of "Contract Compliance" in the Member States of the European Community and under Community Law*, Brussels, 1994. 当然,现在欧共体在这方面的情况已有所变化,原则上已经不允许将政府采购用作推行社会经济政策的工具了。关于这方面的具体介绍,详见《利用合同的规制:采购契约的另一种功能?》一文。但谈这个问题对我国却依然有意义。因为我国在政府采购法的起草中仍然有着这方面的考虑,也就是允许利用合同的规制。

契约（public contract）有别于纯属私人之间签订的合同的特殊性（specificity）。行政机关形成签订合同的意志的方式，他们的合同行为所受到的来自预算和政治上的约束，合同本身所蕴含的公共利益，以及对合同履行必须施加严格的监督，所有这些都使得公法契约行为（public contracting activities）构成独自的法律类别，要受到特别规则和原则的调整，当然，其中调控程度取决于一个国家在法律上怎么来处理。"[1]

如果我们把合同中存在一般民事法律无法调整的内容的所有合同都统合到行政契约之中来研究的话，（这也是目前行政契约理论发展的一种趋势），那么，出现上述无论哪种情形的政府采购合同，（无论是因为合同规制的需要，还是为了实现政府采购合同所预期的行政目的的需要，而在合同内容上形成特殊的要求，也就是形成某些公法的因素），都可以视之为行政契约。（这个结论还可以理解为并不是所有的采购合同都是行政契约，[2]因此，那种不加分析地断言"所有政府采购合同均为行政契约"的论说，不免过于武断）。当然，更严格地说，政府采购合同应该是一种"混合契约"（Mischvertrag）。它代表了游离在民事合同和行政行为之间的行政契约的一种典型形态，而且是更加接近于民事合同的一种形态，也是很值得研究的一类行政契约，这就是为什么我在实例研究中专门挑选政府采购合同作为研究对象的根本用意。

而且，问题还没有结束。如果我们转换到相对人的视角，把政府采购看作是一种利益的再分配，是给付行政和福利国家下国家职能结构性重组之后的又一种新的政府职能的话，政府对于同样具备参加采购资格的竞标人来说，就存在着贯彻公平竞争、机会均等的问题。这些又会进一步转化为政府在采购程序上必须遵守的义务，而且，这种义务是对所有采购参加人都是"开放的"，是具有行政法意义上的程序义务，违背这种程序义务将导致法律上的责任。（我在接下来的研究中还会对采购程序和义务的行政性作进一步的阐述）。如果我们对行政契约的考察不是仅限于合同内容上的特征，而

---

[1] Cf. Jose M. Fernandez Martin, op. cit., p. 1.
[2] 从前面（第一编第二部分关于"行政契约的含义"）的讨论中，我们也可以看到，普通法国家并非对所有政府合同适用司法审查技术，而是仅对那些具有"公法因素"的政府合同进行审查，从中我们也能找到支持上述结论——"并非所有政府采购合同均为行政契约"的论据。

是包括了合同的订立过程的特征的话,那么,上述政府采购所遵循的行政程序的事实,(即使以后签订的合同中不含有上面所说的不能由民法调整的内容),是不是也会使政府采购合同转变为行政契约的研究范畴呢?这或许是对政府采购合同研究的另外的收获,促使我们对行政契约概念的认识要作更进一步的思考。如果我们对此采取肯定的论调的话,这无疑会是对前面行政契约识别标准的进一步的补充。(当然,在本书中,我不想对这个结论作过于绝对的肯定,而是欢迎更加理性的批判。我本人在研究中其实也是采取两可的态度的)。即使退一步说,我们仍然坚持着原来的行政契约判断标准,不认为上述这种在合同中不存在任何行政法关系、只是在采购程序上具有行政法性质的合同是行政契约,那么,我们依然无法拒绝对这类合同的订立程序进行行政法上的研究,仅从这一点上讲,研究政府采购合同也是很有意义的。

因此,在本标题下对政府采购合同的个案研究,并不是想对政府采购活动进行全面的剖析,而是从行政法角度对上述理解的进一步展开和分析。所以,首先,我主要通过对英国学者丹梯斯(T. Daintith)的理论研究的介绍,来回答在政府采购中何以能够实现行政政策的目标,并成为现代政府的一种施政偏好,以及合同规制的实践可能会遇到的法律问题,特别是世界经济一体化可能带来的问题。其次,我将对采购程序的构造目的做一分析,最终是为了论证采购程序是一种行政程序。当然,由于采购程序的设计仍然是对政府采购权力行使的规范和控制,所以,也可以与第一编第八部分中的"对行政契约的程序规范和控制"对照起来看,可以看作是对后者中有关内容的进一步展开和补充说明。最后,正因为采购程序的行政性,并构成行政机关对所有采购参加人的责任,而且采购程序能否被严格遵守又关系到竞标人参加采购的预期能否实现,因此,我们就必须解决对在程序中受到歧视、被不合理地排斥在外的第三人的救济问题。

二、利用合同的规制:政府采购合同的另一种功能?
——对丹梯斯理论的解读及其对我国的启示

在现代社会中,政府采购在国民生产总值中所占的巨大比重(据说,一般能占到10%~20%)本身无疑会对整个经济结构及运行造成巨大的影响。

但政府采购对经济乃至整个社会发挥更大的调控作用的,也是引起人们很大争议的,却是利用政府在采购中所拥有的经济上或讨价还价的能力(economic or bargaining power)来对那些与合同主要目标多少有些关联(collateral)的事项进行的规制。也就是"一石两鸟",在实现采购的本身目的之外,同时也实现政府所预期的某些政策目标,比如,反通货膨胀政策,工作条件标准等,即实现所谓的"利用合同的规制"(regulation by contract)。①

或许有人会辩解说(argue),合同原本就具有自我约束的特性,换句话说,就是合同具有一定的规制效果原本也不奇怪。特别是在一般商事活动中广泛运用的标准格式合同,更是使得由个别协商而得的合同和外来强加的一般规制之间的区别变得模糊不清。的确不错,传统以来,在合同观念中就始终认为,合同中的法律责任是由合同双方当事人根据合同的特定目的(particular objective)个别化而形成的,从而通过双方当事人之手实现对他们自身的一定限度范围内的自我约束和自我规制。正是在这个意义上,英国著名法学家哈特(H. L. A. Hart)将订立合同的活动说成是"由个人行使有限的立法权"。②

然而,在政府采购合同中,这里的"个人"却变成了"政府",利用合同安排(contractual arrangement)来实现原本应由立法来实现的规制,变成了活生生的现实。也就是,政府为了推行一定的社会经济政策,在合同的条款和内容以及分配合同的程序和标准上,加入了更多的反映公共利益的内容,而所有这些无论在广度和重要性上,都远远超出了合同本身所追求的双方当事人各自的目标,合同原本有限的规制效用在政府手中魔术般地膨胀,涉入了长期以来我们都认为原本应该是立法规制的"领地"。

那么,对于上述现象,特别是在一个法治社会中,在一个格守分权原则、并将依法行政奉为圭臬的社会中,出现的这种至少从形式上或表面初步地看有些不合规矩的实践,我们就必须从理论上回答,何以需要这样的合同规制,更为重要的是,在依法行政的理念下,它又如何能够成立,以及要受到或

---

① Cf. Carol Harlow & Richard Rawlings, *Law and Administration*, Butterworths, 1997. p. 208. Also Cf. Terence Daintith, "*Regulation by Contract: The New Prerogative*", Collected in D. J. Galligan(ed.), *Administrative Law*, Dartmouth, 1992.

② Cf. H. L. A. Hart, *The Concept of Law*, Oxford: Clarendon, 1994, p. 96.

应该受到什么样的限制。这既是对上述实践的一种温和的辩护,更重要的是,要弄清楚上述实践在法治社会中合法存在的边际。

从历史上看,利用合同规制的实践在英国表现得尤为突出,争论尤为激烈,相应的理论探讨也就尤为深刻。因此,英国的经验也就显得尤其宝贵。对我们来讲,可以收到"前车之鉴"的借鉴效果。英国在1970年代,在政府合同(government contract)①中追求反通货膨胀政策(anti-inflation policy)或收入政策(income policy),将其作为企业必须承诺遵守的订立政府采购合同的前提条件,并作为法律上应当执行的条款来加以保障。如果雇主违反了上述诺言,将招致一系列的制裁,甚至还将影响到其今后有没有资格竞争其他政府采购或者获得政府发放的企业辅助金(government industrial assistance)。而这些策略原本应当由法律来授权,但实际上却只是在白皮书(White Paper)中加以规定。因此,这种在合同标的之外对作为合同相对一方的企业贯彻政府所追求的一定的公共政策目标的做法,当然也引起了英国法学界强烈的关注和持久的讨论。②

在这方面,英国学者丹梯斯(T. Daintith)的研究工作可以说是最具有开拓性,也最为细致。他发表了一些非常重要的论文,其中包括《现今之行政权:讨价还价和经济规制》("*The Executive Power: Bargaining and Economic Control*", Collected in Jowell & Oliver(eds.), *The Changing Constitution*, 1985)、《利用合同的规制:新特权》("*Regulation by Contract: The New Prerogative*" (1979) C. L. P. 41)、《作为政策工具的法律》("*Law as a Policy Instrument*", Collected in Daintith (ed.), *Law as an Instrument of Economic Policy: Comparative and Critical Approaches*,

---

① 根据布莱克法律辞典的解释,普通法上所说的政府合同,就是我们所指的政府签订的采购契约(procurement contract)。关于政府合同的具体定义,Cf. Henry Campbell Black, *Black's Law Dictionary*, West Publishing Co. 1979, pp. 627,1087.

② Cf. Terence Daintith, "*Regulation by Contract: The New Prerogative*",Collected in D. J. Galligan (ed.), *Administrative Law*, Dartmouth, 1992. Also Cf. Carol Harlow & Richard Rawlings, op. cit., p.244. 不少英国学者像 Turpin, Arrowsmith 都持支持的态度,上述做法甚至也得到了司法界的迎合。在 Holiday Hall Ltd v. Chapple and others 案中,总检察长(the Attorney General)就认为,政府有权用它认为最能满足公共利益的方式来处理合同问题,进而也就有权在其他相关因素中考虑雇主是否遵守控制通货膨胀的"白皮书"纲要(White Paper guidelines)。因此,对于利用政府采购来推进社会或经济政策的实践,法院不能审查其合法性问题。

Berlin，1988)以及《经济政策的法律分析》("Legal Analysis of Economic Policy"(1982)9 J. Law and Soc. 191)，对上述合同规制带来的法律问题作出较为全面的、令人信服的解答，从而树立了他在这个领域中的不可动摇的权威地位，比如，他撰写的论文《利用合同的规制：新特权》，就和其他一些在西方行政法上也同样具有里程碑性质的论文一起被收录到由伽里庚(D. J. Galligan)编辑的一本题为《行政法》(Administrative Law)的重要论文集当中，他的研究结论也被广泛引用。

我国对政府采购的理论认识也在逐步深入之中。尽管对政府采购的功能的探讨多限于提高公共资金的使用效率、遏制腐败或提高政府机关的工作效率等方面，[①]但对政府采购可以对特定经济目标的实现发挥功能性作用（当然，要借助合同规制的形式来实现）也逐渐有所认识。《政府采购法》(2014年)第9条也明确规定，"政府采购应当有助于实现国家的经济和社会发展政策目标，包括保护环境，扶持不发达地区和少数民族地区，促进中小企业发展等"。担任《政府采购法》起草领导小组组长的全国人大财经委员会副主任委员姚振炎在接受采访时，谈到制定该法的意义之一就是，"通过政府采购，还可以贯彻政府在结构调整方面的一些意图，如对于那些政府根据合理的产业政策和技术经济政策认为需要给予一定扶持的新兴产业或技术项目，可以在政府采购招标方案中适当多包含他们的产品。通过政府采购，又可以发挥稳定物价的调控作用。政府在环境保护、社会福利等方面所追求的一些特定政策目标，也可以纳入政府采购的通盘考虑（当中）。"[②]因此，对丹梯斯理论的分析与介绍，有助于解决我们同样也会遇到的上述法律问题，促使我们更加冷静地、理性地对待政府采购中可能出现的这种现象，

---

① 从中央到地方，从西方到我国，大量的采购数据表明，政府采购的确能够有效地使用公共资金，节约财政开支。据统计，集中招标采购（这是政府采购表现在采购方式上的一种基本形态）比以往的分散采购节省资金一般在10%～20%。其中的原因是政府统一招标采购，把各部门、各单位需要采购物品的数量集中起来，能够形成规模优势，增强对企业的吸引力，促使多家企业竞争，从而能够"货比三家"，优中择廉，节约资金。另一方面，采购招标采取公正、透明、竞争的采购程序，可以避免"暗箱"操作，改变以往各单位分头采购、"一支笔说了算"的状况，对于遏制腐败现象的滋生和蔓延，无疑起到了非常好的效果。最后，由于政府统一采购，能够避免以往的分散采购造成的人、财、物的浪费和流失，减少中间层，有利于提高办事效率。对以上政府采购功能的更加详细的阐述，参见晓名：《政府采购：阔步走来》，载《中国行政管理》，1998(10)。

② 王雷鸣：《政府采购法呼之欲出》，载《人民日报》，1999-05-12。

这也是本文的主要意图之所在。

更为重要的,如果我们能够论证上述利用合同规制来实现政府特定社会经济政策目标的实践在法律上可以成立,那么,为此目的而订立的政府采购合同,或者在合同中或多或少要附带实现这些目的的政府采购合同,必然会在合同内容中或程序上形成一定的行政法上的权利义务关系。如果我们主张将具有公法因素,或者说,形成了一定行政法关系的所有合同都统合到行政契约概念之中的话,那么,也就理所当然地可以把这样的政府采购合同归为行政契约的范畴。这是我们研究合同规制问题的又一方面的考虑。

(一)我们为什么需要利用合同来实现规制?

政府采购对推行社会经济政策可以发挥功能性的作用,这首先可以从丹梯斯为了分析法律在推进经济政策中所发挥的作用而构建起来的概念框架中获得理解。在这里,丹梯斯将"经济政策"(economic policy)定义为"所有有目的的政府行为,其事实上或者显著的目的是增进由政府负责的全体人民的经济福祉(economic welfare)或者部分人民的经济福祉。"[①]这样的定义同样也能类推适用到"社会政策"(social policy)上,将后者理解为"任何意在增进全体或部分人民的社会福祉的政府行为",并将社会福祉广义地解释为"政策对社会整体的有益改善程度"(Social welfare can be understood in broad terms as the amelioration of the degree of social integration of the intended beneficiaries of the policy)。[②] 在克尔森(Kirschen)等人的研究基础上,丹梯斯更进一步对经济政策(同样适用于社会政策)的目的(aims)、目标(objectives)、手段(instruments)和措施(measures)作了区分。在他看来,目的(aims)是一系列代表政府行为的理想预期的抽象概念的组合,包括经济福祉;目标(objectives)是将政治目的转换为能够一定量化的经济概念,比如收入分配和福利的提高等;手段(instruments)指用于追求目标的方式,像预算和财政政策、企业的国有化或私有化等都是例子;措施(measures)是手

---

① Cf. Daintith, *"Law as a Policy Instrument"*, in Daintith(ed.), *Law as an Instrument of Economic Policy: Comparative and Critical Approaches*, Berlin, 1988, p. 6. Cited from Jose M. Fernandez Martin, *The EC Public Procurement Rules: A Critical Analysis*, Clarendon Press, Oxford, 1996, p. 39.

② Cf. Jose M. Fernandez Martin, op. cit., p. 39.

段运用赖以存在的行为(measures are the acts through which instruments are brought into operation),通常表现为法律行为的形式。用上述概念体系来分析政府采购,他得出的结论是,政府采购的目的和目标是由政府的社会经济计划(government social-economic programmes)确定的,政府采购本身就不能看作是一个目标,相反,它仅是实现更广泛的社会或经济政策目标的手段。① 因此,也就很自然地得出可以将政府采购用于推行特定社会经济政策的结论。

而政府介入社会经济的程度和方式,又是由政府所确定的经济目标和政治经济计划来决定的。而且,实现目的的手段、介入的方式也可以是多样化的。丹梯斯紧接下来的任务就是必须进一步回答,政府何以需要、甚至偏好利用合同进行规制,为政府的实践寻找理论上的根据。

有鉴于20世纪以来,伴随着社会的转型以及国家职能的结构性变化,国家用于社会管理的手段已经出现了量和质的变化,丹梯斯把政府用以实现其预期目标的所有方式大致区分为两种,一种他称之为"统治行为方式"(imperium),体现在法律的一般命令之中。另一种他称为"分配利益方式"(dominium),也就是政府运用这种权力向那些遵从政府目标的人们分配利益。丹梯斯通过扼要批判前一种方式的内在缺陷,以及简要分析后一种方式在实现行政目标上的优点,来论证dominium方式的更加可取。他指出,采取统治行为方式(imperium)来寻求行政目标的实现,存在着限制和不足。因为立法本身存在着(周期)较长、(程序)复杂而且效果不确定,因此,有时或许要求立刻制订所必需的法律是可遇不可求的(impractical),而imperium方式又偏偏必须以相应的立法存在为前提,否则将无法实施。但与此相对照,通过分配利益方式来追求行政目标的实现,对我们来说,却有着明显的吸引力。因为尽管分配利益必然需要一定的财政开支,而财政支出(expenditure)往往又必需法律的授权,但是,立法通常会在这方面为执行

---

① 关于这方面更详细的分析,Cf. Jose M. Fernandez Martin, op. cit., pp. 39—40. 另外一些学者也从其他角度得出基本相同的结论。他们认为,行政机关所肩负的确保经济与社会和谐、平稳地发展的职责,以及政府采购的数量(the volume of government procurement),都使得我们有理由将政府采购作为一种实现社会经济政策的手段。See, inter ail, Jearnrenaud, "Marches publics et politique economique" (1984) 72 Annales de l' Economie Publique, Sociale et Cooperative, No. 2, 151 at 153, and Turpin, Government Contracts, Harmondsworth, 1972, Chapter 9 at 244.

机关留有较大的裁量余地。这意味着,在运用这种方式时,可能受到来自立法授权的约束是比较有限的。这是一方面的原因。另一方面,分配利益的权力又可以以其他多种形式体现出来,也就是运用形式可以是多样化的。比如,讨价还价和非正式的协议。与"统治行为方式"这种更加正式的政府权力行使方式比较起来,"分配利益方式",可以说,在对客观存在的林林总总的问题作出适当的法律应对上,不存在固定的、事先预设的解决方法。换句话说,就是我们还保留有各种选择的可能。这就使得我们有可能对政策选择进行短期尝试。正因为此,丹梯斯得出利用合同权力实现行政规制较为可取的结论。[①]

丹梯斯的上述几篇论文的成文时间都在第二次世界大战之后,正好是给付行政和福利国家的实践在西方方兴未艾之际,国家作为利益分配者的角色不断得到强化,更加上民主思潮对传统行政行为理论的反思与批判,促成了非权力行政(特别是契约行政)的发展,丹梯斯上述分析其实就是为政府的这种新的实践寻找理论上根据,其得出的结论,与近年来行政契约在行政领域的崛起与广泛运用的现实是吻合的。

在这种新的实践趋势方面,我国也不例外。我国行政机关近年来在行政执法上对行政契约的偏好,也是非常明显的。一个明显的例证就是,找相对人签订各式各样的"责任书"(夜间摊点治安责任书,消防安全责任书,娱乐场所管理责任书,等等,不一而足)在基层工作中已经占有相当的比例。当然,正像我在其他文章中已经谈到,目前这方面的实践更多的是表现为一种不自觉而不是自觉的运用,是在一种还不完全理解行政契约为何物的状态下的运用,但我们却不能说行政机关是在没有完全体会到行政契约方式的好处之下的运用。在我的调查中,实践部门的同志更多的是觉得这种方式有利于明确双方的责任,出了问题,也好解决,但也不否认这种方式在个

[①] 以上丹梯斯的见解,All cited from P. P. Craig, *Administrative Law*, Sweet & Maxwell, 1994, p. 698. 哈罗(C. Harlow)和劳林斯(R. Rawlings)在他们的研究中也谈到利用合同规制的理由,有些是与上述丹梯斯的研究重复的,也有的可以作为进一步的补充和注释。他们指出,对合同的依从(contract compliance),作为一种规制行为的方式,相对于传统上通过刑事制裁、然后个人申诉、再裁决的规制方式来讲,不失为一个可行的替代方式。它的防患于未然的品质,它的灵活程度以及协商的遵从,都是十分可贵的,而且,通常它还将某些社会关注的问题,比如种族、性别歧视等问题的解决联系在一起考虑。Cf. Carol Harlow & Richard Rawlings, op. cit., p. 245.

案中能够使他们有选择性、针对性地处理问题，比较灵活。在政府采购中不也同样是要看"借"什么样的"鸡"来"生"什么样的"蛋"，有选择地实现一定的政策目标吗？这种体会与丹梯斯所揭示的原因也是基本相同的。但在我看来，揭示政府偏好"分配利益方式"的原因，固然对加强对这种方式的理性认识有意义，但并不是最重要的，在一个法治社会中，最关键的是要解决这种实践的合法性问题。

（二）合同规制合法存在的边际

当然，丹梯斯也丝毫不回避因"分配利益方式"权力的行使可能会导致的宪法问题（constitutional problems），比如，对协议一无所知的第三人（third parties）却可能会因此受到不利益的影响，或者个人对于是否缔结此类合同实际上并没有自我选择的可能，等等。但是，尽管如此，他仍然确信，采用这种方式来推行行政政策，恰好反映了一个事实，就是政府通常将此方法视为实现行政目标的最适当的（optimum）方法。而且，在一般情况下，与政府交易的个人实际上是不受什么约束的。退一步讲，即使他们对政府这种执行政策的方法有所不满，也可循一定的途径要求政府为此作出必要的说明。[①]

更加重要的是必须回答，这种被丹梯斯称为政府的"新特权"（the new prerogative）的合同规制，是不是在法律的控制之内？或者说，是不是具有合法性的基础？这也正是对合同规制聚讼不休的问题。对于这个问题，丹梯斯作了更加细致的分析和小心的求证。当然，他的考察是以英国当时的法律制度为背景的。他分析的基本思路是，从与合同有关的权力入手，看看现有的普通法或制定法上对这些合同上的权力的限制以及有关判例，构不构成对规制政策的不相容，换句话说，就是规制政策能不能包容或见容于合同的权力之中。这种考察也就顺理成章地循着合同订定的流程分为合同前阶段（pre-contractual stage）和合同阶段（contractual stage）这两个不同的阶段进行。

对于合同前阶段的权力（pre-contractual powers），也就是政府对选择谁作合同相对一方以及依据怎样标准（item）作出单方决定（unilateral decision）的权力。丹梯斯认为，在这个阶段，行政机关所处的地位，通常反映

---

① Cf. T. Daintith, "*The Executive Power Today: Bargaining and Economic Control*", Cited from P. P. Craig, op. cit., p. 698.

了普通法上尊重合同自由的思想，在(当时英国的)国内法(domestic law)中享有几乎是完全的自由裁量权。这意味着，行政机关有权制定有关分配公共合同(letting of public contract)的一般政策，给出在作出选择时应当遵循的基本原则，比如，是按照最低投标(the lowest bid)，还是综合平衡相关因素后按经济最优的原则，选择相对一方。自然，在这其中揉入一些规制政策的考虑，比如，公平的工资待遇，通货膨胀的抑制，优先发展的地区或者反对歧视等，也丝毫不见得有什么困难，也不见得与采购程序中通常所要求的保护竞争性投标的原则有什么冲突。当然，在执行上述政策时，必须防止对个案特殊情况的特别考虑，也就是规制政策的考虑应对同类(个)案件的所有竞标人一视同仁，不能只对其中某个或某些竞标人的竞标考虑上述因素，而对其他人不予考虑。

至于合同权力(contractual powers)，丹梯斯认为，这些权力通常是相当大的，在规制的潜在可能性(regulatory potential)上丝毫不逊色于，甚至还要超过前面所说的选择合同相对一方的权力。丹梯斯为此还举出三个实例很有说服力地证明了这一点。比如说，在政府建筑工程合同(government contracts for building and engineering works)中，一般含有公平报酬条款(fair wages clause)[①]和反对种族歧视的条款(a clause against racial discrimination)，而且，工程监督官员或行政机关的高级官员被赋予了大量具有规制效果的决定或指导权，诸如对工程实施方式的指令权，指示合同相对方停止雇佣与合同有关的特定人的权力。又比如说，在近海石油开采特许的标准条款(offshore petroleum production licenses)中，包括授予大臣批准近海石油勘测发展计划、控制开采量、控制打井和弃井等权力。在《矿产作业(近海设置)法》(the Mineral Workings (Offshore Installation) Act 1971)通过之前，上述条款实际上起到对近海石油开采企业的规制效果。再比如，控制薪金条款(pay control clause)，尽管在公众和政治上有着这样或那样的争论，在经过与英国企业联盟(the Confederation of British Industry)的艰苦谈判后，终于在1978年之后被列入政府合同之中。据此，要求合同相对方(contractor，也有人翻译成"承包人")或合同分包人(sub-contractor)承

---

① 该条款意在阻止获得采购合同的相对方克扣(雇员)工资，剥削(雇员)"血汗劳动"。

诺遵守现行或将来的薪金政策,并建立一定的机制来监督上述人员是否守约。如果发现违约,采购机关将裁量终止合同。尽管上述条款中的权利与法定权力的构造方式极其相似,但是,因其是基于双方当事人合意而产生的,因此,我们肯定不能将对法定权力的司法审查技术照搬过来。然而,丹梯斯从对法院处理因行使合同中的裁量权而导致的纠纷的方式上的细致观察中,却发现"普通法对合同裁量权的控制效果,与行政法对法定裁量权的控制十分相像"。

在对这些作为公共规制的手段、但又不是法定职权的合同权力的不同侧面的审视之后,丹梯斯得出一个基本结论:对于纯粹的合同权力的行使(the exercise of purely contractual powers),法院几乎毫无例外地可以运用各种审查技术(techniques of review)来加以控制,无论在种类还是力度上都与对行政行为的审查相类似,因此,在这个阶段,几乎无法从合同技术的运用中获得行政政策的自由度(administrative freedom of manoeuvre)。但在合同前(pre-contractual)阶段,在选择合同相对方以及确定选择的条件方面,由于缺少国内法的规范(这是丹梯斯研究的当时的立法状况,现在情形已有变化,我在后面还会提到),政府所拥有的合同前权力(pre-contractual powers)几乎不受什么法律限制,而且基本免受司法审查,因此,政府在阐释合同规制计划时所享有的裁量余地,远远超出了在议会授权其实施法律计划时其所能合理预期拥有的范围与程度(Government enjoys far greater freedom and discretion in the elaboration of contractual schemes of regulation than it could reasonably hope to possess as the operator of a statutory scheme under powers conferred by Parliament.)。这就使得利用合同规制来推行规制政策在法律上成为可能。[①] 在我理解起来,这种规制政策被相对人接受,主要是在采购程序上,也就是合同前阶段实现的,并进而形成相应的合同条款予以执行的。规制政策之所以能够"搭车",是因为行政机关在合同的分配政策和标准上享有相当大的裁量权。相对人之所以会接受政策规制,是因为其不愿意失去政府采购合同背后带来的巨大的商业利益。

丹梯斯同样也是从法治主义和议会至上的传统出发,曾不无忧虑地指

[①] Cf. T. Daintith, "*Regulation by Contract: The New Prerogative*", Collected in D. J. Galligan(ed.), *Administrative Law*, Dartmouth, 1992.

出,如果放任政府通过不受限制地使用合同权力来形成自己的"新特权",议会又不加以适当的干涉的话,那么,其结果将会是很让人沮丧的。的确,政府采购的目的,本来就是在分离的、非人格的商业行为与政府和合同相对方间几乎是一种共生关系(symbiotic relationship)之间的一种折中。① 换句话说,采购本身无疑是一种商业行为,有着商业上的目的,而且,这还是最初的、最主要的目的。当然,因为政府在决定采购的取向上又有着相当大的裁量权力,使得其有可能在采购的同时考虑一定的行政政策。但是,其中必须考虑到的政策因素不能根本上影响到采购的实现,或者说,在采购中考虑政策因素不是不可以,但应当保持在合理的限度内,不极端,不过分,不致影响到采购的本身目的的实现。因此,行政法所面临的问题,不是怎样去否定这种实践,而是怎样将这种合同权力纳入可以接受的规制框架之中,也就是,上述政府的自由裁量应当受到来自行政法上的必要的限制和规范。

时隔不久,立法对此作出了反映,《地方政府法》(Local Government Act 1988)对政府使用合同权力的能力作了较严格的限制。明确了一些政府不应考虑的非商业因素(non-commercial considerations),比如,合同相对方雇用工人的条件和条款,与政府政策无关的商业行为等。② 而且,由于在采购程序上行政机关又有着向未中标的竞标人说明理由的义务,这就使得行政机关对其选择中标的考虑因素,无法采取沉默的方式,不向竞标人表示出来。如果法院在司法审查中发现行政机关存在考虑上述严格禁止考虑的因素,将会判决行政机关对失意的竞标人的竞标损失承担赔偿责任。这种立法无疑是建立在这么一种观念之上,即行政机关应该只基于商业考虑来签订政府采购合同,应尽可能地让"市场"来调整分配合同的决定。这当然是一种保守观念的反映。

尽管在理论上对上述立法的过分限制有着激进的反对观点,但丹梯斯相对来说持较温和的态度,既不否定应对政府合同权力加以适当限制,但又认为应当允许利用合同权力来推进社会所预期的目标。理由很简单,因为

---

① Turpin, *Government Procurement and Contracts* (1989), pp. 70—71. Cited from P. P. Craig, op. cit., pp. 694—695.

② 比如,不能因企业曾向某个行政机关不赞成的政府提供了武器而拒绝考虑与之签订采购合同。

行政机关对这些政策问题不能,也不应该保持政治上的中立,而这些政策目标又常常不能在立法上及时体现出来,即使能体现出来,也不排除运用合同权力来实现这些立法条款可能是比较有效的方式。当然,在合同中划定哪些是可接受或不可接受的政策的界限,只能靠运用"目的的适当性"(propriety of purpose)或"不合理"等技术来个案地解决。[①]

　　细细算来,政府采购从 1995 年在深圳市试行以来,对借助政府采购的合同规制的实践,一直是跃跃欲试,比如,在我国第一个政府采购地方性法规《深圳经济特区政府采购条例》(1998 年)中就明确指出:"政府采购应当……促进和保障国家和深圳市有关的法律、法规和社会经济政策的贯彻和落实"(第 3 条),尽管其在具体的采购程序和标准中没有更详细地规定可以贯彻什么样的行政政策,但"借水行舟"之意已跃然纸面。该条例于 2011 年修改之后,在第 8 条中明确规定,"市主管部门应当根据国家和本市经济、社会发展目标,会同相关部门制定优先采购或者强制采购的措施,支持环境保护、节能减排、低碳经济以及循环经济产品,促进经济结构转型升级和中小企业发展"。

　　英国的上述立法和丹梯斯的研究结论,在这方面可以给我们的启示是,第一,贯彻行政政策的意图是通过制定采购的分配标准和明确竞标人的资格来实现的,因此,合同前阶段,也就是采购程序应当是规范和操作的枢纽。第二,不是说在采购中可以随心所欲地挂靠任何政策,而应当是与采购,特别是获得政府采购合同的相对方的情况有着内在联系的,而且是适度的,因为过重或过于苛刻的政策要求有时会让竞标人望而生畏,宁愿放弃可能获得的商业利益,也不参加竞标。如果是这样的话,不但不能"借水行舟",反而"行舟堵流"。因此,在采购的分配标准和竞标人的资格限定上应当有所规范,有所限制。而且,还要结合后面谈到的因世界经济一体化可能带来的限制一并考虑。

(三)经济一体化对合同规制实践的影响

　　丹梯斯接着提出一个很重要的问题,尽管普通法和法律规范没有对政府利用合同规制作出多少严格的限制,但是,欧洲共同体制定的有关政府采

---

① Cf. P. P. Craig, op. cit., pp. 692—693.

购的法令却有可能会对上述实践造成一定的限制。而且,从字里行间隐约透露出一种忧虑,似乎如果上述限制一旦从当时的潜在的局限的状态完全成为现实,将不免使上述利用合同规制的实践荡然无存。因此,对合同规制实践的真正威胁还不是来自国内的立法,而是来自世界或地区经济的一体化。

欧共体在建立统一市场的过程中,面临着一个重要的问题,就是消除成员国在政府采购上对其他成员国公民或企业的歧视。因为这种潜意识的歧视,比起那些较为明显的贸易壁垒、关税等手段来,在阻碍欧共体内的自由贸易方面危害更大,更加隐蔽。[①] 特别是在经济衰退时期,这个问题就变得更加突出。解决这个问题,对于欧共体来说,也具有很大的经济上的意义。因为据欧盟估计,政府采购已经占到了欧共体全部生产总值的15%。这意味着,如果上述歧视不能彻底根除,那么建立统一市场的期望就会像肥皂泡那样破灭。欧共体为此制定了有关法令(EEC Council Directive 71/304, O. J. 1971, L. 185/1; EEC Commission Dir. 79/32, O. J. 1970, L. 13)严加禁止。

在欧共体采取的诸多解决办法(比如,必须公布超过一定价值的采购合同信息,严禁在合同文本中使用对国内企业有利的技术规格,强制执行采购程序,等等)当中,最为重要的一点,就是规定采购的实质标准,以及列举了取消企业参加竞标的资格的理由,原因计有破产、严重的职业不良行为(grave professional misconduct)、未尽社会保障或纳税义务等。唯独看不到不遵守行政政策的理由。由于这些不具备资格的理由(disqualification grounds)在种类上也是有限的,更重要的是,对采购标准允许考虑的因素都具有商业性质,因此,事先将那些违反诸如薪金政策的企业打入"黑名单"的实践,就显然与上述法令规定不符。而且还可以更进一步认为,肇始于1978年的要求所有参加政府采购的竞标人承诺遵守收入政策(income policy)也是,尽管不那么确信,在上述法令确认的理由之外又加入的一个标准,因而

[①] 一个早些时候的研究表明,在欧共体整个经济当中,全部的进口渗透率(import penetration)为22%,由非本国企业获得的公共合同的价值只有2%(在英国为4%)。数据来自 W. S. Atkins, Management Consultants, *The Cost of Non-Europe in Public Procurement*, 1988 Vol. 5 A. Cited from Carol Harlow & Richard Rawlings, op. cit., p. 247, especially note 9. 这些数据就颇能说明问题。

也是不适当的。欧共体委员会(EC Commission)在一份题为《政府采购：地区与社会观点》(Public Procurement: Regional and Social Aspects)的报告中更是明确地否定了将当地的劳动政策作为合同条款。它指出："《公共工程法令》第 29 条所列举的各种标准的例子，都是那些会影响到采购机关在特定的公共工程合同中所预期的经济利益的事项。而竞标人是不是能雇佣那些长期失业的人，并不影响到合同中采购机关的经济利益。通过像减少福利开支或者雇工开销的增加(through the reduction of welfare payments or an increase in spending by those employed)来促成的经济利益，那只是与合同事项(subject matter of the contract)本身是一种间接的、非常外在(quite extraneous)的关系。除非能提供出存在着特定的情况，雇用长期失业的人将会提高合同中采购机关的经济利益，否则，这种标准将与法令相冲突。上述论理也同样适用于其他与特定合同的事项无关的标准。"①

正是由于上述欧共体法令的存在，对政府合同前阶段的自由裁量权已经产生了实质性限制，进而制约政府利用采购程序来作为推进一般经济和社会政策的规制手段的实践。② 从其他一些有影响的英国学者（像 P. P. Craig）的论述中，也坦白地承认了这一点。

也许有人会存有一种侥幸心理，幸好上述法令只适用于超过一定数额的政府采购（660 000 英镑以上的公共工程合同，130 000 英镑以上的供应合同），更主要的是上述法令仅意在促进共同体内的贸易和保护其他成员国的竞标人，所以，也就不会影响到采购数额低于上述标准，特别是那些纯粹是本国人参与的竞标，上述实践在后一种情况下还能够依然故我。英国当时的状况也的确如此。

但是，丹梯斯却更进一步揭示了上述法令可能具有的潜在的适用意义。他指出，如果我们不是仅仅把这种限制理解为仅对具有"涉外"因素的案件适用，而是理解为意在通过上述法令构造一个禁止歧视的一般制度的话，那

---

① EC Commission, *Public Procurement: Regional and Social Aspects*, COM(89)400 at para. 48.

② 不但英国如此，而且欧共体的其他成员国都受到影响。比如，在德国北莱因西伐利亚(North-Rhine Westfalia)曾一度在采购中对那些雇佣学徒，特别是女青年学徒的企业给予优先考虑，但欧共体认为在采购中不能考虑那些"社会"要求，否则就违反欧共体的相关法令。结果，由于欧共体的干预，上述实践被取消了。Cf. Jose M. Fernandez Martin, op. cit., p.44, especially note 17.

么,也就没有理由不让英国的合同相对方,像法国或德国的合同相对一方那样,引用上述对政府裁量的限制性规定。更为关键的是,欧共体的法令已经在英国法院的判案中具有直接的效力(direct effect),他举出了 Capital Goods 案作为证据,作了类比说明。根据这个判例,英国本国的竞标人也有可能直接引用法令规定,认为除了法令上列举的理由外,政府不得以其他理由拒绝其参加竞标。果真如此,如果丹梯斯的上述论证可以成立,那么,欧共体在政府采购领域的上述立法活动可能会对采购程序造成更加严格的限制。但丹梯斯认为比较幸运的是,至今这些限制的全部的潜在性,在国内法律领域运作的可能性还没有被充分认识到(but their full potential, and the possibility of their operation in the domestic legal arena have not yet been adequately appreciated)。

但是,事情的发展却偏偏作弄了他。丹梯斯在 1970 年代末流露出的上述担忧,十年后的确变成了现实。随着欧共体采纳"经济理性"论(economic rationale approach)的态度逐渐趋于明朗,[①]欧盟委员会(Commission)终于在 1989 年开始与各成员国谈判,取消将政府采购用作地区内聚目的(for regional cohesion purposes)的实践,其最终的结果是在最近的法令中废止了政府采购的工具性使用(the instrumental use of public procurement)。

当然,在无可奈何的现实面前,也存在着这么一种论说,这么一种"夹缝之中求生存"的理论抗争,就是,如果我们可以把合同相对一方自愿接受特

---

① 其实,在早些时候,欧盟议会(Parliament)对政府采购的工具性使用(the instrumental use of public procurement)是持基本赞同的态度,在其送交欧盟有关法令 77/62 修正案意见的一读中(in the First Reading Opinion on the Commission's proposal to the council for a Directive amending Directive 77/62),它指出,政府采购和采购合同可以构成政府创造就业机会和地区辅助政策(a government's policy of job creation and regional assistance)的一个重要组成部分。它接着强调指出,在不发达或者正面临企业滑坡的地区,公共供应合同的分配制度,必须考虑缩小地区差别、创造就业机会和发展企业的需要。它承认政府采购和采购合同可以构成政府推进工作场所平等机会政策(government's policy of promoting equal opportunities at the workplace)的重要组成部分。它强调,公共供应合同的分配制度,必须考虑减少对妇女、少数民族和残疾人工作歧视的需要。OJ 1987 C 246/84 at 85. Cited from Jose M. Fernandez Martin, op. cit., pp. 54—55, especially note 56. 因此,在原先的欧共体法令当中,将政府采购用作干预工具是被允许的。这时,在马汀(J. M. F. Martin)博士看来,"经济理性"论与"干预"论是完满地调和在一起。但是,好景不长,自 1985 年以后,欧盟委员会(Commission)更加侧重"经济理性"论,从而导致对政府采购用于推进商业目的之外的社会经济政策的实现的做法的否定,而且,法院也持相同的否定态度。关于其中的态度的转变过程,详见,Jose M. Fernandez Martin, op. cit., pp. 54,57.

定政府政策的意思表示,作为对于政府来说,是判断经济最优的一个衡量因素,那么,问题似乎也没有想象的那么严重。政府利用合同规制的实践,也将不会因世界或地区经济一体化而受到严重的影响。①

在我看来,这种说法却有点勉强,因为上述欧共体的法令中已经明确,在政府采购中不得考虑的非商业因素,这对整个采购活动都是有约束力的。但是,也有判例显示出相同的结论,却是截然相反的考虑路径。即承认缔约机关在合同中确定一定的政策目标的行为是合法的,但前提是,这与欧共体的法令不冲突。遵守上述政策目标,与判断合同相对方有无完成合同标的的技术能力无关,也不是作出采购决定时要考虑的实际标准(actual criteria)之一。② 如果是这样的话,利用合同权力来推行行政政策的实践,会在很大程度受到欧共体法令的限制,这依然是无法改变的事实。③

英国的合同规制的实践,因其加入欧共体而受到了极大的影响。了解这些,对于我们来讲,也是非常有意义的。因为中国的经济正在积极地融入世界经济之中。1995 年 12 月在日本大阪举行的亚太经合组织部长级会议和领导人非正式会议上,江泽民主席代表我国承诺,将于 2020 年向亚太经合组织成员对等开放政府采购。更为重要的是,我国加入世界贸易组织(WTO)之后,根据惯例,WTO 的成员国在规范政府采购方面都必须有具体承诺,我国恐怕也不例外。这样一来,固然对强化国内厂商厉行革新的动力大有好处,但从英国的经验中,我们可以看到,利用合同规制的实践也可能会、或许是必然地会因这种经济一体化而受到极大的影响。当然,这种影响到底有多大,在很大程度上取决于政府采购开放的程度,以及其他成员国对我国企业参加其本国的政府采购的限制程度,更为关键的是,亚太经合组织和 WTO 有没有足以制约上述实践的法令规则。(在我理解起来,英国之所以会受到影响,关键是因为存在欧共体对政府采购的立法,是因为欧共体采取了以"自由市场"为本位(a "free market" orientation)的政策,也可称为"经

---

① Cf. T. Daintith, "*Regulation by Contract: The New Prerogative*", Collected in D. J. Galligan(ed.), *Administrative Law*, Dartmouth, 1992.
② Case 31/87, Gebroeders Beentjers BV v. State of the Netherlands(1988) E. C. R. 4635.
③ 当然,欧共体的上述法令规定也不断受到挑战,最近的一个例子就是意大利一部关于社会合作的法律允许缔约机关通过解除合同的方式来支持某种合作(co-operatives),像雇用残疾人或有某些缺陷的人(如曾经为酗酒或瘾君子的人)。

济理性"论("economic rationale"approach),以解决"市场的一体化"(integration of the market)的问题,也就是强调在采购中必须绝对地适用商业标准,而非其他。①)。因此,"未雨绸缪",加强对上述世界性组织有关政府采购的规则与政策的研究,就显得极其必要。我们在政府采购中考虑地方性政策的同时,也必须考虑政府采购的"对外开放"会对前者带来什么样的影响,以及在法律上如何处理。

(四)结束语:两点引申出来的意义

从丹梯斯的理论研究中,还可以另外引申出两点意义,也是我研读其著作之后的两点收获。尽管与我们正在谈论的主题没有很大的关系,但是对我们的行政法理论的发展以及行政法治的建设却有着至关重要的意义。

首先是他敏锐地捕捉到了现代行政法运作特点上的变化,注意到行政机关从事的一些民事活动(采购原本在很大程度上是一种民事行为),却极可能被利用来发生行政规制的效果,从而发生实质性的改变,进入行政法的研究范畴。也正由于这些行为的导入,促使行政法的体系与原理发生了根本性的变化,甚至可以说,是不亚于在行政法领域中发动了一场一定规模的革命性的变革。我们对行政契约概念的重新整合,就是在这个背景下提出的。相比之下,以往我们对行政法的研究,过多地注意了传统意义上的行政行为,而不太注意行政机关民事活动中有可能出现的行政法层面的意义。比如,尽管我们承认行政契约是介于行政行为和民事合同之间的一种特殊形态,但我们对什么是行政,特别是行政法律关系的讨论就比较明显地缺少这方面的内容。《政府采购法》(2014年)对采购合同也表现出内在的矛盾,第9条认可了利用采购合同的政策规制,但第43条又规定"政府采购合同适用合同法",不给公法适用留有一点空隙,固执地将政府采购合同完全归入民事合同范畴,从而引发了行政法学者的不满。肖北庚教授批评道,"这一规定既未与《政府采购法》本身保持一致,也未能反映合同类型化的法制演进逻辑,更与政府采购法国际发展趋势欠契通"。② 因此,丹梯斯对利用合同

---

① Cf. Jose M. Fernandez Martin, op. cit., pp. 41—43.
② 肖北庚:《论政府采购合同的法律性质》,载《当代法学》,2005(4)。

规制的研究，有助于改变我们的观念，拓展我们的研究视野，对行政契约乃至整个行政法理论体系进行重新审视，建立与我们行政实践相贴近的新的理论体系。

其次，丹梯斯的理论尽管是对英国利用合同规制的实践的解说，但依然掩饰不住其论证方法的科学及论证过程的精细缜密对我们的借鉴价值。丹梯斯从行政机关的权力入手，通过对自由裁量的理解，以及选择中标人的原则的内涵的解释，来寻求规制政策"生存"的空间，表现出一种自觉的对法治（特别表现为"越权无效"思想）的笃信和尊崇。相形之下，反观我们的行政执法实践（不单单限于政府采购），当我们遇到问题时，比如社区的安全防范需要整肃乱停乱放车辆的时候，我们更多地不是从行政权限，而是从最终完成行政任务来考虑对策。这种倾向是非常明显的，而且似乎成了行政惯例，或者说，是执法中自觉或不自觉地表现出的一种思维定式。其直接的后果之一，就是在采取措施或手段上，将法律规定弃之一边，要是根本就没有法律规定时，更是"无法无边"，而走上完全是实用主义的道路。我并不是说实用主义完全不好，而是反对脱离了法治约束的实用主义。这种与丹梯斯截然不同的处理问题的态度和方法，或许是长期以来我们尽管强调政府法制，但依法行政始终不能变成完全的现实的重要原因之一，也是我们在以后的法治国建设中，应当着力注意纠正的倾向。

三、采购程序：构造目的与性质

政府采购（public procurement），毫无疑问，是政府的一种活动。尽管采购活动肯定会涉及相对方的竞标行为，必须在相对方的积极参与下才能完成，但整个采购活动却必须是在采购机关的控制和主导下有目地地进行的。因此，采购机关的活动构成了整个采购活动的核心。采购机关活动的规范与否，会直接对整个采购产生举足轻重的影响。也正因为此，政府采购的成功，就像特滨（Turpin）指出的那样，实际上是对采购机关富有技巧和合理的管理的结果,而不是像私人采购那样,是对减缓市场压力的有效反映。① 在我理解起来,也就是对政府采购成功与否的衡量标准,关键是看采购活动是否合法,结果是否公正。而要做到这一点,就必须对采购机关的采购权限,特别是其所享有的自由裁量权进行有效的规范与控制。而对采购机关的管理和规范,像我们所熟悉的对其他行政行为的控制一样,在很大程度上又是落实到对采购程序的规范上。正是基于这么一种认识,我们甚至可以这么说,整个采购程序的中心任务就是规范采购机关的采购行为,这也是采购程序的基本内涵与任务。对于这一点,恐怕大家不会有什么异议。

本文不打算详细地讨论采购程序的构造细节和具体制度,这并不是说这些问题不重要,恰好相反,采购程序的结构如何,是《政府采购法》无法回避而必须弄清楚的问题,《政府采购法》(2014年)还对采购程序专设一章,其实,采购方式一章也可以算作广义上的程序范畴。但在本文中,我更愿意思考的问题是,我们通过程序结构究竟想要达到什么样的目的或意图,也就是采购程序的构造目的是什么?因为这个问题从根本上决定了我们在采购中应当构建什么样的程序,它与程序构造之间是内容与形式的关系,是程序设计的灵魂和思想。而且,还与我接下来要回答的另一个重要问题,也是本文要解决的最主要的问题——采购程序的性质是什么?——有着内在的密切联系。简单地讲,就是无论是从"经济理性"(economic rationale)还是"控权"(control of power)角度来考虑采购程序的构造,都将有助于我们进一步理解为什么应该将采购程序定性为行政程序。

之所以将本文对采购程序的研究方向作这样的定位,从根本上说,是由本书的研究基调决定的。如果我下面对采购程序的分析,特别是对采购程序的性质的判断是有道理的话,那么,长期以来似乎已成定论的"采购程序活动(最典型地体现为招标投标活动)是以订立采购合同为目的的民事活

---

① 特滨(Turpin)认为,这是政府采购(public procurement)与私人采购(private procurement)的根本不同之所在。私人采购时,由于其面临着在市场中与同行的竞争,因此,其采购必须考虑将这种市场压力转嫁到其供应商身上,也就是我们通常所说的要尽量降低原材料或配件的进价成本,只有做到这一点,采购才是成功的。但是,政府采购时,政府是最终的消费者,不存在转嫁市场压力或风险的问题,因此,衡量采购成功的标准也随之变化。Cf. Turpin, *Government Procurement and Contracts*, Harlow, Longman, 1989, pp. 70-71. Cited from Carol Harlow & Richard Rawlings, *Law and Administration*, Butterworths, 1997, p. 238.

动"的论断①将变得不那么牢靠。更为重要的是,如果我们将合同理解为一个动态的过程,包括了从合同的签订到合同内容的履行的各个环节,并且,将行政契约理解为只要在这个过程中存在着某个(些)行政法性质的环节(无论是签订程序,还是契约内容)的所有合同形态的话,那么,单凭采购程序的行政性,也能断定政府采购合同为行政契约的一种形式,尽管最终签订的政府采购合同的内容中,有可能不具有任何的公法关系的因素,而是一种纯粹意义上的"民事合同"。(一句非常矛盾和别扭的话语)

退一步说,即使我们不同意将对行政契约的判断标准扩大到合同的订定程序中去,也就是不同意把所有的政府采购合同,主要是那些合同内容根本不含有任何公法因素的私法合同都划入行政契约的范畴,明确采购程序的行政性,也同样是有着行政法上的研究意义的,因为这又会左右着我们对违反程序的法律救济的选择态度,决定着我们最终采取什么样性质的法规范和救济管辖来解决采购程序中发生的纠纷。单凭这一点,研究采购程序也是非常有意义的。当然,有关采购程序当中的救济问题的说明,我准备专门作一课题研究。在这里先解决采购程序的构造目的与性质问题。

(一)构造目的:程序设计的思想

马汀(Jose M. Fernandez Martin)博士在他的研究中认为,在采购程序的构造问题上,存在着两种不同的理论考虑:一个是以"自由市场"为本位的"经济理性"(economic rationale approach)论,另一个是包含更多的"干预主义"观念的"工具性或再配置使用"论(instrumental or redistributory use approach)。前者是以欧共体目前的政策为立论依据,后者是以先前英国实行的利用合同规制的实践为事实根据。当然,马汀博士也承认,不排除可能存在着兼具或平衡上述两种理论的中间形态,但他从解释目前欧共体政府采购的实践需要出发,认为上述两种理论已经足够了。

在我看来,恰好是平衡了两种理论的中间形态,对我国更加具有价值。因为从当前政府采购的立法动向看,并不准备完全采纳纯粹的"经济理性"论,而是同时考虑,在采购的同时实现特定的社会政治经济政策目标。这是

---

① 全国人大常委会法制工作委员会经济法室编著,卞耀武主编:《中华人民共和国招标投标法实用问答》,16~17页,北京,中国建材工业出版社,1999。

其一。其二,我以为,单纯地采纳"经济理性"的观点,也未必是非常妥当的,就是目前欧共体已采取这种以"经济效率"为唯一考虑因素的理论来构造采购程序和规制政府采购的做法,也不是没有遭到来自各成员国的反对,其对政府采购功能所持纯粹的经济观点的做法,也没有得到成员国中执政力量的共识。① 正如米珊(Mishan)所指出的,有效配置资源本身,并不能说明纯粹站在经济立场上考虑问题就是正确的,而必须得到对有关引入效率观念的配置问题上的道德认同(ethical consensus)。② 从实践的经验看,上述两种理论之间其实也并没有绝对的隔阂或不相容。根据马汀博士的研究,欧共体在新法令出台之前,就曾对各成员国将政府采购用作推行经济政策的工具的做法持宽容态度,甚至还颇为赞许,并且,在旧法令中也一度达到两种理论的平衡。③ 所以,我在本文中也是持平衡的观点,既重视采购程序中体现"经济理性"的要求,也不否定可以适当地将采购作为政策工具。

众所周知,欧共体现行的政府采购政策,是主张依据绝对严格的商业标准(strict commercial criteria)来决定政府采购合同的分配问题,支持这个政策的理论依据就是"经济理性"论。这种理论又是奠定在经典的"经济效率"原则(economic efficiency principles)之上的。这种理论讲究实施强制性的竞争性投标(compulsory competitive tendering),实现纯粹市场条件下不受任何扭曲的竞争。其基本的理由是,激烈的竞争能进一步降低成本,获得更大的经济效率,进而为国库(public exchequer)节省资金,使操作效率(operating efficiency)得到最大化。这样,就能保证纳税人的金钱得到公平、

---

① Cf. Turpin, *Government Procurement and Contracts*, Harlow, 1989, Chapter 9, p. 258.

② Cf. Mishan, *Economic Efficiency and Social Welfare: Selected Essays on Fundamental Aspects of the Economic Theory of Social Welfare*, London, 1981. Cited from Jose M. Fernandez Martin, *The EC Public Procurement Rules: A Critical Analysis*, Clarendon Press, Oxford, 1996, p. 89.

③ Cf. Jose M. Fernandez Martin, op. cit., pp. 53—55. 现在只是由于欧共体出于实现共同体内的经济一体化的考虑,特别是消除成员国中存在的对其他成员国公民的歧视问题之需要,才转向主张"经济理性"论的。

公正的使用。① 这是考虑问题的一个方面。另一个方面的考虑是,经济效率的实现又是与国家利益(national interest)的观念相一致的,其结果是使公共福祉(public welfare)得到提高。从严格的经济观点看,竞争性投标不仅减少了公共财政的负担,而且促进了宏观经济的发展,因为它推进了重组和调整。

正因为此,在"经济理性"论中,特别强调采购程序的构造应当以强制性的竞争投标为核心,要求在程序的构筑中要最大可能地保证市场中所有潜在的供应商都能参加竞标,要增加程序的透明度,以及严格限制采购机关自由裁量权的边际。概而言之,现在欧共体法令中关于采购程序构造的要求与规定,都能从上述"经济理性"论中获得很好地理解。②

其实,既然政府采购主要就是对公共资金的使用问题,力求公共资金使用效率的最大化,当然是政府采购中必须而且要着重考虑的问题,那么,在采购程序的构造当中,充分体现出"经济理性"论的要求也是很自然的,更是必需的。但是,正像前面分析的,在此情形下,也并不必然排斥可以适当考虑将政府采购作为实现特定经济社会政策的工具来使用,而这一考虑,就很可能会在采购程序中的竞标人的资格以及分配契约的标准等问题上得到具体的反映。也就是说,平衡上述两种理论的结果,只是在采购程序的具体制度和要求上会有细微的变化,并不会导致采购程序的基本构造的根本变化。

而同样的采购程序的构造,也完全可以从对采购机关的采购权限的有效控制的角度获得理解。也就是说,上述采购程序的具体构造,也同时体现出了"控权"的思想与要求。其实,在上面的论述当中,就已经隐隐透出了这

---

① 在赛西尼报告(Cecchini Report)中,对整个欧共体范围内的公共合同领域因实行竞争所导致的资金节省作了一个估计,认为节省的资金总计能达到17.2万亿欧洲货币单位(ECU)。政府采购领域的竞争暗示着,通过选择最具有竞争力的供应商,能节省资金(5.5万亿 ECU),因增加竞争而导致国内外供应商联合,能节约资金(2.8万亿 ECU),因产品结构合理化,能节约资金(8.9万亿 ECU)。Data from Jose M. Fernandez Martin, op. cit., p.42. 我国的实践也证明了这一点。有关这方面的报道很多,比如,重庆市在1997年推行政府公务用车采购试点,全国共有55家汽车厂商和商家报名参加竞标,结果,11家企业中标,64辆公务用车以少于财政预算20%的价格当场成交,比预算节约财政资金350万元。1998年第一次采购31辆公务用车,比原预算经费少花149.5万元。参见樊志成:《重庆市实施政府采购的有益尝试》,载《中国行政管理》,1998(8)。

② 关于欧共体法令中对采购程序的具体规定与要求,Cf. Jose M. Fernandez Martin, op. cit., pp.41—43, 52—53。

层考虑,只不过我们在这里更加彻底地转换到"控权"的视角,从另一个侧面加深对采购程序的具体构造的体会。

我们知道,由于当今政府采购在国内国民生产总值中所占的比重较大,在西方发达国家一般为10%~20%,我国政府消费每年也大约要占到10%左右,①这实际上也拉动政府职能的转变,特别是在经济调控、产业和技术结构调整以及社会福利保障等方面,很多的行政上预期都或多或少地要借助采购方式来实现。因为政府在采购中的经济或讨价还价能力,能够被用来规制那些与合同主要目的有关联(collateral)的事务,"利用合同的规制"(regulation by contract)就是在这层意义上说的。② 甚至采购本身也成为政府向社会分配公共财产、解决劳动就业的一种重要形式。哥伦比亚大学的琼斯(Harry W. Jones)教授敏锐地捕抓到这种变化,他指出:"随着政府的角色转变为规制者、利益分配者和大雇主(mass employer),它将过去分散于私人公司、贸易与劳动协会以及慈善机构的权利汲纳到其功能与职责中。"③

既然我们可以把政府采购看成是当代政府的一个重要职能,那么,也同样可以要求政府必须正当合法地履行这种职能。而且,转换到另外一个角度看,既然政府采购是政府向社会进行财产资源再分配的过程,那么,从分配利益和社会公平的角度看,如何使政府采购公正实施,使有资格得到政府合同的相对人都能在公开平等竞争中"分得一杯羹",采购程序的正当性设计,并通过这种设计来实现对采购机关的采购权限的规范与控制,就显得尤其重要,特别是建立强制性的、透明的、客观公正的竞争投标程序,通过明确分配合同的标准来控制采购机关的自由裁量权,更应是题中应有之义。

了解这些,对于实践来讲,也是极其重要和有价值的。因为,不可否认,当前在政府采购中还存在着不少问题,有些问题甚至还是相当严重的,比如,地方保护主义和部门保护主义,只允许本地方、本系统的单位参加采购竞标,限制公平竞争。又比如,采购中的不正当交易和腐败现象等。④ 如果

---

① 数据来自,王雷鸣:《政府采购法呼之欲出》,载《人民日报》,1999-05-12。
② Cf. Carol Harlow & Richard Rawlings, op. cit., p.208.
③ Cf. Harry W. Jones, "*The Rule of Law and the Welfare State*", Collected in D. J. Galligan (ed.), *Administrative Law*, Dartmouth Publishing Company Limited, 1992, p.6.
④ 反映这方面问题的材料不少,比如,段正坤:《公正监督与招标投标》,载《人民日报》,1999-08-25。

放任这些失去规范的现象长期存在下去,不仅对失意的竞标人来说,会挫伤其对政府的信心,增加对社会不公的愤懑,即便是对政府采购的操作者来讲,也会感到难以应付来自方方面面关系的压力。① 但总体来讲,我们可以把上述问题很大程度上归结为采购程序的不完善,归结为对采购机关的采购权限的行使失去了有效的法律控制,因而也都可以放到法律程序中去解决。当然,我也承认,程序机制的发挥在很多情况下又是与整个社会的舆论监督、行政体制乃至政治控制的完善、司法审查制度的建立等息息相关的,但是,把很多棘手的问题转换到程序中去解决,仍然不失为一种可行的选择,"作为制度化基石的程序"(借用季卫东博士的话)②,其作用依然是不容忽视的。我们可以把最近全国人大常委会通过的《招标投标法》(1999年8月30日通过,2000年1月1日起施行)看作是通过程序法来解决采购问题的一种努力和一个很有说服力的例证,尽管这部法律并没有解决政府采购的所有领域的招标投标问题,而仅仅是适用于公共工程建设领域。③

(二)程序性质:实例的比较说明

政府采购(public procurement)的实施,与私人之间为签订普通民事合同而进行的协商谈判不同,政府在采购程序与决定上,比如采购的方式、对中标人的确定等,要受到来自法律的种种特别限制。但是,由于不同国家在法律传统、对个人权利注入的内涵、以及对特定权利在法律制度中所处位置的理解上不尽相同,进而对政府采购程序及决定的性质的认识上也存在着

---

① "人情风"是造成当前行政执法扭曲的重要原因之一,而且也使得执法人员不堪忍受和应付。但在中国文化背景下如何解决这一问题,不但非常迫切,而且也十分困难。

② 季卫东:《法律程序的意义——对中国法制建设的另一种思考》,见《法治秩序的建构》,北京,中国政法大学出版社,1999。

③ 在该法的起草过程中,也有不少地方、部门、企业和专家提出,应当将所有使用公共资金进行货物、服务、工程建设等项目的采购都纳入该法的适用范围,也就是将所有政府采购都包括在内。参见"各地方和中央有关部门对招标投标法(草案)的意见"、"有关部门、企业和专家对招标投标法(草案)的意见"。但最终审议的意见是,考虑到当前工程建设领域的问题较多,影响较大,迫切需要实行规范化的招标投标制度。因此,仅解决工程建设项目的招标投标程序规范问题。参见国家发展计划委员会主任曾培炎作的《关于〈中华人民共和国招标投标法(草案)〉的说明》。上述几个文件均载于全国人大常委会法制工作委员会经济法室编著:《中华人民共和国招标投标法实用问答》,北京,中国建材工业出版社,1999。

差异,这又直接决定了各自不同的政府采购上的救济机制。

在法国与西班牙,由于历来是从行政法视角来处理政府采购行为,因而将为政府设定的采购程序识别为行政程序,政府在签订采购合同(procurement contract)过程中实施的行为也被视为行政行为,当然不用说,在采购程序中发生的纠纷,也应该基本上是放到行政法院去解决的。① 这是一种类型的代表。

我们早已知道,法国法是将行政机关签订的合同区分为行政契约(administrative contracts)和私法合同(private contracts)两类的。识别这两类合同的标准是由行政法院(the Conseil d'Etat)审判而形成的。② 尽管这种区分从理论角度看非常有意义,对于究明合同的法律效果、法规的适用以及救济管辖等都是非常必要的,但却对合同的签订程序没有很大的关联和意义。因为在法国,所有公共工程(public works)、公共劳务(public service)和公共供应(public supplies)合同(这三类合同在法国统称为"公共采购合同"(marches publics))的采购程序中,行政机关都是通过一系列行政行为来表达其签订合同的意愿,并最终作出采购决定的。而上述程序中作出的决定和采取的措施都是正式的行政行为(regular administrative acts),其合法性也当然由行政法院来控制。因此,无论在采购预备(preparation)、采购分配(award)和执行(enforcement)等阶段,行政法都起着举足轻重的统管作用。整个采购程序的性质也就自然为行政程序。法国的《公共采购法》(the Code des Marches Publics)不但明确肯定了这一点,而且还进一步规定行政程序由公布行为(publicity acts)、选择候选人行为(acts governing the selection of candidates)、最终分配合同行为(the final award of the contract)以及批准行为(acts of approval)等构成。所有上述措施意在确保所有竞标人的均等机会、自由竞争以及对行政财政利益的保护,因而必须得到遵行。任何违反

---

① Cf. Jose M. Fernandez Martin, op. cit., pp. 230—254. Also Cf. Hubert Amiel, "*Remedies in France*", and Jose Mria Jimenez Laiglesia, "*Remedies in Spain*", both collected in Alan Tyrrell & Becket Bedford(ed.), *Public Procurement in Europe: Enforcement and Remedies*, Butterworths, 1997.
② 据说,在行政契约与私法合同之间仍然缺乏精确的论理的界限,由此引发的理论争论和各种阐释也不少。Cf. Jose M. Fernandez Martin, op. cit., p. 107, especially note 70.

上述程序的行为,都将导致合同的缔结行为违法。①

　　受法国学说的巨大影响,西班牙法也同样区分行政契约与私法合同。② 与法国一样,不管合同法律性质如何,行政机关分配合同的程序概无例外地都是由行政法来调整的,并由行政法院来管辖由此产生的纠纷。也就是说,即使行政机关签订的是私法合同,该合同的执行仍然还是由私法来调整的,但是,行政机关关于采购的意志的形成与表达,却是通过行政程序做出来的。之所以要对行政机关作这样的程序约束,是因为行政机关是公共利益的维护者,因此,依据西班牙《宪法》第103条关于合法性原则(the principle of legality)之规定,其行为必须由法规范予以事先的规范与认可。③

　　英国和德国则代表着另外一种类型,这两个国家在传统上都是采用私法来处理政府采购的,因而其采购程序也自然是私法性质的。以德国为例,以德国古典行政法学的创始人奥托·迈耶(Otto Mayer)发展起来的传统观念来衡量,由于政府采购合同不涉及一定程度的公共权威(public authority, puissance publique),因而只能当作国库行为(Fiskalische Verwaltung)而非高权行政(Hoheitliche Verwaltung)来处理。而且,规范政府采购程序的两个规则,即建筑合同签订准则(Verdingungsordnung fur Bauleistungen, VOB)和非建筑合同的其他合同签订准则(Verdingungsordnung fur Leistungen-ausgenommen Bauleistungen, VOL),立法目的均为规范行政机关为一般公共利益而以经济的方式使用公款,都属于内部规则,不具有外部效力,相对人不能从这些条款规定中直接受益,因而也不会产生第三人要求强制执行上述程序规则的主观权利(Subjective rights),私人也不能据此向

---

　　① Cf. Jose M. Fernandez Martin, op. cit., pp.107—108. 尽管后来因为执行欧共体法令的缘故而对上述程序要件有所更改,但其基本性质却没有改变。

　　② 这种区分源于19世纪,亦是仿效法国的结果,在审判中将行政机关签订的某些合同纳入行政法院的绝对管辖之中,以保证合同的运转不受司法干预。但在此之前,所有合同纠纷却都是由民事法院(civil law courts)处理的。关于公法契约在西班牙的演变过程,Cf. Parada Vazquez, Derecho Administrativo, Parte General, TI(Madrid, 1989)at 184 ff. Cf. Jose M. Fernandez Martin, op. cit., p.110, especially note 82.

　　③ Cf. Jose M. Fernandez Martin, op. cit., pp.110—111.

行政法院提起诉讼。① 因此,行政机关在合同缔结过程中的所有决定,包括整个采购程序(award procedure)以及确定中标人决定(award),都属于私法交易行为而不是行政行为。②

但是,值得注意的是,近年来,在采用私法处理立场的英国和德国,原来的法律处理方式不断受到挑战,情形也似乎悄悄地在发生变化。英国自 *Bourgion SA and others v. Ministry of Agriculture, Fisheries and Food* (1985,ALL er 585)案后,不断有人提出"违反政府采购规则的行为,要视为属于公法范畴",理由是,欧共体颁布的《救济法令》(Remedies Directives)的法律性质,这些法令调整行政机关行为的事实,公共合同(public contract)满足公共需要的功能,以及上述《救济法令》的最终目的被解释为有益于共同体整体,而非仅仅某些特定的人,所有这些都强有力地说明,政府采购法令加诸缔约行政机关(contracting authorities)的责任是行政责任,并由此导致公法上的权利。③ 因而由政府采购规则所规范的采购程序,也理所当然地具有行政法的特征。在德国,近来也有人主张,将适用于行政法其他领域中的"双阶理论"(Zweistufentheorie, two step theory)也援用到政府采购。根据这种理论,行政机关在缔约阶段所作出的决定,属行政行为,受行政法院管辖;这种决定的实施方式(通常以形成合同内容的方式),以及合同条款的执

---

① 但是,采购程序如果违反了 VOL 和 VOB 的规定,受到损害的公司有权寻求私法上的救济,具体地说,就是《限制竞争法》(Law on Restraints of Competition, Gesetz gegen Wettbewerbsbeschrankungen(GgW))与民法规定的救济措施。而且,德国为执行欧盟的政府采购法令,又设置了对第三人的行政上的救济方式,以及准司法的救济方式。For a detailed analysis, also see Jose M. Fernandez Martin, op. cit., pp. 268－272.

② Cf. Jose M. Fernandez Martin, op. cit., pp. 99－101; pp. 266－267.

③ Cf. Turpin, *Government Procurement and Contracts*, Harlow, 1989, at 214ff. Arrowsmith, *Civil Liability and Public Authorities*, Winteringham, 1992, Chapter 3. Cited from Jose M. Fernandez Martin, op. cit., p. 256, and note 7. 但是,支持将政府采购权利视为私法权利的实质性理由依然存在。参见,奥利弗(Oliver)法官在 Bourgoin 案中的强有力的反对意见,以及贝纳弗(Barav)和格林(Green)的批判,Cf. Barav and Green, "*Damages in the National Courts for Breach of Community Law*", (1986)6 *Yearbook of European Law* 55.

行,构成第二阶段,应由私法调整。① 据说采用这种理论,有助于加强对第三人的司法救济。

从上述两类在处理采购程序的性质上非常具有代表性的实例对比中,特别是传统上采用私法处理方式的国家近年来对传统方式的反思与批判中,至少说明,将采购程序放到公法规范上处理,可能是更加合理的。具体的理由,其实,在上述对传统上私法性质的采购程序的批判中,已经多少有所涉及,那就是从救济的有效性考虑,支持承认程序参加人的公法上的主观权利,支持将采购程序认定为行政程序。因为程序的性质本身也决定了救济的方式,一般说来,公法性质的程序上产生的争议,应通过公法方式解决,私法性质的程序中出现的纠纷,应由私法救济来解决,但从对现有采取私法救济模式的国家(比如,英国和德国)来看,救济的效果,相较于采取公法处理的国家(比如,法国)来说,却都是不太令人满意的。(关于这一点,我在下一部分中还有更充分的说明)。这也从反面证明了将采购程序定性为行政程序是更可取的,这样也可以利用现有的行政救济途径对第三人进行强有力的保障。但在我看来,如果从采购程序的构造目的出发,来分析采购程序的公益性与程序责任,以及形成采购决定意志的特征,或许更能获得比较好的理解。

已如前面介绍的,以公正、透明、竞争为内容的采购程序的基本构造,既可以从平衡了"经济理性"论与"工具性或再配置使用"论的理论分析方法上获得理解,也可以从"控权"的角度加以解释。单纯从"经济理性"论来讲,通过在采购程序中贯彻纯粹的市场理念来获得经济效率的本身,就意味着公共利益的实现,更不要说,如果我们在程序中平衡"经济理性"论和"工具性使用"论,允许适当地考虑将政府采购作为推行特定经济政治政策目标的手段,更是具有较强的公共利益的目的色彩。因此,作为上述观念实现的载体和形式的采购程序,也就不可避免地具有公共利益的成分,是为公共利益的

---

① Cf. Kopp, "*Die Entscheidung uber die Vergabe offentlicher Aufrage und uber Abschlo β offentlichrechtlicher Vertrage als Verwaltungsakte?*", Bayerische Verwaltungsblatter, 1980, pp. 609—612. Cf. Lupp, *Objektivetat Transparenz und Nachprufarbeit der Angebotswertung bei der Vergabe offentlicher Bauauftrage*, Munchen, 1992, at 195ff. Cited from Jose M. Fernandez Martin, op. cit., p. 267, especially note 48.

实现服务的。明确这点,十分有意义。因为这是将采购程序定性为行政程序的一个很重要的理由。

更为重要的,无论是从上述"经济理性"或"控权"角度来透视和构建采购程序,都毫无例外地要求,通过采购信息的公开、程序的透明、竞标人资格和分配合同标准的明确等程序要件,来营造公开、公正和竞争的采购环境。并且,将所有这些程序上的要求,转变为采购机关对所有潜在的竞标人的程序上的义务,要求一体遵守。还要在法律上为纠正有关程序违法、保障竞标人的权益设置有效的救济途径。特别是,随着世界经济一体化的进程,欧共体(EC)与世界贸易组织(WTO)等世界性组织,为建立统一市场的目标,都要求成员国向其他成员国开放政府采购市场,在实现政府采购程序的公开透明及责任等方面作出具体承诺。其结果是,政府遵守采购程序的责任,不再仅仅局限于对本国人的义务,还被拓展到其他成员国的公民或法人。这种程序责任的开放性,在民事合同理论上是不可想象的,而更接近于行政程序。正因为此,考虑到采购程序责任对所有程序参加者的开放性,以及行政机关在采购过程中所做决定具有单方意思表示的特点,将采购程序确定为行政机关必须遵守的行政程序,将行政机关所作与采购有关的决定确定为行政行为,由行政法来调整,是较有说服力的。

所以,综上所述,我可以结论道:采购程序是一种行政程序。在我国,一些学者也承认,"政府采购合同与一般合同最显著的区别就在于签订合同的过程",政府采购要"依照招标投标的方式",过程完全公开,"受公众和有权部门的监督、检察"。却含糊地指出,合同法和政府采购法之间是"普通法与特别法的关系",[1]似乎在有意回避政府采购程序的行政性。也有的学者虽然不直接判断采购程序为行政程序,但在字里行间仍然透露出程序的公共性。指出,"遵循法律程序是政府采购公共性的根本要求,也是其法定性的重要体现"。[2]

(三)没有结论的结语

可能也正是因为撇开政府采购合同性质不论,采购程序都是相同的,都

---

[1] 王小能:《政府采购法律制度初探》,载《法学研究》,2000(1)。
[2] 毕慧:《政府采购法律程序的反思》,载《财政研究》,2010(3)。

具有行政性特色,因此,在法国和西班牙都出现了从程序角度来统合上述两类合同的论说。在法国,就有认为行政机关签订的所有采购合同都具有行政性(administrative nature)的见解。① 在西班牙,也有一些学者建议,放弃上述行政契约与私法合同的分类,认为,如果将所有采购合同都视为具有行政性,将会使问题大大地简单化。更有甚者,西班牙学者 Parada Vazquez 还说私法合同是"精神分裂症的"(schizophrenic)、"多余的"(residual)类别。②

尽管上述见解目前在理论上并不占主流,(这也就意味着,目前的通说是,主张并非所有的政府采购合同都是行政契约),但我以为,这种观点仍然值得重视,因为以往我们对行政契约的识别和研究都过分集中于合同的本身,侧重于合同的内容和关系的性质,以及解决合同纠纷的管辖与手续,但从整个合同活动来看,却忽视了作为合同的形成阶段,这未免有使合同概念不完整之嫌。因此,将合同形成阶段(亦即采购程序)也纳入对合同的考察当中,或许是一种更加完整和全面的认识问题的方法。如果这种分析是有道理的,那么,行政机关签订的采购合同的确会因此发生上述性质上的变化,识别行政契约的标准也将延伸到对采购程序性质的考虑。其结果是,只要是经由行政性的采购程序签订的政府采购合同,都应该认定为行政契约。但这样一来,也许有人会异议道,原本由私法调整的私法合同即便在采购阶段适用行政法,但这并不能改变合同执行阶段仍然由私法调整的事实。因此,将此类合同硬划入行政契约范畴,没有很多的实际意义。对于这种论说,细细分析起来,其实也不成其为问题。因为行政契约形态之中原本就有一种"混合契约"形态,对于这种合同,也不排斥私法的调整,或者更确切地说,其大部可能都适用私法,行政法只是作为特别规则在特别的场合下运用。但这种法规适用状况并没有影响到合同性质的认定。

当然,对于行政契约的判断标准是不是要作上述的扩大,我也不想作出过于武断的结论,而是留下这个问题,让大家去品评,去争论。因为从民法角度来考虑,如果最终签订的合同仍然还是私法合同,那么,即使采购的程

---

① Cf. Drago, "Le champ d'application du Code" in Brechon-Moulenes(ed.) Reglementation et Pratique des Marches Publics(Paris 1985) at 11 and 19. Cited from Jose M. Fernandez Martin, op. cit., p.107, especially note 70.

② Cited from Jose M. Fernandez Martin, op. cit., p.111, especially note 85.

序是由行政法来调整的,对于以后合同的履行等问题却仍然要由民法来调整,由民法来研究。从这一点上讲,的确,将这类合同划入行政契约范畴,没有很大的实际意义。但是,不管怎样,有一点我认为却是肯定的,那就是单就采购程序的行政性质而言,也是值得将政府采购合同(采购合同的订立程序)放到行政法中来研究的。或者更准确地说,不应该排除从行政法的视角对政府采购合同的研究。

四、政府采购中对第三人的权利救济

既然采购程序(award procedure)为行政程序,行政机关遵守采购程序的义务又构成对所有程序参加者的责任,随之而来的逻辑结果,也是民事合同所不曾遇到而为政府采购所特有的问题,就是如何对在政府采购中受到歧视、被不合理地排斥在外的第三人进行救济。① 在这里,我将非采购合同一方当事人的所有参加采购程序竞标的人都概念为第三人(third parties)。对他们采购阶段的权利保障,不仅仅对他们个人对参加采购的预期的实现有意义,而更为重要的还在于,实现从另一个很重要的角度对政府权力的控制,保证政府采购正常运作及其所体现的政府职能与预期的最终实现。

从西方国家政府采购立法与我国有关政府采购的中央与地方立法看,对第三人的救济,既可以是采取行政上的救济方式,也可以是采用司法上的救济方式。在救济的措施上大致不外乎:对行政决定提出行政上的或司法上的申诉,要求确认无效与撤销或者变更;申请采取暂停采购程序的暂时性救济(interim relief);要求损害赔偿(damages)。本文的目的在于:通过对西方主要国家,尤其是欧共体相关制度的基本内涵及其所蕴含的理论价值的比较评析,以及对我国第一部政府采购地方性法规,即《深圳经济特区政府采购条例》(1998年,2011年修订)的实例研究,在简要地分析第三人的挑战方式与主观权利后,着重思考采购救济模式的选择、救济途径与手段的效

---

① 我在本文中的研究起点,毫无疑问,自然是建立在前面的"采购程序:构造目的与性质"一文的研究结论之上的。但在本文中,我们还会看到另外一种从私法观点处理采购程序中的救济问题的路数,而且,通过随后我们将要进行的对这种私法处理模式的批判,反过来,又更加证明了从公法角度来看待采购程序及相关救济的更加可取。

益、受到的限制以及它们之间的关联性,最后得出我国政府采购立法在相关制度上应持的立场。

之所以主要取材于欧共体和深圳政府采购立法,是考虑到随着欧洲的经济一体化,在欧共体内部,在各成员国早已形成的采购救济制度的基础上,出现了一种逐渐融合与互动适应的趋势,这对于也同样不断向世界开放政府采购市场的我国,实在具有"未雨绸缪"的研究意义。因为这方面的研究,能够从借鉴和移植意义上,降低我们对相关制度的设计成本,进而构建一个救济手段合理、相互间内在和谐的体系。这不仅能发挥制度本身的效能,更重要的,将来可减缓因与"国际接轨"而受到制度的冲击和震荡。而深圳是改革开放的前沿,《深圳经济特区政府采购条例》(1998年,2011年修订),可以说,是较为典型地反映出我国当前地方采购立法的旨趣与取向,从中的研析和评判,可能对整体制度的建构更具有启示的意义和现实的价值。

(一)挑战方式及相关问题

在政府采购过程中,如果发生行政机关违反采购程序,比如,没有将采购信息公之于众,或者没有采取合理的竞争方式,其结果极可能实际上剥夺某些采购参加人成功获得采购合同的机会,这就必须在法律上为受到不利益影响的第三人设定救济途径。在这里,首先遇到的问题还不是具体的救济措施和途径,而是以什么样的方式,内部监督还是外部申诉,来挑战这种程序违法。

从《深圳经济特区政府采购条例》(1998年)在这个问题上的处理思路看,似乎更加希望通过政府自身的积极作为来发现与纠正上述程序违法,我们可以从条例中要求采购主管部门定期对政府采购进行检查(第38条)、超过一定数额的采购必须由采购主管部门、审计机关和监察部门共同参与(第41条)等规定中得到部分印证。该条例在2011年修订之后,上述思路基本不变。

当然,我丝毫不想贬低上述制度的积极效用,但这种救济方式毕竟不如直接赋予第三人挑战政府程序违法的权利来得有力。其中的根本原因是,行政机关对纠正程序违法的关切与热情,远不如与采购程序公正与否有着直接利害关系的第三人来得那么强烈,因而在监督的主动性与效果上,就有着较明显的反差。

正因为此,英国在改造原有救济体制中,要舍弃原来一味依靠政治的、财政的以及行政的控制来确保良好的行政以及公共财产的适度支出的内部监控模式,[1]而转向外部监控,就是通过明确采购机关遵守采购规则的责任是对承包商(contractors)和供应商(suppliers)的义务,肯定第三人挑战政府采购程序违法的主观权利(subjective rights)。为辅助这种权利的实现,英国所有有关政府采购的法规对承包商和供应商概念的界定又都较为宽泛,指曾经或者现正在试图成为获得公共工程合同的人,而且,在出庭资格(locus standi)的限制上也较为宽松,这样使得受到或有可能受到损害的第三人,只要其能够证明与采购活动有着足够的利益,也就是与合同标的存在某种联系,都能对上述政府违反采购规则的行为提起诉讼。[2]

正是基于上述认识,我们在对采购程序违法的纠正以及对第三人的救济的方式设计上,应当着重于对第三人诉权的构筑与完善。当然,我们在这里所说的第三人诉权,并不是一个泛泛而谈的概念,并不是说,所有与政府采购有着直接或间接关系的人都能构成第三人,都能对政府采购行为提出挑战,他必须符合一定的诉讼资格(standing)。所谓"诉讼资格"就是界定原告为获得法院管辖而必须满足的条件。[3] 在第三人的诉讼资格的设定(regulation of standing)上,既要考虑确保受到采购行为不利益影响的人都能得到司法救济,另一方面也要防止滥诉,以及保证公共利益在采购运作中得以顺利实现。这两方面平衡的结果,就是要求第三人必须能够证明与诉讼的结果有充分的利益关系,存在着某种程度合理的法律确定性(a reasonable degree of legal certainty),法院在受理时也要判断,在诉讼背后是否存在着合法利益。

---

[1] 在英国传统上,尽管采购机关选择相对一方的合同当事人的理由,属于公法范畴,而且也承认在行政机关按照良好行政(good administration)的要求行事中,存在着一般利益(a general interest),但是,所有这些都不能产生第三人的主观权利(subjective rights)。也就是第三人没有权利对政府的程序违法提出申诉或者诉讼。这种状况后来才得到了扭转。Cf. Jose M. Fernandez Martin, *The EC Public Procurement Rules: A Critical Analysis*, Clarendon Press, Oxford, 1996, p.258.

[2] Cf. Jose M. Fernandez Martin, op. cit., p.259.

[3] P. P. Craig, *Administrative Law*, London, Sweet & Maxwell, 1994, p.479.

自然，我也不否认，在《深圳经济特区政府采购条例》(1998年)中，也并不是完全没有类似于英国的主观权利因素在里面，第39条第1款规定："采购主管部门应当受理关于政府采购的投诉，并进行必要的调查。发现有违法行为的，应当及时予以纠正，并依本条例规定进行处理。"(关于这种制度的缺陷，我在后面还会予以详细的评析)，但在这里，权利因素却仅停留在行政上救济层面，而且，还是以向采购主管部门投诉的方式来实现，而司法意义上的主观权利却被有意或无意略去了，这当然有行政上救济方式比较快捷、程序简便等立法考虑，但是不是也或多或少有对司法救济的性质把握不定的顾虑？该条例在2011年修订后，仍然延续了上述规定，只是通过第42条、第43条、第44条做了更细的分解规定。但是，通过适用《政府采购法》(2014年)第58条之规定，司法上的主观权利还是得到了认可。①

的确，与英国相比，从某种程度上说，我国救济制度更加复杂，因为我们必须区分纠纷的性质而选择救济的不同路径。如果考虑到政府采购合同本身性质的复杂性，即以行政法律关系或特别条款来衡量，其既有可能是行政契约，也有可能是民事合同，②这就有可能会出现采购程序中发生的纠纷在性质上不能与采购合同保持一致，进而在救济的途径上就不能保持一贯性与连续性，而使得救济问题异常复杂，也就是有可能出现分阶段而采取不同性质救济途径的问题。

即便有这样或那样的难度，但也并非不可克服。法国行政法院(Conseil d'Etat)的"可分离行为理论"(actes-detachables)对处理上述问题就有着意想不到的化繁为简的效果。"可分离行为理论"(actes-detachables)，是罗密尤(Romieu)在1905年Martin案判决③中创建的，这种理论以合同关系(contractual relationship)为优位考虑，用来克服原先的"不可分割"(tout

---

① 《政府采购法》(2014年)第58条规定，"投诉人对政府采购监督管理部门的投诉处理决定不服或者政府采购监督管理部门逾期未作处理的，可以依法申请行政复议或者向人民法院提起行政诉讼。"

② 当然，如果将行政契约的识别标准延展到采购程序的行政性，那么就有可能将所有的政府采购合同统合到行政契约范畴当中。也就不会再有下面的问题了。但是，如果我们仍然固守以合同内容具不具有行政法因素为唯一的判断标准，那么，就会出现经过同样的采购程序而签订的合同有可能是行政契约、也有可能是民事合同的情况，这时讨论下述问题就非常有意义了。

③ CE 4 August 1905, *Martin*, concl. Romieu.

indivisible)理论的内在缺陷;①更为重要的,根据我的理解,还是与法国的行政契约理论以及区分公法与私法救济的"双轨制"相契合。因为在法国,行政法院判断行政契约的两个基本标准是,合同与公务(public service)有关,或者合同为行政机关保有特殊的权利。② 以此来衡量采购合同,有些属于行政契约范畴,有些则可能不属于。而法国又是采取区分公法与私法关系来确定救济管辖的,政府在采购过程中实施的行为是行政行为,而最后签订的采购合同则有可能不是行政契约,那么救济的方式也会截然不同。在这种情况下,采取"可分离行为理论"(actes-detachables)有其合理性。根据这一理论,行政机关在采购中单方实施的行政行为,与合同本身相对分离,相对自治(autonomous)。受到不利益影响的第三人,可以单独就上述行政行为向行政法院提起越权之诉(pour exces de pouvoir)或完全管辖之诉(the action en plein contentieux),而不涉及之后的合同救济问题。当然,裁决的效果会波及到以后的合同签订问题,这在下面我还会谈到。

这一理论也被西班牙人在 Hotel Andalucia Palace 案中引入西班牙,但西班牙人改称为"可分割行为理论"(severable acts, actos separables),根据该判例,缔约机关在采购程序中实施的所有行为,包括采购决定,都被视为与最终签订的合同相分离,由行政法来调整。③ 在问题的解决上也是相对分开的。

同样,这种理论对于在救济制度上有着与法国类似背景的我国,也具有借鉴与启示价值。采取分阶段处理的方法,将采购行为与采购合同相对分

---

① 在 20 世纪初之前,法国行政法院(Conseil d'Etat)是采用"不可分割"(tout indivisible)理论。这种理论是建立在尊重成功竞标者的即得权利原则之上的。根据这一理论,一旦契约订立,所有采购机关在采购程序中实施的行政行为都融入合同本身,成为不可分割的部分。如果要对采购程序中某些行为诉诸行政法院,就必须同时连带最终缔结的合同一块起诉。这种理论会产生一个很大的不合理,即只有合同当事人,才能通过完全管辖之诉要求撤销采购阶段的违法行为(recours en annulation en plein contentieux),而第三人因与合同关系无关,不允许对采购程序中发生的违法行为提出司法上的异议。Cf. Jose M. Fernandez Martin, op. cit., p. 231.

② Cf. L. Neville Brown & John S. Bell, *French Administrative Law*, Oxford University Press Inc., 1993, p. 192.

③ Order of the TS of 17 October 1961 and STS of 4 February 1965. Cited from Jose M. Fernandez Martin, op. cit., pp. 244－245,especially note 67. 但西班牙的"可分割行为理论"(severable acts, actos separables)与法国的理论还是有些微差别,主要体现在对合同关系的有效性的影响上。

离,能够使我们在解决采购过程中发生的种种争议时,不必考虑最终签订的采购合同的性质,从而使救济问题更加简单化,更加便于操作。换句话说,这种理论对拓展第三人在司法层面上的追究政府采购程序违法的空间、肯定司法意义上的主观权利是极其有益的。《政府采购法》(2014 年)第 58 条也将采购程序上的纠纷单独切割出来,通过质疑、投诉处理,最终转化为"对政府采购监督管理部门的投诉处理决定不服或者政府采购监督管理部门逾期未作处理的,可以依法申请行政复议或者向人民法院提起行政诉讼"。

(二)救济模式

因为在采购行为究竟为行政行为抑或民事行为的认识上存在着差异,在救济体制上就有着公法救济模式和私法救济模式之分。

前者的代表为法国和西班牙。法国在处理采购行为上适用"可分离行为理论"(actes-detachables),行政法在采购的准备、决定以及执行阶段发挥着至关重要的作用,采购行为作为正式的行政行为(regular administrative acts),其合法性受行政法院的管辖。西班牙在救济模式与理论上深受法国的影响,与法国相同,在采购阶段行政意志的形成与正式表达,都必须遵循必要的行政程序,受行政法院控制,而不论最后签订的合同为行政契约抑或民事合同。

德国和英国则是另一种的典型。德国法院与学者都将政府采购合同与其有关的采购行为归类为私法调整的范畴,在采购程序中受到不利益影响的第三人,可以寻求《限制竞争法》(*Law on Restraints of Competition*, *Gesetz gegen Wettbewerbsbeschrankungen*(GgW))与民法规定的救济措施。也就是,根据《限制竞争法》中禁止滥用在市场中占据的优势地位(dominant position)的规定,当事人可以要求法院作出有关禁止(injunctions)与赔偿(damages)的判决。民法上的救济主要是依据"合同过失"(culpa in contrahendo)理论进行的损害赔偿。根据这种理论,受到不利影响的竞标人有权就合同谈判或采购程序中发生的违法所导致的损失要求损害赔偿。当然,必须满足以下条件:第一,竞标人与行政机关之间已经存在着某种特别的、类似合同关系(contractual-like)的、让人信服的联系,足以证明他们有意向签订合同,即德国理论上所说的"vertragsahnliches Vertrauensverhaltnis";第二,存在合同过失(culpa in contrahendo),也就是当事人因故意或过失而未尽"先合同"义务(pre-contractual duties),比如,适当注意(due care),机密信息的保密(keeping confidential information secret)等;第三,满足有关损害赔偿本身的其他条件,比如,损害是由于不尽"先合同"义务而直接造成的;原告必须证明如果不发生这种违法,他将获得采购合同,或者如果他知道会发生这种违法,他就根本不会参加竞标。

但要注意,上述救济模式在特定国家中,有时并不是绝对泾渭分明、非此即彼的关系,而是根据实际存在的救济对象、已有救济制度的效益、法学理论的发展以及外来文化的影响而有所取舍、有所混同。还是以法国为例,法国近些年来,随着《公共工程法令》(public works Directive)的修改,对缔约机关和所适用的合同采取较宽泛的概念,将某些传统上由民法规范的合同也纳入该法令的调整范围。其结果是,有些行政机关是以私人身份签订的采购合同,就属于私法合同(private law contracts),由普通法院救济,适用一般民法原则。这种事实继而得到法国1992年1月4日制定的第92－10号法律(Law No.92－10)以及1992年9月7日的92－964法令(Decree 92－964)的确认和进一步的规范,在采购行为的救济体制上,也就相应形成了私法救济与行政救济并行的格局。①

从现有研究的结论看,私法救济模式似乎存在问题要多些,对第三人提供的救济也不那么充分。在英国执行《欧盟救济法令》(*Remedies Directives*)之前,对于在出现违反政府采购规则时,能否向第三人提供有效的救济,是颇值得疑问的。与欧陆成员国相比,无论在立法还是司法方面,英国关于政府采购的规定都是不发达的。② 里特勒(Rittner)和雷麦恩

---

① 但两种救济体制在救济的标准和方法上有所趋同,关于这方面的分析,Cf. Jose M. Fernandez Martin, op. cit., pp.237－242. 当然,这种新的双重救济模式也受到学者的批判。批判的要点是,保持双重救济,不但没有使问题得到简化,反而给当事人选择救济管辖上带来麻烦,而且对行政机关必须承担的公开及程序责任的性质识别也造成混乱。因此,有人建议专门建立一个特别的司法机构来处理所有的采购案件。当然,在像法国这样已经具有高度发达的法律制度的情景下,要想进行这种革新,无疑是比较困难的。Cf. Jose M. Fernandez Martin, op. cit., p.243. 我则更愿意将上述问题的出现看作是一种制度的代价,也就是区别公法与私法关系而建立不同司法管辖的制度的必然结果。而且,我们也应当承认,这种制度的确有其合理性,甚至对普通法国家也正在产生着影响。那么,进一步的结论就是,如果要保持原有的制度传统,那么就必须忍受由此带来的不方便。

② Cf. Jose M. Fernandez Martin, op. cit., pp.256－258.

(Remien)等学者将在德国获得救济的可能性描述为"很微小",因为有关统计与调查表明,在德国法院中,实际上引用《限制竞争法》判案的情况是很少发生的,而且,法院对是否滥用优势地位的判案态度也前后变幻不定。① 在民法的救济上,要想完全满足上述合同过失的条件,也是有一定难度的,这使得救济变得麻烦。而当事人必须向法庭证明其有很大机会(a great chance)获得采购合同的义务,更是使得很多当事人望而却步。②

当然,即便出现上述这样或那样的问题,似乎也不能排除可以在原有私法救济模式上作一定的制度弥补。德国就是一个例子,因为德国不愿意根本改革其原来的救济模式,但为执行《欧盟救济法令》,德国不得不对《预算原则法》(Budgetary Principles Act,Hausialtsgrundsatzegesetz(HGrG))作若干修改,并建立对政府采购的司法外的审查制度。③

我觉得,我们更应当考虑的是,这种修修补补到底能不能彻底解决问题? 或许将多少带有公法性质的采购纠纷放在私法救济体制之中去解决,本身就会产生内在的不和谐和不契合,是滋生问题的真正根源,而且这种内在的不亲和,将使问题永远得不到非常圆满的解决。如果是这样的话,救济模式对问题的解决实际上就具有举足轻重、带有根本性的决定作用。在救

---

① 在 Landgericht 案中,德国法院认为行政机关没有按照 VOB/A 的要求提供有关服务的详细说明(specifications of the services),系滥用其作为需方所拥有的市场优势地位,这将使中小企业在与大企业的竞争中处于不利地位,因而发布禁令,判决中止采购程序。Landgericht(LG)Berlin of 1 November 1983, WuW 1985, 243。但在 Bundesgerichtshof 案中,一所公立医院决定任用一公共救援队承担所有运送病员的事务,这对一些私营公司造成损害。两个下级法院判决医院滥用优势地位,但联邦最高法院却认为任用公共救援队能够保证在任何时候都能迅速、便捷地提供该项服务,这种服务的公共性,有理由排除私营公司介入。BGH of 26 May 1987, 1009。

② Rittner, "*Rechtsgrundlagen und Rechtsgrundsatze des offentlichen Auftragswesens. Eine systematische Analyse*" in *Schriften zum offentlichen Auftragswesen* (Freiburg, 1988) at 146. Remein, "*Public Procurement Law in an International Perspective*"(1991)unpublished paper. Cf. Jose M. Fernandez Martin, op. cit., pp. 268—273.

③ 德国新的《预算原则法》中允许政府制定有关政府采购规章。据此,建立了两个层次的审查制度:一是建立签约审查机构(Award Examming Bodies, Vergabeprufstellen),该机构属行政机关,审查也具有行政性质。只要存在违反 VOB 或 VOL 规定的,就可以启动这一审查机制,该审查机构有权命令中止签约,撤销违法决定以及要求采购机关采取指定的措施,但是,所有这些救济措施只能在合同还没有签订之前行使。二是组建签约复议委员会(Commission for the Review of Contract Awards, Vergabeuberwachungsausschu β),来审查签约审查机构的决定,该机构属准司法性质。Cf. Jose M. Fernandez Martin, op. cit., pp. 273—275.

济模式的设计和选择上,是不是就更加应当考虑采购程序责任以及违背责任而引发的采购纠纷的特点,特别是其与救济体制的内在亲和性?循着这种思考的结果必然是公法救济模式更加可取。

其实,法国的公共缔约(public contracting)和相关救济观念,已经对那些传统上用私法观点对待公共合同(public contract)的欧共体成员国产生影响,因为欧共体的救济法令就是以法国的相关制度为模板设计的。而且,就是在德国和英国,也有学者呼吁以行政法上的原则和救济替代原来的私法原则与救济。[①] 当然,实际制度的改造和变迁却是缓慢、渐进的,还有待时日。

我国也是在区分公法和私法以及救济管辖的背景下来解决对采购纠纷的救济体制,尽管现有的研究材料都没有触及对采购行为的性质识别以及相关救济模式的确定问题,但从有关地方性立法,特别是深圳政府采购立法

---

① 近年来,在采用私法处理立场的英国和德国,原来的法律处理方式不断受到挑战,情形也似乎悄悄地在发生变化。英国自 *Bourgion SA and others v. Ministry of Agriculture, Fisheries and Food* (1985, ALL er 585)案后,不断有人提出"违反政府采购规则的行为,要视为属于公法范畴",理由是,欧共体颁布的救济法令(Remedies Directives)的法律性质,这些法令调整行政机关行为的事实,公共合同(public contract)满足公共需要的功能,以及上述救济法令的最终目的被解释为有益于共同体整体,而非仅仅某些特定的人,所有这些都强有力地说明,政府采购法令加诸缔约行政机关(contracting authorities)的责任是行政责任,并由此导致公法上的权利。Cf. Turpin, *Government Procurement and Contracts*, Harlow, 1989, at 214ff. Arrowsmith, *Civil Liability and Public Authorities*, Winteringham, 1992, Chapter 3. Cited from Jose M. Fernandez Martin, op. cit., p. 256, and note 7. 在德国,近来也有人主张将适用于行政法其他领域中的"双阶理论"(Zweistufentheorie, two step theory)也援用到政府采购。根据这种理论,行政机关在缔约阶段所作出的决定,属行政行为,受行政法院管辖;这种决定的实施方式(通常以形成合同内容的方式),以及合同条款的执行,构成第二阶段,应由私法调整。Cf. Kopp, "*Die Entscheidung uber die Vergabe offentlicher Aufrage und uber Abschlo βoffentlichrechtlicher Vertrage als Verwaltungsakte?*", Bayerische Verwaltungsblatter, 1980, pp. 609－612. Cf. Lupp, *Objektivetat Transparenz und Nachprufarbeit der Angebotswertung bei der Vergabe offentlicher Bauauftrage*, Munchen, 1992, at 195ff. Cited from Jose M. Fernandez Martin, op. cit., p. 267, especially note 48. 据说采用这种理论,有助于加强对第三人的司法救济。但却遭到了德国法院的明确拒绝。Bundesverwaltungsgericht(BVerWG)of 6 June 1958, Neue Juristiche Wochenschrift(NJW)1959, 115 and of 6 May 1970, Deutsches Verwaltungsblatt(DVB)1971, 110 at 111ff with annotations by Bettermann. 即便如此,德国学者中对政府采购应适用行政法原则的呼声依然高涨,被誉为"新行政法学创始人"的福斯多夫(E. Forsthoff)早在1950年代就探讨了转变法律方式的需要,认为公共合同构成与私法合同截然不同的特别的合同种类,应当在特别的行政原则基础上来解决对其规制问题。Fortshoff, *Traite de Droit Administratif Allemand*, Translation by Fromont, Brusses, 1969, at 415ff. Cited from Jose M. Fernandez Martin, op. cit., pp. 272－273.

将采购纠纷放在行政机关内解决、而不是推交普通法院处理的规定看,倾向公法救济模式的意向似乎更加多些。或者说,在法律还没有作如此明确的表示时,作这样的法理诠释和理解,有利于将来在比较和谐的环境下制度的构筑和相关问题的解决。

(三)解决纠纷的途径

更加引人关注的,在我看来,是具体的救济途径是否迅捷(rapidity)、有效(effectiveness),而且,能够较为公正。无论是从行政上的申诉或司法上的诉讼的单个角度,还是从整个救济过程来看,都是如此。因为在采购阶段的救济是有其强烈的特殊性要求的,最佳的理想状态是能够赶在采购合同最终签订之前解决纠纷,纠正程序违法,使第三人能够继续返回程序,在较为公正的环境下结束整个程序,获得各方都满意,或者都没有怨言、都能接受的采购结果。

马汀(J. M. F. Martin)博士的大量的研究也表明,救济宜在合同签订之前实施完毕,以重新确定合法,使采购程序在最适度的竞争状况下继续进行,其中的关键考虑,就是要避免因冗长烦琐的审查程序而导致出现事实上不可回复性的情景(situations)。因此他得出要建立紧急与迅速审查机制(urgent and rapid review mechanisms)的结论。[1]

上述理论假设也得到了至少两方面的事实依据的支持:一是荷兰的实践证实,设立仲裁制度,为采购纠纷提供快捷的解决途径,可使申诉的案件大幅度地上升。[2] 这一事实是不是也可理解为,只有在当事人认识到法律所提供的救济途径是迅捷、有效和公正的时候,才能激发其寻求法律救济的热情,而不使法律规定的救济形同虚设。二是欧盟委员会调查发现,大多数被指控的违法都发生在合同最终签订之前,主要是有意(mala fides)或无意忽略强制性程序(compulsory formal procedure)和不遵守其中的某一步骤。而任何程序不规范(procedural irregularity),都足以将企业排斥在特定的采

---

[1] Cf. Jose M. Fernandez Martin, op. cit., p.209.

[2] For a description of the system, see van de Meent, '*Enforcing the Public Procurement Rules in the Netherlands*', Collected in Arrowsmith (ed.), *Remedies for Enforcing the Public Procurement Rules*, Winteringham, 1993, Chapter 6 at 199 *ff*.

购程序之外,从而助长不良的歧视风气。假定上述违法能够及时发现,就能够而且应当在采购程序结束之前予以纠正。①

正是基于这种理解,在接下来的对行政申诉和司法诉讼的讨论中,我们对具体救济途径的评判的标准,依然是上述我们对采购救济制度的理解,对救济环节的设计以及救济程序的构造,也强烈地透射出来自这种预期的特殊要求。

但是,我们也应当清醒地认识到,解决纠纷毕竟需要时间,纠纷的公正解决,毕竟也需要必要的、要耗费一定时间的程序环节,而采购活动在很多情况下又不能因救济的提起而搁置不办,这就难免会在个案中出现采购程序在救济结果出来之前就结束的情况,也就是说,上述预期并不是在所有情景下都能实现。

1. 行政申诉

解决采购纠纷的第一种途径是行政申诉,而且大多数人习惯认为,这种救济应该是有效的。因为与司法程序相比,行政程序更加简捷、注重效率。因此,在行政内部以行政程序来解决纠纷,是比较快捷的方式,更加容易使当事人的请求及早得到满足。我推想,《深圳经济特区政府采购条例》(1998年,2011年修订)中,之所以就只规定由采购主管部门(即市、区政府财政部门)受理有关采购的投诉,也是这种偏好的反映。这个看起来很坚实的结论,其实分析推敲起来,还不免难以令人完全信服。因为它在很大程度上忽略了制度本身运作可能会对救济结果带来的偏误。而不能最大程度地实现结果公正的快捷,未必就是好的快捷,反而是应了那句老话"欲速而不达"。

西班牙的经验就典型例证了这一点,即通过行政内部救济方式并不总是成功的。西班牙法将政府采购的救济分为两个不同的层次:一是对采购行为的行政复议(administrative review);二是依照行政法院管辖与运作法(Ley de la Jurisdiction Contencioso-Administrativa)规定的对行政行为的司法审查机制(recurso contencioso-administrativo),由行政法院进行司法审查。将行政复议作为司法审查的必要前提,是西班牙特有的法律制度。它的"独创性"(originality)在于,行政机关在解决纠纷中同时扮演法官和当事

---

① EC Commission, COM 87(134) at 6—7, COM(88)733 at 6—7.

人的角色。尽管这种救济被设计为是对个人的保障,但由于行政机关或多或少存在着忽视当事人救济请求的倾向,放任时间流逝而不给出解决办法,因而这种救济实际上却被证明是无效的程式化的东西,会造成不必要的司法救济迟延。① 许多学者正是从这个角度批评上述救济的不合理,甚至有的学者主张废除这种程序要求。②

作为对上述批判的回应,西班牙先是减少必须先提起行政复议的案件,后来又转而规定"当事人有义务将其诉讼意愿通知对被诉行为负有责任的行政机关",用来替代原来的行政复议前置的程序要求。③ 有意思的是,这后一种做法与英国不谋而合,而且,也得到欧共体救济法令的首肯,④并成为欧共体成员国中颇受欢迎的选择方式样板。其意义在于,为缔约行政机关提供反省被控告行为的机会,尽可能在诉讼未提起之前通过与当事人接触,解决纠纷,特别是纠正那些因采购官员疏忽大意或未尽注意之义务而造成的违法。当然,当事人也不必等待行政机关的回应,就能直接提起诉讼,这样,这种先行阶段也不会对获得有效司法保护造成不必要的迟延。⑤

当然,除了上述制度选择外,避免司法救济迟延也可以采取法国式的做法。在法国,在寻求司法救济之前,虽然也要求第三人向缔约机关申请行政申诉(administrative complaint),而且还具有强行性色彩。表现为,未经行政申诉,就不得进入司法诉讼。而且,如果缔约机关作出了反应,则后来的司法诉讼审查的就不是原先的违法,而是现在的这个反应。在司法诉讼时审查的问题以及理由,均以行政申诉中提出的为限,不得再提出新的理由。

---

① 行政复议的时限是相当长的,新的 LPA（the *Ley de Regimen Juridico de las Administraciones Publicas y de Procedimiento Administrativo Comun*）规定的时限为三个月（Article 117）。Cf. Jose M. Fernandez Martin, op. cit., pp. 245—246.

② Garcia de Enterria and Fernandez (1981), *Curso de Derecho Administrativo*, 3rd edn., T. II (Mardrid, 1981) at 438—441 and Fernandez Pastrana, '*Orrientacion antiformalista de la jurisprudencia en el agotamiento de la via administratva*' (1990) RAP 259 at 260. Garcia de Enterria, '*Un punto de vista sobre la nueva Ley de Regimen Juridico de las Administraciones Publicas y de Procedimiento Administrativo Comun*' (1993) RAP 205 at 208 ff. Cf. Jose M. Fernandez Martin, op. cit., p. 246, especially note 71.

③ 目前,法律明确作出复议前置的程序要求的情况已不多见。Cf. Jose M. Fernandez Martin, op. cit., p. 246, especially note 72.

④ Remedies Directive 89/665, Article 1(3).

⑤ Cf. Jose M. Fernandez Martin, op. cit., pp. 208, 260.

但是,法国规定了严格而且较短的处理时限,即缔约机关要在 10 日内答复,否则,第三人可以在 20 日内提起诉讼。①

上述欧共体成员国的共同经验,当然也是他们经过反复博弈而证明有效的制度,可以简单地归结为简化和缩短行政申诉。从表面上看,这是来自对欧共体救济法令的快捷与有效的要求的遵从,实质上是对行政申诉在上述两方面的负面影响效果的认识,更是对行政申诉制度缺陷的批判,以及对司法诉讼价值的尊崇。简化和缩短行政申诉过程本身,不是为了使行政救济快上加快,而是要使第三人在其权利要求得不到行政机关的重视和满足时,能够尽快进入司法救济阶段。

在我国,由采购主管机关处理采购纠纷的实际效果究竟怎样?或者说负面效应到底有多大?目前还缺少必要的实证材料来加以验证。但是,从近些年来对行政复议的调查看,由于纠纷的解决是放在行政机关内部来操作,偏袒行政机关、蔑视相对人权利的倾向,作为制度的伴生物,似乎不易彻底克服,不易完全避免,在某些具体个案中或多或少有所表现。当然,这并不是说行政上的救济方式完全不可取,要彻底废弃。这种结论未免也太过极端。但是,上述制度本身的缺陷,特别是经由行政申诉程序产生的结果发生偏误的可能性,都要求我们在行政申诉制度之外保留司法救济,对上述结果进行客观评价,对偏误进行消弭和纠正。而且,结合特殊的情景考虑,也就是考虑采购行为救济的及时性、有效性和公正性,以尽快使受到不利益影响的第三人能够重新得到公正的对待、参加公平的竞争,避免不必要地延缓司法救济时限,使将来产生不易挽回或难以处理的结果,比如,政府采购合同已经签订或执行,似乎也都要求我们尽量简化和缩短行政申诉过程。如果单纯从时限角度看,《深圳经济特区政府采购条例》(1998 年)对处理期限的规定也不算很长,而且被严格限定,第 39 条第 2 款规定:"采购主管部门对所受理的投诉应当于受理之日起十五日内书面答复投诉人,情况复杂的可以适当延长,但最长不得超过三十日。"这似乎也颇合法国的应对基调,但却没有了简化程序的实质内涵,即作为简化行政申诉过程的目的的司法救济被忽略了,而缺少司法救济作为行政申诉制度缺陷的弥补的快捷,实在是不

---

① Cf. Jose M. Fernandez Martin, op. cit., p. 243.

足取的。构建有效的司法救济,应当成为今后政府采购制度建设关注的焦点。

更加符合上述思想的制度形式,也是在我看来,比上述深圳政府采购立法规定更加可取的方式,就是在诉讼提起之前,附加当事人告知义务,即将其诉讼意愿告知行政机关。这能对行政人员产生心理上的强制与警觉,督促行政机关迅速采取补救措施。当事人在接受行政机关表示愿意迅速处理的信息后,也可以决定是否暂缓起诉,等待行政机关处理,同时采购法律应规定合理的处理期限,行政机关应在规定的期限内作出反应。由于这种附加的程序义务并不构成独立的救济阶段,不会产生过分拖延时间的问题,制度效益要高些。

《深圳经济特区政府采购条例》在 2011 年修订时,对行政申诉的期限统一规定为,"主管部门应当自受理投诉后三十个工作日内作出书面处理决定并告知投诉供应商"。《政府采购法》(2014 年)第 58 条进一步规定,"投诉人对政府采购监督管理部门的投诉处理决定不服或者政府采购监督管理部门逾期未作处理的,可以依法申请行政复议或者向人民法院提起行政诉讼"。可以说,基本上克服了以往存在的救济缺陷。

2. 司法救济

其实,在支撑上述制度的改造,即尽量缩短和简化行政申诉过程的种种理由当中,最主要的还在于对司法救济更加公正的预期与信赖。至少从现象上看,欧共体多数成员国都主要是在司法层面上最终解决采购纠纷的。即使是出于法律传统缘由,仍然倾向于维持原有私法救济模式,主要采取司法外救济方式的德国,有关研究也显示,赋予第三人能够通过行政法院强制执行的主观权利,会是更好的解决办法,这可以使受到损害的第三人借助现存的发达的行政法救济机制,更好地来纠正违反政府采购法的行为。欧盟也坚持认为,成员国只有赋予有利害关系的公司主观权利,才能真正贯彻欧盟有关政府采购法令的意图。因此,德国现在所采用的制度的最终结果是不够充分的,因为它只提供了对违法行为的行政审查,而没有给予受到损害的竞标者实质上的程序保障。① 所有这些都从一定意义上表明,对第三人的司法救济是值得重视的有效方式。

当然,在司法诉讼程序较为完备、结果较为客观公正的背后,也隐含着对司法程序冗长、当事人请求难以及时满足的批判。这也是司法程序给人们的基本印象,也最有可能被引用来反驳在政府采购中适用司法救济。也就是说,采购纠纷在司法诉讼中不但没有得到快捷的解决,反而被司法程序延误了。② 我不否认,司法诉讼在通常情况下所表现出的这种形态和特征,这是追求公正而必须付出的制度代价,或者说,是一种制度成本。但是,我们也应看到,现代司法制度和诉讼法也在为提高程序效率而不懈努力,也取得了一些成效。这说明在保持程序大致公正客观的前提下,也并非不能针对特定类型案件的特殊需要而简化程序,并获得一个较为公正的结果。否则,我们就无法理解简易程序在司法制度中的出现及其发挥的对纠纷消弭的"分洪疏导"作用了。采购纠纷作为另一类特别的个案,也要求我们做相应的程序调整。在这方面已经进行的非常有意义的实践是,欧共体在救济法令中确立了救济更加快捷与更加充分有效的标准,并以此来引导和评价其成员国司法程序的改造过程。

我们可以从法国的司法制度变迁中清楚地看到这种适应的过程,并可以将其作为一个分析模型来考察司法程序改造的基本内涵。

法国在执行欧盟《救济法令》(*Remedies Directive*)之前,是采用"可分离行为理论"(actes-detachables)来处理采购行为的,将其视为一种行政行为,放在行政法院内来操作,主要通过越权之诉(the action for exces de pouvoir)与完全管辖之诉(the action en plein contentieux)来解决。越权之诉是行政法院作出宣示性判决(declaratory judgment),宣布行政决定无效。但这种救济的实际效益是颇令人怀疑的,因为它仅仅只是一种宣示性判决,不能为第三人提供进一步的措施或实际利益。也就是说,法院对判决的执行无能为力。而在完全管辖之诉中,法院不但对行政行为是否有效作出判

---

① 在德国原有救济模式对于执行欧盟政府采购法令是否足够充分问题上,欧盟与德国存在着意见分歧,For a detailed discussion, Cf. Jose M. Fernandez Martin, op. cit., p.274.

② 比如,西班牙对有关采购的司法诉讼的统计显示,平均要历时两年以上才能结案,这已成为西班牙学者批判西班牙行政司法审查制度不充分的一个很重要的理由。Cf. Jose M. Fernandez Martin, op. cit., p.254.

断,而且还要对第三人要求行政机关执行的权利范围与效力作出裁决。尽管从理论上看似乎对第三人有着充分、及时救济的可能,但实际判案的结果却显示,对采购程序中的违规,通常是用损害赔偿来弥补的。① 因此,对当时法国救济制度的总体评价是,在合同签订之前实际上不存在真正的干预的可能性,以阻止缔约行政机关签订错误的、又是不可回复的合同。②

这之后,特别是为了执行欧盟的《救济法令》,对司法程序按照救济快捷的标准(rapidity of the redress)进行改造,在诉讼程序上适用在行政诉讼中用来处理申请暂时性措施(interim measures)的规则,③而这些规则本身就是按照确保救济快捷的思想设计出来的,同时,赋予法官极其广泛的权力,以尽量避免既成事实(fait accompli)。经过改造的合同前救济(pre-contractual remedies)依然被归为完全的管辖诉讼(en plein contentieux)。而越权之诉在法国理论上是作为从属诉讼(subsidiary action),只有在无法获得完全管辖诉讼或不能取得预期效果时,才能适用。因此,瓦纳多(Valadou)断言道:"根据司法诉讼平行原则(the principle of parallel judicial action),越权之诉事实上没有运用的可能了。"④

从加快诉讼的运转过程和追求救济的充分有效等方面入手,来改造或构建采购救济的司法制度,无疑是比较有价值的理性选择。法国的经验也告诉我们,这些应对也不是"可望而不可即"的。如果我们承认这一点,那么,在行政诉讼中,引入简易程序或许是必要的。但是,在具体制度的构建时,我们也应当看到,缩减司法程序环节和限定诉讼时限,对于实现司法救济的快捷性,固然是十分重要的,但却不可避免地要受到以下因素的制约:采购案件的难易程度,诉讼行为能否导致(尽管不是必然导致)采购程序的暂时中止,诉讼结果公正对诉讼程序的最低要求。而司法救济的充分有效,

---

① Cf. Jose M. Fernandez Martin, op. cit., pp. 233—236.

② 因为越权之诉的不足已如前述,而取得暂时性措施较为困难,又进一步恶化了这种状况,结果只能是第三人通过完全管辖之诉来获得损害赔偿。Cf. Jose M. Fernandez Martin, op. cit., pp. 242—243.

③ Article L. 22 of the *Code des tribunaux administratifs et cours administratives d'appel* (Code of Administrative Courts and Administrative Appeal Courts(CACAAC))in fine as introduced by Article 2 of Loi 92—10.

④ Valadou in Arrowsmith(ed.), *Remedies for Enforcing the Public Procurement Rules*, Winteringham, 1993, Cited from Jose M. Fernandez Martin, op. cit., p. 241.

在很大程度上实际上取决于救济的措施和方法是不是完备和有效。而要实现这些程序层面的有效性(procedural notion of effectiveness),颇值得我们注意的是马汀(J. M. F. Martin)博士的研究结论,即要为受害者提供足以刺激其寻求申诉的机制,要存在足以制止义务人处之泰然地逃避法律责任的制裁,要能够保证受损害者被侵害的权利得到充分的回复。[①]

(四)具体救济措施

在具体救济措施上,不同国家在各自的法律传统与制度背景下,经过长期的实践,都已经形成了各自的模式。但值得注意的是,近年来,随着世界经济一体化的进程,特别是在欧洲共同体建立统一的政府采购市场的努力下,设定了救济的标准与目标,以引导与评价欧共体各成员国相关制度的转化过程。这使得成员国在救济措施上出现相近似的样式,主要为:裁决采购程序中实施的行为违法,并予撤销(the setting aside of unlawful decisions concerning award procedure);暂时性救济(interim relief);损害赔偿(damages)。从我国深圳政府采购立法规定上看,上述救济手段倒未见得有多少缺失,但是,对其中各救济手段背后所蕴含的价值取向、效益以及相互内在关联性的考虑,却相去甚远,其中的问题是非常值得研究的。

1.裁决撤销采购程序中实施的违法行为

在救济措施中,我们经常使用的,也是最简单明快的是,判断采购程序中的违法决定无效,并裁定撤销。这种措施在绝大多数国家都得到认同,并被证实在采购合同尚未最终签订或者采购程序已因救济的提起而暂时中止的情况下是有效的,也能比较容易地满足第三人的预期。因为只要禁止签订已有意向的采购合同,待纠正原来的程序违法之后,再继续进行或恢复进行采购程序,让第三人重新参加到公平的采购竞争中来,就能解决问题。

但是,如果采购合同已经签订,甚至已经开始执行,仅仅对采购程序违法宣告无效和撤销,并不会给第三人带来实质上的利益,因为他已经或永远失去获得采购合同的可能。然而,我们也不能因采购程序违法,进而简单地否定采购合同的有效,让整个采购程序重新再来一遍。因为对于第三人来

[①] Cf. Jose M. Fernandez Martin, op. cit., p.208.

说，重新进行采购程序的结果，未必是他肯定能获得采购合同。更为重要的是，采购合同所蕴含的公共利益的实现必然要被延迟，已获得采购合同的当事人的合法预期(legitimate expectations)就要落空。采购的重新进行，也会无形中增加其他善意竞标者的竞标成本，或者也可看作对他们的变相的不公平的制裁？在这种情况下，也许采取赔偿的方式，从经济角度上，让第三人回复到还没有参加采购程序之前的状态，回复到其权利未受到任何伤害之时的状况，或许会是更好的选择。① 当然，如果违反的是构成采购程序的实质性内容，也就是采购程序本体价值外在体现的具体制度，那么，也可以考虑撤销已签订或正在执行的采购合同，但这应当只是极个别的例外。

从具体国家对待采购程序违法对合同效力的影响这个问题的态度与方式上看，是有着不同，甚至有着很大的差异。但从判案的实际效果看，都或多或少地显现出与上述观点相同或相近的结果，以此，我们可以引证上述理论认识的正确。

在法国的罗密尤(Romieu)最初提出"可分离行为理论"(actes-detachables)时，这种理论的适用，意味着采购程序中实施的违法不对采购合同产生影响。但该理论的内在逻辑性却受到一些学者的挑战，主要是当"可分离行为"构成采购程序的核心(supporting)，并被认定无效时，难道绝对不会对采购合同产生丝毫的影响？这种疑虑在行政法院(Conseil d'Etat)1982年7月7日的判案中终于得到肯定性回应，在判决中，法院认为，"没有将必须通告的合同的信息公布，致使合同无效。"② 但是，像这样的判例毕竟为数不多，在行政法院的判例法中仅为个别例外。现在判例和研究显现出来的倾向是，行政法官在考虑"可分离行为"的有效性之后，命令作为合同一方当事人的缔约机关将合同呈送"合同法官"(juge du contrat)，由后者宣布合同无效，并援用1955年2月8日的有关民事、刑事和行政诉讼的组织的法律(the Law of 8 February 195 concerning the organization of civil, criminal and administrative procedures)上对判决执行的规定，用禁令(injunctions)以日罚金(daily fines)的方式迫使行政机关采取行动执行上述裁决。但是，也应清醒地看到，如果采取这种姿态，那么，引入"可分离行为理论"的一个主

---

① Cf. Jose M. Fernandez Martin, op. cit., pp. 209—210.
② Commune de Guidel c. Mme Courtet.

要目的——保护善意合同当事人和成功竞标人的即得权利——将被破坏。就是对"可分离行为"持有异议的第三人来说,也未必能从合同无效当中真正获得什么利益。因此,从实践上看,上述程序的运用并不普遍,并不常见,也随时会因行政法院的最新判例而更改。① 这说明,尽管在理论上认为,程序违法不是不可能,而是很有可能对合同的效力发生实质性的影响,尽管在具体判案中也出现过类似的判例,但是,法院在涉及合同有效性问题的态度上,自始至终是非常慎重的,小心翼翼的,绝不轻易以程序违法来否定整个合同的法律效力。换句话说,"可分离行为理论"在判案中的主导性地位并没有被削弱。

在同样的问题上,西班牙虽然采用的"可分割行为理论"(severable acts, actos separables)在很大程度上是对法国理论的借鉴,但在对合同关系的影响上却有很大的不同。"可分割行为"的无效,会直接地必然地导致合同关系的无效,当事人要返还各自已取得的对价,如不可能,则为经济等价物(economic equivalent)。如果无效的原因可归咎为政府的过失(administration's negligence),成功的竞标人有权要求政府赔偿其已付出的成本和合理预期的利益损失。但这种处理方式现在被有些学者批判为"不适当"(inadequate),因为对于诚实取得合同的无辜的竞标人来说,实际上是要他承受非其本人责任之过错的制裁。对于申诉人来说,也未必是满足其利益预期的适当的反应,因为从实践反馈的情况看,即便在重新进行的采购程序中,其获得合同的机会也依然是很小的。也就是说,申诉人实际上未必能因撤销已签订或执行的合同而实现其利益预期。对于公共利益的保障来说,阻挠了公共需要的及时满足。② 其实,尽管在制度上表现出程序违法和合同无效之间的直接的苛严的因果关系,让人有上述种种顾虑,但是,从实际操作看,却远不是这么回事。因为西班牙在上述制度之外,还有一个非常重要的制度,也是以公共利益观念为本位的制度,如果合同无效会对公务造成严重妨碍(grave disturbance),在采取有关措施排除这种妨碍之前,行政机关有权宣布合同条款必须继续得到尊重和执行。从实践上反映出行政机

---

① Cf. Jose M. Fernandez Martin, op. cit., pp.232-233, especially note 10.
② 更加详细的批判,参见马汀(J. M. F. Martin)博士的评论。Cf. Jose M. Fernandez Martin, op. cit., p.253.

关也绝不是把上述规定仅仅当作暂时性(transitory)的权宜之计,而是会利用这个制度继续执行合同条款,并最终形成定局(perpetuate the situation),即使以后的判决出现相反的结论,但已执行合同所致的状态(situation)事实上也会被维持不变。这样,实际上就导致无效合同的永久性(permanence of a void contract)。这种做法也在最高法院1988年5月20日判决中取得合法性确认,法院认为,违法采购所确定的合同内容已经执行时,法律应规定其他解决办法,比如损害赔偿。①

德国出于保护成功获得采购合同的当事人的权利的考虑,一般也不因在先合同阶段(pre-contractual stage)实施的违法而否定合同的有效性。从现有的私法救济看,竞争法只规定滥用市场优势地位的赔偿,民法提供的救济,也只是因在合同协商或采购程序中发生违法所导致的损失的赔偿,都不涉及对合同效力的影响问题。② 在英国,尽管经过改造后的救济体制赋予法院更大的权力,使法院有权裁令(order)违法决定无效(set aside),甚至能够裁令缔约机关修改与采购程序有关的文件,③但是,从1981年的《最高法院法》(the Supreme Court Act)中,依然掩饰不住地流露出对保护行政机关和善意合同当事人既得合法权利的关切。在实际操作上,如果裁令会对政府机制(machinery of government)造成严重干扰,或者无助于回复申诉人先前的权利状况,那么,经过充分听证(full hearing),也可拒绝采取司法审查程序上的救济手段。如果合同已经签订,就像法国那样,英国政府也只选择赔偿的救济方式,而不是宣告合同无效或中止合同条款的执行。④

如果我们以《深圳经济特区政府采购条例》(1998年)为实例来"解剖麻雀",并且认为其较为典型地代表了目前地方政府采购立法的一种很有价值的模式,而且,这种地方性实践必将为全国性立法的形成提供重要的制度资

---

① Cited from Jose M. Fernandez Martin, op. cit., p. 210, especially note 21, and also see p. 252.

② Cf. Jose M. Fernandez Martin, op. cit., p. 210, and Chapter 10.

③ 这种权力大大超出了法院在司法审查程序中的传统权力,特别是训令(mandamus)救济方式。但正如艾诺史密斯(Arrowsmith)所指出的那样,这种救济的重要性在于,当只需简单地修改有误的采购文件(faulty award documents)就能很好地保留其合法性时,这种措施能够避免无谓地将整个文件宣布无效。See further Arrowsmith, op. cit., p. 100.

④ Cf. Jose M. Fernandez Martin, op. cit., pp. 210, 263.

源和经验素材,因而是极其重要的话,我们首先会发现,我们对先合同阶段(pre-contractual stage)的程序违法的理解或侧重,与上面来自西方的观念有着很大的不同。西方国家更加关注的是,政府是否向所有竞标人提供并遵守公开透明、公平竞争的采购程序,而在我们的观念中,政府严格执行法律规定的采购程序固然重要,但竞标人在程序中有没有违法,也同样会对采购产生直接的影响,因此,也就有专门规定的必要。

比如,《深圳经济特区政府采购条例》(1998年)第48条规定:

供应人(按照法条解释,是指与采购人可能或者已经签订采购合同的供应商或者承包商。实际上包括本文所讲的第三人和契约当事人——作者注)有下列行为之一的,投标无效;给采购人、招标机构或者其他供应人造成损失的,应当承担赔偿责任;采购主管部门可以对其处以投标金额百分之二以上百分之十以下的罚款;情节严重的,制止其三年内参加政府招标采购的投标:

(一)隐瞒投标的真实情况或者故意进行无效投标的;

(二)在采购人之间相互串通,事先商定投标价格或者合谋使特定人中标的;

(三)采用不正当手段妨碍、排挤其他供应人的;

(四)向采购人、招标机构行贿或者提供其他不正当利益的;

(五)与采购人、招标机构串通投标的;

(六)其他严重违反本条例规定的行为。

供应人有前款第(五)项行为的,与采购人、招标机构负连带赔偿责任。

该条例在2011年修改时,第57条进一步完善了上述规定,在法律责任方面引入了"一至三年内禁止其参与本市政府采购","并由主管部门记入供应商诚信档案",以及"情节严重的,取消其参与本市政府采购资格"。

之所以会有着这么一种对供应人的特殊的关注,其中的原因,很可能是因为与西方国家相比,我们的市场游戏规则还没完全确立,市场参加者(如竞标人)公平竞争的意识还没完全形成,并进而对个人行为产生自我约束的作用。脱离游戏规则,规避法律,甚至违反法律的现象还比较严重,因而强调对其行为的规制在我国现阶段更具有现实意义。但在这种情况下,问题也变得简单,因为供应人本身出现违规行为,特别是为隐瞒自身竞标的条件或实力的不足而采取行贿或欺瞒方法，不但会不正当地剥夺其他竞标人的中标机会，而且更为严重的是，会事实上使政府采购的预期程度不同的落空，而有损于公共利益。最近一段时间中央电视台收视率极高的焦点访谈对"豆腐渣"工程的接连报道，就足以证明这种担忧并不是空穴来风，杞人忧天。因此，通过要求违法人赔偿采购人和其他竞标人的损失，甚至对其处以适度罚款制裁等方式，使回复到采购的初始状态，应该是比较能够接受的解决办法。

但是，《深圳经济特区政府采购条例》(1998年)中对采购程序中政府违法的处理，却少了西方国家理论上的那份精致。根据《深圳经济特区政府采购条例》(1998年)，使用财政性资金采购物质或者服务的国家机关、事业单位或者其他社会组织在采购中是采购人(第7条第1款)。但集中采购或者应当招标采购的，由政府采购机构，即政府设立的负责本级财政性资金的集中采购和招标组织工作的专门机构(第7条第2款)，担任采购人。如果政府中没有设立政府采购机构，则委托采购主管部门指定的招标代理机构代理，后者指依法取得招标代理资格，从事招标代理业务的社会中介组织(第7条第3款)。《深圳经济特区政府采购条例》(1998年)还针对上述机构在采购程序中，也就是先合同阶段的违法及其法律后果分别作第45、46、47条之规定。为以后分析方便起见，现将这些规定摘录如下：

第45条规定：

采购人有下列行为之一的，采购无效并通报批评；给供应人造成损失的，应当承担赔偿责任；情节严重的，依法追究主要责任人行政责任；构成犯罪的，依法追究刑事责任：

（一）应该招标采购而未招标的；

（二）擅自提高采购标准的；

（三）自行组织招标或者委托无法定招标资格的机构代理招标的；

（四）与招标机构或者供应人串通，虚假招标的；

（五）定标前泄露标底的；

（六）其他严重违反本条例规定的行为。

第46条规定：

政府采购机构有下列行为之一的，招标无效；给供应人造成损失的应当承担赔偿责任；情节严重的，依法追究主要责任人的行政责任；构成犯罪的，依法追究刑事责任：

（一）招标的项目超过市政府规定的标准的；

（二）未依本条例规定组织评标委员会或者未依本条例规定的评标原则评标的；

（三）与采购人或者供应人串通，虚假招标的；

（四）其他严重违反本条例规定的招标程序的行为。

有前款（一）（三）项行为的，政府采购机构与采购人或者供应人负连带赔偿责任。

第47条规定：

招标代理机构有下列行为之一的，招标无效；给采购人或者供应人造成损失的应当承担赔偿责任；采购主管部门可以根据情节对招标代理机构处以招标金额百分之二以上百分之十以下的罚款；情节严重的禁止三年内代理政府招标采购业务：

（一）明知招标项目超过市政府规定的标准，仍代理招标的；

（二）未依本条例规定组织评标委员会或者未依本条例规定的评标原则评标的；

（三）与采购人或者供应人串通，虚假招标的；

（四）其他严重违反本条例规定的招标程序的行为。

有前款第（一）（三）项行为的，招标代理机构与采购人或者供应人负连带赔偿责任。

立法的粗糙，首先表现在第40条第1款规定的"（在采购程序中）发现有违法行为的，应当及时予以纠正"，在之后的第六章"法律责任"中，（特别是第45、46、47条上）没有得到应有的回应（后者对列举的程序违法不分青红皂白地一律宣布采购无效或者招标无效）。至少从立法技术上看，这两者之间本来所应有的内在的紧密关联性，却没有很好地表达出来，因而分阶段处理的思想也就没能清晰地体现出来。正如上述分析的，根据采购进行的不同阶段，分别采取撤销或者赔偿的解决办法，能够降低解决纠纷成本，特别是政府或者采购程序参加各方的采购成本。但从对第45、46、47条之规定的字面上理解，却只给出其中的一种解决办法，即只要出现所列举的程序违法，概无例外地导致采购或招标的无效，而不论采购是进行到什么阶段或程度，都要推倒重来。这样不计成本的法律规定,从法律的经济分析角度看,显然是要受到批判,因而是不可取的。因此,必然的结论是,在第 45、46、47 条中,应当视采购或招标进行的阶段规定不同的解决办法。

其次,即便是采购或招标已经完成,从所列举的那些必然直接导致采购或招标无效的程序违法来看,也没有很好地平衡公共利益、善意中标人的既得权利以及其他竞标人的利益等因素之间的关系,而表现为一种"因为程序违法,所以合同无效"的直线性思维。我并不是要完全否定这种因果关系,恰恰相反,我认为,在特定的情景下,比如,采购人、政府采购机构、招标代理机构与供应人之间的恶意串通、虚假招标,建立这种因果关系是必要的。然而,过多地、过分轻易地因采购程序违法来否定合同的有效性,已经被上面我们对西方国家实践的分析反复证明为"未必是有效的解决办法"。因为这不但会造成善意当事人既得权利的丧失,更为要紧的是采购目标的实现不可避免地要被迟延,而且,就是对其他竞标人来讲,也未必是利大于弊的好事,因为这难免要增加其他竞标人再次准备参加采购程序的成本,而能否获得采购合同却仍很渺茫。更何况,其中的很多程序违法,其实是可以通过执行中的调整来解决的,根本没有必要"殃及池鱼"。例如,擅自提高采购标准的,招标项目部分超过市政府规定标准的,这两款的实质是要求采购必须事先列入财政预算,否则,会对采购合同的实际履行带来资金上的制约,那么,通过在执行过程中调低标准、取消超过的部分,就可以解决问题。对于此外的一些程序违法,也可以尽量采用赔偿损失的方法来处理,不必动辄宣布合同无效。

必须说明的是,我并不是要主张采购程序虚无的论说,不遵守程序也不会产生法律后果,事实上政府承担对第三人的赔偿责任就是一种法律后果。而且,假定行政内部的制约机制是基本完善的,很难设想因这种程序违法而带来国库的额外支出,不会进一步引发行政内部的惩戒。对发生这种结果的可能性的预测,是能够在一定程度上对政府官员产生心理上的抑制,使其在程序操作和规则遵从上更加审慎。

值得注意的是,《深圳经济特区政府采购条例》经过 2011 年修改之后,已与国际做法趋同,对于采购人、政府集中采购机构、社会采购代理机构等存在的程序违法,从第 54 条、第 55 条、第 56 条规定看,主要追究其有关法律责任。对采购合同的影响则在第60条做出专门规定,首先,判定程序违法是否导致中标、成交无效。其次,对于造成中标、成交无效的,区分不同情形处理:(1)尚未签订采购合同的,不得签订采购合同,并撤销中标或者成交通知书;(2)已签订采购合同尚未履行或者正在履行的,不得履行或者终止履行;(3)采购合同履行完毕或者无法终止的,依法承担相应民事责任。

2. 暂时性救济

从比较研究的结果看,以公共利益为本位来构建政府采购制度,包括适用规则的选择,可以说,是带有共性的基本特征。[①] 其中一个结果是,救济的提起和被受理,通常不具有自动中止采购程序的效力。在西班牙,这种原则来自行政法上的一个基本观念,即行政行为具有公定力(iuris tantum presumption of legality)和自我执行力(self-executing),这是因为,行政机关追求的是行政目的以及代表的是一般利益,因此,相对于个人,行政机关应享有特权地位,不能因个人为寻求个人利益的保护而提起的救济,而使其正常的行政职能的履行受到阻挠,由此必然得出提起救济不会意味着有争议行为的效力的自动中止。[②] 法国、德国和英国也都有类似的规定,当然,理论上的阐释不见得是一样,但实质都是以公共利益为优位考虑的制度建构的结果。《深圳经济特区政府采购条例》(1998年)第40条规定所隐含的意义,与西班牙同样,也力求维护行政决定的执行力,将救济不停止采购程序作为原则,停止作为例外,这与行政复议和行政诉讼的规定(见《行政复议法》(1999年)第21条、《行政诉讼法》(2017年)第56条)相似,其背后所蕴含的行政法理实际上也与西班牙上述理论同出一辙。

但是,为了避免既成事实(fait accompli),尤其是避免因违法签订采购合

---

① 在法国和西班牙,通过授予行政机关各种特权,来使公共利益不仅在执行层面(at the enforcement level)而且在对公共合同的规制(regulation of public contracts)上得以体现。即便是采取私法处理方法来解决采购纠纷的国家,保护公共利益的原则(principles protecting public interest)对普通合同法的直接适用,特别是在执行阶段的适用都会产生影响。比如,在英国,根据"政府行为的有效性原则"(the principle of 'effectiveness in the government action'),有时可以对中央政府签订的合同不适用普通法律。在德国,将竞争法运用到政府采购时要考虑与公共利益相关的因素。Cf. Jose M. Fernandez Martin, op. cit., p. 224, especially notes 77 and 78.

② 法条规定,见,LCE(Ley de Contratos de las Administraciones Publicas), Article 60;对该观念原则的司法解释,见,Order of the TS of 15 April 1988. Cited from Jose M. Fernandez Martin, op. cit. pp. 249—250.

同而导致的不可回复性损害（irreparable harm），并确保对个人权利的有效司法保护，①根据欧共体的研究结论，最好的办法就是，尽早（at the earliest opportunity）或通过中间程序（interlocutory procedure）采取暂时性措施，包括暂停或者能确保公共采购程序中止的措施，以纠正违法或阻止对有关利益的进一步侵害。② 这就是采购救济中所谓的暂时性救济（interim relief），其基本的效果是让采购程序在救济期间暂时停下来。《深圳经济特区政府采购条例》在2011年修改时废弃了原先做法，采纳了暂时性救济，第44条第2款规定，"主管部门在处理投诉事项期间，可以视具体情况书面通知采购人暂停采购活动，但是暂停时间最长不得超过三十日"。

从西方的经验看，这种暂时性救济措施的运用不受救济阶段的限制，在行政申诉或者司法诉讼上都有运用的可能（下面我主要偏重分析司法上的运用，但得出的结论却具有普适性）。但对这种制度的理性分析和实证研究发现，事实上，法院对采取这个措施的态度是趋于保守的、审慎的，因为采购的不必要的迟延，会同时对公共利益和私人利益造成损害。一方面，对公共利益来说，采购成本的增加，会导致公共开支的加大，而损害纳税人的利益。而且，公共需要不能及时满足，将不可避免地对公众的基本需求造成不利。另一方面，对私人利益而言，假设救济会产生暂停采购程序的效果，这将影响到其他竞标人的经济利益，因为会使其不得不调整原来的竞标计划，以适应新的变化了的市场需求，这将无形中增加额外的成本。③ 正因为此，在考虑是否采取暂时性救济时，要进行"适当性衡量"（balance of convenience），要权衡该措施可能会对各方利益带来的损害。根据法院判案的经验，这种"适当性衡量"是以个案为基础的（on a case by case basis），要综合考虑被诉违法行为的性质、合同的性质和目的、采购工程或供应的急迫性、上述措施

---

① 西班牙行政法以往将暂时性救济看作是防止行政行为执行性受到干扰的一种保障措施（a guarantee against the executive character of administrative acts），但后来宪法法院改变了看法，认为将行政行为的执行性提交法院，并由法院及时裁决是否给予暂时性救济，通过这种方式，能够使个人获得有效司法保护的权利（the right to an effective judicial protection）得以实现。see STCO, Case 66/1984, of 6 June, STCO32/1992 of 12 December. Cf. Jose M. Fernandez Martin, op. cit. p.250. 这种审视相同制度的不同视角的转变，尤其是从人权保障角度来思考这一制度，是非常值得我们注意的。

② Remedies Directive, Article 2(1)(a).

③ Cf. Jose M. Fernandez Martin, op. cit., p.211.

对公众集体主义(public collectivity)的影响以及对个人利益的影响等因素。如果采取措施所带来的消极后果(negative consequences)超出其所获得的利益(benefits),就可以不采用。① 实际上,从对英国等国法院判案的结果看,法官对公共利益的偏好是非常明显的。

促使法官在采取暂时性救济措施上比较严格和保守的另外一个很重要的原因是,在他们的观念中,认为在大多数案件中用损害赔偿来替代,就足以保证有效的司法保护。英国的 Burroughs Machines Ltd v. Oxford Area Health Authority 案的判决就典型地例证了这一点。在该案中,尽管咨询委员会(advisory committee)认为原告的投标是最合适的,原告也以受到歧视为由起诉,但法官认为赔偿就足以予以救济,而拒绝采取暂时性救济。这一判决在上诉审时得到维持。上诉法院认为,是否给予暂时性救济,是法官的自由裁量权,而且取决于法院对有关赔偿(是否充分)的态度。② 更有甚者,从法院的实际判案看,这种观念有时甚至会导致这样的极端结果,即在原告都符合暂时性救济的条件时,法院有时依然会拒绝给予这种救济。

正是因为上述两方面原因,造成法官在采取暂时性救济上的保守,其直接的结果是,这种措施在实践中实际上较少采用。

上述研究是建立在西方已有具体制度的事实基础之上的。从对制度结构的概括分析中,我们会发现,这种保守的态度,也反映在相关制度的设计上,使采取暂时性救济的基本理由或条件都趋于严格,明显流露出以公共利益为优位考虑的偏好。法国的暂时性救济是以中间程序方式获得的,外在表现为 le sursis a execution 或 le refere 两种形式。le refere 在公共采购中实际上较少运用。le sursis a execution 是在提起主诉讼(main action)的同时要求暂时性救济,并且要求主诉讼必须要有较充分的理由,也就是必须是有利于原告的表面上证据确凿的案件(a prima facie case)。而且,如果拒绝给予暂时性救济,将导致不可回复性或者难以弥补的损害。③ 西班牙的暂时

---

① Remedies Directive, Article 2(4).
② Burroughs Machines Ltd v. Oxford Area Health Authority, 21 July 1983(unreported) (1983)133 New Law Journal 764. 但是,艾诺史密斯(Arrowsmith)却认为该案只是一个例外,因为在大多数公共采购案件中,赔偿不能认为是充分的救济。Cf. Arrowsmith, op. cit., p. 113. Cited from Jose M. Fernandez Martin, op. cit., p. 262, especially note 33.
③ Cf. Jose M. Fernandez Martin, op. cit., p. 236.

性救济既存在于行政上救济层面,也存在于司法诉讼层面,分别由 LPA 第 111 条和 LJCA 第 122 条规定,但以前者规定较为详细。基本要求是申诉应有一定理由,而且是一旦被认定,将导致被诉行为无效的理由。另外,如果执行被诉行为,会造成不能或很难弥补的损失。① 英国的法院现在也被授权采取暂时性命令(interim order)来中止采购程序或对决定的执行,但从实际操作看,英国的法官在各种利益的平衡中,更加考虑的是公共利益,因此,在处理公共采购案件时,有着拒绝采用这种措施的倾向(tendency),而且,实际运用的时候也很少。②

在我国《深圳经济特区政府采购条例》(1998 年)中,相类似的制度被规定在第 40 条中,采购主管部门只有在发现正在进行的采购活动严重违反该条例规定,可能给国家、社会或者当事人利益造成重大损害或者可能导致采购无效的,才责令采购人中止采购。到 2011 年修订时,改为在处理投诉期间,裁量是否暂停采购活动,最长不超过三十日(第 44 条第 2 款)。裁量的考量是"视具体情况",非常不确定,完全由主管部门裁定。

从中西方的制度结构中可以看到,在具体理由或条件的要求上有着很大的不同,对其中内涵的法理的比较分析,也许对我们的制度的改进会有所裨益。在西方,是在第三人具有主观权利的基本结构上,以诉讼方式来实现对采购的外部监控,因而在纠纷解决过程中,当事人主义的色彩较为浓厚,更为主要的,是西方在对采购程序参加各方利益的精细估算和理性思考中,较令人信服地推导出,代表公共利益的采购活动原则上不能被打断的基本结论,并左右着法官对采取暂时性救济的态度。而且,在西方还存在着另外一个很重要的救济观念,认为损害赔偿在大多数案件中能够充分弥补采购程序上的任何政府过失,所以,只有在当事人提供的表面证据能够充分指向采购无效,而可能造成的损害又是不可能或很难回复时,才有可能将个人利益放在比公共利益更加优先的位置来考虑。

比较而言,《深圳经济特区政府采购条例》(1998 年,2011 年修订)则较为明显地体现出政府职权主义的立法思路(对其与当事人主观权利相比的较低效率,已在前面进行过批判),注重的是对违法的形式上的纠正,而很少

---

① Cf. Jose M. Fernandez Martin, op. cit., pp. 249—252.
② Cf. Jose M. Fernandez Martin, op. cit., p. 262.

对其背后的成本的算计,特别是缺少像西方那样的对采购程序中各方利益与成本的精细算计,表现为"程序的违法"就极容易导致"采购的无效",这种态度必然会使公共利益优位思想在制度构建上不能贯彻如一,因为很难想象,不断地、过分轻易地打断采购活动进程或者宣告采购无效,能和上述思想相契合。因此,联系到上面对《深圳经济特区政府采购条例》(1998年)第六章"法律责任"中对采购无效的规定的批判,第40条规定的基本理由之一"采购主管部门发现采购违法并可能导致采购无效"的合理性是颇值得怀疑的。第40条所列举的另外一个理由,即采购违法可能对国家、社会或者当事人利益造成重大损害的,同样也过于粗糙而不能完全成立,因为只要违法会产生重大损害,不问这种损害是否可以回复,就将整个采购活动停顿搁置下来,这首先就反映了我们缺乏像西方那样对赔偿功能的透彻研究,缺少对赔偿的弥补作用和效益的基本估算,特别是和采购继续进行所带来的对公共利益的效益之间比率的细致估测。

在我看来,或许将上述两个理由合二为一,更改为"采购程序违法会导致采购无效,并且会对当事人造成不可回复性之重大损害,在采购的暂时停止不会对公共利益造成严重影响的情况下,可以责令采购人中止采购",更加能够体现采购公益性和采购经济性的理由。在理解这个基本理由中,明晰"不可回复性损害"(irreparable damages)的概念是至关重要的。这个观念实际上就等同于从经济角度评估因被诉行为引起的不公正(prejudices)的可能性。如果损害是可以算计的,或者可以算计出某种受到侵害的权利的经济等价物(economic equivalent),这时我们就说,损害是可回复性的,否则,就不是。从经济角度看,损害的可不可以回复,的确是判断是否采取暂时性救济的一个非常重要的标准和理由,能够从某种程度上使采取这种措施正当化和合法化(指取得公众的认同)。但是,从法院的判案经验看,"不可回复性损害"仅仅只是退而居其次的原因,或者说,是表面的理由,真正对法官起决定性影响的,因而处于核心的原因是,以公共利益为优位考虑的对各种利益或适当因素的平衡。

3. 损害赔偿

从上面的分析中,我们可以看到,采购原则上不因救济的提起而中止,代表着公共利益的优先满足,需要以损害赔偿(damages)为制度的代价。但是，损害赔偿应当是最后不得已之手段，因为在采购纠纷的解决上应当迅捷、有效，特别是应当尽可能赶在采购已成定局之前解决，再加上要考虑避免以后出现第三人受损害的权利难以估算转化为金钱上的赔偿的问题，因此，出现因合同已经签订而不得不对受损害的当事人赔偿的情况，应当只是例外。这种理论认识也从西班牙的审判实践中得到了很好的例证。①

当然，从理论上讲，也不排除政府程序违法虽赶在合同签订前被及时纠正、但业已给当事人造成额外的竞标成本的情况下承担的赔偿责任。但这种情况在实践上不大可能发生（并不是完全不可能）。因为采购毕竟才进行不久，不会给当事人造成多大的竞标损失，更重要的是，当事人重返采购程序的基本目标业已实现，不会、也不愿意再在赔偿问题上与政府发生纠葛而影响彼此以后关系的发展。相形之下，作为采购继续进行的代价的损害赔偿方式，更具有研究的价值。

采购合同签订以后，在多数情况下，继续维持已经形成的契约关系，并对第三人予以损害赔偿，原则上被认为是较理想的解决办法。因此，在这种救济框架内，损害赔偿的主要目的，就变成以经济赔偿（economic compensation）的方式，来实现合法性的恢复（restoration of legality）。正如欧共体成员国所理解和阐释的那样，就是"穷尽金钱的补偿作用，使受损害的当事人回复到损害尚未发生时的同种状态，从这个意义上来提供充分的赔偿。"②从接下来对这些成员国的损害赔偿的制度结构的分析中，也能清晰地看到这种对损害赔偿功能的理解，也从对损害赔偿的制度安排中得到体现。

损害赔偿必然牵涉到国库的支出，因此，就必须，而且只能将赔偿的对象限定在真正在采购程序中受到政府侵害的第三人。这在制度构建上是通过对第三人的诉讼资格（locus standi）的精心设计来实现的。为此，第三人

---

① 在西班牙，向受挫的竞标人给予赔偿的判决实际上是很少的。当然也有例外，一个是1983年2月21日的STS案，在该案中，就因行政机关违法决定不与当事人签订采购合同，法院判决赔偿当事人为准备竞标而支出的成本。另一个是坎勒里斯地区高等法院（Regional Higher Court of Canaries）在1993年10月1日判案中发现原告比成功的竞标人客观上更有理由获得契约，因而判决赔偿原告竞标成本和利润损失。

② Veljanovski, *The Economics of Law. An Introductory Text* (London, 1990) at 53. Cited from Jose M. Fernandez Martin, op. cit., p.213.

不仅要证明其在采购中确实有着现实的商业利益,而且要证明其具有令人信服的技术、财务和经济能力来严肃地投标,但其中标的机会却受到政府违法的影响。

从欧共体成员国对赔偿范围的规定上看,对因采购违法而造成的直接损失(如为准备竞标所付出的成本)概无例外地予以赔偿。这种赔偿的意义是,从经济角度将原告拉回到合同关系尚未确立或者采购尚未进行之时的状态。为此,原告当然要证明,这种损害与政府程序违法之间存在直接的因果关系(a direct causal link),损害是现实的(real)、个别的(individual)。就是在决定赔偿数额时,也不能不考虑违法对原告权利的直接影响(direct incidence)和过错程度,比如,从对法、英、德等国有关行政机关责任制度的比较分析中都显示出,对仅为过失导致的轻微违法的处理,应当和故意歧视性采购行为有所区别。

但是,一旦涉及间接损失(lost profit,多表现为因失去采购合同而遭受的利润损失)的赔偿,就不那么容易。尽管从理论上,甚至从制度上并没有拒绝当事人可以要求这方面的赔偿,但当事人必须提出证据证明,假使采购正常地进行下去的话,他非常可能(serious chance)赢得合同。但是,对上述国家相关实践的考察结果表明,要对原告的胜算把握进行法律上评估,绝非易事。换个角度说,原告要想解决举证责任上的问题,即证明其更有权利获得合同,也不太容易。相对来讲,当采购是按照"最低价格"(lowest price)标准来确定时,原告举出相关的证据还好办些,胜诉的机会还大些,但不幸的是,在实践上,采购原则上不按这种标准进行。要是采购是根据"最优投标"(the most economically advantageous offer)标准确定的,因为行政机关的自由裁量在其中起着重要的作用,原告举证起来就比较困难了。更何况,出于传统的分权原则的原因,法院通常也不愿意卷入对行政机关据以作出决定的事实因素的判断之中,避免对有关规则中留给行政裁量的边际(margin of discretion)的因素进行考量,不想将自己对事实的判断强加给行政机关。英国上议院欧共体选举委员会(House of Lords Select Committee on the EC)在题为《遵从公共采购法令》(*Compliance with the Public Procurement Directives*)的报告中也指出:"如果法院或者行政机关在讼争中事实上将自己的判断取代采购机关的判断,这样的诉讼原本就是不适当的。"①因此,从实际结果上看,在这些国家,对间接损失的赔偿,是很少发生的。② 但不管实际上获得这种赔偿怎样困难,如果能够获得,就意味着原告能够处于与政府已经签订采购合同、并由此获利的同样状态。

但是,上述以欧共体成员国的现有制度为事实根据,从恢复经济上的状态角度来认识赔偿的功能和目的,并进而反映在相关制度的结构当中的主张,在马汀(J. M. F. Martin)博士看来,是一种传统的理念。他更愿意从经济分析的角度来审视损害赔偿的功能,并以此为批判和改进现行制度的标准和依据。他认为,损害赔偿应当对法律的执行兼具激励(incentive)和抑制(deterrent)两方面的效果。概括地讲,就是对于第三人,赔偿的收益要比其因提起救济所付出的成本(比如诉讼的成本和被列入黑名单的危险等)来得高时,才会刺激第三人寻求法律上的救济。③ 就政府而言,只有面对着适当的抑制性的制裁,也就是要付出较大的成本时,才会因惧怕潜在的、大量的申诉而不敢轻易违规。用这个认识来评判现行的制度,并反馈到制度结构的改进上,就是要提高赔偿的数额,简化赔偿程序,特别是减轻举证责任。最好能对政府明显违规,处以金钱制裁,因为从经济学的分析视角看,增加制裁的严厉性和施加金钱罚款,能形成最低成本的执法机制,是保证遵守规则的最有效率的方式。④

马汀(J. M. F. Martin)博士的上述理论见解的事实依据是一项欧盟的研究报告,其中,当问及第三人因违反国内有关公共合同的立法而提起司

---

① House of Lords Select Committee on the EC, *Compliance with the Public Procurement Directives*, session 1987—88, 12th Report, at 19, para. 71.

② 在西班牙,原告对赔偿利润损失(lost profit)的要求,通常会遭到行政法院的拒绝。STS 12 July 1954 and STS 21 November 1955. 艾诺史密斯(Arrowsmith)在考察英国的相关制度后,认为从较难评估利润损失这一事实上,就可以得出结论,损害赔偿并不是一种充分的救济。Cf. Arrowsmith, op. cit., p. 113.

③ 哈罗(C. Harlow)和劳林斯(R. Rawlings)在对欧共体采购规则的批判中也谈到这一点。Cf. Carol Harlow & Richard Rawlings, *Law and Administration*, Butterworths, 1997, p. 250.

④ 有些欧共体成员国不赞成通过另外施加金钱上的制裁来干涉缔约机关的行为。关于马汀(J. M. F. Martin)博士的详细理论见解。Cf. Jose M. Fernandez Martin, op. cit., pp. 212—217.

法申诉的情况是否频繁时,大多数欧共体成员国的回答却是否定的。① 企业对这一现象的解释是,"谁也不会去咬那只抚育他们的熟悉的手"(nobody bites the proverbial hand that feeds them)。从经济学的观点来分析,如果最终获得的救济不足以补偿因诉讼而失去合同以及被列入黑名单的风险,那么,提起诉讼是没有效率的。因此,企业宁愿牺牲因通过诉讼争得合同而带来的短期利益,也不愿贸然起诉。② 那么,通过什么样的制度机制来刺激企业去积极寻求救济,反过来看,也就是怎么抑制政府采购违规,便成为马汀(J. M. F. Martin)博士研究的逻辑起点,而解决问题的结果就是上述的研究结论。

我以为,从经济学上的成本和效益,或者从制度建设上的激励与抑制角度,来反思损害赔偿问题,大体上是没有错的,至少这种审视问题的视角是比较新颖,能给人以新的启发和认识问题的新方法。就对政府的抑制机制而言,以金钱上或其他方式的制裁来提高政府违规的成本,达到抑制违法的效果,也并非不可行。其实,在法国法当中,为确保有关公开和竞争的采购程序规则得到一体遵守,早已开始借助于一些关于刑事和行政处罚的规则。③ 欧洲法院(Court of Justice)也在考虑要求在成员国层次上对违反欧共体规则的行为加以制裁,以对潜在的违法者产生抑制和阻止的效果。④ 在我国的《深圳经济特区政府采购条例》(1998 年,2011 年修订)当中,也同样能找到类似的思想,也规定了违反采购规则的行政责任乃至刑事责任,来迫使政府官员守法。但是,为实现刺激第三人寻求救济的机制,提高赔偿标准和数额,却颇有问题。因为很难说清楚,多高的赔偿才能除了补偿实际损失外,还能补偿失去合同和被列入黑名单的风险。但这又是马汀(J. M. F.

---

① EC Commission, Advisory Committee on the Opening-up of Public Procurement, *Extracts from the analysis of controls on compliance with the rules concerning public procurement in the Member States*, CCO/88/73. Cited from Jose M. Fernandez Martin, op. cit., p.212.

② Cf. Jose M. Fernandez Martin, op. cit., p.212.

③ Valadou in Arrowsmith(ed.), op. cit., p.329. Cf. Jose M. Fernandez Martin, op. cit., p.244.

④ Case 14/83, Von Colson and Kamann v. Land Nordrhein-Westfalen(1984)ECR 1891; Case 68/88, Commission v. Greece(1989)ECR 2977 at 2983; C－326/89 Hansen(1990)ECR I－2911, at para.17; Case C－7/90, Vandevenne(1991)ECR I－4371 at para. 11. Cf. Jose M. Fernandez Martin, op. cit., p.213, especially note 37.

Martin)博士上述研究在制度层面上的一个较为关键的结论。如果这个问题解决不好,那么,其所谓的刺激机制就无法形成。依我看来,无论从立法或操作层面讲,要从这个意义上来明确界定赔偿的概念,是非常困难的。况且,第三人出于长远利益考虑,不愿因为短期利益与政府发生诉讼纠缠,可以说,是带有普遍性的现象。而长远利益以及与政府的关系是无法计量的,因此,单纯以提高有限的赔偿的方式,实际上也根本不可能促使第三人一改初衷。但是,我并不是对上述现象采取虚无主义或麻木不仁的态度,而是我觉得,这种现象的一定程度的消除(但不可能是完全的根除),更有赖于整体制度环境的改善,包括政府官员的权利保障意识、程序的公正完善、政府内部的监督机制及早发现和解决问题的途径等等。

但在赔偿问题上,更加务实的态度应当是,赔偿实际发生的损失,包括在第三人能够有效证明其更有权利(机会)获得合同时的间接损失(利润损失)。而要想获得后一种赔偿,就应当承担较为严格的举证责任。这虽然在现象上表现出做到这点很困难,但是,换种角度看,又何尝不是和统计结果表明的,现实中原告其实是很少能在重新进行的竞标程序当中最终获得采购合同的结果相吻合,因而是合理的呢。

但是,《深圳经济特区政府采购条例》(1998年)是从采购无效的后果的角度来理解损害赔偿的,作为维持合同关系的制度代价的赔偿问题,始终在法条中没有出现。当然,我并不否认,在采购中确实有确认采购无效的必要,(比如,前面所说的"采购人与招标机构或者供应人串通,虚假招标的",这将使整个采购的基础遭到破坏,而不能不宣告采购无效),因而也就有着在这个意义上使用赔偿手段的需要,使各自恢复到先前的经济状态,这也是我们传统上对赔偿功能或目的的一贯理解。但是,过分轻易地否定采购的有效性,纯粹从追究法律后果的角度来使用赔偿手段,未必见得是有效率的。上面大量篇幅的对西方、特别是欧共体的损害赔偿制度的介绍,特别是对其从维持合同有效的角度来运用赔偿的内在原因的分析,已经较为充分地论证了这一点。相比起来,我们对赔偿功能的理解和运用,缺少了对成本和效益,或者表现为各方利益平衡的总体算计,缺少了从整个采购活动的运作更加有效率的角度的通盘考虑。因此,跳出传统的思维束缚,来重新认识赔偿的意义,应当是我们本节研究的基本结论,也应当是制度重构的基本方向。《深圳经济特区政府采购条例》在2011年修订时,第60条第2款(三)似乎透出了一丝类似西方的赔偿韵味。《政府采购法》(2014年)第73条(三)规定才更加像模像样。

(五)结束语:制度构筑中的两个要点

我国自1995年起由深圳市率先拉开政府采购的帷幕后,这一制度逐渐在山东、安徽、江苏、上海、北京等省市铺开推广,相关的地方性立法与制度建设也随之进行当中,[①]国家也在总结各地经验的基础上,制定了《政府采购法》(2002年,2014年修正)、《政府采购法实施条例》(2014年)。可以说,政府采购问题始终是我国财政乃至社会关注的热点。

在制度建设中,我们应当对合同前阶段,也就是采购阶段的政府活动是否合乎规范给予应有的关切。因为采购的目标、程序的设定、采购的决定都是由政府单方作出,而采购程序的进行,也是在竞标人参与下由政府来操作的,这就在很大程度上决定了政府采购的预期能否实现。当然不是最终实现,因为以后合同的执行情况如何,仍然是至关重要。竞标人在采购程序中能否按照规则行事,固然也很重要,但毕竟是退而居其次的。因为竞标人在程序中的任何违规行为,比如"隐瞒投标的真实情况或者故意进行无效投标的""采用不正当手段妨碍、排挤其他供应人的",原则上都可以被政府所洞察和纠正。因此,对政府采购活动的制度规范,应当,而且必须是围绕着规范政府行为而展开的。

对第三人在采购程序中的权利救济,从上述角度上理解,也可以说,是从监督和控制政府的采购行为合乎规范方面提出来的,当然,承认并保障第三人在采购程序中的主观权利,对实现个人对采购的预期也有着实质意义。这其实是一个问题的两个方面。可以说,对第三人的权利救济,是整个采购阶段所有救济问题之所在,构成了先合同阶段救济的全部内容。

在我们已有的立法当中,也已经存在着这方面的一些因素或成分,但是,还必须有意识地在制度层面上进一步加强。特别是,在救济制度的构建上,应当通过司法救济的弥补、程序环节的简化、期限的限定、措施的得当来

---

① 这方面情况的详细介绍,参见晓名:《政府采购:阔步走来》,载《中国行政管理》,1998(10)。

实现对第三人救济的迅捷、公正和有效,这是制度建设中必须关注的一个要点。另外一个关键是,从采购所应当体现的公共利益优位的角度出发,通盘考虑和算计救济手段的成本和效益,建立合乎理性的、搭配合理的救济手段体系。这两方面恰好是我们在以往的制度建设中所忽视的,也是本文研究得出的或许可供我国政府采购制度建设参考的两个基本结论。

治安承诺责任协议*
——从行政契约视角对"杨叶模式"的个案研究

目　次

一、引言　/ 326

二、"杨叶模式"和公共选择　/ 327

三、赔偿的性质和依据　/ 332

四、选择法律的执行方式是否允许？　/ 339

五、承诺的兑现会不会使企业内部放松管理？　/ 341

六、平等原则和"非常态"处理　/ 342

七、结束语："杨叶模式"的进一步完善　/ 345

---

*　本文的主要内容曾以《从行政契约视角对"杨叶模式"的个案分析》为标题发表在《中国人民公安大学学报》2000年第4期上。

一、引　　言

　　杨叶镇地处鄂州、黄石两市之间的结合部，北临长江，南濒花湖，全镇面积 28 平方公里，辖 6 村，总人口 2.5 万多。这个原本不起眼的湖北省乡村小镇，近来因当地派出所推行以"你被哄抢、敲诈，我赔偿"为核心的治安承诺制而引起全省乃至全国的注意，被称为"杨叶模式"。对这个收效颇好的制度的意义，人们更多的是从行政管理或者政治层面上来认识，认为其"是公安工作服务经济建设和服务人民群众的新的结合点；是公安工作提高服务质量和水平，转变服务方式的新的转换点；是提高（公安）队伍战斗力，树立公安机关良好形象的新的动力"。[①]但在我看来，更加深远而重大的意义还在于法律层面。因为治安承诺完全是在行政法关系上形成的协议，不夹杂任何民事关系因素，是纯粹意义上的行政契约（administrative contract）。从制度建设角度讲，它极有可能、也应该成为更深一步拓展行政契约的规制范围的契机，也向人们展示出一个以行政契约为"可变通手段"（flexible device）来解决"非常态案件"（atypical cases）的范例，代表着行政契约的未来运用和发展方向。对其研究的结果可以促使行政法对行政契约研究的视野更加开阔，关注到纯粹行政契约的客观存在，拓深对行政契约能够在行政法领域广泛运用的理解。这也是我挑选"杨叶模式"作为对行政契约的个案研究的实例素材的主要动机。

　　然而，从对杨叶经验的总结上看，尽管有的同志也意识到这是一种行政契约形式，[②]但是，从现已见诸报端的大多数有关材料看，都未见只言片语提及行政契约，对实践中遇到的理论困惑，也没有意识地从行政契约理论上去寻求解决。这种实践游离在理论之外的现象，可以说，是目前行政契约实践中带有共性的问题，它一方面说明行政契约理论研究和传播的贫乏，不能对实践产生强烈的影响，另一方面，从增加理论的实践价值讲，也凸现出对具

[①] （鄂州）市委办公室调查组：《保一方平安，促经济发展——杨叶派出所推行治安承诺责任制的调查》，载《鄂州日报》，1999—04—24。

[②] 在杨叶派出所的一份报告中，以及鄂州市公安局的陈玉章在与我的通信中提到了这一点。陈玉章还为本文的个案研究提供了大量的有价值的资料和材料，在此致谢。

体行政契约形态进行个案研究的必要。而且,个案研究的意义还远不止此,由于现实生活中行政契约的具体形态纷繁复杂,普适的、高度抽象的理论模型尽管是必要的,但对于特定的行政契约来说,却很难说就是完满的、恰到好处的,因而多层面、有针对性的理论归纳和建构是非常必要的。我国实践中到底存在多少真正意义上的行政契约种类,也有待于个案研究一一廓清。可以说,行政契约理论要想进一步发展,变得更加精致,在很大程度上要依赖个案研究,这也是我们今后努力的方向。本文就是为此目的而迈出的一步。

本文将首先用公共选择理论来分析"杨叶模式"现象,从中揭示其何以能够成功的根本原因,(对这个问题的分析,同时也就是在回答为什么我们要签订这样的契约形式),以及推广意义,并期望进一步引申出"杨叶模式",与目前正在普遍推广的社会承诺制相较而言,更应成为我国行政改革所应关注的个案处理模式的基本结论。之后,我将解决在治安承诺制中争议最大的赔偿的性质和依据问题,并论证行政机关对法律内容的执行,虽然不能有所选择,但对执行方式却能有所选择,以及承诺协议在承诺对象上的选择性,并不违反平等原则,而恰好是表现出行政契约的"非常态"处理的特性。最后,在结语中,我将对进一步完善治安承诺协议提出几点意见。

二、"杨叶模式"[①]和公共选择

据反映,1997年以前,杨叶的治安状况很差,对企业(尤其是外来企业)、种养殖户敲诈勒索、聚众哄抢的案件接连不断,宗族械斗事件时有发生,车匪路霸肆虐,造成经济投资环境较差,在杨叶投资的客商亏的亏,走的走,严重影响了当地经济的发展。这反过来也说明,(而且有关材料也举出大量的例子说明事实也的确如此),当地警察队伍较为涣散,治安不太有力,警民关

---

① 以下对"杨叶模式"(治安承诺责任协议)的介绍,是在鄂州公安局1999年3月编辑的题为《实行治安承诺,确保一方平安》的鄂州市杨叶派出所事迹材料汇编,以及载于《鄂州日报》(1999—04—24)的由鄂州市委办公室调查组撰写的题为《保一方平安,促经济发展——杨叶派出所推行治安承诺责任制的调查》两个材料的基础上,按照我对该制度以及行政契约的理解,整理而成。

系较为紧张。正是在上述这些长期困扰企业生产经营的多发性突出治安问题亟待解决、公安形象必须改观、警民关系有待密切的背景下,随着1997年杨叶派出所领导的改组,因为一次为留住一位想租浅滩种湘莲又怕治安不好的湖南客商的偶然契机,产生了由派出所和企业签订治安承诺责任协议的做法。

  概而言之,就是派出所与辖区单位签订治安承诺责任书(协议),明确双方的治安责任以及权利义务。派出所在被承诺单位门前挂统一制作的治安承诺责任牌,实行公开承诺,接受群众监督。责任书一式两份,由派出所和被承诺单位各存一份。承诺期限一般为一年。一年届满时,被承诺单位要对派出所上年履行承诺的情况作出评价。如双方同意,还可续签责任书。

  治安承诺责任协议实施以来,在改善治安秩序、形成良好的经济投资环境、加强公安队伍建设、塑造公安形象等方面都收效明显。我们可以举出两组统计数据来说明。一个是以往多发性的企业被敲诈、哄抢、强迫交易等违法犯罪活动已近绝迹,1997年仅发生此类案件三起,比1996年下降97%,1998年仅发案一起,且迅速得到处理,并向企业赔偿了损失。另一个是1997年、1998年连续两年省、市综合治理小组来杨叶派出所检查群众满意率,结果都是,95%的被抽查对象表示满意。"杨叶模式"成功了,并产生了社会轰动效应,被誉为"是非经济部门服务经济建设、支持改革开放的一项创举,值得各级各部门认真学习,积极推广。"[①]目前对杨叶经验的总结也正在进行之中。"杨叶模式"的成功固然是"杨叶所自定高标准,自我加高压"的结果。但是,在我看来,这样的结论还过于把问题简单化。或许从公共选择理论(public choice theory)角度更能洞察其中的原因,准确地理解推广"杨叶模式"的条件,甚至还有可能引申出对我国当前行政改革的主题取向的基本结论。

  公共选择的方法对于行政规制的革新是非常有价值的。英国学者麦考斯兰(P. McAuslan)就说过:"撒切尔(Thatcher)政府实行的行政改革是建立

---

 ① 参见《鄂州日报》(1999—04—24)的两则报道,一个是题为《发挥名牌效应,推广杨叶经验》的新闻报道;另一个是中共鄂州市委和市人民政府于1999年4月21日发出的《关于开展向杨叶派出所学习活动的决定》。

在公共选择理论上,尽管不总是非常明确。"①其实,英国自1979年,特别是梅杰(John Major)当政以来,公共管理的种种变革都可以从公共选择(choice)角度来获得理解。其中,用公共选择理论来解释英国的"公民宪章"运动(the Citizen's Charter programme)就是一个比较成功的范例。对我们来讲,更有意义的是,尽管英国的"公民宪章"运动不是或不一定是采取行政法意义上的契约方式,但其所表现出的行政内容却和治安承诺有着实质的近似,内在的机理也是类似的。②因此,用公共选择理论来剖析治安承诺制,也应该是没有问题的。

从新古典经济学(neo-classical economics)中汲取了思想养分的公共选择理论,③也同样注重用经济学的方法和技术来研究社会或非市场的决策,从市场角度对政府行为概念化(conceptualisation)。其中一个最基本的观念是,如果无时无处不存在彼此竞争的服务提供者(service provider),并能在他们之间选择,这将会是对提高质量的最好刺激。但正像皮里(M. Pirie)所分析的那样,在公共领域,缺少有效的消费者压力,生产者处于支配地位(domination)。而公共服务通常又是在垄断或者近似垄断的状况下运作的事实,更加加剧了上述已存在的不均衡(imbalance)。这就意味着,缺少经常不断的刺激超越对手的动力,或者从竞争对手那里学习有价值的革新和实践的动力。④其结果是,公共服务的质量在有些场合下就难免会表现出不如人意。杨叶在1997年之前就是这样。不管是当时有些民警明里上班、暗里从事第二职业也好,还是村民因不满而把派出所进出的路给挖了、电给断了、车给推走了也好,都可以看作是公安工作服务质量

---

① P. McAuslan, "*Public Law and Public Choice*"(1988)51 *Michigan Law Review* 681. Cited from Carol Harlow & Richard Rawlings, *Law and Administration*, Butterworths, 1997, p.129.

② 被梅杰(John Major)称之为"1990年代公共生活中的中心内容之一"的"公民宪章",也是将公共服务的标准告诉公民,并接受公民的监督,以期提高公共服务的质量。在这一点上和治安承诺制相同。但它不是采用与特定公民签订契约的方式,而是用社会承诺的方式。关于英国"公民宪章"的情况,Cf. Carol Harlow & Richard Rawlings, op. cit., pp.129,144—148.

③ 公共选择有着四个方面显著的理论来源,即新古典经济学、数理政治模型(mathematical political models)、社会契约理论(social contract theory)和杰佛逊的行政管理思想(the ideas of Jeffersonian administration)。Cf. Carol Harlow & Richard Rawlings, op. cit., p.130.

④ Cf. M. Pirie, *The Citizen's Charter*, London: Adam Smith Institute, 1991, pp. 5, 7—8, 23. Cited from Carol Harlow & Richard Rawlings, op. cit., p.146.

不高的直接或间接的反映，从根本上看，是治安管理的垄断性排斥竞争的结果。

而要想公共服务质量的提高，又涉及公共选择研究的另一个重要结论，即在竞争可遇不可求之时，征询服务使用者有关服务的种类和水准的意见，不失为解决问题的好办法。也就是说，不再用提供者的目光，而是用使用者的眼睛来审视服务的水准，用从下到上、而不是从上到下的方法来决定服务的质量。[1]因为在公共选择论者看来，政治和公共管理的水准实质上是公民理性选择的结果。因此，问题的关键，用皮里(M. Pirie)的话说，就是"要给政府服务的消费者——公民配置一些权利，从效果上能够作为和其在私人市场(private market)所拥有的权利一样的替代物"。[2]具体而言，就是首先必须肯定公民有权获得某种水准的服务，作为其纳税的等价报偿。所以，根据消费者的需求来确定服务的品质，应该是顺理成章的。其次，要将服务的标准公之于众，因为公民有权知道其能获得什么样水准的服务。最后，在不能兑现承诺时为公民提供一定的救济。这样，就如同置身于市场一样，通过消费者的压力来提高供给(supply)，来形成类似"竞争"的压力。而面对外在的压力，又能激发出或者转化为促进政府提高效率和服务质量的内在动力。

"杨叶模式"的成功之处，就在于抓住了当地群众反映强烈、亟须解决的两类多发性案件——敲诈勒索和聚众哄抢，在法律职责之上向相对人作出更高水准的服务承诺，即如果在被承诺单位发生这两类案件，派出所将赔偿由此给单位造成的一切直接财产损失，并通过契约赋予相对人在派出所不兑现承诺时要求赔偿的权利。此举一出，对派出所工作的压力是可想而知的。拿他们自己的话说，就是"承诺不是一诺百了，一诺就灵，承诺后面是大量的、经常性的繁重而又艰苦的工作"。从有关材料的介绍看，事情的发展，正像上面理论分析所预料的那样，自我营造的外在压力很好地转化成内在提高服务的动力。它激发的不仅仅是对治安承诺目标本身的实现的努力，

---

[1] Cf. Carol Harlow & Richard Rawlings, op. cit., pp. 145,147.
[2] Ibid., p. 146.

治安承诺责任协议——从行政契约视角对"杨叶模式"的个案研究

甚至还激发了对完善行政组织运行管理①以及改善整体社会治安状况②的努力。③因为后两个方面能够为承诺协议的实现营造良好的氛围,创造出先决条件,因而是至关重要的。就像鄂州市公安局一位负责人说的,"推行这一做法(治安承诺制)既需要较好的社会治安基础,又需要有较强的责任感,否则包不下来"。这就使得"杨叶模式"的意义更加深远,因为在这里,承诺协议实际上就变成为带动方方面面工作的一个契机,一个始发点(a starting point)。甚至我们还可以说,承诺协议的提出,对于行政内部的组织和工作制度的建设,对于全局性工作都是有效益的,具有"牵一发而动全身"的效应。在我看来,这是杨叶经验中最具有价值的部分,对于以后的制度建设来说,也是非常值得仿效的一点。

"杨叶模式"的意义还远不只这些,结合目前在行政机关普遍推行的社会承诺制来看,它们都是在公共服务还必须保持公共拥有的垄断的情景下,寻求替代竞争法则、以求提高服务质量的一条行之有效的出路,共同构成今后行政改革的主题和方向。而且,我觉得,相较于一般的社会承诺制,④"杨叶模式"的意义要更加重大。因为"杨叶模式"能够在向公众普遍承诺的条件不成熟的情况下就问题最突出、要求也最迫切、条件也最具备的方面先行突破,有所收益,并能带动全局方方面面工作的根本改观。因而这种个案处理模式也就更具价值,更值得关注。

---

① 杨叶派出所加强了内部的组织建设,建立一系列工作机制和制度,如"责任区民警工作制度""值班与接处警制度"和"工作例会制度"。他们非常形象地把这方面努力的成效总结为两个转变:即实现了由以前的(民警)办餐馆、办旅社到办公、"端饭碗"的转变,由以前的软、懒、散到爱岗敬业、求真务实和严格执法的转变。

② 在这方面,杨叶派出所主要采取了两个措施:一是加大了打击违法犯罪的力度,实现社会治安由乱到治的转变。据统计,1997年共发刑事案件八起,比1996年的二十二起下降63.6%,1998年仅发刑事案件四起,比1997年下降50%。二是健全各级治保、保卫组织,改变民警到基层工作"无脚"的状况。全乡不仅建齐了治保会,配备了治保主任,还建立行业联防组织七个,成立治安室三个,有各类治安保卫人员134人,初步形成了点守(治安室)、线防(巡逻队)和面控(行业联防)相结合的覆盖社会面的群防群治网络,为承诺的兑现奠定了良好的治安基础。

③ 鄂州市公安局的陈玉章在与我的通信中,也认为,"从综合作用来看,杨叶治安承诺责任制的推行与其单位的队伍建设、公安基层基础工作、严打斗争等其他业务工作形成相互依存、相互促进、良性互动的关系,共同推进了派出所工作的全面发展。"

④ 从广义上讲,"杨叶模式"也是一种社会承诺制的形式,只不过它是采取契约的方式有选择地向相对人的承诺;而一般意义上的社会承诺多是以内部规则订定服务标准和范围,并向所有辖区居民公布,并提供所承诺的服务。

但也要清楚地看到,"杨叶模式"这方面的意义实际上也从某种程度限制了"杨叶模式"的推广。或者更准确地说,是道出了在仿效"杨叶模式"时要特别注意解决或模拟的客观条件。"杨叶模式"是以打击敲诈勒索和聚众哄抢案件为承诺的核心,并作为带动整个公安工作转变观念和提高服务的基础,和赔偿的事实理由,因而能否实际上抑制两类案件的发案,或者尽快地全部破案,就变得至关重要,关系到治安承诺能否最终实现。而这在小小的杨叶镇却相对来说是比较容易做到的,因为社区(community)范围较小,社区居民关系简单,而且较为紧密,较为熟悉,就使得案件的因果关系明确,对象明确,查处条件也较好。这是"杨叶模式"之所以能在提出这些看起来要求很高的标准之后又能够获得成功的根本原因。假设杨叶派出所承诺的不是这两类案件,而是带有不易捕捉的、不易控制的可变因素的案件,比如,牵涉流动人口作案问题,那么,也许就是另外一种情况,就极有可能变成把"紧箍咒"带在头上就再也摘不下来了,自己营造的压力不但不能转化为顺畅的动力,却反而最终把自己压垮。再进一步说,如果在别的部门,比如交警或城建,推广"杨叶模式"时,即使注意到了前面所说的承诺的可行性问题,但却不能恰到好处地筛选出群众对本部门行政关注的"要点",那么,同样也会"东施效颦",收效不佳。这样的研究结论或许是大出人们意料之外,对当前方兴未艾的学习"杨叶模式"的热潮似乎是不啻当头一盆冷水,但却并不意味着在别的部门不能取得类似"杨叶模式"的成功,而是意在提醒对承诺条件的关注。

三、赔偿的性质和依据

众所周知,整个治安承诺协议当中的核心内容,也是"杨叶模式"中最具创造性的地方,就是派出所向企业承诺的,在本辖区内如果被敲诈勒索或者哄抢,违法犯罪所造成的直接财产损失,将由派出所负责赔偿。但同时也是对治安承诺协议持截然相反观点的人们聚讼争执之所在。那么,这种赔偿是不是像有些对治安承诺制抱怀疑态度的同志所担心的那样"在法律上是否站得住脚、行不行得通"?,还是像支持治安承诺的同志所说的"这个赔偿虽然在法律上没有具体规定,但签订了责任状,(就)成了行政责任"呢？在现代法治和依法行政(the rule of law)理念下,"杨叶模式"要想在法律上成立,取得合法性认可,就必须克服在赔偿的法律依据问题上的争论点。

"杨叶模式"中的赔偿,从损害产生的原因行为看,是违法者的敲诈勒索或聚众哄抢的直接结果。但从赔偿的具体承担上看,①却是转化为派出所的"工作不到位",套用赔偿法上的概念来讲,有点类似法定权限不作为(non-action)的国家赔偿责任。但这种责任在大多数案件(能够破案的情况)中却实际上是一种替代责任(vicarious liability),最终的责任仍然由违法者来承担,派出所只是"先予赔偿"。但也不排除派出所实际承担的可能性,因为从理论上讲,不能绝对保证每案必破,或者即使破案,但也不能保证每个违法者都具有清偿能力。所以,这种责任实际上是很特殊的一种责任形式。

我们说,这种责任近似法定权限不作为的国家赔偿责任,是因为在形式或现象上看,既然派出所赋有维护辖区社会治安秩序的职责,现在发生了敲诈勒索或聚众哄抢的违法犯罪案件,好像也可以理解为派出所的不作为或不积极履行职责造成的。但问题决没有这么简单。因为单从组织法上规定的职责看,是极其宽泛和抽象的,而在现实社会中,发生在上述职责辐射范围内的违法行为,却可能是大量的、频繁的。如果承认行为与结果之间有着如此的因果关系,那么,在客观效果上会使政府承担过高的义务(put the duty too high),而不堪重负,也会使得国家赔偿责任范围无限扩大。因此,国家赔偿法理论上,一般不承认上述情况会产生国家赔偿责任。对其中具体理由的解释,在德国有"客观之法之反射利益"(Reflexwirkung des objektiven Rechtes)和"主观公权"之区别的理论,在英国有"公共义务原则"(public duty doctrine)。

"客观之法之反射利益"(Reflexwirkung des objektiven Rechtes)和"主观公

---

① 根据治安承诺责任协议的约定,责任赔偿以支付赔偿金为主要方式。能够返还财产或恢复原状的,予以返还财产或恢复原状。当然,在赔偿时要分清赔偿责任,对因派出所工作不到位而造成的损失,派出所予以赔偿;对当事人过错造成的损失,派出所酌情赔偿或不予赔偿;对案件发生后,被承诺单位不及时报案,发现证据、线索、对象拒不提供,隐瞒事实真相的,不予赔偿。对发生的敲诈勒索、哄抢案件造成的直接财产损失,经派出所调查核实后,先予赔偿。

权"之区别理论,为德国学者詹宁雷克(Georg Jellinek)所创。他在其名著《主观公权体系》(System der subjektiven oeffentliche Rechte,1892)一书中指出,如果公法法规仅为公共利益,命令国家机关为特定作为或不作为的场合,并不对特定个人产生主观权利或主观公权(subjektiven oeffentlichen Recht),也就是,法秩序本身并没有扩张特定个人权利范围的意思。上述作为或不作为的结果,对于特定个人来讲,只是承受因法规的反射权所得的利益,即法的寄生物(Rechtssparasiten),也叫做法的反射效果(Reflexwirkung des objektiven Rechtes)。如果是这种利益受到损害,那么,由于不具有公法上的请求权,也就没有请求赔偿的可能。值得注意的是,近年来,"反射利益"有着逐渐"公权化"的趋势,但这也并不意味特定个人就能直接据此要求国家赔偿。①受德国理论影响,日本和我国台湾地区也采相同态度。②

在英国,尽管在违背法定义务之诉讼(action for breach of statutory duty)上情况异常复杂,但仍然要问一下法条中义务(duty)的性质是为一般

---

① 德国行政法理论认为,只有在公法中明确表示特定个人能够请求政府赋予利益时,也就是享有主观公权时,才有请求赔偿的可能。但还必须结合"裁量收缩"(Ermessensschrumpfung),也称"裁量消减"(Ermessensreduktion)理论来具体判断。也就是说,光有主观公权还是不够的,还必须表现为特定个人的生命、身体、健康等法益有具体危险之急迫性,而且,行政机关对这种危险结果的发生明知或可得而知,也就是具有预见的可能性,并能防止该损害结果的发生,社会对被害人要求行政机关行使该项规制权限的期待也认可,这时,行政机关对是否行使该权限的裁量权收缩至零,换言之,其不行使将构成裁量权的滥用,而要承担相应的赔偿责任。参见罗明通:《英国行政法上法定权限不作为之国家赔偿责任》,见《宪法体制与法治行政》(城仲模教授六秩华诞祝寿论文集,第二册,行政法总论),433~434页,特别是注1、3,台北,三民书局,1998。还可参阅,王和雄:《论行政不作为之权利保障》,台北,三民书局,1994。德国法院的判决也显然运用了上述理论,例如,尽管联邦政府知道出于对申请人的利益保护必须尽快对其申请作出答复,但仍迟延答复,这时,就要承担赔偿责任。Decision of 23 March 1959, 30 BGHZ 19. 还有一个获得赔偿的判例是,当事人完全符合条件,而且也明确提醒行政机关,如果迟延发放驾驶执照,会给其事业造成损失,但行政机关仍然迟延履行职责。Decision of 29 Nov 1954, 15 BGHZ 305. Both Cases cited from Mahendra P. Singh, *German Administrative Law: in Common Law Perspective*, Springer-Verlag Berlin Heidelberg, 1985, p.143.

② 例如,我国台湾"最高法院"1983年"台上字"第704号判决,1991年"台上字"第605号判决以及1992"台上字"第2649号判决都认为,我国台湾"国家赔偿法"中所说的"公务员怠于执行职务",是指被害人个人对公务员为特定的职务行为有公法上的请求权,经其请求行政机关执行,但行政机关竟怠于执行,致使其自由或权利遭受损害的情形。如果公务员执行职务专在增进或保护社会公益,对特定个人只是反射的利益,对于这种职责的不履行,特定个人无公法上的请求权,因而要求"国家赔偿"也就无从谈起。

公众利益而设的呢,还是对特定个人而设。①看看议会是否给了特定个人能够导致损害赔偿要求的诉讼的理由,是不是要求行政机关对特定个人负有注意的义务(duty of care)。②英国法官阿特金(Atkin)在 East Suffolk Rivers Catchment Board v. Kent(1941)(A. C. 74,88)案的判决中更是对"公共义务原则"作了较全面的阐述,他指出:"当法律赋予行政机关权限时,行政机关虽有依法作为的义务,但这个义务是对国家或公众所负的义务,并非对公民个人所负的义务时,公民个人很难说就此取得了要求行政机关作为的权利,也不能因行政机关怠于行使其权力就取得损害赔偿权。"③这个理论对于警察权限的行使意义非常重大,因为对于警察行使 1964 年及 1976 年《警察法》(the Police Law)中规定的警察权的义务,英国法院根据上述理论判决该义务是对公众所负而非对个别市民所负的义务。④对行政机关来说,与"公共义务"相对应的权力就是纯粹的权力(mere power),行不行使,是行政机关裁量的结果,对特定个人不产生必须行使的法律义务。英国最高法院在 1940 年的 East Suffolk Rivers Catchment Board v. Kent and Another 案的判决中清晰地表明了这一点。⑤

从我国司法审判上看,也不单纯取决于法律规定的对公众的职责是否

---

① Cf. H. W. R. Wade & C. F. Forsyth, *Administrative Law*, Oxford University Press, 1994, p. 785.

② Cf. David Foulkes, *Administrative Law*, Butterworths, 1995, p. 489.

③ 转引自,罗明通:《英国行政法上法定权限不作为之国家赔偿责任》,见《宪法体制与法治行政》(城仲模教授六秩华诞祝寿论文集,第二册,行政法总论),433~434 页,台北,三民书局,1998。

④ 在 R. v. Metropolitan Police Commissioner, ex p. Blackburn(1968)(2 Q. B. 118)案中,法官戴维尔(Edmund Daview)就说,"执行法律之官吏(the law enforcement officers)仅对公众负有执行其功能之法律义务。"在 Hill v. Chief Constable of West Yorkshire(1987)(2 W. L. R. 1126)案中,法官福克斯(Fox)也说,"警察镇压犯罪(to suppress crime)之义务并非通常之义务。警察对社会各个成员(individual member)不负犯罪调查之法律上义务,因之,警察在可能逮捕犯罪者之情形下,纵然怠于逮捕(failed to apprehend in circumstances when it is possible to do so),亦不对个人负损害赔偿责任。"转引自,罗明通:《英国行政法上法定权限不作为之国家赔偿责任》,见《宪法体制与法治行政》(城仲模教授六秩华诞祝寿论文集,第二册,行政法总论),433~434 页,特别是注 1、3,台北,三民书局,1998。

⑤ 在该案中,因河流水位突然高涨,冲破河堤,淹没原告肯特(Henry Kent)等人的农场及建筑物。法院认为,被告水库管理委员会(East Suffolk Catchment Board)虽然依据英国 1930 年《土地排水法》(The Land Draining Act, 1930)之规定被授权处理相关事务,但这只是单纯的权力而非法律义务,行不行使,和怎样行使,是被告的裁量权力。

没有履行，而必须通过受害人对行政机关一再申请其履行上述职责，转化为对特定个人的职责不履行时，才构成法定职责的不履行。我们可以从张珠钦等诉福建省闽清县璜乡人民政府不履行法定职责案、[①]王宗孝诉连云港市规划局不履行规划管理职责案[②]中清楚地看到这一点。换句话说，如果缺少特定个人向行政机关提出具体请求这一将抽象职责具体化、个别化的转换过程，行政机关也决不会因现实中发生属于其管理职责的违法行为，就概无例外地承担赔偿责任。"杨叶模式"中的情况原本也应该是这样的，也就是客观上发生敲诈勒索或聚众哄抢的案件，本来并不必然地导致派出所的赔偿责任，但却被人为地、刻意地建立了赔偿责任上的因果关系。

　　上面，我之所以不厌其烦地介绍和分析法定权限不作为的国家赔偿责任，无非是想论证"杨叶模式"中的赔偿无论在国家赔偿理论还是现行法规定上都是没有依据的。也就是说，这种责任绝不是法定的责任，而应该是，（也是我接下来要论证的），约定的契约责任。如果这个结论可以成立，那么，将肯定会对整个国家赔偿理论、特别是实在法的结构产生冲击。行政机关通过契约方式为自己设定的行政法上的另一种非法定的责任形式，将在国家赔偿的框架中得到应有的确认。这或许是研究"杨叶模式"中的赔偿性质所引申出的更加深远的意义之所在。

　　如果我们把这种责任理解为行政契约责任，我们马上就会碰到派出所签订这种契约是不是有法律上的依据或授权的问题，因为这直接关系到契约在法律上能否真正成立。而且，从依法行政、特别是全面法律保留原则（Totalvorbehalt oder unbeschrankter Gesetzesvorbehalt）的要求看，提出行

---

① 参见林准主编：《行政案例选编》，北京，法律出版社，1995。在该案中，乡政府依据《婚姻登记办法》第5条规定负有办理结婚登记的义务，但在原告符合条件，提出结婚申请，但受到夫家和村干部的无理阻挠时，被告却以种种理由推脱履行上述职责。

② 参见最高人民法院中国应用法学研究所编：《人民法院案例选》（行政卷），北京，人民法院出版社，1997。在该案中，根据国务院《城镇个人建造住宅管理办法》（1983年）第6条、《城市规划法》（1989年）第40条之规定，规划局对辖区的建筑行为负有管理职责。据此，原告以其邻居未经批准擅自建筑楼房而严重影响其采光、通风的合法权益为由，要求被告履行上述法定职责，但被告实际上未能履行。

政机关在签订契约时应当要有法律依据的要求,也是很自然的。①但令人尴尬的是,目前还找不到这样的法律依据。那么,怎么解释这个问题呢？这只能反而求诸行政契约理论。从目前已成定论的行政契约理论来看,依法行政的一些理念在行政契约问题上必须相应地重新整合,特别是在法律依据上。②尼尔豪斯(Michael Nierhaus)就指出:"如果契约是作为一种依其本性(by its very nature)来讲,就含有(presuppose)事实或者法律上的不确定性的解决方法,那么,行政合法性原则(the principle of legality of the administration)就可以不必被严格遵守。在这种情形下,对法的严格坚持(strict adherence to law),不得不让位给实用性的理由(reasons of practicability)。那么,只要公民自愿同意接受政府的干预,或者自愿履行服务,那就没有理由阻止行政机关签订具有这种效果的契约。"③田中二郎也指出:"以往通说认为,公法上的契约只限于法律上有特别明示认可的情况下才能成立,这只是将公法上的契约当作要受法律上拘束的行政行为的一种形态来考虑的结果。但是,公法上的契约和行政行为是不同的范畴,从其对等的意思合致而成立的特殊性考虑,每个契约都和私法上的合同一样,不要求明确的法律根据,这样的解释才是妥当的。"④因此,缔结行政契约的权利没有必要必须由法律明文规定,当然,至少要能在法律(尤其是组织法中)找到根据(basis),也就是没有越权(ultra vires),或为法律的目的和意义所禁止(prohibition resulted from the object and meaning of the law)。

紧接下来的问题是,派出所能不能在行政契约中为自己设定较严厉的责任,为相对方创设权利,或者反过来,对相对方课加义务,扩大自己干预的

---

① 提出这个要求是很自然的,特别是将行政契约当作一种行政行为来把握时,更是有说服力。而且,从历史上看,在德国和日本也一度要求,行政契约只有在法律有明文规定时,才能成立。甚至直到20世纪50年代,日本还有支持这种学说的判例。神户地方法院洲本支部1953年11月11日判决就指出:"公法上的契约,是以公法上的效果发生为目的的契约,只有法令特别承认时,才允许其缔结。"见,下级民集第4卷第11号,1650页。参见杨建顺:《日本行政法通论》,519页,及注43,北京,中国法制出版社,1998。

② 关于行政契约与依法行政的关系的进一步论述,参见余凌云:《论依法行政理念在行政契约中的贯彻》,载《中国人民公安大学学报》,1998(1)。

③ Cf. Michael Nierhaus, *"Administrative Law"*, Collected in Werner F. EBKE & Matthew W. Finkin(ed.), *Introduction to German Law*, Kluwer Law International, 1996, p.96.

④ [日]田中二郎:《行政法总论》,有斐阁1957年版,第252页。

理由? 这也是行政契约中一个带有共性的问题。比如,在英国,对于地方政府在土地规划(planning field)上使用契约权力来限制或规制土地的使用和发展,就有人以"双方同意也不能使规划机关有权强加那些原本属于越权的条件"(consent cannot empower a planning authority to impose conditions which are ultra vires)为由,对上述实践的合法性向上诉法院(the Court of Appeal)提出质疑,但结果却大出意料,法院裁决这种规划协议(planning agreements)的使用是合法的。①英国的这个判例至少从实例上证明了不是不存在上述可能。结合本案,我觉得还可以从以下两方面来寻求支持的论据,一方面,从前面提到的公共选择理论上分析,行政机关自订较高服务标准,能够更好地刺激内在动力的激发。因而上述约定有着管理效率上的合理性。另一方面,从行政契约理论上看,只要是在个人有权放弃自己的权利的限度内,合法性要求(requirement of legality)就可以放缓(relax)。但权利的放弃(waiver of rights),只有在为个人创设一个法律权利,而且是个人完全自愿处置,并不违反禁止连结原则(the principle of Koppelungsverbot)的条件下,才被允许。②以"杨叶模式"为例,虽然在协议中发案单位的治保人员被要求必须以最快速度报警,并积极提供嫌疑人员,协助查处。凡发案不报、知情不报者,也要承担一定的经济责任,但另一方面,作为对价,企业却取得了要求赔偿的权利和要求限期破案的权利。③因此,结论应该是肯定的。

既然"杨叶模式"无论在依据问题还是契约内容上都不存在问题,而且,虽然在"杨叶模式"中更多的是派出所的主动承诺,但从本质上讲,仍然是派出所和企业彼此合意的结果,而且,外观或形式上表现为签订双方协议的方式,④因而,其作为一种行政契约形态,也应该是成立的。而这个结论的结果,当然是上述责任必然为行政契约责任。

如果是这样的话,在现行行政财政体制下,很自然会产生一个非常实际

---

① Cf. H. W. R. Wade & C. F. Forsyth, op. cit. , p. 803.
② Cf. Mahendra P. Singh, op. cit. , p. 52.
③ 在治安承诺协议中,派出所要求责任区民警对于被承诺单位发生的被敲诈、哄抢的一般案件,应当在三至五日内查处,对案情复杂的疑难重大案件,最长不超过一周,如果不查处或查处不力,扣发责任区民警当月工资的20%。
④ 形式上有无契约条款(cahier des charges),是判断行政契约的一项重要指标。当然,也不能单凭这一点,就能断定,还必须结合其他因素,特别是看内容形成的整个过程中是否存在协商合意。

的问题,就是赔偿的钱从哪来?因为即使最终责任由违法者来承担,但至少存在着由派出所先行承担的可能。杨叶派出所为此专门建立了经费保障制度,就是将辖区内的机关、团体、企事业单位和个人的自愿捐款,根据国务院预算外资金管理的有关规定,纳入财政预算外资金管理,作为治安基金,这就使得赔偿的承诺更加现实。

四、选择法律的执行方式是否允许?

还有一个虽然在有关材料中没有提及、但在我看来是很重要的法律问题,也就是对于法律的执行方式是否有选择的余地?因为在治安承诺协议中,除了赔偿承诺外,还有三项内容,一是被承诺单位发生刑事案件或治安灾害事故,派出所接到报警后,保证用最快的速度赶到现场处置,并协同刑警等警种开展侦破和查处。二是派出所协助被承诺单位妥善处理该单位内部及周边单位、居民的关系,积极调解矛盾,维护社会稳定,为企业创造良好外部环境。三是帮助被承诺单位建立和健全内保组织,制定安全防范措施,发挥治保积极分子的作用,确保单位内部安全。[①]这三项承诺其实在公安部1988年1月15日印发三局《关于改革城市公安派出所工作若干问题的意见》和1989年5月25日转发《关于解决城市公安派出所工作改革中几个问

[①] 在这方面的具体要求是,在被承诺企业普遍建立厂长(经理)治安保卫工作职责,保卫科(人员)工作职责和奖惩办法、门卫制度、值班制度、会客制度等一系列规章制度。派出所民警要对被承诺单位情况了如指掌,要与该单位法人代表或保卫干部经常取得联系,定期到被承诺单位传达上级精神,通报治安情况,特别是对治安隐患及时提出整改意见,加强具体防范措施。如发现不按期走访被承诺单位,不指导、督促、落实防范措施,扣发责任区民警当月的警衔津贴,造成严重后果,影响企业正常生产的,根据情节报上级处理。

题的意见》的通知中都已有规定。①既然如此,或许有人会提出派出所只需照此办理,"按单抓药",才比较符合"依法行政"的要求,无须,也不能采取什么承诺或契约方式。这种观点对于执法的内容来讲无疑是正确的,但对于执法的方式却未必是正确的。上述规定,甚至大多数的法律恰恰规定的都是关于执法的内容。现代行政契约理论认为,只要法律中没有要求必须以行政机关的指令或命令(direct or order)、行政行为(administrative act)或者从属立法(subordinate legislation)的方式执行法律中的规定,也就是,从某一法律条文的本意及目的,或者按整个法律的体系来解释,不能得出采取行政行为是唯一可行的行为方式时,就暗示着(imply)给行政机关留有很大的选择执行方式的裁量空间,也就不排除行政机关可以根据自己对执法环境和条件的判断而选择订立行政契约的方式。而且,据说,选择行政契约作为行政作用的方式,也越来越成为行政机关的一种偏好,甚至成为现代国家中一个普遍(universal)而又日渐增多(growing)的现象。②因为行政契约具有诸多传统行政行为所没有的长处,比如,它能够增加行政透明度和公民参与行政的程度,产生行政机关与人民之间合作的模式;能够在立法不完备或其他场合下作为实现政府政策目标的手段而替代立法;能防止法律纷争的发生,并能适当地考虑个案的特殊性,③等等。

---

① 在公安部1988年1月15日印发三局《关于改革城市公安派出所工作若干问题的意见》中,就明确派出所的基本任务有:"对辖区内公共复杂场所与地段、特种行业、企事业单位和要害部位以及居民区,实行以块为主的治安管理,预防、减少犯罪和治安灾害事故";"开展以治保会为主体的多层次的群防群治工作。组织好治安联防、治安巡逻、护厂、护校、护店活动以及居民高层住宅楼房的公寓式管理,预防犯罪,保障安全";"侦破和协助侦破本辖区内发生的刑事案件"等。在1989年5月25日转发《关于解决城市公安派出所工作改革中几个问题的意见》的通知中,又进一步确认了派出所"对街道企业、小型企事业单位以及中小学校的治安秩序和内部安全,应负责检查和监督";要"就地侦破和协助侦破发生在本辖区的和涉及本辖区的一般刑事案件,协助市局、分局侦破重大案件";"要充分发挥派出所动员、组织群众维护社会治安的能力,发挥治保会、治安联防等多种形式群防群治组织的整体防范功能,组成多层次严密的治安防范网络,以逐步建立和完善社会防范机制"。

② Cf. Mahendra P. Singh, op. cit., p.54.

③ Cf. Peter Cane, *An Introduction to Administrative Law*, Clarendon Press, Oxford, 1992, p.256. 又参见石井昇:《行政契约の理论と手续——补助金契约を题材にして》,弘文堂1988年版,第6页。

五、承诺的兑现会不会使企业内部放松管理？

从都匀市公安机关的赔偿承诺实践（是以规范性文件方式向社会的公开承诺，而不是采取杨叶这样的行政契约方式）的讨论看，其中一个担忧就是"承诺会不会使企业内部放松管理"，反正被偷、被抢都有公安机关来赔，企业还操什么心？从承诺的落实上看，是不太可能出现上述问题的，因为现有的治安学理论研究已经表明，社会治安秩序的维持是绝不可能完全靠公安机关来独自完成，必须调动社会各方面的力量，包括相对人的积极参与。不然我们还要花那么大的劲搞综合治理干嘛？那么，在像杨叶与都匀市公安机关那样"自加压力"、主动承诺的情况下，更不可能不强化、细化企业的安全防范责任，否则，根本就承诺不下来。正因如此，赞成都匀市公安局承诺实践的同志在回答上述问题时指出，"承诺是要求公安机关和企业都主动去抓防范，最终达到防患未然、企业安全、发展经济的目的"。[①]同样，在杨叶模式中，企业也不是光光享有治安承诺协议带来的好处，作为对价，还必须承担一定的责任，比如，建立厂长、经理治安保卫工作职责，保卫科（人员）工作职责和奖惩办法，门卫制度、值班制度、会客制度等一系列规章制度，并且在发生哄抢、敲诈案件后，企业治保人员要以最快速度报警，提供嫌疑人员，协助查处案件。

紧接下来的问题就是，怎么在公安机关与相对人之间划分责任。如果只是简单地说，"公安机关不主动抓防范，责任在公安；企业不按要求抓防范，公安机关是不包赔偿的"，那么，这样的结论可能还过于简单、单薄。在我看来，承诺协议实际上是在派出所与企业之间共同追求良好的治安秩序的基础之上，根据各自的社会角色，合理地分担彼此的责任，划分彼此的权利义务。因此，不能不注意调动与发挥相对人在社会治安中应有的角色作用，也决不能假借协议之际，将公安机关的法定职责推卸出去。他们之间的权利、义务、责任的安排，也应该是循着这样的路径去解决。

[①] 段小勇：《不能有这种承诺吗》，载《人民公安报》，2000-05-15。

六、平等原则和"非常态"处理

杨叶派出所最先是和外来投资者、私营企业、易被敲诈、哄抢的各类市场签订治安承诺责任协议，后来，逐渐扩展到包括各类企业、个体工商户、机关、学校、建筑运输、装饰装潢、地材市场、大型工程等各种单位或个人。但时至今日，也不是和辖区内所有的企业签订治安承诺责任协议。从有关经验的总结上看，在承诺对象上恰恰是反对搞"一哄而起"，而主张本着重点突出、量力而行、循序渐进、先易后难的原则有所选择。对那些治安环境复杂的企业，则要先创造条件，待取得经验后再行承诺。据统计，截至目前，派出所也只与57家企业和种养殖大户签订了治安承诺责任协议，占全镇企业、种养殖大户的76%。当然，签订的数量也有着努力扩大的趋向。但不管怎么说，毕竟还有比较大比例的企业没有和派出所签订治安承诺责任协议，这也意味着他们暂时还享受不到治安承诺制所带来的好处。那么，这些企业在"失意"之余，会不会抱怨治安承诺制有悖法律面前人人平等的基本原则？派出所"对症下药"的结果，是不是也会引申出执法的不公平对等的问题？

源自宪法上的平等原则（Gleichheit，equality），也同样构成行政法上的一项基本原则。有关研究表明，平等原则，无论从形式法治还是实质法治来理解，都具有一定的规范性意义。如果违反该原则，在诉讼意义上也都会产生一定的后果。如果从形式法治概念看，平等原则作为"客观法原则"，能够拘束行政权的行使，也就是能使行政机关受到一定的拘束。对公民来讲，相应地就具有消极主张行政机关不得违反平等原则的"诉权"意义，也就是具有防御性的请求权。但是，在这里，平等原则虽然可以作为诉权的内容，但仅属"形式的无法律瑕疵裁量或判断请求权"（das formelle subjektive Recht auf rechtsfehlerfreie Ermessensausubung bzw. Beurteilung）。如果从实质法治观念来理解，平等原则作为"主观基本权"的平等权，可以推衍出公民的主观公权利，此公权利的内容，不但可构成行政诉讼"诉权"的内容，并可请求行政机关为特定给付内容，也就是请求行政机关为特定内容之决定，因此,也叫"实质的无法律瑕疵裁量或判断请求权"。①

在"杨叶模式"中,虽然从法定职责上讲,派出所原本没有向相对人承担上述赔偿的义务,企业原本也不能提出这样的要求,但是,既然派出所以签订契约方式给予了辖区内部分企业上述权利,那么,它就应该"相同事情,为相同对待;不同事情,为不同对待"。假设上述问题能够成立,也就是派出所对相同事情、相同案件的裁量结果是不同的话,那么,就像德国学者詹宁雷克(Georg Jellinek)所说的"警察权逾越自定的裁量界限"(Uberschreitung der von der Polizei sich selbst gesetzten Schranken)。②对于那些"具有相同条件"而被派出所暂时拒绝的企业来说,就可以引用平等原则要求派出所给予相同的给付,表现为一种"利益均沾的要求"(Gebot gleicher Begunstgung)。这样,从平等原则中就会衍生出一种请求派出所为特定给付内容,即签订契约的权利,即"衍生分享请求权"(derivatives Teilhaberecht)。退一步讲,即使我们仅承认平等原则只具有客观法规范的作用,那么,这些企业也至少能取得要求派出所也同样拒绝与其他企业签订契约的防御性的请求权(Abwehranspruch)。

但仔细推敲起来,却会得出相反的结论。"杨叶模式"中,之所以派出所要承诺赔偿,其本意并不在于对相对人施惠,或者说是一种利益的给付,因为赔偿是本着"谁造成损失谁赔偿"的原则,破案后由责任人承担,所以,从结果上讲,派出所实际上在经济上是解脱出来的。当然,我也不否认,在理论上不排除在特定情况下(比如,案件没有破获时)会出现这种给付利益的结果,但调查表明,这种假设的结果至今还没有发生。

承诺赔偿的目的,其实主要是期望通过这种自我营造的外在压力,来形成刺激内在勤勉工作的动力。用他们的话讲,就是"派出所先赔偿企业的损失增强了民警破案的急迫感"。也就是,通过一定的努力,包括完善相关的

---

① 李惠宗:《论平等原则对行政裁量之拘束》,见《宪法体制与法治行政》(城仲模教授六秩华诞祝寿论文集,第二册,行政法总论),三民书局,1998。在本文分析中,我也借鉴了李惠宗博士的研究结论。据我理解,之所以对平等原则的规范性意义作这种划分,实际上反映了法治观念由形式向实质的转变过程中存在的两种不同形态,是对平等原则的规范性意义的递进的理解,而且,正如李惠宗博士在研究中指出的,平等原则只有由客观法规范过渡到主观公权利性质时,平等才不是空洞的口号。

② 转引自李惠宗:《论平等原则对行政裁量之拘束》,见《宪法体制与法治行政》(城仲模教授六秩华诞祝寿论文集,第二册,行政法总论),三民书局,1998。

制度和采取有效的措施,进行一定的成本投入,达到抑制和及时解决上述两类案件的效果。因此,赔偿的承诺,实际上是维持治安秩序的承诺。如果从这个角度讲,对某些企业的承诺,并不意味着,而且,事实上也的确不是,对其他未承诺的企业的治安秩序的放弃,因为派出所依然要为维持这些企业所在区域的治安秩序而付出努力。只是在承诺的企业中,因为治安环境和社区关系较为简单,通过一定的努力就可以实现上述良好治安秩序的预期,也就是具有承诺的条件。但是,如果我们将同样的成本投入到那些治安环境和社区关系比较复杂,也就是所谓的"承诺条件暂时不具备"的地方,那么,可以预计是根本无法取得同样的效果的。如果硬要取得,或许需要更大的成本投入,而这又是从派出所目前的状况看,根本无法做到的。因此,从客观条件和成本投入上看,也不能简单地将承诺的企业和未承诺的企业看作是"相同事情"或"相同案件",而要求"相同对待"或"相同处理"。平等原则在这里也就没有适用的前提和可能。当然,对于同样具备条件的企业,行政机关就有义务创设出"要件上的平等"(Gleichheit der Voraussetzungen),使其都有权与派出所签订承诺协议,而且,这种请求权如果遭到拒绝,可以寻求法律上的救济。

在对象上的有所选择,而不是遍及全部,并根据具体对象的不同而为弹性规制,恰恰表现出是尼尔豪斯(Michael Nierhaus)所说的"公法契约是适合解决非常态案件的灵活工具"(Public law contracts are a flexible device suitable for atypical cases),[①]表现出有针对性的个案处理的特征。而行政契约的这种"非常态"或个案处理的特征,与通过行政行为进行整齐划一的、非个性的规范制约,更能获得具体的妥当性。[②]因此,行政契约的这种特性,在很多的场合的具体运用上,都被发挥得淋漓尽致。比如,在公害防治上,针对特定区域的污染种类和状况,根据企业具体情况的不同,直接约定其必须采取的必要的防治措施和对策,例如烟囱高度、燃料基准、设施构造基准、公害防除设备、生产项目及数量、每日总排烟量及排水量等,而为弹性规

---

① Cf. Michael Nierhaus, op. cit., p.95.
② 南博方:《关于煤气奖励契约的法律问题》,载《行政与经营》,第3号。转引自杨建顺:《日本行政法通论》,533页,北京,中国法制出版社,1998。

制。①"杨叶模式"也不例外。上述承诺协议对承诺对象有所选择,也同样体现着这种特性,是在认真鉴别客观条件和精细的成本核算基础上所作的理性选择,同样也是根据规制对象的不同而作弹性规制。而且,就是在已被承诺的企业当中,契约"非常态"处理或个案处理的特点也依然应该是存在的。也就是,承诺协议应该而且必须因为不同的企业在周边的治安环境上存在或多或少的差别,在约定的防范措施和具体制度上有所不同,进而反映为双方的权利义务具体内容上的差异。

七、结束语:"杨叶模式"的进一步完善

"杨叶模式"中最具有法律意义的是其给我们提供了一种纯粹意义上的行政契约形态,但也正是在契约的形态上,还存在着,或可能存在着不为人们所意识到的问题,而且,这些问题也不是无关紧要的,因为它们直接关系到承诺协议中的契约特征存在与否的问题,甚至从更深远的意义上讲,还关系到行政契约制度进一步发展的问题。

首先,作为一种契约,在形式上应该是派出所和企业为双方当事人之间的协议,尽管为了执行契约,有必要在契约中更进一步约定彼此组织内部的有关人员的具体职责,就像杨叶派出所所长、责任区民警和企业治保人员之间建立的系列责任制,从契约理论上讲,也不是不可以,但是,这些并不意味着,派出所与企业内部职员,或者企业与派出所警员之间,会因此发生直接的责任关系。作为契约不实际履行的责任主体,仍然只能是契约中的双方当事人。也就是说,如果派出所民警没有按期破案,那么,对外承担责任的应当是派出所。同样,如果企业治保人员发案不报或者知情不报,那么,对外承担责任的主体也应当是企业。在对外清偿责任之后,如果要追究内部职员的责任,则可以各自进行。之所以要解释上述责任的层次性,是因为从有关"杨叶模式"的经验总结看,上述责任之间本来应有的层次感,却没有在承诺协议中清晰地体现出来。

其次,契约的本质在于合意,行政契约的"非常态"处理的效能,也体现

---

① 关于公害防止协定的详细介绍,参见刘宗德:《日本公害防止协定之研究》,载台湾《政大法学评论》,第38期。

在根据不同的情景和不同的对象以彼此约定的方式来作弹性规制。正因为此,尽管目前从有关的材料中还没有明显地表现出在签订契约上采取统一的形式和内容,但也没有明确的区别对待的意思表示,所以,提出对上述问题的关注,依然是有必要的。因为,如果忽视不同企业周边治安环境可能存在的差异,而采取同样的防范措施,也就是,用同样的契约内容和形式,套用各种不同的情况,不但行政契约的个案处理的长处显现不出来,甚至极有可能在订立契约时排斥与相对方的协商,而滑向单方行政行为。如若这样,不但与行政契约为双方合意缔结的本质不符,而且,也违反现代法治国家的"依法行政"原理。

最后,建立解决纠纷的程序(complaints procedures)应成为进一步完善"杨叶模式"的重要内容。尽管到目前为止,至少从有关材料中没有反映出有任何纠纷的发生,这或许更可能是制度实施初期比较谨慎的缘故。从行政救济的调查结果看,也许也不排斥其中的部分原因,是由于相对人与派出所所处的权力服从关系,使得相对人即使有不满,也不愿"诉诸公堂"。(当然,这是从其他个案中的经验上类推出来的结果,也许这个结论在"杨叶模式"中不适用)。但更为关键的,在我看来,在很大程度上可能是因为行政机关没有为相对人提供客观公正而又有效的救济途径。因为从理论上推测,不太可能不会发生任何的纠纷。法律救济途径的建立,对相对人来讲,当然对于其权利的保障具有实际的利益。但是,从更深远的意义上看,也是从对行政契约制度之所以迄今不发达的原因的研究结论上看,[①]"杨叶模式"要想进一步得到推广和发展,加倍关注法律救济途径的结构,意义至关重大。而法律救济制度的完善,又会反过来进一步促进包括治安承诺责任协议在内的行政契约制度的发达。

---

① 根据吴庚博士的研究,行政契约在行政法领域中,遭受忽略,稽其缘故与法律救济途径的结构,关系最为密切。参见吴庚:《行政法之理论与实用》,385～386页,台北,三民书局,1996。

行政法上的"假契约"现象
——以警察法上各类"责任书"为考察对象[*]

目　次

一、引言　/ 348
二、"假契约"是一种行政契约吗？　/ 351
三、我们何以需要这样的契约实践？　/ 359
四、难道真的不需要法院介入？　/ 364
五、结束语　/ 369

---

[*] 本文的主要内容曾发表在《法学研究》2001年第5期。本文也是向2001年9月在南京召开的海峡两岸行政法学术研讨会上提交的论文，是会议上由大陆方提交的主题报告之一，被收录到，杨解君编：《行政契约与政府信息公开——2001年海峡两岸行政法学术研讨会实录》，336～364页，南京，东南大学出版社，2002。

一、引　　言

早在我国计划体制之下,以合同为执行国家计划的工具的实践,就已蕴含了行政契约制度的某些基本因素与特征。这种实践可以说是行政契约在我国之滥觞。[①]但是,行政契约真正得到迅猛发展,并被推广到几乎所有的行政领域,甚至包括传统上被认为行政权的"自留地"的内部管理领域,却是与在全国范围掀起学习与推广安徽凤阳农村的承包制经验的热潮有着密切的关系。

从行政法制度与结构的变革而言,并且,从更加开阔的视野去分析公法上的契约现象,行政契约实际上是19世纪以来,特别是20世纪行政法制度(institutes)与功能(functions)发生结构性变化的产物,正像英国学者哈罗(Carol Harlow)和劳伦斯(Rechard Rawlings)所观察到的那样,是市场经济理念、特别是契约理念向公共管理领域渗透的结果。"私法的契约观念被融入公共行政——比如,市场的规则或者模拟市场的规则(the discipline of markets or market-mimicking),选择自由的个人主义观(the individualist ethos of freedom of choice)。契约作为法律概念,成为行政法的利刃(the cutting edge),一方面,展现了能动和实验的强烈意味,另一方面,给人以某种紧张和不定的强烈感觉。(exhibiting a strong sense, on the one hand, of dynamic and experimentation, and, on the other, of tension and uncertainty)"[②]这里的"实验"与"紧张"所表达出来的意味是深远的,耐人寻味的。因为契约观念在公共领域的运用,甚至已经完全超越了契约法上那种能够通过法院强制执行的完全法律意义上的契约(contract in the full

---

[①] 我国虽然在1958年实行计划经济体制下取消了合同制度,但从1961年开始至1966年期间,又将合同制度作为调整国民经济的一项重要措施而予以恢复和推广。1978年以后,在立法中明确将合同作为执行国家计划的工具。有的学者认为,这种(经济)合同的计划性决定了其实际为行政契约,但亦有学者提出反对。我以为,不能完全否定上述合同中所具有的行政性,也不能人为地割裂历史,否则,就无法理解目前由计划性合同演变而来的国家订货合同应属于行政契约范畴的。关于计划性合同是否为行政契约的争论,详见应松年主编:《行政行为法——中国行政法制建设的理论与实践》,591页,北京,人民出版社,1993。

[②] Cf. Carol Harlow & Rechard Rawlings, *Law and Administration*, Butterworths, 1997, p. 207.

sense of an agreement enforceable in the courts),出现了既要达到对双方的约束(intending to be binding),但又不具有上述完全法律意义的协议形式。①作为结构与管理整合(structural and managerial re-ordering)所必需的适当的法律手段,契约以及半契约关系(contractual and semi-contractual relations)在公共管理中起到核心的作用,也是在这一点上,"契约文化"(contract culture)被应用到这种新的关系之上。②

  总体来讲,当前我国行政契约理论研究主要存在两个相互矛盾的倾向,一方面,感到完全适用民事法律与原理来解决行政契约问题是不行的,要发展出行政契约所特有的理论体系,比如,我们对《全民所有制工业企业承包经营责任制暂行条例》(1988年)中关于政府对税种、税率和指令性计划产品价格作重大调整时,还必须与相对人协商变更企业承包经营合同的规定(第19条第1款)所进行的批判,就是基于这样的见解。但是,另一方面,也有认为没有必要顽强地在公法与私法的二元论上发展出与普通民事契约完全不同的行政契约理论,特别是就法规范的意义上说,应当基本相同,如果说,即使可能存在不同,那么,也是极少的、个别规则上的差异。正因为有着这样的看法,也就有了《合同法》(1999年)上对公共工程合同的立法规范。其实,上述讨论问题的预设前提与范围,始终没有离开与民事契约非常近似,甚至可以说是与民法始终纠缠不清的行政契约领域,也是在契约形态上不存在任何疑问,依然属于完全法律意义上的契约。③

  其实,如果我们循着在行政管理中运用契约观念的实践,特别是认真地、实事求是地调查和研究我国由责任制的推广而演绎出的各种契约实践,

---

 ① Cf. Carol Harlow & Rechard Rawlings, op. cit., p. 139.
 ② Cf. N. Flynn, *Public Sector Management*, London: Harvester Wheatsheaf, 1993. Cited from Carol Harlow & Rechard Rawlings, op. cit., p. 139.
 ③ 其实,在我看来,实在没有必要在这个公法与私法交叉的领域过分的纠缠,一定要在这块"殖民地"上分出一个你我,因为正像哈罗(Carol Harlow)与劳伦斯(Richard Rawlings)指出的那样,"在某一层面上,契约政策的实施,使得公的与私的界分发生了交叉,因而变得模糊不清了"(At one level, the policy of contracting out stretches across, and so blurs, the public/private sector 'divide'). Cf. Carol Harlow & Rechard Rawlings, op. cit., p. 207. 既然如此,为什么私法不可以去研究它们,去规范它们? 公法又有什么必要和理由一定要拒绝私法的染指呢? 因此,在本文的讨论中,一方面,我承认这部分属于行政契约的范畴,另一方面,我的讨论又将有意识地远离这片"是非之地",而去开垦另外一片以往不被人注意,或者根本不加任何分析地排除在行政契约范围之外的"荒地"——"假契约"。

我们就会发现,在行政法上的契约实践实际上远远超出了上述的范围。就拿警察行政领域推行责任制来说吧,近年来公安机关对签订"责任书"的偏好是非常明显的,基层相当一部分工作是找相对人签订各式各样的"责任书",像什么"夜间摊点治安责任书""消防安全责任书""娱乐场所管理责任书",等等,不一而足。在公安机关内部则是层层签订执法目标责任书,推行执法责任制。所有这些活动都借助了合同的外在形式,但又与一般的契约不同,甚至与我们上面所说的行政契约也不太一样。这一块内容至今未被我国学者系统地阐述和作制度性分析,甚或被不加分析地断然否定其契约性与合法性。

有意思的是,像这样的契约实践不但在我国有,在西方国家也存在,(有关事例,我将在下面论述之中加以类比介绍)。英国学者哈罗(Carol Harlow)与劳伦斯(Richard Rawlings)在总结其本国近年来行政改革中出现的类似契约现象时指出,这类契约的特点是包含了(encompassing)、模仿了(modelling)契约的安排(arrangements),但从契约在法院可以强制执行的法律意义上说(in the legal sense of an agreement enforceable in the courts),又不具有这样特点的契约,因而不是真正的契约。因此,他们把这类契约叫作"假契约"(pseudo-contract),也有学者称之为"近似"(near),或"准"(quasi)契约。①

在本文中,我也借用了哈罗(Carol Harlow)与劳伦斯(Richard Rawlings)的"假契约"(pseudo-contract)的概念,来描述我国这样的契约实践。这既有与"国际接轨"(便于学术的交流与对话)的考虑,更主要的是因为从我国"假契约"的实践现状看,大致是和上述概念描述的状况相同的。但是,需要补充强调的是,"假契约"的另一个显著特点,也是哈罗(Carol Harlow)与劳伦斯(Richard Rawlings)在书中没有说到的,或没有明确说出来的,那就是在契约的形成过程中合意不"显然",甚至可以具有事实上的强制效果。而且,在我看来,尽管迄今为止"假契约"鲜有诉诸法院的,甚至签订之初就压根没想让法院插手,但是,从应然上讲,从制度的发展与完善上讲,"假契约"并不是"不可以申请法院强制执行或救济"的,有的的确如此,

---

① Cf. Carol Harlow & Rechard Rawlings, op. cit., p. 210.

但有些不尽然,(关于这方面的问题,我在救济部分还会专门谈到)。

我曾仅是结论性地给出了"'假契约'是行政契约的一种特殊形态"的看法。在本文中,我将详细论证和分析这样的观点是成立的,基本的思路是,考虑到行政契约是介于行政行为和民事契约之间的形态,那么,就应该把这个范围之内的所有借用契约观念来完成行政法上任务的行为,都归拢到行政契约范畴之下来研究,进而论证"假契约"应当属于行政契约的范畴。接下来,我将解决有关"假契约"的两个基本问题,一是,从理论上回答我们何以需要签订这样的"假契约"?目的不仅在于进一步寻找这种契约实践的合法性与正当性之理由(指应当被方方面面所接受),更重要的是,寻求制度发展与完善的努力方向,也为规范与控制这种契约实践提供救济上的审查标准。二是,考虑到"假契约"毕竟是一种特殊的行政契约形态,那么,在救济上会不会有自身的特点?有什么样的不同?对这个问题的研究,可以加深我们对行政契约救济结构的多样性(指同时并存着正式的与非正式的解决纠纷的制度)和特殊性(指必须在现行行政救济制度结构之外另行构筑救济的规则而言)的理解。在本文中,我将主要以警察行政上的各类"责任书"为考察与分析的对象,进行个案的研究,但是,其中分析的方法以及得出的结论,却是可以推广运用到其他行政部门的同样的契约实践,比如计划生育合同。

二、"假契约"是一种行政契约吗?

行政契约的范畴究竟有多大?特别是在现实生活中的表现形态如何?衡量与判断什么是行政契约的标准有哪些?这是行政契约理论的基本问题,也是本文研究的切入点。但是,要想从理论上作出满意的回答,确实是很困难的。在国家行政学院举办的一次请一位日本学者介绍日本的行政契约制度的会议上,我也问了同样的问题。可是,当他把日本的情况介绍出来以后,并问我"对他的回答是否满意"时,我的内心里涌出了一句在改革开放之初比较流行的话,看来日本在这个问题上目前也是"摸着石头过河",尽管我没好意思说出来。

然而,解决上述问题又是十分重要的,因为它们构成了整个制度设计与规范的基本出发点,是行政契约制度建设的关键,如果在这些问题上达不成共识,那么,之后的对行政契约的程序规范和救济等问题也就无从谈起,至少是目的性不明确,容易引起不在同一讨论问题的层面上的交锋。

在我看来,行政契约是游离在行政行为与民事合同之间的一种特殊的形态,对于这样的命题,估计不会有什么人反对。这个命题之中实际上包含着两个变量,一是合意的程度;二是存在类似于行政行为的权力因素。因为存在合意,通过合意来形成一定的社会秩序,所以我们称这样的形态为契约。也正因为在如此形成的形态之中存在着类似于行政行为的权力因素,具有某种行政性,进而会形成一定的行政法上的关系,所以我们才不把这样的形态完全归类到民事合同当中,而是另外称之为"行政"契约。正是基于这样的认识,我们将行政契约定义为"以行政主体为一方当事人的发生、变更或消灭行政法律关系的合意"。[①]也就是说,在同时兼有上述两个变量中的因素之时,就可以,而且能够成就行政契约。

从动态的角度讲,如果合意的变量逐渐递减为零,该形态就会发生质变,变成为纯粹的行政行为。如果类似行政行为的权力因素递减为零,就变成了纯粹的民事契约(见下列图示)。紧接下来的问题是,要成就行政契约,其中的合意程度与权力因素的成分要达到多少的量呢?在我看来,只要是不变为零,只要是两个要素兼而有之,那么,就应当仍然属于行政契约的范畴。

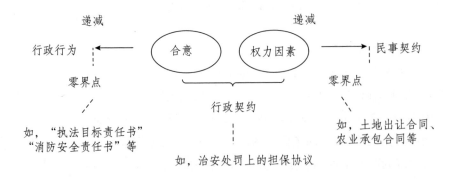

[①] 关于行政契约的概念分析,可以进一步参见,本书第一编"行政契约的理论构造"部分。

行政法上的"假契约"现象——以警察法上各类"责任书"为考察对象

上面是从契约的内容和形成过程来分析何为行政契约,将行政契约的范畴界定在民事合同与行政行为两端之间。如果我们再进一步,由上述的内容进入到形式,结合实践中的个案形态进行分析和说明哪些是行政契约时,我们会发现,位于中间的形态,比如治安管理处罚中的担保协议,一般不会有人质疑其应为行政契约,但是,对于接近两个端点之处的形态属不属于行政契约,恐怕就会产生很大的争议。

比如,像土地出让合同,农业承包合同、公共工程合同这样的合同,合意程度比较大,相对人具有较大的对参加契约与否的自由选择空间,与此同时,契约中又具有一定的类似行政行为的权力因素,换句话说,就是处于上列图示靠近右端的契约形态,极容易,而且,事实上也在应由公法还是私法来调整的问题上发生争执。对于这类契约究竟应属于民事合同还是行政契约,实际上也是有争议的。在行政法教科书上一般都认为它们是行政契约的实例,但是,民法上对其中有些合同也在研究,而且,统一的合同法中还专门规定了公共工程合同。

对这类契约,我的基本观点,除了在引言中已经表达的以外,需要进一步补充的是,这是在公法与私法交叉的领域出现的行政契约形态,在法规范的调整上,基本上适用私法的规则。但是,对于类似行政行为的权力因素的运用,适用特别规则。后者应属于行政法范畴,由此产生的纠纷应依行政救济途径解决。我赞成目前行政救济实践的做法,把这类契约产生的所有争议都放到法院的行政庭来解决。这在理论上没有障碍,行政诉讼上不是有"行政附带民事诉讼"吗(反过来,就不存在民事附带行政诉讼),这说明用行政诉讼程序可以解决与权力因素有内在关联的民事上的纷争,而且,统筹解决,更利于节约诉讼资源,符合诉讼经济原则。

但是,对于接近于上面图示左端的形态,像"执法责任书""夜间摊点治安责任书""消防安全责任书""娱乐场所管理责任书"这样的权力因素较大,而合意的因素又不"显然",却又偏偏采取协议的方式出现的"假契约",算不算得是行政契约,甚至能不能称得上是契约,却一直是有争议的。我就听到有不少人说"它们根本就不是一种契约,这种做法是非法的"。那么,它们是不是行政契约呢?对这个问题的回答,实际上是对本标题问题的回答,其意义也十分重大。因为如果我们认定"假契约"是行政契约的一种特殊形态,那么,实践里一直在争论的这种实践的法律依据何在?如何理论建构?制度发展的方向等问题都会迎刃而解,至少会有思考问题的进路与明确的努力方向。

其实,在我上面的纯理性的分析中,已经把"假契约"的形态认同为行政契约。仔细想来,既然在上述图示的另一端的情形可以确认为行政契约,那么,反过来说,又有什么理由可以拒绝将这边一端的情形纳入行政契约的范畴之内呢?当然,这么简单的纯理论的分析与类比,说服力仍然不强。因为右端的形态之所以被认定为行政契约,是因为双方的合意是很明显的,至少从民事合同的通常标准去衡量与判断,是不会有异议的,再加上形成的契约内容之中又有着或多或少的权力因素。但是,对于左端的情形,我们一般不会质疑其中的权力因素,甚至还会因为权力因素过分强烈而冲淡或否定了其契约性,之所以有人断然否定其为契约,最重要的是因为其合意不"显然",或者说,缺少订立一般契约所经过的讨价还价的过程。那么,怎么从理论上去解释呢?

1. 合意尽管不"显然",但是依然存在

如果我们不是主观臆断,而是认真地考察行政机关内部的执法责任书的形成过程的每一个细节,就会发现其中仍然有着某种正式的或非正式的意见交流。据来自湖北省松滋市公安局有关推行执法责任制的经验介绍,"执法目标责任书"是在"依据客观需要,考虑主观可能,既要合理、又要合法"的总原则下,博采众长,根据民警的期望和可行性,选择集目标、责任、权利、利益为一体的合同式目标责任制模式,由法制科起草。然后,召开所长以上干部大会,举行《执法责任书》签订仪式。[①]在这里,要想真正做到"根据民警的期望和可行性",恐怕没有与民警之间的事先的磋商与交换意见,是很难凭主观预测做到的,也很难取得下面的认同。事实上,该公安局也认识到,"执法目标责任书好比合同,上下层次都有应达到的目标和应履行的职务责任,尤其是责任界限的划分和客观因素影响的'修正'等内容,(应)是在广泛征求意见的基础上确定的,使执行者感到客观、公正、合理"。[②]这样的交

---

① 湖北省松滋市公安局:《积极实行执法责任制度,切实加强公安执法管理》,载《公安法制建设》,1998(5)。
② 同上注。

换意见过程,实际上有着某种合意的因素在里面。

至于像"夜间摊点治安责任书""消防安全责任书""娱乐场所管理责任书"这样的对外部签订的"责任书"的形成过程,据我在济南观察到的情况是,这些"责任书"一般是派出所根据有关法律的规定以及当前行政任务的需要,自行拟订的,然后,由责任区民警拿着一摞印好的"责任书",挨家挨户地去找有关相对人签字盖章。在上述的过程中,一般相对人不参与"责任书"内容的制作,也很少有人拒绝在上面签字盖章。

但是,即便相对人没有参与"责任书"内容的形成,在签订过程中又缺少明显的讨价还价,我们也不能断然得出上述"责任书"缺少合意的环节,因而不是行政契约的结论。因为从公共选择理论(public choice theory)上讲,国家(在具体行政中表现为一个个的行政机关,甚至行政执法人员)就是公共服务的提供者,相对人是消费者,他们之间的交易过程类似于市场上私人之间的交易。在私人交易的市场上,谁也不会因为到商场看了商品价格的标签,没有砍价(也不存在砍价的可能,因为不准砍价),就付款买下该商品,就否定这种活动不是在缔结契约。那么,面对公共领域与公共服务,我们有什么理由因为相对人没有参加"责任书"的拟订,就否认这样的订立不是契约活动呢?像这样在契约内容的确定上具有"一边倒"(one-sided)的"假契约",即便在现代行政法理论已经较为发达的英国,也不否认是合意(consensual)的结果。①

在这里,问题的关键不在于"责任书"(商品的价格、品质)是谁"定"的,而在于接受它是不是出自内心的自愿,是不是自由选择的结果。在我的调查中,派出所民警也承认,上述"责任书"尽管是派出所拟订的,但是,从法律上讲,相对人对于接受或不接受该"责任书",完全有选择的自由,派出所也不具有法律上强制对方必须接受的手段,如果相对人"硬要是不签字","我们(民警)也没有(合法的)办法"。因此,他们之间在"签与不签"上并没有形

---

① 比如,在英国,失业者要想获得失业救济金,就必须接受就业官员事先拟好的"找工作协议"(job seeker's agreement)。英国学者福尔布路克(J. Fullbrook)对"找工作协议"(job seeker's agreement)的评论是,这里似乎少有意思交流(meeting of the minds)的余地(leeway),更多的是"要么接受,要么放弃"的观念,而且,又不像在消费者法律里面那样,消费者可以到别处购买,或者甚至可以拒绝货物,找工作假契约是获得维持申请者和其家人生计的救济金的唯一途径。Cf. J. Fullbrook, "*The Job Seekers' Act 1995: Consolidation with a Sting of Contractual Compliance*"(1995) 24 *Industrial Law Journal* 395 at 400. Cited from Carol Harlow & Rechard Rawlings, op. cit., p.213.

成所谓的权力性支配关系,也就是行政法上的命令与服从关系,而是与上述到商场买东西一样,签订"责任书"的活动,实际上很大程度是一种"要么接受、要么放弃"(take it or leave it)的实践活动,相对人在其中享有最终的决定权。因此,这样的活动的确有着合意的过程。

2. 对"很少拒绝"和事实上的强制力的另一种思考

我也承认,在现实生活中,无论是行政机关内部的"执法目标责任书",还是与相对人签订的各类"责任书",几乎都会被接受,少有例外,相对一方有时甚至会在有些在内容条款上明显对自己很不利的"责任书"上签字。①

从实证调查获得的对上述现象的解释,因内外"责任书"的不同而不同,但又有交叉。民警和基层单位之所以对最终形成的"执法目标责任书"必须接受,并不是出自法律上的要求(目前还找不出一部法律,规定可以对拒绝接受"责任书"的执法人员或部门采取法律制裁或强制手段),而是由于事实上不存在选择签字或不签字的自由,因为"责任书"实际上是向他们布置行政任务与职责,他们又要受到内部规则与纪律的约束,比如末位淘汰、不称职的要下岗等,如果拒绝,就很可能失去当警察这份还算稳定不错的职业,在目前较为严峻的经济环境与就业压力下,这是他们极不愿意看到的后果。而相对人之所以接受各类"责任书",民警的解释比较直截了当,可能是因为他们法律意识、权利意识不强,不知道他们有权拒绝,更主要是怕"得罪派出所,以后日子不好过"。在与个别的相对人访谈中我了解到,其实,他们还有另外一种心态,"签了,一般也不会有什么事(发生)"。②

我不否认,上述的解释确实反映了"责任书"相对一方的某些心态与感受,是有一定道理的。但是,把相对一方完全摆在被动、消极、不得不接受的位置上来考察,这样的视角与解释却是有问题的。一方面,与现代行政法强调的双方或多方互动关系,参与行政的理念不符。另一方面,对所谓的不利

---

① 比如,某派出所在"夜间摊点治安责任书"中规定,"在摊点发生打架斗殴,业户不制止,放走肇事者,业户应负担受害者的药费等损失"。

② 实践中有这么一种说法,"责任书"上有些内容实际上是对已有法律规定的重申,作为法定义务,这些内容是相对人必须执行的,所以"签也得签,不签也得签"。但是,在我看来,不能因为这些法定义务搭附在"责任书"中,就得出相对人必须接受"责任书"的结论,因为在行为上遵守法律义务,与接受"责任书"是两个不同的概念,更何况"责任书"中还有为数不少的根据当前行政任务由派出所自行拟订的、并非是法律规定的内容。因此,上述说法不成立。

条款不加任何分析的态度,不能给以后的制度构建提供更加有益的经验。当然,更为重要的是,上述解释中都或多或少地揭示出,在签订过程中对相对一方存在着某种事实上的强制,这也正是很多人对"责任书"实践所诟病的地方,并进而对其契约性与合法性提出质疑。如果我们不否认,甚至积极肯定,在特定情境下可以存在上述事实上的强制效果,那么,我们就必须从理论上回答,这会不会对合意的形成造成抑制的效果?怎么解释"责任书"的签订是双方合意的结果?

其实,从公共服务换取相对人的责任或义务的理论来解释,有些看似增加了相对人的义务和负担,但是,如果从公安机关与相对人之间为维护社会治安和社会秩序而建立的互动互助的共栖关系来理解,却是合理的,比如,在"强化单位内部防范,综合整治盗抢汽车、摩托车、自行车犯罪活动责任书""夜间摊点治安责任书""关于辖区娱乐场所管理责任书"中,要求有关单位或个人在发现可疑情况或问题时,"应向派出所报告或拨打110"。因为派出所的警力有限,根本不可能及时发现辖区内发生的所有的治安案件,而相对人的上述义务,能够有效地弥补派出所的视野不足和触觉的不敏锐,及时出警,处置案件,维持治安秩序。这恰恰是双方都愿望的,互利双赢的。在这个意义上,我们可以把上述"责任书"理解为,是为实现良好的社会治安秩序这一共同目标,在公安机关与相对人之间进行的权利、义务、责任的分配。也正是为了这样的共同目标,甚至可以容许派出所要求相对人必须签订"责任书"。因为,这从根本上说,并不违背相对人的意思,有哪个商家或个体户愿意社会治安是混乱的呢?进而不乐意接受自己应尽的,而且是力所能及的责任呢?[①]

[①] 其实,在英国,很多"假契约"是必须签订的,比如,找工作假契约,由于获得救济金是维持申请者和其家人生计的唯一途径,所以,事实上具有强制的效果。因为对于贫困潦倒的申请者来说,无法拒绝,别无选择。再比如,作为学生入学的先决条件,家长必须在校方起草的"家庭与学校协议"(home-school agreements)上签字。对于这种"必须"的合理性,英国人的解释是,由于父母是支持他们的孩子和学校的,因此,要求他们在这种协议上签字,实际上是一种屈尊俯就(patronising)。如果父母不支持学校,不希望自己的子女行为举止端正,那么,也不可能硬把他们拉进来(bring into line)。因此,必须把这种协议放在家庭与学校之间的关系、父母对子女教育的权利与介入等更为广泛的意义上去理解。有关协议的讨论,实际上主要是在讨论教育的权力,义务和权利的分配问题。Cf. Carol Harlow & Rechard Rawlings, op. Cit., p.213.这种解说非常具有启发性,因此,在本文中,我借鉴了这种分析问题的思路。

在这个意义上,的确可能会出现与契约理念的某种紧张或不一致,主要是合意的因素彻底隐匿,只留下契约的外形。但是,正像英国学者在解释其本国存在的同样现象时说的,把契约术语严格限定在自治个体基于平等地位讨价还价而成的协议这样的意义上,可能是不现实的(It is probably unrealistic to consider that contract terminology should be confined to agreements between autonomous individuals negociating on level playing fields)。① 因此,要将"假契约"作为一种特殊形态的契约来理解,因而有着一般契约所不具有的特征。反过来说,就是不能用一般的契约特征来衡量。具体回到我们上面的问题,我们甚至可以推定在上述的情形之下存在合意。也就是说,考虑到公安机关不具有法律上的强制手段,考虑到相对一方与公安机关之间的互助互动关系,可以认定合意是存在的,不需要实实在在的外在表现的过程。由此,我们获得了对"假契约"可以具有事实上的强制效果的另一种解说,也是寻求这种实践正当化的解说。

尽管这样的解说,与我在别的地方曾经表达出的"由于(事实上地位)不对等状态存在着压制相对一方的意思的自由表达、使行政契约滑向行政命令的危险,因此,需要进行程序上的保护,来克制或排除上述危险"的观点,②显然有冲突,是一种反动,但是,并不意味着我已经完全放弃了原来的观点,相反,我仍然坚持着原来的观点具有普遍的意义,③只是说,在"责任书"这样的特定情境之中,特别是把这样的契约形态嵌入到行政机关与相对一方之间的互动互助关系上来考虑,可以作为一个例外,一种特殊案件来承认,甚至欢迎事实上的强制效果。

当然,如果承认事实强制效果,就"责任书"的条款来说,难免会"鱼目混珠",掺杂一些实质上是不正当、不合理的条款。比如,某派出所在"夜间摊点治安责任书"中规定,"在摊点发生打架斗殴,业户不制止,放走肇事者,业户应负担受害者的药费等损失"。试想,如果业户是年过半百的老人,或者妇女的话,对于两、三个年轻力壮的小伙子在摊点打架斗殴,他/她制止的了

---

① Cf. Carol Harlow & Rechard Rawlings, op. Cit., p.213.
② 余凌云:《行政契约论》,17页,北京,中国人民大学出版社,2000。
③ 像农业承包合同、土地转让合同这样的行政契约,相对人参加契约具有其自身的、有别于行政机关的利益与目的,因而有适用上述观点的必要。

吗？又怎么可能暂时性约束住他们，不让他们走，一直等到警察前来处置？如果硬要把这样的"责任书"塞给相对人怎么办？解决的办法就是，允许相对人提起确认契约（部分或全部）无效之诉。在诉讼中，对于"责任书"中是否存在不正当条款，或者在权利义务的分配上是否有不正当的连接或搭附，因其是"法律问题"，所以，法院可以径行做出判断，与相当一方的举证没有很大的关系。

3. 另外一个理由

除此之外，我们还可以找到另外一个支持"'责任书'是一种行政契约"的很重要的理由是，上述"责任书"都是采取签订合同或协议的方式。也就是把双方的约定作成书面的契约条款，由双方在上面签字盖章。这样的外观或形式，也是法院在行政审判中判断一种形态是行政契约抑或行政行为的一个很重要的标准，[①]当然，不是唯一的标准。

三、我们何以需要这样的契约实践？

其实，像"假契约"这样的行政实践，不单出现在警察法领域，而且，存在于其他部门行政法领域；不但中国有之，西方也不乏其例。以英国为例，"假契约"作为行政手段已经"殖民"（colonised）了主要的新出现的领域。举两个可以与我国上述契约实践相类比的例子，一个例子是，英国在1980年代就广泛运用着一种作为社会工作的手段的"假契约"，这类契约是在社会工作机构与酗酒者或瘾君子之间签订的，主要是规定，对酗酒者或瘾君子（alcoholics or drug addicts）进行行为纠正的计划安排，以及计划实施各阶段的奖惩规定（behaviour modification schemes incorporating rewards and snctions tailored to "progress"）等。[②]这样的结构与旨趣，和我们实践中与相对人签订的某些"责任书"何其相似。另外一个例子是，由行政机关形式上

[①] 法国行政法上，向来以形式上有无契约条款（cahier des charges），作为判别行政契约与行政行为的一项标准。参见吴庚：《行政法之理论与实用》，372页，特别是注25，台湾，三民书局，1996。

[②] Cf. J. Corden, "*Contracts in Social Work Practice*" (1980) 10 *British Journal of Social Work* 143; B. Sheldon, "*The Use of Contract in Social Work*", Practice Note Series 1, BASW (1980). Also see Carol Harlow & Rechard Rawlings, op. cit., p.211.

分离出去,但实质上并没分离的执行机构 Next Steps Agency,其与母体机关之间的关系,由一个所谓的组织文件(Framework Document)来调整。该文件被认为不是严格意义上的契约,也就是"假契约",内容涉及该机构的职能、目标,以及母体机关控制该机构执行任务的程序。[1]就其内容与作用来看,与我国行政机关内部的"执法目标责任"有点近似。这些带有共性的现象存在的本身就说明,"假契约"在公共领域的广泛运用绝不是"心血来潮",其与现代行政的运作与发展规律肯定有着内在的契合。因此,我们绝不能固守传统契约的观念来扼杀新生事物的发展。

当然,仅以客观存在来证明上述实践的合理,是不够的,容易陷入"存在即是合理"的谬误之中。我们也不能像当前不少地方与单位写经验总结那样,简单地把行政执法责任制认为是,为了"抓严格执法,抓公安工作与队伍建设而积极探索出的一种科学的管理方式"。这样的解释方法,缺少逻辑分析与理论支持,而且,会因为缺乏对这种实践的内在合理性的深刻认识,也无法从制度上自觉地去完善、去发展这种契约实践。因此,我们必须从理论上去分析和说明上述实践的合理性与正当性。

有关研究表明,我国的执法责任制的成因,与改善行政执法状况,建立制约机制有关。[2]也就是说,执法责任制产生的背景,是因为事实上存在着公共服务质量不高,而又亟待提高的问题。随着公众对改善公安机关办事作风与效率,依法行政的需求日益迫切,同时又处于全国上下一片推行责任制的鼓噪之下,在解决问题的对策上,很自然地会想到通过落实责任制,通过签订"责任书"来实施改革。经济上的、市场上的观念,也就很自然地乘着责任制的东风,渗透并影响到公共领域中来,并成为推进公共领域改革的一剂"良方"。

广而论之,运用市场的理念来解决公共领域的问题,恐怕也是当代行政改革的一个显著趋势。比如,在英国,契约文化(contractual culture)在公共领域的盛行,与近年来开展以关注个人权利和选择自由的新公共管理(New Public Management)实践有着内在的关系。而引入新公共管理的实际效果恰恰就是,用市场的散在的、个别的与水平的控制来取代官僚控制(the introduction of NPM has had the effect of replacing hierarchical control

---

[1] Cf. Carol Harlow & Rechard Rawlings, op. cit., pp.139—140.
[2] 青锋:《行政执法责任制若干问题探讨》,载《现代法学》,1998(5)。

with the diffused, sporadic and horizontal controls of the market)。也正是在这样的行政改革背景之下,作为市场的基本观念的契约,大量地渗透到公共领域中来,并与行政管理的需要"嫁接",甚或出现了借用契约的理念与形式,但又与传统的契约意义很不一样的"假契约"形态。①

就我国警务机制中的契约文化(contractual culture)而言,蕴涵在"责任书"这种"假契约"实践里面的合理性与正当性,大致可以从以下两个方面来获得理解,一方面,按照公共选择理论(public choice theory)来理解,作为相对人纳税的回报,要求为纳税人提供公共服务(service in return for taxes),而且,必须不断提高服务的品质,优化公共服务的质量。而上下层层签订"责任书"的方式,能够有效地营造出内在的类似市场的竞争压力,促使上述目标的实现。另一方面,契约作为规制的手段,可以通过在公安机关与社区、相对人之间权利义务的分配,用公共服务换取相对人的责任或义务(public service in return civic duties or responsibilities),让各自在行政管理中都恰如其分地扮演好各自的角色,从而形成公安机关与社区、相对人之间良好的互动互助关系。

1. 营造内在的类似市场的竞争压力,优化公共服务的质量

众所周知,在公共领域,公共服务通常是在垄断(monopoly)或者近似垄断(near-monopoly)的状况下运作的。排斥竞争的同时,也意味着丧失了进取的动力,再加上由于在我国长期以来组织法的不健全,以及监督机制的不完善,造成行政机关内"职责权限不明、目标标准不清、干好干坏一个样",公共服务的质量在有些场合下也就难免会表现出不尽如人意,其症状就是我们常说的"门难进,脸难看,事难办,话难听"。要想公共服务质量的提高,按照公共选择理论(public choice theory),就必须在公共领域之中模拟出类似市场"竞争"的压力,让政府激发出提高效率和服务质量的内在动力。

上面说的公安机关内部层层签订"执法目标责任书",就是想通过明确各自责任、执法水准、考核方式,再辅以群众对公安创满意工作的测评、对警察执法过错责任的追究等措施,来自我营造竞争的压力,将所有潜藏在民警

---

① Cf. Carol Harlow & Rechard Rawlings, op. cit., p.139.

之中的工作热情和干劲充分地激发出来,让公安工作机制最大限度地发挥制度效应,使蕴藏在公安行政管理中的公共资源得到充分利用。同样道理,公安机关在与相对人签订的"责任书"中所做的承诺,也是想通过相对人的压力来提高公共服务的质量。

从应然的与经验的制度构建来看,要想上述原理得到很好的发挥,"明晰责任是基础,内外监督是关键。"然而,在我所收集到的"责任书"中,除了湖北省鄂州市杨叶派出所搞的"治安承诺责任协议"上有对外承诺之外,其他的"责任书"基本上都是规定相对人应当干什么,或不应当干什么,而派出所的责任却几乎没有。像这样的契约安排,实际上无法对派出所产生外在的压力。这是问题的一方面。另一方面,在实践中还发现,"责任书"表面规定了要如何如何,但没有考核机制,签了等于没签。预期的压力也不可能真正形成,并进而不能对一个个个体产生作用。因为缺乏平时的监督,完不成责任时,就互相扯皮,或者互相包庇、容忍。[①]更加引起我们关注的是,近年来,作为监督、考核具体制度推出的一些新的改革措施,像执法过错责任制、错案追究制、末尾淘汰制等,其原本的制度设想是好的,想增强执法者的责任心、上进心,但是,实际运行的结果却导致了很多的问题,与我们对该制度的预期相距甚远,甚至还对行政法治的实现造成了一定的负面影响。[②]所有这些问题,都需要我们认真地去思考与总结,并在今后的制度构建中加以克服。

2.用公共服务换取相对人的责任或义务,形成公安机关和社区、相对人之间良好的互动互助关系

尽管法律为实现警察任务赋予了警察一定的权力与义务,但是,单靠这样的权力与义务的行使,是无法完满地完成警察任务的,否则,我们就不能解释为什么社会生活中还有很多的违法犯罪得不到应有的制裁?为什么我

---

① 吴允波、孟维芳:《签订责任书不要流于形式》,载《大众日报》,2000-01-12。

② 比如,我在济南下派期间参与一起复议案件的审理时发现,因为交警部门把有没有行政复议或诉讼案件,特别是败诉案件作为年度考核的一项指标,来衡量执法质量的高低,事实上很容易造成调动各种社会关系或经济手段来压制相对人行使救济权,或者相反,无原则地向相对人妥协,出卖"公权力"。余凌云:《复议,不必大惊小怪》,载《道路交通管理》,2000(5)。另外,在别的部门,也发现了类似的现象,错案追究制的运转,与事先的预期有相当的距离。苏力:《送法下乡——中国基层司法制度研究》,126页以下,及注48,北京,中国政法大学出版社,2000。

们还必须调动各方面的力量来搞综合治理？因此，在现代社会中，社会秩序和社会治安的维持，是靠警察与社区、相对人之间的互动互助关系的逻辑发展来实现的，而不是，或不完全是警察单方面的事。正是因为社区和相对人对良好治安环境的期望，与警察的任务是一致的，为实现共同目标，无论从民主宪政角度，还是从现实对利用相对人力量弥补警力不足的需要来看，都有必要让社区与公众最大程度地参与进来（bring into line），在其中扮演对它/他们来说是恰当的角色。

利用契约的规制（regulation by contract），恰好满足了这种需求。因为契约具有为形成契约双方所预期的一定社会秩序而在他们之间进行权利、义务分配的可能，换句话说，就是通过各类"责任书"，我们可以根据治安目标的实现所划定的任务量，以及谁最有条件和可能完成其中的哪些部分，在派出所与社区、相对人之间进行合理的分配，并表现为双方各自的权利义务的形式，从而在他们之间形成良好的互动互助关系。

拿某派出所实施成效比较明显的"强化单位内部防范，综合整治盗抢汽车、摩托车、自行车犯罪活动责任书"作为一个例子来分析，除了法律规定的维持治安秩序、打击违法犯罪的职责与权限必须由派出所行使之外，（由于是法定的，也就没有必要制作到"责任书"里），单位在"责任书"被分配了一定的义务和权利，比如，单位被要求要"建立门卫、值班、登记、巡逻等制度""发现可疑情况向单位保卫部门汇报的同时向派出所报告或拨打110""内部车辆要严加管理，要建好看车棚，专人管理，不准乱停乱放，外来车辆不准夜间在单位院内停放，单位、宿舍传达要确实负起责任，严防车辆被盗，宿舍内白天不准闲散人员和小商小贩入内，……"所有这些约定，从表面上看，给单位增加了不少的负担，但实际上，是督促与要求单位建立与完善安全防范措施和规章制度，而且，是即使没有上述约定，单位很可能出于本单位与职工的安全考虑也会建立起来的规章制度。并且，通过"责任书"在一个个单位的落实，进而由点及面，形成整个社区的安全防范网络，与派出所遥相呼应，紧密配合，从而大幅度降低发案率（事实也的确如此）。

由于上述权利义务的分配是通过签订"责任书"的方式实现的，进一步的、更加精细入微的好处，就像英国学者莱肯（D. Nelken）在《利用契约作为社会工作的方法》(*The Use of "Contracts" as a Social Work Technique* (1987))一文中分析的那样,第一,相对人感觉得到了尊重,使其对自己的选择更加有责任感。第二,激发了动力,亦即,相对人会因为参与了起草,或者会因为契约内容是经其同意的,或者会因为能获得与其所承担的契约责任相称的对价,以及对违约制裁的恐惧等各种原因,而形成积极履行契约的动力。第三,契约有助于使行政机关和相对人之间的互动关系获得更好的控制,更加完满地实现契约所蕴含的行政法上的目的。①

但是,必须指出的是,我们所说的通过"责任书"来再分配权利义务,是指保持法律规定的公安机关角色的前提下,因为社会的复杂性以及公安机关能力的有限性,需要社区、相对人的协力,来弥补公安机关因上述原因造成的控制与维护治安秩序的射程不足,因此,对社区、相对人权利义务的安排与分配,只是要发挥其弥补的效用,而绝对不是想通过契约的方式,把行政机关的角色部分地或者全部地转换到社区、相对人身上,否则,就构成不正当条款,成为契约部分或全部无效的原因。

四、难道真的不需要法院介入?

在行政契约的救济问题上,我仍然坚持,应当在现有的行政复议与行政诉讼结构之外,另外构筑适合于解决行政契约纠纷特点的特别规则。②我们不能像现在这样,仅仅考虑把行政契约中有点近似于行政行为的行政机关使用主导性权利的行为单独划出来,放到现有的行政复议与行政诉讼制度之下解决,而不考虑全面地、周全地解决所有行政契约纠纷问题。至于法院或复议机关审查的标准,我并不热心,也认为实在没有必要专门地去讨论它。因为我们对行政契约的实体和程序规范的讨论实际上已经解决了这个问题。可以这么说,对行政契约的缔结与履行中的实体与程序规范规定得

---

① D. Nelken, "The Use of 'Contracts' as a Social Work Technique" (1987) 40 *Current Legal Problems* 207, 215—217. Cited from Carol Harlow & Rechard Rawlings, op. cit., p. 212.

② 对该观点的展开论证,参见余凌云:《论行政契约的救济制度》,载《法学研究》,1998(2)。

愈加细腻,法院和复议机关的审查能力也就愈强,愈加可行。①

接下来对"假契约"救济问题的分析与探讨,将进一步重申和强化上述观点。并且我们还会看到,因为行政机关内部"责任书"主体的非法律人格性,营造"内在市场"(intrenal market)的意图,及其内容属于行政权所固有的范围,决定了在纠纷解决上的非正式制度模式。这可以进一步补充我们原先对行政契约救济结构的考虑。

1. 非正式制度的解决模式

在哈罗(Carol Harlow)与劳伦斯(Richard Rawlings)看来,"假契约"与法院无关,不会,也不需要进入到法院去解决纠纷,强制执行。他们之所以认为"假契约"不具有在法院强制执行的法律意义,主要是以英国出现的有关 Next Steps Agency 的组织文件(framework documents)为分析素材,并主要从契约的主体资格分析入手。因为从严格的意义上说,契约是在至少两个具有契约能力(contractual capacity)的当事人之间缔结的,而契约能力又是与"法律人格"(legal personality)观念联系在一起。但是,Next Steps Agency 实际上并没有真正与产生它的行政机关相分离,相对于其附属的机关来讲,该机构不具有独立的法律人格,因此,该机构与其母体机关之间缔结的组织文件(framework documents)不是真正意义上的契约。②也正是在这个意义上,英国学者弗里德兰(Freedland)指出,这里实际上有着双重的法律幻觉,是"(非独立人格)的部门"被认定签订了"非契约的契约"(a sort of double legal fiction, whereby a non-corporation is deemed to enter into non-contracts)。③那么,非独立人格的部门无法指望,实际上也不可能到法

---

① 这可以说是大陆法在行政救济法上的重要特点之一,与其实行的是成文法制度有着密切的关系。正因为成文法将行政执法上的所有行为规范,包括实体的和程序的,都规定得很详细、很具体,而且,理论研究也很发达、细腻,因此,在行政救济立法上对审判的标准,亦即什么样的行政行为属于违法或无效,就规定得比较抽象,理论上也没有必要予以特别的关注和研究。与此相反,实行判例法的英美法中,对行政法诸种手段的具体研究,不见得多,甚至可以说很少见,而是在行政审判上研究各种违法的表现形态,从中归纳出行政法的原则与规范,因此,在英美法中,审判的标准是很发达,很细腻的。上述大陆法与英美法的不同,完全可以从各自的行政法教科书的体例安排与理论研究的方向上得到印证。

② Cf. Carol Harlow & Rechard Rawlings, op. cit., p.210.

③ Cf. M. Freedland, "*Government by Contract and Public Law*"(1994) *Public Law* 86.89. Cited from Carol Harlow & Rechard Rawlings, op. cit., p.210.

院去起诉,要求法院去强制执行这种"非契约的契约"。这样的分析与结论,应该说,有一定的道理,在特定的情景与对象上是成立的。比如,我国公安机关与内设的各处、科之间签订的"执法目标责任书",显然就是在这样的意义上操作的,也不可设想他们之间的纷争会诉诸法院。

其实,在我看来,不仅仅一个机关与其内部不具有法律人格的一个机构或部门之间签订的"假契约"不能诉诸法院,就是具有法律人格的机关之间签订的"假契约"也不会诉诸法院。比如,市局、分局、派出所之间签订的"执法目标责任书",就不可能诉诸法院。这主要是因为,签订这类"执法目标责任书"的目的,在于用市场机制而不是官僚体制来解决公共服务的质量问题,是想通过契约方式,来明确契约当事人彼此的权利和责任,让双方都受契约的约束和必须履行各自的契约责任,而不是为了要到法院去强制执行它。

那么,出现纷争怎么办？英国在"国家健康服务契约"（National Health Service contract）上的解决思路是,交给国务大臣（the Secretary of State）来裁决。[①]有意思的是,在我国行政机关实施的执法责任制中,却不见提出这样的问题,估计是因为执法责任制的推行,很大程度上是由于长期以来组织法不健全,造成上下机关之间、各个部门之间职责、权限、法律责任不够清晰,因此,"执法目标责任书"实际上是落实行政分工,明确岗位职责,布置行政任务,提出目标要求,制定监督检查和考核办法,进而要求必须一体遵守。即便有不同意见,也会在上下级之间的领导与被领导关系之中磨合、消化掉。这很可能就是为什么在目前有关行政机关执法责任制的文章当中都不谈有

---

① 英国《社会关照法》（Community Care Act 1990）第4节规定:"除本小节,无论国家健康契约的构成条款是否为法律上的契约,都不认为是为了发生契约上的权利或责任,而当有关这些条款发生争议时,任何一方当事人都可以要求国务大臣裁决。"（Whether or not an arrangement which constitues an NHS contract would, apart from this subsection, be a contract in law, it shall not be regarded for any purpose as giving rise to contractual rights or liabilities, but if any dispute arises with respect to such an arrangement, either party may refer the matter to the Secretary of State for determination）。国务大臣的解释是,"我们所说的这些契约,不是诉诸法院的,我相信,没有人会较劲要国家健康服务的一个部门对其他部门提起法律诉讼,要求执行契约条款。这只是律师的章程与乐园,但对病人毫无益处。这些契约只是为了在国家健康服务机构内部起到约束作用,并被当事人一体遵守。"Kenneth Clark, HC Standing Committee E. Session 1989-1990, vol. 3, col. 349. See P. Allen, "*Contracts in the National Health Service Internal Market*"(1995) 58 *Michigan Law Review* 321. Cited from Carol Harlow & Rechard Rawlings, op. cit., p. 211.

关救济问题，更没有人建议设立正式的救济途径的原因。①我也赞成用目前这样的非正式制度来化解上述纷争。当然，也可以考虑将现实中的这种非正式制度成文化，变成为正式的在行政机关内部调处与化解的制度。但是，原则上不考虑法院的介入，理由是，上述"执法目标责任书"的内容与功能，属于行政权的固有"自留地"，基于分权的要求，司法权不宜干预。更为重要的是，在这里出现的部门、机构之间的冲突，实际上是实现公共利益过程中权利、义务分配上的争执，归根到底，是公共利益问题，不直接涉及私人利益。

2. 诉诸法院

但是，哈罗（Carol Harlow）与劳伦斯（Richard Rawlings）上述分析主要取材于 Next Steps Agency 的组织文件这样一种"假契约"，没有考虑到所有的"假契约"形态，其结论必然犯了以偏概全的错误。其实，在英国，并不是所有的"假契约"都不能诉诸法院，一个明显的反例就是，"社会工作契约"（social work contract）就可以接受法院的审查。②其中缘由，虽然哈罗（Carol Harlow）与劳伦斯（Richard Rawlings）在书中没有明说，但是，我的体会是，因为这里直接涉及相对人的利益得失。

其实，从我国基层派出所与相对人签订的"责任书"看，有些条款对相对人权益的影响是很大的，甚至是极不正当的。比如，在一份"强化单位内部防范，综合整治盗抢汽车、摩托车、自行车犯罪活动责任书"中规定："……对工作不到位，措施不落实，发生'三车'被盗的（单位），派出所在接受分局按被盗车辆价值处罚10%，单位将受到相应的处罚，……"通过这个条款，派出所实际上把分局意图通过经济上的制裁来营造出类似市场的内在的"竞争"压力，至少从经济责任的实际承担上完全卸到了相对人的身上。在不发生事情的情况下，大家相安无事。但是，一旦出事，并要执行"责任书""动真格的"，就会直接对个人利益造成威胁，进而难免会发生这样或那样的争议，这就有提供正当的法律救济的必要，有法院介入的必要。因为从根本上说，行政诉讼制度实际上是用来解决行政法上公共利益与私人利益之间的某种紧

---

① 这方面的文章，如，青锋：《行政执法责任制若干问题探讨》，载《现代法学》，1998(5)。辛广平：《对消防执法责任制的思考》，载《人民公安报》，1999-12-01。
② Cf. Carol Harlow & Rechard Rawlings, op. cit., p.212.

张,是具体落实宪法中设计好的国家与个人之间的权力与权利分配关系。

又由于这样的"责任书"毕竟是一种行政契约,尽管其中的权力性因素较强,但是,仍然还没有强到抹灭其契约性,因而也不会质变为行政行为。因此,在救济问题上,仍然需要在原来的专门针对行政行为设计的行政救济结构之外,另外建立适合于解决行政契约纠纷特点的双向性结构。关于这方面的观点,我已经在其他论文中表述过了。

而且,即便是公务员与其隶属的行政机关之间签订的"执法目标责任书",也并不必然地完全要由上述非正式制度来消化他对"执法目标责任书"的不满,特别是当"执法目标责任书"对公务员作为公民而享有的宪法上基本权利,而不是因为担任公职而具有的职务上权力产生实质影响时,更有着寻求行政诉讼上救济的必要。比如,有的派出所为遏制"三车"被盗案件的攀升,与责任区民警约定,如果在该民警的管片发案,比如,被盗一辆汽车,就罚民警1百元。个别民警被罚得到月底只领回基本工资。又比如,在执法责任制的考评中,对不合格单位的执法责任人,一次性扣发全年的岗位津贴。这样的"执法目标责任书"的执行,实际上侵犯的是宪法上规定的公民要求报酬的权利,进而可能对该民警及其家人的生存权都造成影响,从权利与利益的重要性上讲,丝毫不比作为行政处罚的罚款给公民利益造成的损害差,因而有着寻求诉讼上救济的现实需要。

我们必须对行政诉讼上用内、外部行政行为的学理分类来划分司法审查范围的做法,进行深刻的反思与批判。一方面,这不仅是因为,从学术的发展史看,行政行为(administrative acts)原本而且迄今都是,也应该是出于诉讼的需要而构筑起来的法概念,是能够据以提出无效或强制禁止(mandatory injunction)之诉讼的行为。因此,将其作内部与外部的学理分类、并赋予不同救济效果缺乏实质基础,是不成立的。而且,另一方面,汲取二战以来对特别权力关系理论的批判成果,迎合要求以宪政上的人权保障为核心进行行政救济制度重构的发展趋势,[①]用全面落实宪法上公民基本权利之保障的观点,改造行政诉讼制度,将涉及公务员基本权利的行政机关内部处理行为纳入行政诉讼,势在必行。

---

① 翁岳生:《论特别权力关系之新趋势》,载《行政法与现代法治国家》,台湾大学法学丛书编辑委员会,1979。

五、结 束 语

如果我们同意"行政契约是游离在行政行为与民事契约之间的一种特殊的形态"的结论,同意行政契约是市场经济理念、特别是私法上的契约观念向行政管理领域渗透的结果的话,那么,我们就应当把研究的视角从上述与民事契约相近的行政契约形态进一步延伸开去,更加关注那些接近行政行为的契约形态,关注那些我们在行政法上称之为"假契约"(pseudo-contract)的现象,因为这是一片可供那些支持特殊的公法契约论者开发的肥沃的疆界(This is fertile territory for advocates of a special public law of contract),①更为重要的是,这种契约实践,作为基本的改革举措,已经载入党的十五大报告之中,已经成为公安法制建设,乃至整个行政体制改革的重要内容之一,并正在积极推行之中。②与其像现在这样,理论对其采取漠然的态度,还不如积极地去思考与规范这种契约实践。

但是,我们也应当看到,这种新生成的行政形式,的确颇不符合传统的法律结构。一方面,它借助契约的外形,重塑行政关系,但又不是纯粹的契约。另一方面,它与公共行政的传统技术相比,又是对正式的法律程式的否定。③但不管怎么说,这的确是现代行政中运用丰富想象力创造出来的一种行政契约,尽管它的一些特性与效能还有待于我们进一步去研究。

本文的上述研究,尽管在形式上给出了结论,但实际上不是结论的结论,更不是最终的定论。因为,就像在"假契约"这样的实践能否算得上是行政契约这样的基本问题上,恐怕都会有很大的争议,甚至可以预料,反对的要比支持的多。但是,我们不惧怕争论,恰好相反,我们欢迎更加理性的争论与批判。

---

① Cf. Carol Harlow & Rechard Rawlings, op. cit., p.210.
② 党的十五大报告指出:"一切政府机关都必须依法行政,切实保障公民权利,实行执法责任制和评议考核制。"
③ Cf. Carol Harlow & Rechard Rawlings, op. cit., p.210.

主要参考文献

一

1. 许崇德,皮纯协主编. 新中国行政法学研究综述(1949－1990). 北京:法律出版社,1991
2. 罗豪才主编. 行政法学. 北京:中国政法大学出版社,1989
3. 罗豪才主编. 行政法论. 北京:光明日报出版社,1988
4. 应松年主编. 行政行为法——中国行政法制建设的理论与实践. 北京:人民出版社,1993
5. 张焕光,胡建淼. 行政法学原理. 北京:劳动人事出版社,1989
6. 张树义. 行政合同. 北京:中国政法大学出版社,1994
7. 王家福主编. 中国民法学·民法债权. 北京:法律出版社,1991
8. 梁慧星主编. 民商法论丛. 北京:法律出版社,第1卷、第4卷,1994、1996
9. 尹田. 法国现代合同法. 北京:法律出版社,1995
10. 王名扬. 法国行政法. 北京:中国政法大学出版社,1989
11. 杨建顺. 日本行政法通论. 北京:中国法制出版社,1998
12. 于安. 德国行政法. 北京:清华大学出版社,1999
13. 盐野宏. 行政法 I. 台北:月旦出版社股份有限公司,1996
14. 盐野宏. 行政法. 北京:法律出版社,1999
15. M.P.赛夫. 德国行政法. 台北:五南图书出版公司,1991
16. 和田英夫. 现代行政法. 北京:中国广播电视出版社,1993
17. 室井力主编. 日本现代行政法. 北京:中国政法大学出版社,1995
18. 美浓部达吉. 公法与私法. 台北,台湾商务印书馆,1963
19. 格伦顿、戈登和奥萨魁. 比较法律传统. 北京:中国政法大学出版社,1993
20. 梅因. 古代法. 北京:商务印书馆,1996
21. 刘海年等主编. 依法治国建设社会主义法治国家. 北京:中国法制出版社,1996
22. 季卫东. 法治秩序的建构. 北京:中国政法大学出版社,1999
23. 刘军宁等编. 经济民主与经济自由. 北京:生活·读书·新知三联书店,1997
24. 全国人大常委会法制工作委员会经济法室编著,卞耀武主编. 中华人民共和国招标投标法实用问答. 北京:中国建材工业出版社,1999
25. 全国人大法制工作委员会民法室编著,孙礼海主编. 中华人民共和国合同法立法资料选. 北京:法律出版社,1999
26. 林准主编. 行政案例选编. 北京:法律出版社,1995
27. 最高人民法院中国应用法学研究所编. 人民法院案例选(行政卷). 北京,人民法院出版社,1997
28. 苏力. 送法下乡—中国基层司法制度研究. 北京:中国政法大学出版社,2000

29. 杨解君编.行政契约与政府信息公开——2001年海峡两岸行政法学术研讨会实录.南京:东南大学出版社,2002
30. 马怀德主编.行政诉讼原理,北京:法律出版社,2003
31. 林纪东.行政法新论.台北:三民书局,1985
32. 林纪东.行政法.台北:三民书局,1984
33. 涂怀莹.行政法原理.台北:五南图书出版公司,1990
34. 翁岳生.行政法与现代法治国家.台北:台湾大学法学丛书编辑委员会编辑,1979
35. 城仲模.行政法之基础理论.台北:三民书局,1983
36. 城仲模.宪法体制与法治行政.台北:三民书局,1998
37. 吴庚.行政法之理论与实用.台北:三民书局,1996
38. 陈新民.行政法学总论.台北:三民书局,1997
39. 许宗力.法与国家权力.台北:月旦出版社,1993
40. 王和雄.论行政不作为之权利保障.台北:三民书局,1994
41. 罗传贤.行政程序法基础理论.台北:五南图书出版公司,1993
42. 王伟华,朱伟干,杜慧芳等.行政程序法典注释.澳门:澳门法律公共行政翻译学会出版,1995
43. 澳门行政暨公职司编辑.98澳门公共行政
44. 刁荣华主编.现代行政法基本论.台北:汉林出版社,1985
45. 蔡志芳.行政救济与行政法学(二).台北:三民书局,1993
46. 台湾"行政法学会"主编.行政契约与新行政法.台北:元照出版社,2002
47. 余凌云.行政契约论.北京:中国人民大学出版社,2000
48. 余凌云.行政法讲义.北京:清华大学出版社,2010
49. 余凌云.行政法讲义(第二版).北京:清华大学出版社,2014
50. 王珉灿主编.行政法概要.北京:法律出版社,1983
51. 叶必丰.行政行为原理.上海:商务印书馆,2014
52. 翁岳生主编.行政法.北京:中国法制出版社,2002
53. 周弘.福利国家向何处去.北京:社会科学文献出版社,2006
54. 蔡志方.行政救济新论.台北:元照出版社,2000
55. 王利明.合同法研究(第一卷).北京:中国人民大学出版社,2015
56. 最高人民法院行政审判庭编著.最高人民法院关于审理行政协议案件若干问题的规定理解与适用.北京:人民法院出版社,2020
57. 江必新,梁凤云.最高人民法院新行政诉讼法司法解释理解与适用.北京:中国法制出版社,2015
58. 余凌云主编.全球时代下的行政契约.北京:清华大学出版社,2010
59. [日]小早川光郎.行政诉讼的构造分析.王天华译.北京:中国政法大学出版社,2014
60. [日]美浓部达吉.行政裁判法.邓定人译.北京:中国政法大学出版社,2005
61. [德]哈特穆特·毛雷尔:《行政法学总论》,高家伟译,379页,北京,法律出版社,2000

二

62. 林明锵. 行政契约法论. (台湾大学)法学论丛,第24卷第1期
63. 刘宗德. 日本公害防止协定之研究. (台湾)政大法学评论,第38期
64. 陈新民. 德国十九世纪"法治国"概念的起源. (台湾)政大法学评论,1996(55)
65. 成田赖明. 行政私法. (台湾)法律评论,第60卷第1、2期合刊
66. Fritz Ossenbuhl. 德国行政程序法十五年来之经验与展望. (台湾)政大法学评论,第47期
67. 张剑寒、吴庚. 行政契约之理论与实际(下). (台湾)中山文化学术季刊,第27集
68. 钢剑. 适应市场经济需要加快行政程序改革——市场经济与行政程序课题调查报告. 中国法学,1995(2)
69. 刘莘. 行政合同刍议. 中国法学,1995(5)
70. 张志华. 南漳县政府授权政府法制机构严肃查处村级行政组织单方面撕毁经济承包合同案件. 行政法制,1996(3)
71. 林菲. 承诺应具有法律责任. 世纪论评,1998(3)
72. 翁煜明,唐有良. 对社会承诺制的法律思考. 人民司法,1998(7)
73. 张建新,段合林. 析一起社会承诺赔偿纠纷案. 人民司法,1998(7)
74. 邵景均、鲍静. 1997:社会服务承诺制向何处去——关于进一步推行承诺制的几点看法和建议. 中国行政管理,1997(3)
75. 周志忍. 社会服务承诺制需要理论思考. 中国行政管理,1997(1)
76. 傅小随. 香港政府部门服务承诺制度的特点. 中国行政管理,1997(6)
77. 晓名. 政府采购:阔步走来. 中国行政管理,1998(10)
78. 王雷鸣. 政府采购法呼之欲出. 人民日报,1999-05-12
79. 樊志成. 重庆市实施政府采购的有益尝试. 中国行政管理,1998(8)
80. 张广兴. 中华人民共和国合同法的起草. 法学研究,1995(5)
81. 段正坤. 公正监督与招标投标. 人民日报,1999-08-25
82. 上海盘活国有房地产存量试点开始——十四家企业与政府部门签订授权经营合同. 人民日报,1996-04-16
83. 株洲力遏基建高估冒算——三年审计节约建设资金二亿元. 短评:挤掉工程决算中的"水分". 法制日报,1997-04-12
84. 湖北省松滋市公安局. 积极实行执法责任制度,切实加强公安执法管理. 公安法制建设,1998(5)
85. 青锋. 行政执法责任制若干问题探讨. 现代法学,1998(5)
86. 吴允波、孟维芳. 签订责任书不要流于形式. 大众日报,2000-01-12
87. 余凌云. 复议,不必大惊小怪. 道路交通管理,2000(5)
88. 余凌云. 论行政契约的救济制度. 法学研究,1998(2)

89. 辛广平. 对消防执法责任制的思考. 人民公安报,1999-12-01
90. 王春平、闫书杰. 变行政合同为民事合同是完善农村家庭承包经营制度的必由之路. 沈阳农业大学学报,1999(9)
91. 余凌云. 行政法上的假契约现象——以警察法上各类责任书为考察对象. 法学研究,2001(5)
92. 常纪文. 环境保护外部行政合同市场化的若干问题研究. 环境法电子期刊,2003(1)
93. 余凌云. 行政法上合法预期之保护. 中国社会科学,2003(3)
94. 余凌云、周云川. 对行政诉讼举证责任分配理论的再思考. 中国人民大学学报,2001(4)
95. 王利明. 论行政协议的范围——兼评《关于审理行政协议案件若干问题的规定》第1条、第2条. 环球法律评论,2020(1)
96. 于安. 我国PPP的法治走向与新行政法. 中国法律评论,2018(4)
97. 于安. 我国实行PPP制度的基本法律问题. 国家检察官学院学报,2017(2)
98. 郭修江. 行政协议案件审理规则——对《行政诉讼法》及其适用解释关于行政协议案件规定的理解. 法律适用,2016(12)
99. 王学辉. 行政何以协议——一个概念的检讨与澄清. 求索,2018(2)
100. 刘飞. 行政协议诉讼的制度构建. 法学研究,2019(3)
101. 麻锦亮. 纠缠在行政性与协议性之间的行政协议. 中国法律评论,2017(1)
102. 江必新. 行政协议的司法审查. 人民司法,2016(34)
103. 耿宝建、殷勤. 行政协议的判定与协议类行政案件的审理理念. 法律适用,2018(17)
104. 宋海东. 新行政诉讼法语境下行政协议若干问题探析——以类型化诉讼为视角. 山东审判,2015(6)。
105. 王洪亮. 论民法典规范准用于行政协议. 行政管理改革,2020(2)
106. 韩宁. 行政协议行为司法审查规则研究. 浙江学刊,2018(3)
107. 余凌云. 论对行政契约的司法审查. 浙江学刊,2006(1)
108. 余凌云. 法院如何发展行政法. 中国社会科学,2008(1)
109. 于立深. 行政契约履行争议适用行政诉讼法第97条之探讨. 中国法学,2019(4)
110. 余凌云. 行政协议的判断标准. 比较法研究,2019(3)
111. 胡敏洁. 给付行政范畴的中国生成. 中国法学,2013(2)
112. 郭明瑞、于宏伟. 论公法与私法的划分及其对我国民法的启示. 环球法律评论,2006(4)
113. 危辉星. 行政附带民事诉讼制度的若干理论与实务问题. 法律适用,2012(2)
114. 张青波. 行政协议司法审查的思路. 行政法学研究,2019(1)
115. 王利明. 关于无效合同确认的若干问题. 法制与社会发展,2002(5)
116. 王敬波. 司法认定无效行政协议的标准. 中国法学,2019(3)
117. 王贵松. 论行政协议的无效. 北京航空航天大学学报(社会科学版),2018(5)
118. 王利明. 论无效合同的判断标准. 法律适用,2012(7)
119. 苏永钦. 以公法规范控制私法契约——两岸转介条款的比较与操作建议. 人大法律

评论,2010(总八辑)
120. 陈无风. 司法审查图景中行政协议主体的适格. 中国法学,2018(2)
121. 姜波、叶树理. 行政协议争议仲裁问题研究. 行政法学研究,2018(3)
122. 王世涛、刘俊勇. 行政协议争议解决之仲裁问题研究. 南海法学,2019(3)
123. 叶必丰. 我国区域经济一体化背景下的行政协议. 法学研究,2006(2)
124. 黄学贤、廖振权. 行政协议探究. 云南大学学报,2009(1)
125. 梁凤云. 行政协议案件的审理和判决规则. 国家检察官学院学报,2015(4)
126. 李福忠. 新行政诉讼法确立的行政协议诉讼制度初探. 山东审判,2015(4)
127. 崔建远. 行政合同之我见. 河南省政法管理干部学院学报,2004(1)
128. 宋志红. 国有土地使用权出让合同的法律性质与法律适用探讨. 法学杂志,2007(2)
129. 余凌云. 行政主体理论之变革. 法学杂志,2010(8)
130. 陈天昊. 在公共服务与市场竞争之间——法国行政合同制度的起源与流变. 中外法学,2015(6)
131. 崔建远. 行政合同族的边界及其确定根据. 环球法律评论,2017(4)
132. 杨小君. 论行政合同的特征、法律性质. 行政法学研究,1998(2)
133. 张瑚、张福林. 从判例看国有土地使用权出让合同的性质. 国土资源,2006(3)
134. 郑春燕. 论裁量视角下的行政契约. 浙江学刊,2007(5)
135. 朱新力. 行政合同的基本特征. 浙江大学学报(人文社会科学版),2002(2)
136. 戚建刚、李学尧. 行政合同的特权与法律控制. 法商研究,1998(2)
137. 步兵. 行政契约中的特权及其控制. 东南大学学报(哲学社会科学版),2006(8)
138. 江必新. 中国行政合同法律制度:体系、内容及其建构. 中外法学,2012(6)
139. 王克稳. 论行政合同与民事合同的分离. 行政法学研究,1997(4)
140. 陈无风. 行政协议诉讼:现状与展望. 清华法学,2015(4)
141. 于立琛. 行政协议司法判断的核心标准——公权力的作用. 行政法学研究,2017(2)
142. 韩宁. 行政协议判断标准之重构——以"行政法上权利义务"为核心. 华东政法大学学报,2017(1)
143. 程琥. 审理行政协议案件若干疑难问题研究. 法律适用,2018(12)
144. 沈福俊. 司法解释中行政协议定义论析——以改造"法定职责范围内"的表述为中心. 法学,2017(10)
145. 赵龙. 行政协议相对人违约行政机关可申请法院强制执行. 人民法院报,2015-04-16
146. 应松年. 行政合同不容忽视. 法制日报,1997-06-09
147. 杨科雄. 试论行政协议的识别标准. 中国法律评论,2017(1)
148. 陈少琼. 我国国有土地使用权出让合同法律性质. 中国司法,2004(12)
149. 曹正汉、史晋川. 中国地方政府应对市场化改革的策略:抓住经济发展的主动权. 社会学研究,2009(4)
150. 梁慧星. 论合同解释,现代法学,1986(1)
151. 崔建远、杨明刚. 如何选定合同用语的含义——合同解释问题研究. 法学,1996(12)

152. 崔建远. 合同解释与法律解释的交织,吉林大学社会科学学报,2013(1)

三

153. 田林. 日本行政契约的立法统制. 中国人民大学法学院博士学位论文,2016

四

154. 石井升. 行政契约の理论と手续——补助金契约を题材にして. 东京:弘文堂,1988
155. 原田尚彦. 行政法. 东京:学阳书房,平成 7 年
156. 原田尚彦. 行政法要论. 东京:学阳书房,昭和 60 年
157. 田中二郎. 行政法总论. 东京:有斐阁,1957
158. Henry Campbell Black, *Black's Law Dictionary*, West Publishing Co. 1979
159. P. P. Craig, *Administrative Law*, Sweet & Maxwell, 1994
160. H. W. R. Wade & C. F. Forsyth, *Administrative Law*, Clarendon Press, Oxford, 1994
161. David Foulkes, *Administrative Law*, Butterworths, 1982 & 1995
162. Peter L. Strauss, *An Introduction to Administrative Justice in the United States*, Carolina Academic Press, 1989
163. L. Neville Brown & John S. Bell, *French Administrative Law*, Oxford University Press Inc., 1993
164. Emmett E. Hearn, *Handbook on Government Contracts Administration*, Hearnsociates, 1987
165. Anthony Ogus, *Regulation—Legal Form and Economic Theory*, Clarendon Press, 1994
166. Daniel J. Gifford, *Administrative Law*, Anderson Publishing Co., 1992
167. Richard J. Pierce, Sidney A. Shapiro & Paul R. Verkuil, *Administrative Law and Process*, the Foundation Press, Inc., 1985
168. William F. Fox, *Understanding Administrative Law*, Matthew Bender, 1986
169. D. J. Galligan, *Administrative Law*, Dartmouth Publishing Company Limited, 1992
170. Peter Cane, *An Introduction to Administrative Law*, Clarendon Press, Oxford, 1992
171. O. Hood Phillips & Paul Jackson, *Constitutional and Administrative Law*, Sweet & Maxwell, 1987
172. S. D. Hotop, *Principles of Australian Administrative Law*, North Ryde, N. S. W.: Law Book Co. Ltd., 1985
173. M. P. Jain, *Administrative Law of Malaysia and Singapore*, Malayan Law Journal, 1989

174. C. m. Doogan, *Commonwealth Administrative Law*, Australian Government Publishing Service Canberra, 1984
175. C. K. Thakker, *Administrative Law*, Eastern Book Company, 1992
176. Brian Thompson, *Constitutional & Administrative Law*, Blackstone Press Ltd., 1993
177. E. C. S. Wade & A. W. Bradley, *Constitutional and Administrative Law*, Longman, 1993
178. S. H. Bailey, B. L. Jones & A. R. Mowbay, *Cases and Materials on Administrative Law*, London, Sweet & Maxwell, Ltd, 1992
179. Carol Harlow & Richard Rawlings, *Law and Administration*, Butterworths, 1997
180. H. L. A. Hart, *The Concept of Law*, Oxford: Clarendon, 1994
181. Jose M. Fernandez Martin, *The EC Public Procurement Rules: A Critical Analysis*, Clarendon Press, Oxford, 1996
182. Alan Tyrrell & Becket Bedford (eds.), *Public Procurement in Europe: Enforcement and Remedies*, Butterworths, 1997
183. Mahendra P. Singh, *German Administrative Law: in Common Law Perspective*, Springer-Verlag Berlin Heidelberg, 1985
184. Werner f. EBKE & Matthew W. Finkin (eds.), *Introduction to German Law*, Kluwer Law International, 1996
185. Alex Carroll, *Constitutional & Administrative Law*, Financial Times Professional Limited, 1998
186. Bernard Schwartz, *French Administrative Law and the Common-Law World*, New York University Press, 1954
187. Peter Leyland & Terry Woods(ed.), *Administrative Law Facing the Future: Old Constraints & New Horizons*, Blackstone Press Limited, 1997
188. Allison, J. W. E., *A Continental Distinction in the Common Law: A Historical and Comparative Perspective on English Public Law*, Oxford: Clarendon Press, 1996
189. Franz Neumann, *The Rule of Law*, Berg Publishers Ltd., Leamington SPA, 1986
190. David C. Moore, *Government Contracting How to Bid, Administer, and Get Paid*, John Wiley & Sons Inc., 1995
191. A. C. L. Davies, *Accountability: A Public Law Analysis of Government by Contract*, Oxford University Press, 2001
192. Jurgen Schwarze, *European Administrative Law*, Office for Official Publications of the European Communities & Sweet & Maxwell, 1992
193. Ian Harden, *The Contracting State*, Open University Press, 1992
194. Carl Emery, *Administrative Law: Legal Challenges to Official Action*, London. Sweet & Maxwell, 1999
195. de Smith, Woolf & Jowell, *Judicial Review of Administrative Action*, London,

Sweet & Maxwell, 1995

196. A. C. L. Davies, *The Public Law of Government Contracts*, Oxford University Press, 2008

197. Michael A. Brancaal Lori Ann Lange, *Litigation Strategies For Government Contracts*, Aspatore, 2013

198. Peter Leyland & Gordon Anthony, *Textbook on Administrative Law*, Oxford University Press, 2013

五

199. Jean-Bernard Auby, *Comparative Approaches to the Rise of Contract in the Public Sphere*, Public Law, 2007

200. Donald Frenzen, *The Administrative Contract in the United States*, George Washington Law Review, 37(1968)

201. Shannon Kathleen O'Byrne, *Public Power and Private Obligation: An Analysis of the Government Contract*, Dalhousie Law Journal, 14(1992)

202. Anita Ponder & Joshua C. Drewitz, *An Introduction to Federal Government Contracting: More businesses are likely to seek government contracts with federal, state, and local government agencies. Be sure you know the rules*, Practical Lawyer, 56(2010)

203. Mohammad Hussein Momen & Hussein Rahmatollahi, *The Principle of Continuance in Public Service Contract*, Journal of Politics & Law, 9(2016)

后记

本书是在我的博士论文基础上扩充而成。也是我的第一部专著。第一编的理论构建基本上是在原有论文的基础上的进一步展开,而且是更加充分的展开,对涉及行政契约的理论问题作了较为深入细致的思考,但整个研究的落足点仍在解决我国的行政契约制度的建构取向上。在第二编中所选的两则实例研究也是经过精心思虑,分别代表了游离在行政行为与民事契约之间的行政契约的两种最具代表性的形态。因为我始终有着一种感觉,行政契约理论的进一步深化,有待个案研究的深入。还有一些颇值得研究的契约形态,比如像执法责任书这样的"假契约",在这里没来得及深入讨论,只能留待以后再作专门的研究。在构思中,我刻意将每个部分都当作专题来研究,因此,从结构上看,彼此似乎可以独立成文,但在内容上又彼此有着内在关联。也正因为此,本书中的注释也是按每个部分重新立注的。当然,要想完全解决行政契约理论问题,远非本书所能及,姑且将其看作这方面理论探索的一个尝试吧。

自南京大学法律系毕业以后,之所以能够负笈北上,必须感谢我的恩师皮纯协教授、南京大学法律系的叶松春老师和师兄冯军博士的无私的大力帮助。1991年进入我梦想已久的中国人民大学法学院之后,在杜钢建教授的指点下,正式开始了我研修行政法的历程,我以"行政侵权责任"为硕士论文选题顺利地通过了答辩。又得蒙恩师许崇德教授和皮纯协教授收入门下,继续攻读宪法与行政法博士学位。各位恩师对我的悉心点传,使我受益匪浅,并且为我创造了各种学术发展的机会,使我能够有今天的一些成就,每每念及,深感师恩永沐。我的两位师母(许崇德老师的夫人和皮纯协老师的夫人)在我读书期间从生活上给予我无微不至的关怀,使我感念至深。我还要特别感谢胡锦光教授,师妹杨红艳女士,他们对我的帮助极大。感激之情,无以言表。

1997年是我非常难忘的一年,就是在这一年,我最终修完了全部的学业,顺利通过了博士论文答辩。我要衷心地感谢恩师许崇德教授和皮纯协教授,在论文的选题、体例的安排、观点的矫正上,两位恩师都给予了悉心的指导。我还要感谢主持我的博士论文答辩的姜明安教授、皮纯协教授、张焕光教授、张正钊教授、陈德仲教授、胡锦光教授。感谢应松年教授、张尚族教授、朱维究教授、杜钢建教授、张庆福教授、韩大元教授、孙丙珠教授、杨建顺副教授、湛中乐副教授等专家为我的博士论文撰写评议和评审。我的博士论文能得到上述宪法与行政法学界最知名的专家的首肯与好评,即使我汗颜,也给我莫大的鼓舞。旋即,我的论文被收入到我非常敬重的罗豪才教授主编的《行政法论丛》(第一卷,法律出版社,1998年版)中,对我又是一个极大的鼓舞。

1998年这一年我基本上是非常愉快地在香港城市大学法学院度过的,在那里结识了朱国斌博士、林来梵博士、顾明康先生、Dr. John Mo、Charles Meng、王贵国博士、王晨光教授、林峰博士等许多非常不错的朋友,并得到他们的许多帮助,使我既顺利地用英文完成了分工给我的课题(属于由香港城市大学资助的课题"A Comparative Study of Local Autonomy in the PRC"(Project no. 7000569)中的子课题"Regional National Autonomy")的研究,又收集了大量的最新资料,其中有不少已运用到本书的研究当中。我还要特别感谢时任香港城市大学法学院院长 E. L. G. Tyler 教授惠允承认我在该院的研究履历为博士后研究(post-doctoral research)。

在1999年的英伦之行中,又受到莱斯特大学 Scarman 治安研究中心的 Kate Broadhurst 女士、Dr. Tony Burns-Howell、苏格兰警院管理发展部副主任 Ronni Beattie 以及西敏斯特大学法学院研究生部主任 Prof. Susan Nash 的热情接待,并提供有关资料,在此表示感谢,并希望在不久的将来有机会与他们进一步合作。因为从我在本书的最后一部分对"治安承诺责任协议"所作的个案研究起,我已将主要精力转向了对警察行政法的研究上。这既是我现在所在学校的性质决定的,也是因为我以为行政法的进一步发展将不可避免地要深入到对部门行政法的研究当中。当然,在研究中,我还会结合行政法总论中的基本理论问题继续思考的。我期望在不久的将来我会出版这方面的专著。

Prof. Mahendra. P. Singh、中国台湾的陈新民博士、澳门行政暨公职司行政现代化厅高炳坤厅长、北京市人大常委会法制室李小娟副主任、全国人大法工委的童卫东先生、挚友王成义、张成福博士、任进博士、鄂州公安局的陈玉章为我撰写本书提供了有关资料,在此一并致谢。本书中的部分成果曾发表在《法学研究》《法学家》《比较法研究》《中国人民公安大学学报》等刊物上,特别感谢上述刊物的编辑刘翠霄女士、胡锦光教授、胡旭晟博士、高家伟博士、何秋莲女士。本书有幸被收入到国家"九五"重点规划出版的"法律科学文库"之中,必须感谢恩师皮纯协教授的极力推荐,和我十分敬重的师长人民大学法学院院长曾宪义教授惠允,人大出版社郭燕红、张玉梅两位女士的大力帮助。

在我撰写论文和本书期间,我的妻子郭艳承担了大量的家务,并帮我处理繁琐事务,时时鼓励,使我能够顺利地完成。更令我高兴的是,她在今年顺利通过了中国政法大学的民法硕士论文答辩,三年的艰辛终于有了回报。

余凌云
于公安大学陋室
1999 年 12 月 29 日